涵江年鉴

2013

莆田市涵江区人民政府 主办
《涵江年鉴》编纂委员会 编纂

图书在版编目（CIP）数据

涵江年鉴. 2013 / 莆田市涵江区地方志编纂办公室编. -- 北京：中国文史出版社， 2014.1
ISBN 978-7-5034-4728-0

Ⅰ. ①涵⋯ Ⅱ. ①莆⋯ Ⅲ. ①区（城市）-莆田市-2013-年鉴 Ⅳ. ①Z525.73

中国版本图书馆 CIP 数据核字 (2014) 第 018018 号

涵江年鉴（2013）

编　　者：《涵江年鉴》编委会
责任编辑：殷 旭
出版发行：中国文史出版社
网　　址：www.wenshipress.com
社　　址：北京市西城区太平桥大街 23 号　邮编：100811
电　　话：010-66173572 66168268 66192736（发行部）
传　　真：010-66192703
印　　装：福州兴凯彩印有限公司
开　　本：889×1194 1/16
字　　数：500 千字
印　　张：23
印　　数：1000 册
版　　次：2014 年 1 月第 1 版
印　　次：2014 年 1 月第 1 版印刷
书　　号：ISBN 978-7-5034-4728-0
定　　价：180.00 元

《涵江年鉴》编委会

顾　问：沈伯麟　区委书记

主　任：陈万东　区委副书记、区长

副主任：姚景耀　区政府副区长

编　委：施晨峰　莆田高新园区副主任（兼区财政局局长）

黄志国　区委办主任

姚明龙　区政府办副主任（正科）

黄志新　区公务员局局长

杨锦水　区审计局局长

苏元政　区物价局局长

曾德洪　区文体局局长

姚志钦　区教育局局长

方明坚　区档案局局长

方燕萍　区方志办副主任

《涵江年鉴》编辑部

主　编：方燕萍　区方志办副主任

副主编：郑荔明　区委办副主任、政研室主任

林天喜　区政府办副主任（主任科员）

编　辑：范　将　许云峰　陈伟庄

编　务：陈林芬　陈　聪

涵江区地图

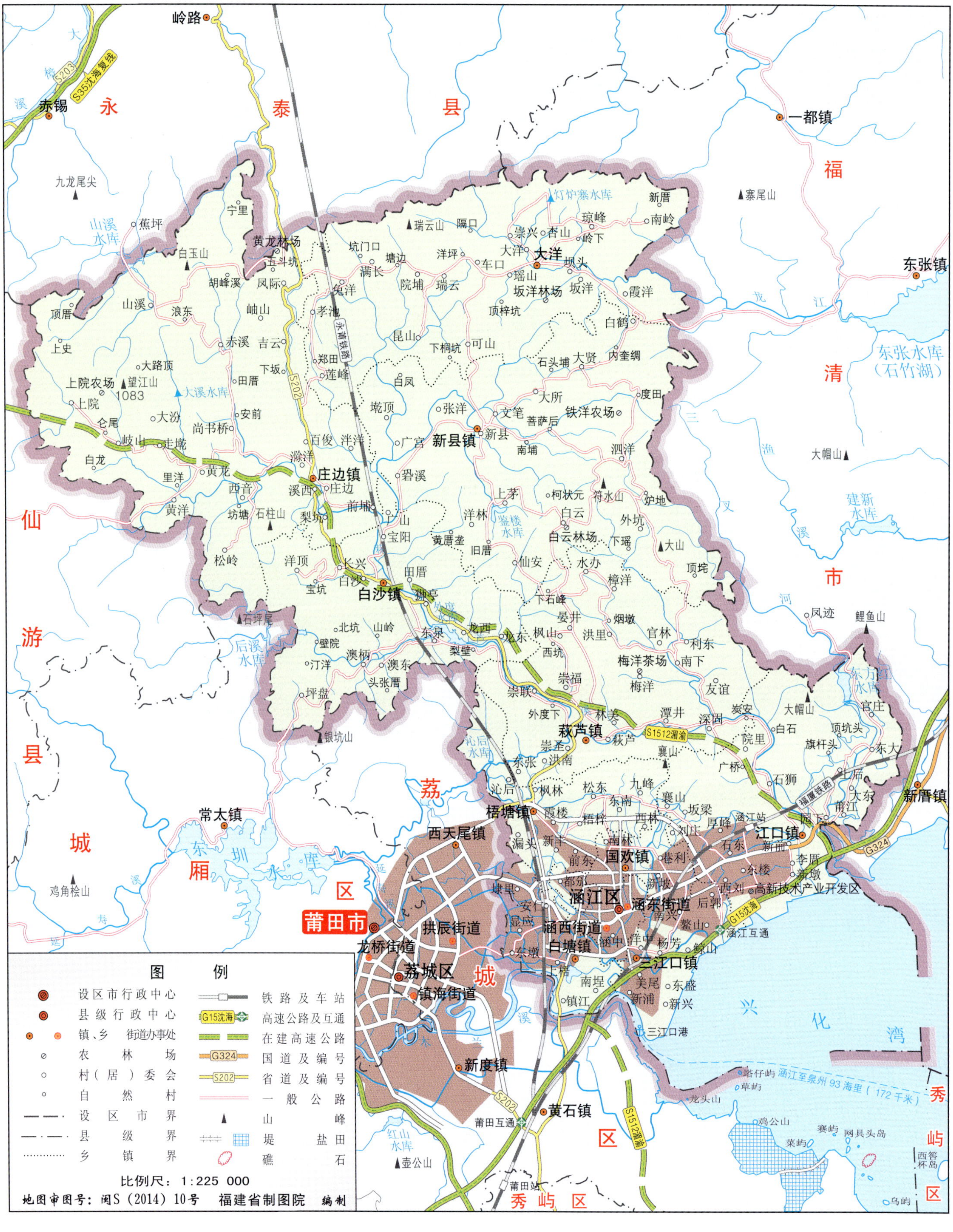

岭路
S203
S35沈海复线
赤锡
永
泰
县
一都镇
福
九龙尾尖
寨尾山
山溪水库
蕉坪
宁里
黄龙林场
五斗坑
灯炉寨水库
新厝
瑞云山
隔口
崇兴
杏山
琼峰
南岭
坑门口
洋坪
大洋
坝头
岭下
东张镇
白玉山
塘边
满长
车口
瑶山
胡峰溪
风际
院埔
瑞云
坂洋林场
坂洋
霞洋
山溪
兔洋
顶厝
浪东
岫山
孝池
顶梓坑
白鹤
永莆铁路
上史
赤溪
吉云
昆山
下桐坑
可山
东张水库（石竹湖）
大路顶
郑田
石头埔
大贤
内奎绸
清
下坂
莲峰
上院农场
望江山
1083
田厝
白凤
大溪水库
S202
度田
上院
大所
安前
垅顶
张洋
文笔
铁洋农场
仓尾
大汾
菩萨后
尚书桥
新县镇
新县
大帽山
岐山
走境
百俊
洋洋
广宫
南埔
泗洋
白龙
濑洋
庄边镇
里洋
黄龙
西音
溪西
庄边
砼溪
上茅
柯状元
符水山
炉地
建新水库
仙
黄洋
前埔
白云
外坑
坊塘
石柱山
梨坑
宝阳
鉴楼水库
上山
洋林
白云林场
下瑶
大山
黄厝垄
旧厝
松岭
洋顶
长兴
仙安
水办
顶垞
田厝
樟洋
市
白沙
宝坑
白沙镇
狮亭
下石峰
晏井
烟墩
凤迹
鲤鱼山
石坪尾
北坑
山岭
东泉
龙西
龙东
枫山
洪里
官林
利东
游
壁院
梨壁
西坑
后溪水库
澳柄
汀洋
澳东
梅洋茶场
南下
东方红水库
头张厝
崇福
梅洋
友谊
坪盘
崇联
宫庄
大帽山
外度下
林美
潭井
深固
炭安
萩芦镇
萩芦
S1512湄渝
白石
顶坑头
银坑山
院里
旗杆头
县
沁后水库
崇圣
东大
东张
洪南
襄山
广桥
石狮
新厝镇
上后
福厦铁路
沁后
枫林
松东
九峰
荔
大东
东甫
莆江
坂梁
常太镇
梧塘镇
霞楼
梧梓
西林
襄山
厚峰
涵江站
西天尾镇
刘庄
江口镇
城
东
圳
水
库
漏头
新丰
南林
石东
新前
前东
国欢镇
巷利
李厝
G324
鸡角桧山
都
延
东楼
新墩
区
埭里
新坡
西刘
高新技术产业开发区
涵江区
涵东街道
后郭
安仁
南兴
莆田市
显应
拱辰街道
涵西街道
鳌山
G15沈海
涵江互通
龙桥街道
东墩
白塘镇
洋中
杨芳
鲸山
城
荔城区
上塘
三江口镇
镇海街道
南埕
美尾
东盛
镇江
新浦
新兴
兴
化
溪
湾
三江口港
新度镇
塔仔屿
涵江至泉州93海里（172千米）
草屿
秀
龙头山
黄石镇
S202
S1512湄渝
莆田互通
鸡公山
赛屿
网具头岛
屿
菜屿
区
区
红山水库
西箬杯岛
壶公山
莆田站
秀屿区
乌屿
区
图例
设区市行政中心
县级行政中心
镇、乡 街道办事处
农林场
村（居）委会
自然村
设区市界
县级界
乡镇界
铁路及车站
G15沈海
高速公路及互通
在建高速公路
G324
国道及编号
S202
省道及编号
一般公路
山峰
堤 盐田
礁石
比例尺：1∶225 000
地图审图号：闽S（2014）10号 福建省制图院 编制

6月8日，省委书记孙春兰（左三）、省长苏树林（右二）到涵江视察海峡纺织工业城项目建设情况

3月14日，省人大常委会副主任李红（左二）到涵江集友框业调研

4月18日，副省长陈荣凯（左二）视察沈海高速公路森林生态景观通道涵江段建设情况

2月20日，市委书记杨根生（前排右三）到涵江检查海峡纺织城建设情况

5月15日，市委副书记、市长梁建勇（前排右一）到英博雪津集团参观

4月28日，区委书记沈伯麟（中）到福建莆田南华电路板有限公司调研

6月18日，区委副书记、区长陈万东（中）带队参加“6·18”海峡项目成果交易会

12 月 31 日，涵江区第八届人民代表大会第二次会议召开

12 月 30 日，政协涵江区第七届委员会第二次会议召开

2月28日，涵江区举行兴化湾南岸涵江港开发项目签约仪式

4月27日，涵江区举行与甘肃省合水县缔结友好区县协议签订仪式

9月26日，莆田市乌溪水库工程开工仪式在大洋乡举行

9月29日，涵江区举行亿发工贸园项目开工剪彩仪式

5月3日，莆田市第十四届枇杷节在萩芦镇双亭村举行

编辑说明

一、《涵江年鉴》是由涵江区人民政府主办、涵江区地方志编纂办公室编纂、国内外公开发行的正式出版物，是具有政府公报性质的大型资料工具书。1999 年创刊，从 2010 年起，每年出版 1 部，本年鉴是第 8 部综合年鉴。

二、《涵江年鉴》以邓小平理论、“三个代表”重要思想、科学发展观为指导，全面、系统、翔实地记载涵江区以经济建设为中心的社会主义现代化建设的新进展、新成就，旨在“存史、资政、教化”。

三、本期年鉴的资料收录范围，原则上为上年度（2012 年）1 月 1 日至 12 月 31 日发生在涵江或与涵江有关的重大事件、重要活动。

四、本年鉴总体上采用栏目—分目—条目三级框架结构，条目标题全部用黑体加【 】表示。全书共设 25 个类目，145 个分目，895 个条目，约 50 万字。

五、本年鉴的所有资料均由区直各部门、各乡镇（街道）、管委会及有关单位提供。引用的统计数字，凡国家有统一规定范围、口径和计算方法的，均按国家统一规定统计，并经区统计局审核。年鉴中所记的“比增”、“同比增长”、“增长”，均为当年度与上年度的对比。

六、本年鉴的组稿、编纂工作得到全区各级领导的关怀和重视，得到各部门和有关企事业单位的大力支持。谨此，《涵江年鉴》编辑部谨向所有关心、支持和直接参与编纂工作的人员深表谢意与敬意。

目录

大事记

区情概貌

涵江区人民代表大会

涵江区人民政府

政协涵江区委员会

民主党派　工商联

社会团体

政法 武装

文 化

人　物

附 录

索 引

大事记

1月

9日，区委副书记、区长陈万东走访慰问涵西街道辖区的困难群众。

10日，在区机关大院1号楼六层会议室召开中共涵江区第八届全体委员会，推荐产生出席党的十八大代表候选人初步人选建议名单。

同日，省公安厅副厅长施志强到白塘派出所看望慰问基层一线民警。

11日，在区政协会议室召开区委、区政府工作通报会。

12日，市委常委、政法委书记李飞亭带领市直有关部门负责人到涵江慰问因公牺牲的区交警大队民警郭振华的遗属。

17日，副市长、公安局长卢炳椿带领市局相关部门领导到涵江看望区交警大队因公负伤民警魏志伟。

20日，市委常委、组织部长林承通到大洋乡调研党员教育基地建设工作。

21日，区委书记沈伯麟、区长陈万东带领区五套班子领导走访慰问在节日期间坚守一线岗位的执勤民警。

29日，涵江区举行第二十二届“车鼓催春”大联奏活动。

1月，莆田市中涵机动力有限公司的“轴向柱塞式高压共泵”专利获得“2011年度福建省专利奖”三等奖。

是月，莆田市荣兴机械有限公司“GFMF后货架”、福建众和股份有限公司“亚光绵印染布”、莆田市华大织带有限公司“高强聚酯纤维逃生安全带”等产品获得“2011年度福建省优秀新产品奖”三等奖。

2月

4日，涵江区召开2012年“五大战役”暨重点项目征迁动员大会。

同日，涵江区召开全区政法工作暨2012年社会管理综合治理委员会第一次成员会议。

6日，涵江区举办第十三届民间民俗文化艺术节暨非物质文化遗产项目展演活动。

7日，副市长陈志强带领市直有关部门人员到海峡纺织工业城和海西研究院莆田分院调研。

11日，中共涵江区第八届纪律检查委员会第二次全体会议召开。

18日，在区机关大院1号楼六层会议室召开涵江区全体领导干部会议。

20日，市委书记杨根生、市长梁建勇带领市直有关部门负责人到涵江就城市建设工作进行专题调研。

24日，樱花（福建）包装文具有限公司在马来西亚上市，是涵江区首家、莆田市第九家上市企业。

25日，涵江区召开全区党的工作暨人口和

计划生育工作会议。

28日，涵江区举行兴化湾南岸涵江港开发建设项目签约仪式。

同日，保利集团、中建集团及上海银都派遣专员到涵江参观考察。

3月

1日，区政法委、涵江公安分局、区检察院、区法院、区司法局、区民政局和区妇联等单位联合在三门井开展综治宣传月活动。

2日，省委常委、副省长张志南到涵江调研工业经济运行情况。

3日，涵江区召开2012年度农村工作会议，传达贯彻中央、省、市农村工作会议精神。

同日，涵江区召开纪念“三八”国际妇女节102周年暨表彰大会。

6日，区长陈万东带领区国土局、住建局、财政局等部门领导在江口镇召开现场协调会，就小城镇建设有关问题进行专题调研。

10日，涵江区五套班子领导带队参加以“建设森林涵江，打造宜居港城”为主题的义务植树活动。

14日，省人大常委会副主任李红到涵江调研区人大常委会机关工作情况，并实地察看华闽华居、中涵机动力、集友框业等企业发展情况。

同日，市委常委、纪委书记黄进发到涵江调研经济社会发展和纪检监察工作等情况。

是日，市政协主席林庆生到涵江调研福建海峡纺织工业城建设情况。

15日，涵江区开展纪念“3·15国际消费者权益保护日”大型宣传咨询活动，现场组织销毁假冒伪劣商品。

17日，“红色之旅、生态大洋”首届摄影征稿大赛启动仪式暨莆田市摄影创作基地揭牌仪式在大洋乡举行。

23日，区司法局、区交通局、区文明办和区交警大队等单位联合在新华书店广场举办以“文明交通计划行动”为主题的法律宣传活动。

24日，涵江区召开全区乡镇、街道党（工）委书记“双述双评”会议。

同日，涵江区召开精神文明建设表彰暨未成年人思想道德建设工作大会。

是日，涵江区召开全区造林绿化暨环境保护工作会议。

27日，区委书记沈伯麟带领区委、区人大、区政府及相关部门领导到宁德市柘荣县考察调研。

28日，全市非公企业党组织负责人培训班在大洋乡闽中党员干部教育培训基地举办。

29日，市政协副主席陈元到大洋乡指导旅游和闽中革命教育基地建设工作。

是月，为纪念“学雷锋纪念日”，涵江区开展“青春奉献文明城市，志愿服务宜居港城”志愿服务活动。

4月

1日，涵江召开“五大战役”加温暨重点征迁项目提速动员大会。

14日，涵江区召开全区关心下一代工作暨老年教育工作会议。

15日，区司法局、区文明办、区教育局联合组织，在部分中、小学开展“关爱未成年人志愿服务”活动，为期10天。

18日，副省长陈荣凯到江口镇调研深海高速公路福建段森林生态景观通道建设情况。

20日，共青团涵江区第八次代表大会召开。

22日，由中央电视台中央新影集团牵头投

资近亿元，并以南少林为背景的功夫电影《金刚王》将拍摄主场地选在梧塘镇沁后村尖山寨森林公园。

24日，福建省新威电子工业有限公司董事长黄琼静入选福建省首批创业英才。

26日，涵江区为纪念世界文化知识产权日，统一销毁历年来收缴的盗版音像制品出版物、游戏机等。

27日，涵江区举行与甘肃省合水县缔结友好区县协议签订仪式。

28日，国家发改委外资司副司长王东到福建省安特半导体有限公司调研。

同日，涵江区举行涉港澳台侨民事审判合议庭揭牌仪式，该庭设在江口法庭。

是日，区委书记沈伯麟一行到福建莆田南华电路板有限公司调研。

是月，涵江区工商联义乌市分会、义乌市涵江商会在浙江省义乌市正式成立，该商会为涵江区驻外的第五个商会。

5月

3日，莆田市第十四届枇杷节在萩芦镇双亭村举行。

5日，涵江区召开2012年第二次安定稳定形势分析会。

8日，省政协副主席李祖可带领省政协视察团到涵江就农村饮水安全建设情况进行调研。

9日，副省长王蒙徽到江口镇官庄村察看农村家园清洁行动开展情况。

12日，涵江区召开2012年第二轮人口和计划生育宣传服务活动动员大会。

15日，市委、市政府到涵江开展重点项目拉练检查活动。

16日，副市长傅冬阳到涵江调研省级小城镇综合改革试点工作。

同日，涵江区召开推进惩治和预防腐败体系建设工作会议。

18日，联亚集团董事长兼总裁刘亭协同全国工商联女企业家商会有关人员到涵江考察。

26日，涵江区召开志愿者协会成立暨第一次会员代表大会。

29日，涵江区召开2012年村级组织换届选举工作动员部署会议。

30日，全市中小学校安工程攻坚战加温会在莆田华侨职业中专学校召开。

6月

5日，区五套班子领导检查2012年高考涵江考点布置情况。

同日，涵江区开展“食品安全宣传月”活动。

8日，省委书记孙春兰、省长苏树林到涵江视察海峡纺织工业城项目建设情况。

11日，副市长封丽霞带领市旅游局、财政局等部门负责人到涵江调研旅游工作。

18日，区长陈万东带队参加“6·18”海峡项目成果交易会。

同日，涵江区“安全生产月”百场应急演练活动启动仪式在东南香米业发展有限公司举行。

20日，市委常委、政法委书记李飞亭带领市政法委、市信访局等有关人员，到涵江区调研信访维稳工作。

同日，涵江区召开办事公开评议暨廉政风险防控工作会议。

21日，涵江区召开消化党政机关超编人员工作会议。

28日，省政协副主席李川带领省政协委员到涵东街道霞徐社区调研社区建设工作。

30日，涵江区召开全区创先争优表彰大会。

7月

5日，市委副书记赖军到涵江察看城市管理、CPL项目工作等情况。

13日，福建省保障性住房监督检查组到涵江区督查2012年保障性住房建设情况。

22日，涵江区召开2012年第三次安定稳定形势分析会、全区上半年经济工作分析会。

25日，市委副书记、市长梁建勇到江口镇视察省级小城镇建设情况。

26日，在明珠大酒店1楼会堂召开涵江区庆“八一”军地共建座谈会。

27日，市委组织部在大洋乡省级党员教育培训示范基地举行全市乡镇（街道）书记党建工作专项述职会议。

是月，福建金星传动件有限公司发明的“链链轮齿部感应热处理工艺”国家级专利申请正式获批。

8月

1日，副市长、公安局长卢炳椿带领市局有关部门人员到江口、三江口派出所调研督导。

9日，市委副书记、市长梁建勇到涵江调研涵江港开发工作。

11日，全省小城镇综合改革建设试点工作现场会在江口镇城北工业园召开。

17日，中国侨联权益保障部部长姜凤岩到赤港华侨农场视察侨益保障工作。

23日，涵江区举行2012年大学新生助学金发放仪式，为40名大学新生每人发放助学金2000元。

25日，涵江区召开区委八届三次全体（扩大）会议。

同日，中共涵江区第八届纪律检查委员会第三次全体会议召开。

30日，市委书记杨根生带领市直有关部门人员，到涵江调研科技创新工作。

8月，国务院正式批准莆田高新园区升格为国家级高新技术产业开发区，为莆田市首个国家级高新技术产业开发区。

是月，“华昌珠宝”被中国黄金协会认定为“中国金镶玉第一品牌”。

是月，莆田市集友艺术框业、华昌珠宝有限公司两家企业获得“2011年度福建省文化企业十强”称号。

9月

13日，中国民生银行涵江国际商贸城城市商业合作社成立。

16日，涵江区召开全区第三轮人口计生宣传月动员会和全区“保稳定、促发展”工作汇报会。

17日，在区机关大院1号楼六层会议室召开全区领导干部大会。

20日，区委副书记、区长陈万东到涵江公安分局调研指导交通整治工作。

21日，福建电视台新闻频道对涵江区“网格化”巡防改革做法作专题报道。

22日，涵江区新一届村（社区）党组织书记培训班开班。

25日，中央信访工作督导检查组到涵江督导检查信访工作。

26日，莆田市乌溪水库工程在大洋乡举行

开工仪式。

27日，副市长蒋志雄到涵江检查农贸市场节日食品供应情况。

28日，市委副书记、市长梁建勇带领市直相关部门人员到涵江进行节前安全生产、食品安全检查。

同日，湄渝高速公路项目开工动员大会在江口镇举行。

同日，涵江区首批国标校车运行启动仪式在区教育中心门口举行。

29日，涵江区举行福建亿发工贸园项目开工剪彩仪式，市委书记杨根生、市长梁建勇等领导到场祝贺，并为项目开工剪彩。

是月，《涵江年鉴（2012）》与《中国共产党莆田市涵江区历次代表大会资料汇编》出版发行。

10月

1日，涵江区首届房产家居建材联展交易会在莆田私立实验中学举行。

13日，涵江区召开计生协会第五次会员代表大会。

14日，省委组织部督查组到涵江督查基层组织建设工作。

17日，省计生委主任池秋娜到江口镇检查计生工作情况。

21日，涵江区召开第三季度经济分析会暨涵江区2012年第四次安定稳定形势分析会。

22日，市委书记杨根生一行到赤港农场调研。

27日，副省长张志南、省委统战部长雷春美到涵江走访慰问困难群众。

同日，涵江区召开全区信访工作会议。

30日，市委常委、政法委书记李飞亭带领市直相关部门人员，到涵江走访慰问困难群众。

11月

2日，涵江区召开农村党风廉政建设工作会。

5日，涵江区召开残疾人联合会第五次代表大会，全区111名代表参加会议。

14日，省科协党组书记叶顺煌一行到涵江视察区科技活动中心工作情况。

15日，涵江区举行庆祝党的十八大胜利闭幕文艺晚会。

12月

7日，涵江区召开推进惩防体系建设和落实党风廉政建设责任制考评布置会。

12日，省综治考评工作小组到涵江检查2012年综治工作，并到涵江公安分局治安防控指挥中心调研。

20日，涵江区饮用水应急供水工程建成，总投资3796.12万元。

25日，涵江区召开区委八届四次全体会议。

26日，市委副书记、市长梁建勇到涵江了解企业发展情况，并察看海峡纺织城项目建设情况。

29日，全市信访工作年会在涵江区兴化明珠大酒店召开。

截至12月31日，全区实现地区生产总值323.16亿元；全社会固定资产投资168.85亿元；财政总收入26.06亿元。

（许云峰）

编辑：范　将

区情概貌

·自然环境·

【地理位置】 涵江区位于福建省沿海中部、莆田市的东北隅，东经 118°51′59″ ~119°13′23″，北纬 25°44′10″ ~25°32′14″。处于木兰溪下游，濒临兴化湾，依山面海，与台湾省一水之隔。它东面与福清市相接，西面分别与仙游县、荔城区相连，南面隔兴化湾与荔城区、秀屿区相望，北面与永泰县相邻。涵江距福州 93 千米，距厦门 200 千米，城区东南 3 千米处的三江口港距台湾省台中港仅 70 海里，地理位置优越；324 国道横贯市区，福厦高速公路、高速铁路穿境而过，交通便捷。全区土地面积 799.5 平方千米。

【地形地貌】 涵江区总的地势由西北向东南倾斜。西起庄边镇上院村，东止江口镇东大村，南起三江口镇新浦村，北止大洋乡南岭村。境内水系发达，沟渠成网，闽中最大溪流木兰溪横穿南部，至三江口，注入兴化湾，呈东西流向。由于位于木兰溪下游，流速减缓，产生分流，与上游北部山区的各穿插河流形成复杂的水系网，湖泊和池塘星罗棋布，其中位于境内南部的白塘湖是市内最大的人工湖泊。境内地貌组合复杂，可分为山地、“红土”台地、平原、港湾滩涂等四大类型。山地主要分布在涵江北部和西北部（新县镇、庄边镇、大洋乡境内），为戴云山支脉，平均海拔高度 800 米左右，面积 108.67 平方千米，主要山峰海拔高度均在 1000 米以上，多由石帽山群地层组成，最高山峰望江山，海拔高度 1083.4 米，相对高度大于 500 米。“红土”台地均为剥蚀台地，主要分布于涵江中北部和东北部，平原主要分布于涵江西部和东南部，港湾有兴化湾和三江口港。

【气候特征】 涵江属典型的南亚热带海洋性气候。该区季风明显，冬暖夏凉，气候宜人，日照充足，雨量充沛。年平均气温 20.2℃，年平均日照 1943 小时，年平均雨量 1289 毫米。冬季寒而不栗，多晴少雨，境内冬季 12 月末至来年 2 月底，历时两个月左右，是四季中最短的一个季节。春季晴雨交错，冷热无常，春季为 2 月下旬至 5 月底，历时约 3 个月，是冷热过渡时期。夏季热而不酷，风雨常见，涵江夏季为 5 月底至 10 月上旬，历时 4 个月左右，是四季中持续时间最长的一个季节。秋季秋高气爽，少雨多旱，涵江秋季为 10 月中旬至 12 月底，历时 2 个月半左右。

【资源状况】 涵江依山面海，土地肥沃，物产丰富，盛产枇杷、龙眼、荔枝、柿子等四大水果，蘑菇、香菇等食用菌，鳗鱼、牡蛎、海蛏、跳鱼、蚶蟹等水产品，“土笋冻”更是海珍品。海岸线长达26千米，可供养殖的滩涂面积有1333.3公顷，森林覆盖率达67.09%。矿产资源主要有金属类、非金属类和能源类，已开发利用的有铅锌矿、叶蜡石、高岭土、建筑石料、荒料石材、建筑用砂和地热水、矿泉水等。涵江兼得山区、平原、沿海的风光美景，境内旅游资源丰富，有碧波荡漾的白塘湖、松涛阵阵的雁阵山、万木葱茂的瑞云山、峰峦起伏的夹漈山、怪石嶙峋的永兴岩，还有千年古刹囊山寺、国欢寺，省级森林公园大洋瑞云山森林公园、新县夹漈山森林公园等。

·建置沿革·

【涵江建区前】 唐贞观元年（627年），境内围海造田，筑涵（即水闸）排涝，故称涵头（即涵江最早地名）。宋代，“刘氏初开水心河”，始有“涵江”之称。宋元时期，境内分属莆田县唐安乡望江里、延寿里，崇业乡孝义里，武化乡仁德里。明清时期，分属莆田县二区延寿里、望江里、仁德里和三区孝义里。民国时期，隶属莆田县二区。新中国成立初至1984年5月，涵江仍隶属莆田县。

【涵江建区后】 1984年6月，涵江升格为莆田市辖区，下设涵江乡和涵江镇。1993年元月，进行撤乡、建镇和扩办（街道办事处），成立三江口、白塘、国欢镇和涵东、涵西街道办事处。2002年5月，莆田市进行行政区划调整，原莆田县的江口、梧塘、萩芦、白沙、新县、庄边、大洋等7个乡镇和赤港经济开发区划归涵江区管辖。截至2012年末，涵江区下辖涵东、涵西2个街道办事处；江口镇、三江口镇、白塘镇、国欢镇、梧塘镇、萩芦镇、白沙镇、新县镇、庄边镇、大洋乡等10个乡镇；商城、赤港经济开发区、高新园区，新涵工业集中区、物流园区、临港工业集中区等6个管委会（工业区）。全区共有175个行政村、24个社区（居委会）。

·区划人口·

【行政区划】 截至2012年底，涵江区辖涵东、涵西2个街道，三江口、白塘、国欢、梧塘、江口、萩芦、白沙、庄边、新县等9个镇，大洋1个乡，共12个镇（乡）级政区；商城、赤港经济开发区、高新园区，新涵工业集中区、物流园区、临港工业集中区等6个管委会。全区共有24个居民委员会、175个村民委员会；下设1924个居民小组、267个村民小组。

表1 涵江区各乡镇（街道）一览表

乡镇（街道）	村居（社区）
涵东街道	新区、顶铺、宫下、下徐、铺尾 后度、塘北、苍然、涵中、卓坡
涵西街道	孝义、前街、青年、楼下、保尾 延宁、群英、苍林、涵西
江口镇	江口、新前、海星、新墩、李厝 前面、五星、东楼、西刘、石东 石西、丰美、丰山、厚峰、囊山 坂梁、刘庄、石狮、院里、园顶 园下、顶坡、上后、蒲江、大东 东大、官庄
三江口镇	后郭、鳌山、东清、南兴、塔山 芳山、鲸山、杨芳、洋中、双霞 前明、哆中、东盛、新兴、高美 美尾、新浦

续表

乡镇（街道）	村居（社区）
白塘镇	埭里、安仁、周墩、双福、集奎、显应、柯塘、镇江、镇前、上梧、江尾、陈桥、东墩、后宫、洋尾、南埕
国欢镇	都郊、码头、黄霞、南林、塘西、沁东、沁西、后洋、三股、巷利、黄厝、潭尾、新坡、洞庭、林柄
梧塘镇	东福、西庄、沁后、漏头、枫林、前东、后东、新丰、梧梓、松东、松西、九峰、东南、西林、溪游、霞楼
萩芦镇	萩芦、崇圣、崇联、崇福、洪南、双亭、南下、林美、东张、潭井、深固、友谊、官林、利东、洪里、梅洋、樟洋、水办、晏井、枫山
白沙镇	坪盘、澳柄、澳东、东泉、龙东、龙西、狮亭、田厝、宝阳、广山、长兴、洋顶、白沙
新县镇	新县、文笔、张洋、巩溪、广宫、墘顶、上茅、洋林、仙安、白云、泗洋、外坑、大所、大贤、白鹤
庄边镇	前埔、萍湖、梨坑、溪西、庄边、泮洋、徐洋、百俊、西音、松岭、吉云、凤际、岫山、赤溪、黄龙、黄洋、山溪、岐山、上院、走圩、大汾、尚书桥
大洋乡	莲峰、孝池、兔洋、满长、昆山、院埔、瑞云、可山、车口、瑶山、大洋、崇兴、杏山、琼峰、南岭、坝头、坂洋、霞洋

【人口状况】 2012 年，全区总户数 113299 户，总人口 437095 人，其中男性 216795 人，女性 220300 人。年度出生人口 4838 人，死亡人口 2363 人，人口自然增长率 5.76‰。 (范 将)

·外事侨务·

【概况】 2012 年，涵江区外事侨务办公室（以下简称区外侨办）围绕区委、区政府建设涵江港口城市的战略部署，与时俱进，开拓创新，不断强化外事优势，切实盘活侨力资源，抓好侨政工作，开拓海外联谊渠道，外事侨务工作取得新成效。是年，接待到涵江访问、考察、投资的海外华侨、华人、港澳同胞共 11 个国家（地区）230 人次；共办理因公出国（境）4 批 5 人次。

【外事管理】 2012 年，区外侨办在因公出国（境）管理工作中做到正确掌握政策、坚持八项规定、严格把关、加强管理，对出访团组严把审核关，重点针对出访任务、出访身份、出访费用、邀请函内容、日程安排等严格审核，并实行经费先行审核制度。为民营企业办理 APEC 商务旅行卡工作，实行服务承诺制，推行限时办结制，一次性告知，一站式服务。完善下乡调查制度，深入基层了解实际情况，有效地纠正弄虚作假、借机移民和公费旅游等不正之风。是年，共办理因公出国（境）4 批 5 人次，比上年压缩 1 批次 6 人次。

【老挝干部考察团到涵考察】 2012 年，区外侨办接待以老挝劳动和社会福利部副部长贝坎·卡提亚为团长的老挝干部考察团一行 26 人到涵江参观考察。该考察团参观涵江华林蔬菜种植基地、红太阳国圣酱菜加工基地，了解涵江经济社会发展情况。

【服务侨资企业】 2012年，区外侨办继续抓好服务侨资企业工作，完善领导挂钩联系重点企业单位制度，并采取相应的配套服务措施，为企业的发展创造良好的环境。是年，与区外经局、区侨联等涉侨部门联合组织调研，深入重点建设项目、重点侨资企业，为侨资企业排忧解难。为侨资企业福建樱花文具有限公司赴马来西亚挂牌上市办理出国境手续提供一条龙服务。全年共走访企业10多家，协调解决有关问题5件。

【侨力资源引进】 2012年，区外侨办坚持以情系侨，发挥侨乡优势和新移民的作用，利用华裔网络，不断发掘新的侨力资源，努力实现以侨引商，以侨引外，以侨引台。邀请海外侨商、新移民组团参加“6·18”、“9·8”、“世界莆商大会”、“莆田妈祖文化旅游节”等重大经贸活动，涉及房地产、服装、鞋革、电子、机械等领域。同时，采取“走出去”等方式，宣传涵江区日臻完善的投资环境，动员、引导海外侨胞及归侨侨眷投资兴业。接待印尼海钻集团董事长一行到涵调研洽谈项目，共签约侨资合同项目11个，总投资额达16269万美元，意向项目3个，投资额达14850万美元。不断发掘新的侨力资源，开展涵籍海外留学人才普查登记工作，不断完善海外留学人才档案，建立健全海外留学定居人才信息数据库，为引智引资工作提供依据。全区有海外留学定居人才70人，其中博士24人，硕士17人，学士29人，主要涉足金融，生命工程、材料科学、计算机等领域，分布在美国、英国、加拿大、新加坡、日本、韩国等国家。围绕转变发展方式，“走出去”开展招商推介活动，推动产业升级和促进发展方式转变。制定年度“走出去”计划，在老华侨比较集中的东南亚和新华侨比较集中的欧洲等地开展推介涵江、海外联谊和招商引资工作，招商推介工作力度不断增强。如区外侨办领导随市组团赴东南亚开展科技专业人士侨情考察和普查，建立其相应的侨情资料库。全年接受海外侨胞捐资500多万元，用于兴办公益事业。

【侨务工作】 2012年，区外侨办盘活侨务资源，加大亲情联谊工作力度。区主要领导带领区侨务部门人员亲自拜访部分改革开放以后出国的海外同乡会会长，重点侨领、重点人士，并邀请他们回乡参加“叙乡情、商发展”座谈会。是年，分别接待马来西亚兴安同乡会青年文化考察团一行36人和福莆台工商联合会筹备委员会一行20多人到涵参观考察，并指导和协助其筹委会做好前期筹备工作，元宵节期间，印尼雅加达兴安会馆会长关文龙率40多位海外乡亲组团回涵参加和感受家乡传统的元宵文化活动。区外侨办与区侨联联合举办各种形式的海外侨胞座谈会、联谊会，并采取登门拜访、电贺及寄贺等形式向海外乡亲拜年。落实侨务工作政策，出具侨属证明17份，为10位归侨退休职工争取月增60元生活补贴、共计8640元，为70位散居社会的贫困归难侨向上争取困难补助资金8.4万元；接待来访13人次，处理来信3件。10月份，区外侨办在江口东岳观侨法宣传角阵地开展“侨务法律、法规、规章和规范性文件咨询”活动，邀请区五侨部门、司法部门、江口镇侨联、东岳观侨法宣传角等人员参加，为500多位归侨侨眷提供法律服务，发放《涉侨主要法律法规及规范性文件汇编》110多份，宣传卡1000多份。邀请莆田涵江平民医院外科、内科、儿科等专家11人在江口东岳观广场和坂梁村开展“侨爱工程”专家义诊活动，归侨侨眷及周边群众1500多人参加问诊，发放健康宣传手册1000多份和免费药品折值2000多元。

【社区侨务】 2012年，继续做好社区侨务工作，建立服务社区侨务工作的长效机制，以各街道侨联为桥梁，以居委会侨联小组、归侨侨眷骨干和社区工作人员组成的联络组为纽带，依托社区，依法维权、为侨服务，社区侨务工作形成纵横贯通的运行机制，巩固社区为侨服务成果。区外侨办做到“二建立、四结合”（“二建立”即：建立联谊制度和走访制度；“四结合”即：将宣传侨务政策与社区思想工作结合起来，将为归侨侨眷办好事、实事与社区服务工作结合起来，将对外联络工作与社区发展结合起来，将侨捐工作与社区两个文明建设结合起来），推荐和上报侨乡江口镇江口社区为创建“全国侨务明星社区”活动示范点。

【对外交流】 2012年，区外侨办加强对外交流，拓展海外侨务，不断增强海外联谊的凝聚力。以莆田妈祖文化旅游节为载体，拓展海外联谊工作，前后联络310多位与会的海外乡亲到涵江参观考察。同时，还利用“6·18”、“9·8”、世界莆商大会涵江乡亲恳谈会、香港（莆田）经贸活动周等重大经贸活动，加强与海外侨团和新华侨华人、重点人士的联系交流，并通过联谊深入开展经贸、文化、科技、外宣工作。是年，接待到涵江访问、考察、投资的海外华侨、华人、港澳同胞涉及11个国家230人次。

（李金龙）

·台湾事务·

【概况】 2012年，中共涵江区委台湾工作办公室、涵江区人民政府台湾事务办公室（以下简称区台办）围绕区委、区政府工作大局，立足涵江，以涵台经贸合作及交流工作为重点，为台资企业台胞服务。同时，通过媒体宣传、分发宣传品等方式，让台胞进一步了解中央对台政策，并对各级领导干部、涉台从业人员、机关干部、社会群众开展涉台教育，认清台海形势。是年，台胞到涵江观光旅游、经贸考察、探亲访友的人员达2000多人次；涵江区组织人员赴台交流50多人次。

【服务台胞】 2012年，区台办把做好台资企业作为扩大涵台经贸合作的重点，通过实行各级领导挂钩重点台资企业责任制，定期走访制度等形式，倾听台商的意见和要求，帮助解决台资企业在生产经营中遇到的困难。是年，协调解决3户台胞房屋拆迁安置问题；与劳动部门协调解决台资企业员工社保比例问题；协调解决5位台胞子女就学问题；办理企业员工赴台参加业务技术培训等有关手续16件；协助有关部门解决涵江鞋业员工要求提高工资与台商纠纷事件，并协助公司尽快恢复生产。

【赴台交流】 3月，区政府派遣有关人员随市经贸文化交流团赴台访问，在台期间先后拜访达芙妮国际控股有限公司董事局、张铁股份有限公司、台湾及成集团、台肥公司、台湾中钢集团、台湾安德鲁绅公司、台湾静明农场等。同时，前往台中大甲镇澜宫参加“赠台翡翠妈祖回访活动”，拜访台北莆仙同乡会。

【民间交流】 2012年，区台办按照省、市对台工作会议要求，组织开展闽台乡镇双向交流和小型民间组团赴台交流工作，进一步推动涵台多领域交流。8月，台湾台中教育大学5人到江口镇、白沙镇、庄边镇考察地方方言、语言使用及相关历史文化；“台湾青少年海峡两岸和谐之旅”骑单车活动到东岳观参观休息。12月上旬，福莆仙东岳观管委会16人组团到台湾云林县北港朝天宫等妈祖宫庙开展妈祖文化交流，扩大与台湾宫庙和信众的接触面，加强联谊，增进友情。

（蔡志安）

·民族宗教·

【概况】 2012年，涵江区民族与宗教事务局（以下简称区民宗局）促进少数民族地区经济社会加快发展，贯彻党的宗教工作基本方针，依法加强宗教事务管理，维护民族宗教领域安定稳定。截至年底，全区有回族、畲族、土家族、苗族、藏族、壮族、布依族、彝族、侗族、黎族、满族、蒙古族、瑶族等14个少数民族。集中分布在白塘、国欢、梧塘、萩芦、白沙、庄边、大洋等7个乡镇和白塘双福、萩芦南下、大洋坝头等3个民族村，民族自然村组30多个，有少数民族家庭户1504户，少数民族人口7268人，其中回族5787人。有佛教、道教、天主教、基督教等4个教派，三一教和妈祖等两个民间信仰。有宗教活动场所776处，纳入管理548处，其中佛教185处、道教164处、基督教25处、天主教3处，民间信仰庙宇171处。省、市、区民宗局重新登记换证118处，其中佛教59处、道教31处、天主教3处、基督教25处。

【民族事务】 2012年，区民宗局多次组织人员深入各民族村居对少数民族惠农项目建设的可行性进行考察，分析比照镇、乡初报的方案，结合往年惠农项目的执行和发展情况，确定白沙镇澳柄村、白塘镇双福村等5个基础设施建设、蔬菜专业合作社补助项目上报市民宗局，项目总投资115万元。全年共争取各类民族补助经费55.5万元，帮助少数民族地区改善生产生活条件。严格民族成份变更审批工作，审批更改民族成份和开据少数民族证明信，按政策规定办事，并把各项办事标准、程序、流程用公开栏形式对外公开，全年共更改民族成份28人，开据民族成份证明信14份。

【宗教事务】 2012年，区民宗局抓好各宗教团体、宗教活动场所“学习月”活动。4月，邀请市民宗局干部在涵江鲤江庙和江口东岳观举办两场宗教工作法律法规讲座，有400多名宗教界人士、信徒参加学习。加强宗教活动场所安全管理，制订具体的安全管理措施，落实安全检查机制、安全整改“定方案、定措施、定负责人、定资金来源、定完成期限”五定机制，安全知识教育培训机制、安全应急机制、安全定期演练机制、安全事故处理机制等“六项”机制，年初与各宗教团体负责人签订“安全目标管理责任书”，确保各项安全措施到位、到岗、到人。全年分别在涵江鲤江庙和江口东岳观举行安全消防演练，共400多人次参加。5月

4月15日，区道教协会举办《宗教法律法规政策》培训班

13—16日，组织两个安全检查组对江口镇100多个宫观的安全工作进行全面检查，造册登记，共发现安全隐患20多处，落实整改措施，确保整改不到位不放过。对全区119处宗教活动场所进行安全生产标准化评级管理，一级4处，二级10处，三级105处。在全区实行宗教活动场所的登记备案制度，至年底，全区共分五批次上报224处，其中佛教61处、道教135处、基督教25处、天主教3处；省民宗厅确认并换证到位的有118处。分两批次完成178名教职人员的认定上报工作，其中上报市民宗局168名，区民宗局备案10名。对各宗教活动场所财务监督管理进行验收评分，在全区118处宗教活动场所开展财务监督管理验收评分工作，区民宗局抽样检查验收79处，其中合格27处、基本合格22处、不合格30处，指出财务管理方面存在的不足，对不合格的要求限期予以整改。支持和鼓励宗教界从事公益慈善活动，自觉自愿、量力而行，全年各宗教团体共筹集慈善基金800多万元、大米85吨多用于扶贫济困、救助贫困学生和少数民族村基础设施建设，江口东岳观还把多年筹集的600多万元资金用于支持江口中心小学建设。

（陈建州）

·经济社会发展·

【经济运行】 2012年，全区完成地区生产总值323.16亿元，同比增长14.1%；财政总收入完成260629万元，同比增长17.3%；城镇居民可支配收入25891元，同比增长12.9%；农民人均纯收入10445元，同比增长13.6%。

【工业经济】 2012年，全区完成工业总产值646.38亿元，同比增长13.8%，其中230家规模以上工业企业产值610.06亿元，同比增长14.1%。电子信息、机械制造、鞋革服装、食品加工四大产业支撑有力，累计完成产值525亿元，占规模以上工业产值的85%。莆田高新区升格为国家级高新园区，中科中涵、威诺数控、荣兴机械和越特新材料等企业4项技术取得突破，达到国际国内先进水平。

【农业经济】 2012年，全区农林牧渔业总产值27.81亿元，同比增长4.6%。全区24家农业产业化龙头企业产值达44.38亿元，区内外基地面积1.44万公顷，带动区内外农户22万多户，增加农户收入9.58亿元。各类专业合作组织发展到85个，标准化生产基地达233.33公顷。

【第三产业】 2012年，涵江区实现社会消费品零售总额75.7亿元，同比增长11.7%。68家限额以上商贸企业及中石化、中石油、永辉、凤凰百货等驻涵连锁企业累计完成销售额41.3亿元，同比增长12.1%，其中零售额19.4亿元，同比增长7.3%。红色游、休闲游、生态游等旅游经济持续升温，闽中司令部旧址被中宣部等14个部委列为全国红色旅游经典景区，成为全省10家党员干部教育培训示范基地之一。

【项目建设】 2012年，涵江区实施“五大战役”项目235个，新开工建设149个，建成、投产62个，完成投资154.9亿元。一批项目取得突破性进展，涵江港海洋功能区划调整通过国务院审批，总投资150亿元的临港产业园陆域形成工程完成招标工作；三江口3000吨级陆岛交通码头、湄渝高速涵江段、乌溪水库等重大项目顺利开工；24个水利项目全部竣工，圆满完成小型农田水利重点县三年建设任务；81个工业项目预计完成投资42.6亿元，中涵机、德信电子等21个项目竣工，海峡纺织工业城、亿发工贸园等33个项目开工建设，英博雪津、荣龙机械等18个增资项目投产达产。

【城市建设】 2012年，涵江区市政设施日益完善，新建、改扩建道路20条，总里程15.7千米；“白改黑”道路2条，面积约15.5万平方米；涵港大道东侧等3条道路建成通车。国欢寺公园、荔涵大道涵江入口广场、新涵大街示范街等重要节点的形象大幅提升。率先完成沈海高速涵江段13.2千米的森林通道建设，典型经验在全省推广。完成河道修复保护和开发性规划编制，首批启动梧梓河、塘头河等清淤疏浚、引水冲污和景观建设工程。加强生态环境建设，拆除关闭养殖场面积60万平方米，新增污水管网25.3千米，新建垃圾收集转运设施403个，生活垃圾无害化处理率达98%以上。出台城乡一体化综合配套改革贯彻实施意见，启动以土地整理和村庄整治为主要内容的“幸福家园”试点工作。完成省道202线35千米路面铺设、880千米的乡村公路养护和120千米的农村公路安保工程。46个村庄规划编制完成，江口、萩芦小城镇建设扎实推进，村庄环境综合整治和农村家园清洁行动深入开展。

【社会事业】 2012年，涵江区科技创新逐步深化，累计上报47个科技计划项目，申请专利262项，申请量居全市首位。教育基础设施投入加大，义务教育阶段学校标准化建设全部通过市级验收，在全市首家完成103个校安工程重建任务和24辆国标校车更换工作。文化体育事业进一步繁荣，完善乡镇综合文化站9个，新建农家书屋43家，新增“农民体育健身点”51

个，送电影下乡2376场次。医药卫生体制改革不断深化，涵江医院作为全市唯一省级公立医院改革试点，率先实行药品零差率销售，新型农村合作医疗参合率达100%。人口计生利益导向提标扩面，技术服务站所全面改造升级，获评省级人口和计划生育工作先进单位。精神文明创建成效明显，通过全省公共文明指数和未成年人思想道德建设工作测评。

（范　将）

·精神文明·

【概况】 2012年，涵江区精神文明建设指导委员会办公室（以下简称区文明办）以提高公民思想道德素质为核心，以“践行道德规范，争做文明涵江人”为主题巩固文明城市创建成果，创新工作机制，丰富文明创建内涵，创新工作载体，提高公民文明素质，完善志愿服务体系，培育社会文明风尚。是年，全区有65个单位、6个镇、33个村、23所学校、9个社区获省、市级精神文明表彰；获文明路红旗22面，是全市唯一连续7年未被评为绿旗的单位。在全省2012年“两评”（福建省市、县、区文明程度指数测评和未成年人思想道德建设工作测评）工作中，公共文明指数测评成绩在龙岩、宁德、南平、莆田等四地市的城区测评中获第二名，与第一名成绩相近；未成年人思想道德建设测评成绩满分，继续保持全省领先位置。

【申报市区文明单位】 2012年，涵江区开展第十二届市区两级文明单位创建工作。全区共有140个单位（学校、村镇、社区）申报第十二届市级精神文明先进，105个单位（学校、村镇、社区）申报第十二届区级精神文明先进。其中，推荐市里表彰的有：区委办等51个单位、莆田华侨职业中专学校等20所学校、三江口镇等33个村镇、涵东街道办事处铺尾社等8个社区；推荐区里表彰的有：莆田市高新园区管委会等53个单位、青璜中学等22所学校、江口镇上后村等23个村镇。

【“身边好人”推荐活动】 2012年，区文明办在全区开展“我推荐、我评议身边好人”活动，组织发动全区干部群众学习、推荐身边助人为乐、敬业奉献、诚实守信、见义勇为、孝老爱亲道德楷模，并向福建省文明风网站、中央文明网“好人榜”推荐。经全民投票，涵江区推出的曾国富等4人入围全国好人榜，邹萍萍等11人入围福建好人榜，并以入围总数15人的成绩名列全省县区第一，占全省入围总人数10%，区文明办再次被省文明委授予福建省“我推荐、我评议身边好人”活动优秀组织奖（全市县区仅涵江区和仙游县2家）。在评选先进典型的同时，区文明办发挥身边好人在道德建设中的“灯塔”效应，开展身边好人学习宣传活动。依托市民学校、文化广场、道德讲堂等宣传教育阵地，组织道德模范、身边好人、美德少年进社区、进校园、进企业、进机关、进村镇共举办讲座报告30余场次，推进讲文明、守公德观念广为普及、深入人心。

【信息报送首获表彰】 2012年，区文明办为全面反映涵江区精神文明建设工作动态和经验做法，扩大区精神文明建设影响，推进精神文明创建信息报送工作，建立报送制度，制定激励措施，并纳入文明先进考评体系。全年共有15

条信息被《福建精神文明建设》信息刊物采用，首次获得“全省精神文明建设信息工作先进单位”和“全省精神文明建设信息工作先进个人”荣誉。

【成立志愿者协会】 2012年，涵江区率先在全市成立志愿者协会。5月26日，召开涵江区志愿者协会成立暨第一次会员代表大会，会议表决通过《涵江区志愿者协会章程（草案）》，选举产生第一届志愿者协会理事会。举办涵江区“学习雷锋志愿服务”启动仪式，成立文明单位志愿服务队，正式注册登记会员2000余人，全区各级各单位在文明单位志愿服务队的带领下，志愿服务活动得到认可与共识。区检察院报送的“青年检察官维权服务队”参加全省志愿服务案例征集活动，被省里采用并编入《“温暖相约”福建省志愿服务工作创新案例集》丛书在全省推广，劳动基地被省里授予“全省首批志愿服务牵手行动基地”，白沙中心小学乡村学校少年宫被列入全省首批乡村学校少年宫，得到经费补助。是年，全区开展志愿者服务活动20余场次，参与服务的志愿者6000多人次，为社区提供总计超过2万小时的服务。

【关爱留守儿童】 2012年，涵江区采取代理妈妈、结对子等方式，开展关爱留守儿童活动。全区共有“爱心妈妈”320多名，“手拉手”互助对子3000多对。以“六一”国际儿童节为契机，携手江口东岳观，为18名贫困外来工子女及留守儿童送去5000元的学习用品和慰问金。

【扶贫助学】 2012年，涵江区“爱心奖教帮扶助学基金会”共为贫困中小学生发放34万元助学金。区妇联向春蕾女童发放资助金近3万元，区各级文明单位帮扶资金近20万元，团区委筹集“希望工程”款6万多元，开展圆梦行动，资助高考贫困生22名。是年，全区扶贫帮困学生1900多名，为1000多名高中毕业生办理生源地助学贷款，向1600多名未成年人提供城乡最低生活保障。

（林　佳）

编辑：许云峰

建设 环保

·城乡规划·

【概况】 2012年，莆田市城乡规划局涵江办事处（以下简称涵江规划办）在城乡规划审批过程中，对重点项目实行“绿色通道”和容缺审批（即是针对适用范围内的，基本审批条件具备、申报材料主件齐全的重大项目与民生工程，在其他条件和申报材料暂缺的情况下，相关职能部门行政许可服务处可先予以受理审批，申请人须在承诺时间内将材料补齐补正），特事特办。靠前服务，加强指导。在开展“百家企业大走访活动”中，继续深入企业解难题、促发展。发挥规划引导作用，加强重大项目空间布局研究，强化规划综合调控，服务项目策划生成，引导产业集聚和延伸产业链。创新服务机制，加强跟踪重点项目服务，同时形成深入企业咨询指导规划的制度，对涵江区2012年重点项目定人定时到企业咨询指导，实现与服务对象“零距离”对接。推进立邦环保、百利电子等50个工业类重点项目建设，海峡纺织工业城、亿发工贸园等40个项目开工建设，其中23个项目实现竣工投产。协助高新区通过国家住建部、省住建厅有关审核，成功升级为国家级开发区。

【办证审批】 2012年，涵江规划办按照市规划局规定的审批程序及有关制度，将规划管理工作落到实处，力求规范化、程序化、合法化。是年，共受理报件199宗，其中核发“建设用地选址意见书”21宗，“建设用地规划许可证”10宗，“建设工程规划许可证”19宗，下达“规划设计条件”39宗，核准建设项目总平图14宗，建筑设计方案11宗，完成“建设工程规划许可证”副本换正本及条件核实共18宗，不能办理及退件31件。全年共办理领导批示件、信访件、督办件、人大议案、政协提案等36宗。

【园区规划】 2012年，涵江规划办配合修编新涵工业集中区控制性详细规划，完成技术审查及修改完善等工作，并于6月15日通过市政府批准。指导高新园区修改轻工业园区控制性详细规划，对修改后的规划方案进行技术审查和完善。协调、指导兴化湾南岸涵江滨海产业新区总体规划及其控制性详细规划的委托编制、组织论证及报批工作。

【小城镇试点规划】 2012年，涵江规划办按照省委、省政府的要求，着力打造“规划先行，功能齐备，设施完善，生活便利，环境优美，保障一体”的宜居城市综合体，提出试点镇建设要以科学发展观引领规划，统筹城乡发展，挖掘资源，凸显特色。协调指导江口镇做好旧城片区、石庭—站前片区控制性详细规划修编工作。对试点镇实施一条街综合整治，打造风格统一、色彩协调，洁、亮、绿、美的街道景观，实行统一规划、统一设计、规范管理。对江口镇福厦路江口段进行景观综合整治，在规划设计上注重整体环境效果，运用现代科学技术与方法，通过改造提升整体居住环境。做好绿化景观改造规划，江口镇结合荔涵大道江口段道路改造进行道路绿化和高速公路出口迎宾路两旁景观改造及沈海高速两旁绿化，规划实施新墩公园、海防路、赤港安居工程绿化。

（陈丽钦）

·城乡建设·

【概况】 2012年，涵江区住房和城乡建设局（以下简称区住建局）继续以“打好五大战役、全力推进城乡一体化进程”为指导，以项目实施带动发展为切入点，扎实推进城市建设，抓好城市管理，创造良好城区环境。持续把行评工作作为一项重要的工作来抓，开展个案整改和投诉受理，实行选题评议和纠纷专项治理，做到有组织领导、有实施方案、有动员部署、有检查通报，有测评验收，配合“政风行风热线”、“民生热线”、“纠风在线”、“12319”、“968168”民生服务监督台和“12345”政务服务平台，全年共办理市、区纠风督办件59件，受理“12319”投诉86件；按照信访线路图，办理省、市、区转办信访件37件；办理市区人大建议议案17件，政协提案21件。是年，区住建局被评为全国保障性安居工程建设劳动竞赛先进单位、全市创先争优先进基层党组织、全市住建系统政风行风评议工作先进单位、创建全省第三届（2000—2011年度）文明城区先进单位、涵江区（2007—2012）年度提案办理先进单位。

【市政道路建设】 2012年，区住建局牵头负责并推进全区九大类88个“城市建设战役”项目，总投资647.08亿元，年度计划投资61.79亿元，实际累计完成投资55.7亿元，占年度计划的90%，高出序时进度7个百分点。2012年市政道路建设累计完成投资3.6907亿元，主要实施涵港大道、南环城路、人民街北伸及卓坡段完善、鉴前路南伸、塘北路北伸、湖园路西伸、建成路延伸等10多条市政道路建设。实施新涵大街（荔涵大道至国欢桥）、东环城路2条道路沥青砼“白改黑”工程，涵港大道东侧、南环城路Ⅰ-Ⅲ标段、建成路、人民街卓坡段改造及新涵大街北段（荔涵大道至国欢桥）“白改黑”5个工程完工通车；鉴前路南伸、人民街北伸、涵三路改造、湖园路西伸及东环路“白改黑”改造等5个工程在施工中，涵港大道C标段（滨海大道-福厦路）、南环城路Ⅳ标段、人民街南伸、南环西伸、塘北路北伸等工程在进行前期工作。

【排污设施配套建设】 2012年，涵江区污水管网建设完成投资约2700万元，东环城路、振兴路、涵港大道东侧C标段等城区污水管道铺设约21.5千米，其中振兴路、涵港大道涵江段东侧C标段及东环城路3条污水管道工程污水管道完成铺设；人民街北伸、涵三路污水管道动工建设；工业路（福厦路至建园小区）污水管道完成预算及招标文件编制，进行预算审核。

江口片区污水处理厂基本完成前期工作和招商谈判，厂区采用BOT方式择优确定福建北美环保有限公司项目投资运营商，完成厂区土方回填，进行基础施工。江口片区污水处理厂配套管网一期工程Ⅰ标段动工建设，Ⅱ标段完成施工图设计及审查，进入预算编制阶段；赤港泵站出水压力管及重力管、江口片区污水处理厂尾水排放管工程完成施工图图审、进行预算编制审核。山区污水生态处理项目在项目方案设计和工可编制中。此外，截污工程完成排污口整治194处（中心城区共有内河排污口618处），设计招标并在施工的排污口249处。

【保障性住房建设】 2012年，涵江区安排公租房项目4个共696套，全部开工建设，基本完工336套，基本完工率48.28%，主体封顶在室内外装修360套。租赁补贴20户，审核落实23户。完成经济适用房预配售405套，廉租房配租155套，完成公共租赁房配租1104套，配租配售到户1664套（含部分预售），配租配售率为86.85%。

【片区改造安置房建设】 2012年，涵江区棚户区（危旧房）改造住房1600套（户）（实际任务数1500套），为加快片区征迁改造和安置建设进度，涵江区实行“周一、二、四”夜学夜访夜议和“5+2”、“白+黑”工作制度，开通项目绿色审批通道，实行容缺审批提速办理项目前期手续，出台一系列督查考评方案，对年内在建和年内开工的安置房，分别按照不同时间节点加强督查。全区50个重点征迁项目累计完成拆迁面积103.60万平方米，苍然后度、西林-下林、西坡3个片区改造安置房开工1530套，开工率102%；基本建成套数1396套，基本建成率93%。

【房地产开发建设】 2012年，涵江区房地产开发项目共23个，年度计划完成投资18.55亿元，累计完成投资17.2亿元，完成年度计划的92.7%。全区房地产1—10月份施工面积112.94万平方米，新开工面积61.33万平方米，销售面积达16.4万平方米，商品房销售均价为4900元/平方米，全年房地产开发建设健康有序发展。

【园林绿化】 2012年，全区累计完成投资3192万元，建设11个城市绿化项目。其中，涵港大道东侧B段道路绿化、滨海大道（福厦路口至雪津啤酒厂）道路绿化提升改造等项目完工；新涵大街两侧20米绿化景观建设及荔涵大道交叉口绿化建设基本完工，国欢桥周边街头绿化完成招投标待电缆下地后施工；国欢寺公园完成园内地下设施的铺设，地上诵经台、莲花广场、假山池、凉亭等铺装，重要绿化节点的大树种植完成；西河公园、河滨路水景观带完成设计合同签订，正与北京东方园林股份有限公司联系设计；此外，福泉高速涵江出口广场江口段挂标，三江口段在方案探讨更新中。是年，城区绿化覆盖率达45.85%，人均绿地12.89平方米。

【城乡环境卫生保洁】 2012年，涵江区进一步实行环卫体制改革和城乡清洁工程建设，督促落实城区、平原片区垃圾压缩转运及山区片垃圾转运焚烧等工作；累计完成投资2700多万元，按月推进城区环卫清扫、河道保洁工作，推进179个村卫生清扫保洁运作；完成商业城二期垃圾转运站改造及城区6座旧公厕提升改造。

【省级村镇住宅示范小区建设】 2012年，涵江区推进城乡一体化进程。大洋乡下州小区为莆田市唯一新增的省级村镇住宅示范小区试点，至年底全区共有国欢码头、白沙坪盘、大洋霞洋、梧塘枫林、梧塘松东、江口丰美邦尾、白沙澳柄及白沙田厝小区等9个省级村镇住宅示范小区，其中码头、坪盘、枫林、霞洋、邦尾为全市仅有的5个省级优秀示范小区。

【村镇规划修编】 2012年，涵江区完成规划区外46个行政村的规划修编任务，地形图全部委托厦门闽矿测绘院测绘。完成萩芦镇洪里村、水办村，新县镇张洋村和大洋乡兔洋村等4个村庄规划编制论证工作，其他42个村庄中，其中9个村庄委托省村镇建设中心编制，33个村委托市城乡规划设计院编制，设计费用为省、市两级“以奖代补”资金。大洋乡、白沙镇、庄边镇、新县镇、萩芦镇的37个村庄规划完成规划修编，待审查论证，梧塘镇、江口镇等5个村也完成规划修编，在编制评审稿。

【农村“家园清洁行动”】 2012年，涵江区有萩芦官林村、庄边梨坑村等26个村庄（包括涵东街道、涵西街道的4个行政村），列入省委、省政府为民办实事的家园清洁行动建制村项目建设。全区共计179个行政村开展农村家园清洁行动。全年共投入1300多万元用于农村环境卫生，其中省市下拨补助金200多万元，区财政投入430多万元，江口镇投入390万元，白塘镇投入345万元。江口、三江口、国欢、梧塘、萩芦、白沙、新县、庄边等乡镇辖区内村垃圾清扫收集清运工作全部推向市场化承包管理，平原镇垃圾转运到莆田垃圾发电厂，山区乡镇垃圾清运到各镇焚烧炉进行无害化处理。区农村家园办严格按照“市季查、区月查、镇周查”制度，加强对乡镇月“红绿旗”督查评比，全年共抽查10次，检查10个镇473个村次，评出10面红旗、10面绿旗，优秀村20个村次，不合格43个村次，给予相应经费补助或扣除。

【招投标工程监管】 2012年，按照省市有关招投标文件规定及要求，涵江区做好工程招投标文件备案、审查、资格预（后）审、开标评标现场监督等工作，出台《涵江区关于规范房屋拆除工程招标投标行为的暂行规定》，确保建设单位依法招标及工程项目按法定程序进入有形建筑市场。加强标后投诉受理和标后管理，强化安置房、保障房、校安工程等保障房的质量安全监管，督促招投标各方主体依法履行标后管理职责，执行住宅工程质量分户验收工作规定要求，做好住宅工程质量分户验收工作，确保住宅工程结构安全和主要使用功能质量。受理标后投诉，全年共受理莆田产业技术研究院建筑方案及施工图设计项目招标等工程建设招投标投诉3起，受理行政复议2起，受理施工单位拖欠农民工工资6起涉及金额39万元，大多数协调办结。

【质量安全监管规范】 2012年，区住建局加强工程质量安全动态管理，实时掌握分析施工现场质量安全监管信息，实施差异化监管，对工程质量安全管理不力，违规记分达到分值的责任人和责任单位进行处理，全年共对相关责任人扣1795分。健全质量安全监督定人定岗定责制度，对全区所有在建工程实行分组分工管理，组织开展季度质量安全生产大检查活动，开展安全生产标准化建设及“打非治违”等各项专项行动，抓好在建工程企业主体责任工作的落实，有效遏制房地产建设领域各类安全事故的发生，争创“市级文明工地”11个。加强执法检查，严厉查处建筑施工非法违法行为，对管理松懈、质量安全意识淡薄，出现违法违规行为的4家施工单位和4家监理单位分别按有关规定给予行政处罚，行政处罚8件，共处罚金3.6万元。

【扶持服务企业项目】 2012年，涵江区开展重点项目审批“绿色通道”服务，压缩建设工程施工许可、城市排水许可等12项审批事项的办理时限，取消或容缺部分前置条件，实行区重点项目容缺预审服务，以局审批服务室为主体，对涉及住建局的所有审批许可服务事项的报建、报监受理及服务，坚持做到当天受理按时办结。健全项目跟踪、联络服务机制，分人分项目对全区重点建设项目进行跟踪走访服务，对省、市重点建设项目，从项目招投标备案到项目报建、施工许可、工程质量、安全监管等各个环节，进行主动服务、靠前服务，提前介入质量安全管理，加强对工程建设质量和安全的技术指导与检查，对工程建设的每一道环节实行全过程的跟踪管理与监督，杜绝工程质量、安全事故的发生。全年全区建筑业总产值达18.6476亿元。

·经济开发·

【概况】 2012年，涵江区经济开发总公司（以下简称区经开公司）位于新涵大街经开大厦。隶属区住建局管理的正科级事业单位，实行企业化管理，核定事业16人，在编14人。下辖区房地产综合开发公司、区第二房地产开发公司、区水电安装公司、区第三建筑工程公司、区住宅解困合作社、莆田市盛世房地产有限公司、涵江区盛世房地产咨询服务中心、区腾飞大酒店、涵江区盛达建材有限公司等9家国有企业，国有企业人员在职60人，在岗15人。

2012年，区经开公司加快经营性用地招拍挂、收储及融资等工作，完成区政府下达的各项指标任务，推进区的城市化建设。全年共纳税3180万元。总公司工会连续4年组织公司及下属公司员工进行健康体检；公司扶持特困家庭3户 ，每户每年2000元。是年，共向社会公益活动捐款13000多元。坚持每年度庆祝“教师节”活动期间，为区实验小学捐赠3000元；做好拥军工作，公司组织慰问驻涵武警部队。

【挂靠及自主经营】 2012年，“经开大厦”宝利来世纪酒店投产营业后，带动周边商贸服务业发展，为社会创造新效益。同时，又盘活公司国有固定资产升值，为公司增加年收入约100多万元，为公司业务的进一步开展提供保障。

【参与项目建设】 2012年，区经开公司承担孝义片区旧城改造工作，所负责的安置房建设项目于10月竣工，并完成工程验收及消防、人防、环保等项目验收合格。为做好孝义片区安置房回迁工作，保障拆迁户的各项权益，成立孝义安置房回迁交接工作领导小组，建立健全相关财务结算制度，做好项目资料移交等工作，全部完成101户安置房的回迁工作。

【经营性用地前期工作】 2012年，区经开公司负责涵江区经营性用地招拍挂出让工作，开展经营性用地招拍挂、经营性用地收储、融资等大量前期工作。是年，共完成收储经营性用地26幅66.33公顷。其中，完成农转用报批6幅29.33公顷，完成企业搬迁收储8幅8.13公顷。全年完成出让拍卖12幅28.87公顷，拍卖出让金为11.408亿元，位居全市各县区第一。

（何 辉）

·城管执法·

【概况】 2012年，莆田市开展城市管理相对集中行政处罚权工作获省政府批准，莆田市城市管理执法局执法五大队正式更名为莆田市城市管理行政执法局执法四大队、莆田市城市管理行政执法局涵江分局（以下简称涵江城管执法局），设分局局长1名，副局长3名，共有干部职工58名、协管员14名；内设办公室、法制室、执法室等3个科室，下设9个中队。是年，涵江城管执法局围绕“抓班子、带队伍，树正气、强素质，谋发展、上水平”这一主线，以“五大整治”（建筑垃圾和工程车辆“滴、撒、漏”专项整治、市容环境卫生综合整治、“两违”综合整治、户外广告整治、交通秩序整治）为抓手，不断转变执法理念、创新工作思路、加大清理力度、提升城市形象。全年共纠正“滴、撒、漏”违规行为165起，查处违法建设252起，受理各类举报投诉件744件，办理行政处罚案件251件。

【“滴、撒、漏”专项整治】 2012年，市、区政府对建筑垃圾和工程车辆“滴、撒、漏”整治工作给予高度重视。在广泛宣传及全面普查的基础上，涵江城管执法局强化源头管理，督促施工工地配套落实“五小工程”，施工围档管理，督促工地硬化进出口道路，设置洗车台、震荡槽等，做到净车出场和平载运输。同时，突出联合执法，组建“滴、撒、漏”联合执法小组，严管重罚。此外，强化路面保洁，加强与街道、社区的联动互动，配合所在街道、社区对堆放的无主建筑垃圾予以清理。是年，涵江城管执法局共纠正“滴、撒、漏”违规行为165起，查处134起，罚款12.48万元。引导六一西路万嘉盛景花园工地、塘北片区等2个工地办理“建筑垃圾处置证”，应急清扫“滴、撒、漏”路面140多次。

【市容环境卫生整治】 2012年，涵江城管执法局围绕重大活动及节假日，开展城市乱摆摊、占道经营、夜市整治等系列治理工作，重点整治清理鉴前路水果批发市场、校园周边、福厦路，顶铺路、保尾路、三门井等群众反映强烈的重点区域。在整治过程中，坚持整治与宣传教育并举，通过悬挂宣传横幅、LED屏幕播放、发送彩漫等方式，边通知边宣传边整治，督促经营户、商家自行整改。同时，为防止整治后出现回潮、反复现象，落实路段承包责任制，实行网格化管理，安排早晚班，加强巡查频率，确保市容环境整洁、有序。疏堵结合，建成鉴前延伸段、龙津社等临时疏导点。是年，共纠正店外店2784处，乱摆摊设点4082处，乱堆放物料1011处。

【户外广告整治】 3—7月，涵江城管执法局主要开展前期调查摸底、上门宣传、下达整改或拆除通知书，督促户外广告产权人自行整改或拆除等工作，共发出整改或拆除通知书300多份。同时，重点清理和拆除辖区内各路段的灯杆广告、违章占道广告和横幅布条广告等。8月初，与区政府相关部门协调配合，成立由城管、建设、运管、公安、交警、电业等部门组成的联合执法队，由涵江城管执法局牵头，雇用工人实施机械作业，从示范街新涵大街开始，对户外二层以上墙体及悬挑广告进行大规模拆除。随后对人民街、荔涵大道、宫下路、福厦路、高林街等处的墙体及悬挑广告实行拆除。是年，涵江城管执法局共拆除大型墙体及悬挑广告256块，移动广告牌2387块，灯杆广告、破损店招广告1639块，横幅布条1883条，清理气球、气拱门103处，乱张贴、乱涂写163处。

【“两违”整治】 2012年，涵江城管执法局按照区委、区政府“两违”整治督查的文件精神和市执法局《关于进一步规范城市规划执法工作的通知》的要求，建立完善日巡查、月考评工作机制、违法建设一件一档制和责任追究制；突出强化措施，按照“早发现、早制止、早拆除”的要求，一旦发现违法建设行为，立即予以制止，将违法建设消灭在萌芽状态，并向镇办（管委会）汇报和移送，对违法建设在限期内拆除不力、不到位的，发出督办函，督促整改；未整改到位的，再次发出建议函；配合各镇、街（管委会）政府，开展联合执法活动，统一调配执法人员，加强违法建设拆除力度，遏制各种违法建设和顶风抢建之风。是年，共发现查处违法建设252起，其中制止、纠正84起，拆除66起，面积6667平方米（督促自拆14起、面积1004平方米，强制拆除45起、拆除5663平方米），移交属地政府或相关部门处理102起。配合镇、街（管委会）拆除违法建设、违法用地296起，面积29357平方米。

【举报投诉专线】 2012年，涵江城管执法局把各类举报投诉件（“12319”民生热线、纠风个案、电话投诉、市长信箱、省长信箱、各类督办件、批示件等）的办理作为重点工作抓牢抓实，建立健全受理群众举报投诉的接、转、查、处和回访工作机制，认真处理群众反映的每一个案件，把群众满意不满意作为问题整改的最高标准。是年，共受理各类举报投诉件744件，其中网上民生热线、“12319”投诉件241件，群众来访、来电投诉件382件，各级领导督办件121件。办理人大代表建议、政协委员提案27件，办结率、代表满意率和基本满意率均达90%以上。

【依法行政】 2012年，涵江城管执法局开展《福建省人民政府关于在莆田市开展城市管理相对集中行政处罚权工作的批复》《行政强制法》《行政处罚法》等与本职工作密切相关的法律法规进行学习培训，参加市局组织的法律知识专题讲座及培训4次，坚持每月学习一部法律，参考率和合格率均达100%，同时推进“六五”普法工作，严格规范行政权力运行和自由裁量权。依照法定程序办理行政处罚案件，对每一个处罚案件认真审核审批，推广、应用行政处罚业务平台及电子监察系统，推进行政处罚业务办理电子化、网络化。执行查处分离的原则，所有罚没款上交指定银行和账户。每月制定行政处罚案件任务分解表，将具体责任落实到各中队和每个具体执法人员身上。严格执行案件审批与重大案件集体会审制度，行政处罚案件主办责任制度等，确保行政执法案件“件件落实到人”、“件件责任明确”，并与执法人员年度目标考核、争先创优挂钩，促进执法质量和效率的提高。是年，涵江城管执法局共办理行政处罚案件251件，其中简易程序74件，处罚金额64600元；一般程序177件，处罚金额122650元。

（王雪晶）

·环境保护·

【概况】 2012年，涵江区环境保护局（以下简称区环保局）围绕“促进污染整治，建设生态涵江”目标，强化环境监管，加大执法力度，着力解决影响可持续发展和危害群众健康的环境问题，进一步改善环境质量，切实保障群众环境权益，促进涵江区经济建设与环境保护的协调发展。是年，共办理环评审批手续101家，发放排污许可证51家，征收排污费329万元，受理各类环境投诉、信访案件322件，办结313件，办结率97%。

【生态区建设】 2012年，涵江区制定生态区、生态乡镇创建工作计划，将创建任务纳入各级政府环保目标责任制的内容。是年，共有国家级生态乡镇称号1个；省级生态乡镇10个，其中该年度获得省级生态乡镇称号的有江口、三江口、白塘、国欢、梧塘、萩芦、白沙、庄边等8个镇；省级生态村8个，其中该年度获省级生态村称号的有大洋乡坂洋村、琼峰村、霞洋村，白沙镇澳东村等4个村；市级生态村称号163个村。

【畜禽养殖污染整治】 2012年，区环保局继续巩固流域畜禽养殖整治成果，进一步完善“萩芦溪流域畜禽养殖场整治督查考评方案方案”，建立健全长效管理机制，专门抽调1名副科级干部负责组织区联合督查组，采取“月督查、月通报”的方式对各乡镇畜禽养殖污染的日常管理工作进行督察考评，并及时作出通报。是年，共制止违规建设畜禽养殖场55家，拆除面积约3600平方米，清理畜禽存栏约2000头（羽），从源头上预防、制止和打击畜禽养殖污染回潮现象。继续抓好畜禽养殖污染整治。截至年底，列入整治范围内（中心城区和龙江流域）的应拆畜禽养殖场共有1217家，面积70.48万平方米，其中签订拆除及关闭协议的养殖场1205家，面积69.44万平方米。完成拆除关闭932家，面积59.96万平方米，整治率85.07%。

【主要污染物减排】 2012年，区环保局挖掘结构减排关停项目，按时关停莆田市涵江区威都服装洗水厂，完成COD（化学需氧量）削减量23.97吨，NH3N（氨氮）削减量1.64吨、SO2（二氧化硫）削减量5.1吨，NOX（氮氧化物）削减量0.89吨（自测）。稳步推进工程减排，组织城镇污水处理厂及配套管网建设；江口污水处理厂动工建设；实行机动车尾气减排政策；完成在用机动车环保标志的核发工作。是年，共发放“绿标”9284辆，“黄标”851辆。

【危废污染防治】 2012年，区环保局加大对企业定期不定期采样监测频次工作力度，加强对企业污染防治设施运行的监管，并要求企业加强环保设施管理，提高污染防治设施的运行质量，保证污染防治设施正常运转，实现污染物达标排放，并按计划完成2012年度省控重点污染源监测任务，监测达标率100%。是年，辖区内新宏益电子科技等10家企业产生的工业危险废物均按规范处置并综合利用，工业危废处置率达100%。

【环保监管】 2012年，区环保局加大对涵江区15家涉重金属企业的监管力度。开展涉重金属企业专项督查，对环保审批、设施运行、固废转运等环保制度执行情况及污染物排放情况实行监督性监测，对龙腾电子等企业的环境违法行为依法予以立案处理，奇丰电子、新力电子整改到位，龙腾电子停产，共处罚款6.6万元。强化污染源在线监控，督促18家市控重点企业安装在线监控设备。完成对上年2家挂牌滚动管理的重大风险源（安特电子、华昌首饰）验收工作，并予以摘牌。递补东泰皮革、福利再生纸品等2家重点环境风险源企业列入滚动管理。推进重点污染源企业环保自动在线监控设备安装。截至年底，有18家重点污染源企业流量、视频在线监控设备安装到位，其中17家与市监控平台联网，3家通过自动监控设备安装验收，有效地遏制企业乱排污现象。

【环保宣传教育】 2012年，区环保局组织开展“6·5”世界环境日宣传活动。举办“纪念6·5世界环境日”宣传活动图片展。在闹市设立咨询点进行环保知识宣传咨询，同时摆放环保宣传组图共计36板，向群众发放环保知识宣传单800余份，接受群众环境污染投诉事件7起。配合区人大开展中华环保世纪行活动及中心城区畜禽养殖污染整治调研活动。借助舆论监督、社会监督和群众监督的强大力量，推动环境保护工作的深入开展。开展绿色系列创建活动。联合教育部门开展环境友好型学校创建工作，塘头学校、萩芦中心小学两所学校通过市级环境友好型学校验收，组织锦江中学、涵江区第二实验幼儿园、华侨职业技术学校、塘头学校等4所学校申报省级环境友好型学校；组织前街、保尾、新区、宫下等4个社区申报省级环境友好型社区。

（苏　雷）

编辑：陈伟庄

交通 通信

·交通运输·

【概况】 2012年，涵江区交通运输局（以下简称区交通局）贯彻落实全区工作部署，明确交通具体建设目标和任务，抓紧项目前期工作，抓住“五大战役”建设的有利时机，全面抓好重点项目建设，确保既定目标落到实处、见到实效。是年，区交通基础设施建设项目共有9个，其中在建项目7个，预备项目1个，为民办实事1个，计划年度总投资15.2132亿元。全年完成投资15.3008亿元，完成年计划100%。新增固定资产投资10650万元；港口吞吐量50万吨，实现产值300万元。

【省道201线涵江段建设】 2012年，该项目累计完成投资2.76亿元。其中，江口段工程3月完成I标段BT招标及监理招标，工程由宏峰集团（福建）有限公司中标，监理单位由福建工大工程咨询监理有限公司中标。5月份中标单位宏峰集团（福建）有限公司进场施工。是年，完成主体工程2.4千米，占总量85.7%。涵黄公路改造工程Ⅰ标段全线完成路基和地下管线工程，完成福厦路至港头桥段及南环路至上梧桥段主车道路面施工。

【省道202线涵江段建设】 2012年，省道202线涵江段累计完成投资2.23亿元。其中，省道202线永泰至庄边段全长4.585千米，路基工程自开工以来累计完成土石方21.11万立方米，占总量92%，挡墙砌体25573立方米，占总量74%，完成涵洞311米23道，占总量100%；路面工程自开工累计完成2.76千米，占总量60%；桥梁工程完成凤际中桥箱桥，斜井通道桥道桥和一楼中桥板梁完成预制28片。庄边至白沙全长13.59千米，完成路基土石方22.7万立方米；挡墙防护工程1.23万立方米；路面工程11.5404万立方米，桥梁187.7米/4座，预制空心板桥，涵洞619.86米52道，平面交叉15处。白沙至梧塘A标全长16.86千米；路基工程自开工累计完成土石方82.2万立方米，占总量99.45%，折合里程14.70千米，累计完成挡墙砌体19112立方米，占总量77.3%；完成涵洞996米52道，占总量100%。

【赤港至三江口疏港完成招投标】 2012年，赤港至三江口疏港公路建设累计完成投资800万元。其中，4月完成监理招标，监理单位福建省美达建立工程有限公司中标，10月完成工程公开招投标，工程由福建省涵城建设工程有限公司中标，中标价5480.7124万元。

【涵三路改造工程】 2012年，该改造工程累计完成投资800万元。2月完成公开招投标，工程由福建省兴创建设集团有限公司中标，中标价2293.8031万元。5月中标单位福建省兴创建设集团有限公司进场施工。是年，该项目路面工程自开工以来累计完成0.6千米，占总量60%。

【区交通综合行政执法大队设立】 2012年，为进一步推进涵江区交通综合行政执法改革，经区委编制委员会审核、区委常委会研究同意，设立“莆田市涵江区交通综合行政执法大队”（简称“区交通执法大队”），为隶属区交通运输局管理的事业单位，机构规格为副科级，业务上接受市交通综合行政执法支队指导，下设324国道线莆田江口石亭超限运输检测站（简称“石亭检测站”）。其主要负责宣传和贯彻执行国家、省、市有关交通综合行政执法的方针、政策、法律、法规和规范性文件；负责全区交通综合执法监督检查，协助市交通综合行政执法支队的重大和跨区域（涵江辖区内）交通综合行政执法工作；负责本行政辖区的公路运输（含城市公交、出租汽车、汽车租赁）行政监督处罚、查找非法营运和与之对应的运输市场秩序、安全生产等监管职责；负责本辖区的公路路政监督处罚、公路巡查、治理超限运输和与之对应的安全监管等职责；负责对水上交通安全的监督检查和参与水上抢险救灾应急预案的执行及水上交通违法违章案件和水上交通事故的调查处理及行政处罚工作；承办省、市交通部门和上级部门交办的其他事项。

【交通安全综合治理】 2012年，区交通局依照区委、区政府颁发的综治创安责任书项目，层层细化区政府和市局下达的交通安全目标责任状、贯彻落实安全生产目标责任制，坚持开好每季度安全生产分析会，强化日常安全生产监督管理，抓好安全生产专项整治工作，坚决遏制重、特大事故的发生。安全生产整治期间共出动4个检查组，组织检查人员316人/次，检查118家企业，及时排查安全隐患33处，发出整改通知书48份，警告25次，责令改正限期整改、停止违法行为40起。

（程丽媛）

·运输管理·

【概况】 2012年，涵江区运输管理所（以下简称区运管所）全面贯彻《中华人民共和国道路运输管理条例》，严格依法行政，突出重点，采取有力措施，严厉打击违法违章经营行为，进一步推进客运场站管理、机动车维修管理、驾培管理等，促进运输事业健康有序发展，围绕创建省级第四届“文明窗口”活动，全力创建“平安交通”，全面落实交通民生工作。是年，全区共更新客运车辆53辆/1395座，新增282辆货运车辆总吨位1518.18吨，更新教练车13辆。完成交通运输客运量2559.2万人次，客运周转量17492.4万人千米，同比增长11.2%和13.5%；货运量837.5万吨，货运周转量105226.1万吨千米，同比增长15.9%和17.8%。完成交通运输固定资产投资10650万元，占年度计划的100%。受理行政许可项目178件，许可178件，办结率为100%。

【春运管理】 2012年，区运管所备战春运，做到安全、优质、有序，完成运输任务。及时传达上级通知精神，全面部署春运安全生产工作，做好客源预测和运力安排，春运40天，发放春运须知宣传单900份，现场解决群众疑问24个，编发春运简报4期，组织企业安全学习26场次。还配合物价部门出动稽查人员上路检查58人次，检查客车157部，其中36部客车违反票价规定，责令其改正。设立2个春运服务站(江口春运服务站和涵江高速春运服务站)，重点查处客车不进站签到、排班、发班及客车无日趟检、营运证无年审、站外兜圈收客、客运车辆沿途甩客、倒客、卖客、宰客等侵害旅客权益的行为，严格处置违章行为，确保圆满完成春运任务。

【“平安交通”建设】 2012年，区运管所突出重点，抓好节前道路运输安全大检查。部署做好防汛备汛工作。强化各运管站、客运企业加强防汛值班，强调在岗在位在状态，遇暴雨，严密监视，落实巡查，并强调客运站及时停班、停运，做好各项防御工作，确保汛期安全。强化落实小长假期间值班制度，坚持24小时值班制度，确保“3312930”热线24小时畅通，及时受理旅客和经营者的投诉3件。督促客运企业落实责任，细化工作措施，重点加强车辆维修保养，充分利用GPS安全服务系统等科技手段，对客运车辆实行动态监控，严禁超载、超员、超速和疲劳驾驶等非法违法行为。深入开展运输行业安全生产三个月集中整治大会战工作，督促客运车辆车载电视的宣传警示广播1026场次，落实围绕活动主题宣传发动，悬挂横幅标语8面，张贴安全生产宣传标语30张，开辟宣传栏5个，发放宣传单1080份。组织学习教育活动15场次，开展交通安全法规常识咨询活动5场次；组织4个检查组，共出动检查人员316人次，检查118家企业，及时排查安全隐患33处，发出整改通知书48份，警告25次，责令限期整改，停止违法行为40起。组织应急演练周应急演练活动2场次。是年，辖区内无发生水上交通安全事故和道路重特大交通安全事故。

【运输市场整治】 2012年，区运管所按照统一部署，以“打非治违”为契机，坚决停止长途卧铺客车凌晨2点至5点营运。是年，组织稽查人员路检路查1081人次，检查客车2037辆次，查处违章车辆102辆，扣留非法营运客车6辆，对驾驶员违章、违规被记分满20分的从业人员进行从业资格再培训，有严重交通违章行为的驾驶员由其聘用企业解聘或作调离驾驶岗位的处理。此外，还开展专项整顿工作，净化汽车维修市场。区运管所专门成立维修市场专项整顿领导小组，先后组织深入现场督查35人次，查处无证维修店2家，发出停止违法经营通知书2份，并暂扣维修设备52件，取缔2家黑店经营，确保汽车维修市场规范化运作。

【驾校规范管理】 2012年，区运管所先后组织督查驾培机构863人次，要求驾校严格落实教学大纲，在驾驶员培训内容中增加道路交通安全教育、实际道路驾驶、紧急求助常识等内容，促使驾驶员培训从“应试教育”向“素质教育”转变，同时，还要求各驾校建立培训质量排行榜制度，不断提高培训质量。是年，全区共培训各类机动车驾驶员11434名，其中汽车类培训10174名、摩托车类培训1260名。截至年底，全区有各类教练车583辆，各类教练员657名。

【交通民生】 2012年，区运管所全面落实新增货车落籍和外挂车辆回迁工作，采取推进人性化服务，落实优惠政策，严格按政策和规定的程序办事，深入基层调查摸底等措施，深入开展新增货车落籍和外挂车辆回迁本区工作。是年，全区共新增货运车辆落籍和外挂车辆回迁255辆1518.18吨，完成市交通局下达新增货车落籍和外挂车辆回迁指标的96%。

【运政新闻宣传】 2012年，区运管所政务信息被省交通运输厅、福建运管信息、莆田新闻网、莆田交通、涵江信息等新闻媒体采用的政务信息221条（其中交通运输厅12条、省运输管理局112条、莆田新闻网15条、莆田交通信息56条、涵江信息26条）。是年，1人被省运输管理局授予“2011—2012年度运管政务信息和新闻宣传工作先进个人”称号。

（李金聪）

·电 信·

【概况】 中国电信股份有限公司莆田涵江区分公司（以下简称涵江电信）设总经理1名，副总经理2名，公司内设办公室、销售服务部、政企部、网络部、营业部等6个部门，下辖新区、江口、三江口、鉴前、梧塘、萩芦、白沙、庄边等8个分支局，服务机构和营业窗口遍及全区各乡镇。涵江电信承担为全区人民提供普遍通信服务，同时还承担地方党政军、企事业单位通信保障以及抗洪救灾应急通信服务，主要经营固定电话、移动（天翼）电话、宽带业务（网络）及其他延伸的电信传媒、多媒体通信、信息化应用等增值业务，体现出全业务通信基础运营能力。截至2012年底，全区有3G无线数据功能基站240个，覆盖全区所有乡镇和行政村，无线热点WIFI建有1026个，村村通电缆、光缆，可为用户提供全面、全业务的优质的网络保障。是年，累计收入超1.2亿元，天翼手机用户规模超12万部，其中3G用户达5万多户，宽带用户超6万户（光宽带近2万户）。

【市场拓展】 2012年，涵江电信与区政府签订“智慧涵江”协议。结合天翼3G网络、城镇光网工程、农村信息化推进工作，普及天翼3G手机，光宽带上网普及化，推进天翼手机智能化，天翼移动互联网随时随地上网便捷化，推动天翼规范拓展。按照中国电信莆田分公司统一布置，精细化划分涵江网格，全年建成858个物理网格，并完成网格的地图划分工作，网格入户信息收集率达96.8%，网格建模率达98.3%。与区政法委达成合作意向，确定新区、霞徐、涵西、商城社区等24个社区作为社区网格管理创新试点社区，利用社区信息化平台，全面实现综治“以房管人”、“人在格中，事在网上办”的信息化办公需求。同时，将苍然社区作为重点标杆社区建设，由涵江电信支撑社区信息化平台的应用，苍然社区实现社区政务宣传信息化，社区与居民互动信息化。同时，举办80余场次电信进社区便民服务活动，主要宣传天翼超无和家庭礼包，并在社区超市内设有电信代理点，方便社区居民办理。

【电信网络建设】 2012年，涵江电信秉承“让客户尽情享受信息新生活”的企业使命；树立“企业价值和客户价值共同成长”的经营理念，用户至上，用心服务，进一步做好电信网络建设。是年，光宽带端口建设新增30688个，累计达60032个端口，光宽带用户数为近2万户。

（张丽华）

·移 动·

【概况】 2012年，中国移动通信集团福建有限公司涵江分公司（以下简称涵江移动公司）下设市场部、网络部、综合室等3个部门，全区成立有新涵、江口、梧塘、白沙等4个片区营销中心，共有员工170人，平均年龄约28岁，其中研究生1人、大学本科生70人、大专生65人，大专及以上学历占员工总数的80%。是年，作为国有重点骨干企业，公司践行“正德厚生、臻于至善”的核心价值观，长期致力于助推地方经济发展和社会公益事业，主动履行“责任移动”、“平安移动”、“爱心移动”、“环保移动”等企业公民行为，承担企业公民的责任，并以自身的技术、业务和服务优势，有效提升客户满意度，促进企业全面协调可持续发展，以更好地服务社会、服务民生。

【业务发展】 2012年，涵江移动公司通过细分市场开展精细营销、开拓创新工作，全年累计运营收入2.4亿元，移动客户规模近30万户。通过信息化市场抓创新，挖掘新增长点，与区政府签署信息化战略合作协议，致力于加大民生、教育、政务、企业、农业等各方面信息网络建设。企信通、校讯通、农讯通、社保通、政务通等信息化服务不断深入市民生活的方方面面，推动产业转型升级。

【网络建设】 2012年，涵江移动公司从细节上做好涵江网络规划、网规网优、数据业务专线规划及网络工程建设、维护工作，提高团队工作效率，连续3个季度取得分公司A+第一名的成绩。截至年底，新建全业务光交、光分39座，新建OLT汇聚局节点6个，全年完成全业务一至四期传输建设。其中，新建2孔管道8.76千米，计17.52孔千米；新建杆路/壁挂10.87千米；敷设光缆82皮长千米，其中24芯及48芯光缆47.25千米，96芯光缆23.28千米，144芯光缆11.47千米，合计5148.56芯千米。是年累计完成42个新站点物业储备工作，其中室分14个，旧站到期站点物业续签8个，续签率为100%。全年共计开通基站92个，其中新增物理站点31个。G网新增载频292个，同时完成TD五期建设任务，成功开通58个TD站点（其中宏站42个、室分16个），整体开通率100%，为数量高流量区域的网络稳定提供保障。

【优质服务】 2012年，涵江移动公司树立“全程畅优”的“三优”服务理念。服务设施优，公司按照“统一规划，因地制宜”的原则，注重以美化、亮化办公生活环境为突破口，着力提升服务层次，在设施建设、物品放置、服务标志、工作程序等方面做到标准统一，要求各窗口工作人员实行统一着装，挂牌上岗。服务氛围优，对内提升全员服务意识，完善内部流程机制，塑造优秀服务文化；深入传播、塑造“满意100”服务新形象，打造优秀服务文化；以“便捷、高效”为核心，公开“八项承诺”，逐步将“满意100”打造成为服务标识，进而成为公司优质服务的象征。服务能力优，公司下发“营业厅服务规范”，对服务原则、服务标准、服务礼仪规范、仪容仪表规范、服务行为规范等内容进行详细明确的规定，并举办各类礼仪培训课程，通过服务人员技能鉴定、服务明星评选、达标营业厅建设等活动，营造“比差距、赶先进、促后进”氛围，促进服务质量的不断提升。

（梁黎钦）

·联 通·

【概况】 2012 年，中国联合网络通信有限公司涵江区分公司（以下简称涵江联通公司）秉承“以客户为中心，用服务促发展”的服务理念，为用户提供优质通信服务，促进社会和谐，做到“消费请客户放心，服务让社会满意”。是年，公司业务收入 5100 多万元，同比增长 25.96%。客户规模达 8.2 万户，各项业务平稳增长。

【市场拓展】 2012 年，涵江联通公司致力于不断提升服务水平，在企业日常经营的基础上，不断加大人文建设与社会关怀，持续开展短信常态化关怀、VIP 客户上门走访、流量消费短信提醒等服务，用户服务满意度稳步提升。2G 业务稳步增长，结合市场需求，推出 8 分卡和网聊卡两种适合低消费人群的套餐，2G 用户规模近 5 万户，同比增长 10.42%。利用 WCDMA 的 3G 网络优势，大力推广联通沃 3G 的品牌，以全民 3G 尽享高速网络为目标拓展市场，3G 用户规模近 3 万户，同比增长 50.88%。同时，公司普及宽带光纤到户，推出 6M 网速的宽带业务，不仅让用户享受到高速率的宽带信息服务，而且在价格优惠合理的基础上为用户解决宽带、家庭固话、网络电视和手机终端等综合业务需求，共发展用户 5000 多户；针对政企用户，分析客户需求，利用一卡通、一信通、绿色平安信使、无线监控、OA 系统等行业应用产品进行有针对性的推广，共发展集团用户 2600 多户。

【网络建设】 2012 年，涵江联通公司加强涵江区基础网建设，全年合计投资建设资金 4500 万元，共完成杆路、管道 21 千米，铺设光缆 76 千米，提高传输网的容量和网络健壮性；新建 GSM 基站 41 个、扩容基站 28 个；新建 WCDMA 3G 基站 78 个；GSM 网络实现城区 100%覆盖、乡镇 97%覆盖。WCDMA 3G 网络实现城区 100 %覆盖、乡镇 94%覆盖。加强基础网络线路建设，新增 18 个住宅小区，新增宽带宽口 8000 个，家庭宽带全面提速至 6M 以上，实现涵江主城区家庭宽带 98%覆盖、乡镇街道 95%覆盖。

（陈立军）

编辑：许云峰

农村 农业

·农村工作·

【概况】 2012年，中共涵江区委农村工作领导小组办公室（以下简称区委农办）发挥“综合、协调、议事、办事”的职能作用，按照“强科技保发展、强生产保供给、强民生保稳定”的总体要求，开展社会主义新农村建设、农业产业化经营、“造福工程”、大中型水库移民后期扶持、党员干部驻村任职、山海协作等工作。全区农业农村工作保持健康稳定发展的良好态势，全年实现农林牧渔业生产总值27.81亿元，比增4.59%，增幅列全市第一；农民年人均纯收入10445元，比增13.6%。是年，为推进水土保持亚行贷款项目的实施，成立涵江区水土保持亚行贷款项目办公室，核定事业编制3名，其中股级领导职数1名，设主任1名。

【新农村建设】 2012年，区委农办贯彻落实中央和省、市关于建设社会主义新农村的决策部署，扎实推进新农村建设。继续抓好20个新农村中心村建设，落实民生项目的实施，推进大洋乡霞洋村、江口镇大东村等2个市级新农村建设特色村建设，共完成投资264万元，农民休闲公园等民生项目建设成效突出。白沙镇澳柄村、新县镇新县村、庄边镇走圩村被列为市领导挂钩帮扶重点贫困村，3个村共获得各级帮扶资金400万元，开展帮扶项目9个。

【农业产业化】 2012年，涵江区实施科教兴农和农业产业化发展战略，提升农业产业化经营水平，增强农业龙头企业带动能力，其中方家铺子（莆田）绿色食品有限公司“方家铺子”品牌被国家工商总局认定为“中国驰名商标”。是年，全区24家农业产业化龙头企业产值达44.38亿元，带动区内外基地面积1.44万公顷，带动区内外农户22万多户，带动增加农户收入9.58亿元。

【造福工程】 2012年，涵江区开展偏僻自然村、地质灾害点、石结构房、旧村庄复垦、贫困残疾人等5大类2182人的“造福工程”搬迁工作，由区委农办、区国土局、区住建局、区残联等部门分别牵头组织实施。全年共争取并下拨各级补助资金854万元。是年，白沙镇坪盘村、大洋乡霞洋村被列入省级百户以上“造福工程”集中安置区。

【扶持库区移民】 2012年，涵江区贯彻落实大中型水库移民后期扶持政策，切实改善库区移民的生产生活条件，维护库区社会安定稳定。全年上报移民项目20个，申请各类移民资金

626.33万元。拨付移民补助资金542.73万元，实施安全饮水、农村道路、环境整治、社会事业等项目25个。是年，完成硬化水泥村道2700米，房前屋后硬化8000多平方米；新建路灯11千米，新立独立杆路灯200多杆；新建移民休闲公园3个；新建蓄水池1个、拦河坝1个，铺设管网2000多米；修复水渠2000多米。全年发放移民直补资金377.955万元，发放三峡移民新增土地补偿金和生产安置费补差资金753343.37元。

【干部驻村任职】 2012年，区委农办继续抓好党员干部驻村任职服务工作，28个党员干部驻村任职工作成效明显。是年，共培养入党积极分子95人，发展党员62人。慰问贫困户315户，慰问金及慰问品折款22.51万元。28个村投资1283万元，其中各选派单位支持283万元。新建或修缮村部15座，面积达4169平方米；新建或改造村道50条37.8千米，新修或改造水利工程20个；新增安全饮用水覆盖人口1250户4980人，新安装路灯590盏等。新增经济作物种植面积164.07公顷，新增水产养殖面积80.27公顷，组织农村劳动力技能培训3662人次，组建专业协会13个。

（苏珍水）

·农业管理·

【概况】 2012年涵江区农业局（以下简称区农业局）围绕“强科技保发展、强生产保供给、强民生保稳定”，认真贯彻落实强农惠农政策，强化“五新”（即新品种、新技术、新农药、新肥料、新机具）技术推广，加快品牌农业发展，积极推进“三农”服务、农产品质量安全、农业减排和惠农政策落实，加强领导，强化措施，突出重点，全面提高农业综合生产能力，全区农业和农村经济保持稳步增长的发展态势。是年，全区农牧业产值16.62亿元，其中种植业完成产值10.38亿元，同比增长8.96%；畜牧业完成产值6.24亿元，同比增长3.14%。

【“农业科技促进年”活动】 2012年，区农业局开展“农业科技促进年”活动，以“科技进村入户，助力增产增收”为主题，突出主导产业、特色产品、关键技术，加强农业技术推广服务能力建设，加快科技兴农步伐，为发展现代农业提供强有力的支撑。突破良种良法配套集成、农机农艺有机结合、单项示范基地建设和科技示范户培育，推进农业科技入户工程常态化、制度化、高效化，着力破解当前制约畜牧业发展的技术难题，加快畜牧业标准应用推广。加大新型农民和农村实用人才培养力度，扩大培训规模，增强培训的针对性和实效性，进一步提高农民科技素质和应用先进技术的能力，举办村级农技员等各类实用技术培训班100多期，参训人数达近万人次。

【农业品牌建设】 2012年，全区农业企业获3个农产品中国“驰名商标”，2个农产品“中国名牌”。15个农产品“福建省著名商标”，14个农产品“福建名牌产品”称号，3家企业获“省级品牌农业企业金奖”（东南香米业、天下农庄、华林蔬菜基地）；获得莆田市知名商标15个。

【减轻农民负担】 2012年，区农业局按照市减负办要求，认真贯彻《关于向村级组织收费审

6 月 22 日，区农业局开展农产品质量安全监测工作业务培训

核制和村级组织向农民收费申报制的通知》精神，督促各乡镇认真做好村级组织收费审核、申报等工作。同时，转发省减负办《关于深入开展治理涉农乱收费活动的通知》，动员部署各乡镇全面开展清理整顿工作，通过查看会计账簿、凭证、发票，查阅档案资料，召开座谈会，走访相关村镇干部群众等方式，对涉农乱收费和有关单位或部门向村级组织收费情况以及村级组织财务开支情况进行排查，确保该项清理整顿活动顺利进行。做好有关农民减负工作问题的整改工作，对查出的问题督促有关乡镇整改，共退还违规金额 13.196 万元。加强村级“一事一议”财政奖补工作的审核，全区实施村级一事一议财政奖补工作的乡镇共有 8 个，共涉及 56 个行政村，村民筹资筹劳资金达 1183.7860 万元，财政计划奖补资金 624.951 万元。

【强农惠农补贴】 2012 年，区农业局落实农作物良种补贴资金发放工作，统计核算补贴面积及补贴金额，共补贴面积 5947 公顷，发放资金 133.2375 万元。会同区财政局、区人保财险公司等部门，开展 2012 年水稻种植保险工作，实现全区参保率 100%，共参保面积 6238.73 公顷，保费 112.3 万元。预计全年完成农机购置补贴资金申请 260 万元，结算资金 175 万元。

【农民专业合作社】 2012 年，区农业局召开促进农民专业合作社发展联席会议，制定《莆田市涵江区人民政府关于促进农民专业合作社发展联席会议的通知》文件，同时加强指导农民专业合作社规范运作，多次派人下乡指导农民专业合作社规范制度建设、基础设施建设、办公场所配备，全年新增专业合作社 29 家。是年，全区有注册农民专业合作社 78 家，带动周边农户 3000 多户，涵盖水果、蔬菜、食用菌、畜牧等涵江区四大农业主导产业，年创社会产值逾亿元。

【农产品监测抽检】 2012 年，区农业局对全区 10 多家农业“三品”（即无公害农产品、绿色食品、有机食品）有效认证生产基地、各大型超市的蔬菜产品质量进行随机抽检，共对 100 多个蔬菜样品进行农残检测，样品不合格率控制在 4%以内；水果农药残留快速检测 3 批次，实验室检测 24 批次，合格率 100%。

【"瘦肉精"速测抽检】 2012年，区农业局开展生猪产销环节"瘦肉精"整治，抽检350头份，其中规模饲养场175份，定点屠宰场175头份。加大执法查处力度，采用金标速测试剂对屠宰场、饲养场进行"瘦肉精""莱克多巴胺"的速测，共速测3000多头份，检出率控制在指标内，速测均合格。

【沼气项目建设】 2012年，涵江区继续实施大中型沼气工程项目建设——莆田市洛东生物养猪有限公司大中型沼气工程，总投资287万元，其中中央预算内投资100万元，地方配套资金43万元，自筹资金144万元。

【农村"三资"监管】 2012年，区农业局根据工作实际，制定《2012年农村集体"三资"监管工作的实施意见》《涵江区农村集体"三资"监管工作考评方案》。采取"以会代训"形式举办村级代理会计、经管干部培训班1期，培训人数达30多人次，推进村集体财务日常审计和农村集体资产清产核资工作，全区农村"三资"（即资金、资产、资源）得到有效监管。是年，全区共有10个村20多个项目实行招投标，总额800多万元，节约村级财政开支180多万元。

【规范农资经营】 2012年，区农业局在全区范围内开展以"放心农资下乡、维护农民权益"为主题，以送科技、送识假辨假常识、送优质农资下乡进村为重点的宣传周活动。深入农资生产经营企业，加大对农资市场的巡检力度，严厉打击制售假冒伪劣和违法违规的农资产品，共出动执法检查车辆200多车次，出动执法人员640多人次，检查种子、农资经营点120多家。查处违法案件3起，收缴罚款0.72万元。

【农机安全专项整治】 2012年，区农业局成立农机安全专项整治领导小组，采取有效措施，开展农机安全专项整治工作，共出动执法车辆47台次，农机监理员59人次，发放宣传单1050份，检查拖拉机127辆、有效证件290本，排除隐患51条，当场整改14条，发出整改指令16份。

【农机源头管理】 2012年，区农业局在山区片共设立5个便民服务大厅，区农机站（农机监理站）定期下乡年检和业务指导，方便广大农民群众；对持证的农机驾驶（操作）员在有效期失效前一个月，区农机站（农机监理站）及时向机主及驾驶员发放通知单或电话督促来区农机站（农机监理站）办理换证，规范源头管理，做到便民服务。是年，拖拉机驾驶员换证135本，拖拉机驾驶员补证3本。

（翁锦龙）

·种　植·

【概况】 2012年，区农业局按照"稳粮保供给、增收惠民生、改革促统筹、强基增后劲"的要求，加快农业发展方式的转变，用工业理念发展农业，实施科技创新与项目带动战略，优化种植结构，推广农业"五新"，推进农业高产、优质、生态、安全、高效发展，促进农业增效、农民增收、农村社会经济和谐发展。是年，全区种植业完成产值10.38亿元，同比增长 8.96%。全年粮食作物播种面积 6233.33 公顷；油料作物 1200 公顷；蔬菜种植面积 5553.33 公顷；果树（枇杷）10400 公顷；茶叶 200 多公顷；食用菌生产以蘑菇为主，其中蘑菇 7998 座（每标准座栽培面积 120-130 平方米）。

6 月 4 日，区农业局在萩芦镇开展茶叶无公害栽培技术培训

【粮食稳产】 2012 年，区农业局在稳定 6233.33 公顷粮食播种面积的基础上，依靠科技，努力提高粮食单产和优质率。落实粮食生产行政首长负责制，强化责任落实。落实粮食生产指导性计划，把粮食生产任务分解落实到乡、到村、到户、到田，确保全年任务完成。努力提高粮食单产，推进粮食高产创建活动，分别建立东联 5 号、金优 07、冈优 527 等示范片，推广水稻群体优化调控栽培、测土配方施肥、病虫害综合防治及机插机收等关键增产增效技术，实施粮食“五新”技术入户工程，推动链式规模生产，促进良种良法配套，农机农艺结合，提高增产技术到位率，实现粮食作物大面积均衡增产。以现代种植业发展为抓手，扎实推进种子工程建设，发展优质稻、红米、糯米、粳米等特种稻生产，提高粮食优质率；不断加快良种更新步伐，引进品种进行试验、示范及推广，引进优 I028、丰优 22、玉优一号等 3 个杂交水稻新组合进行试验。

【病虫害统防统治】 2012 年，区农业局根据省厅关于开展农作物病虫害统防统治工作的有关文件精神，结合涵江区具体情况和经济条件，以种植大户为依托，成立专业防治队伍开展工作，建立统防统治示范片 666.67 公顷，辐射面积 6666.67 公顷。向农民宣传推广防治技术，达到时间、药剂配方、施药方法“三统一”。推行机械化防治，采用机防统治，能够保证防治技术科学合理，提高农药利用率，降低用药成本。努力实现防治质量高效化和安全化，组织开展农作物病虫害统防统治的宣传引导。

【种子供应管理】 2012 年，区农业局指导做好农作物种子供应工作。早计划、早安排，于年前就着手春耕用种需求调研，适时指导种子企业做好农作物优良种子的选调、储运，共备足优质稻种子 3 万多公斤，推广杂优水稻种植面积

6666.67公顷，使全区主要粮食作物良种覆盖率保持在98%以上。另外，还指导做好备足花生良种1.25万公斤，推广特色高效蔬菜种植面积3333.33公顷，使蔬菜良种覆盖率达92%以上。

【农机跨区作业】 2012年，区农业局在“三夏”前期，进行实地考察，将考察信息及时向跨区作业机手、农机协会、中介组织、农机合作组织发布。及时为跨区作业机手做好跨区作业证发放等各项服务工作，组织检修机械，使跨区作业机械技术状态完好率达100%，组织机手参加技术培训和有关常识及法律法规培训。7月7日开始，引进河南、江苏、安徽、浙江等地220余台联合收割机到本地作业，加快涵江区水稻收获进度，全年共机收面积2733.33公顷。

【推广“五新”技术】 2012年，区农业局做好推广“五新”技术工作。示范推广新品种，引进优质新品种，优化涵江区的枇杷品种结构。实施枇杷高接换种项目，建立核心示范片20公顷，辐射推广133.33公顷；在三江口镇东盛村建立甘蓝冠军蔬菜品种展示区（面积13.33公顷），推广特色高效蔬菜面积3333.33公顷，确保蔬菜良种覆盖率达92%以上；在三江口镇杨芳村、梧塘镇漏头村、赤港华侨农场建立优I028、金优07等优质水稻丰产示范片；在赤港华侨农场、三江口镇杨芳村建立天优3301、冈优527等超级稻品种展示点，确保全区粮食作物良种覆盖率保持在98%以上。加快推广新技术，春耕生产中积极推广水稻旱育秧1466.67公顷，抛秧1866.67公顷，超级稻2000公顷，水稻群体优化调控栽培2666.67公顷；在大洋乡、新县镇等地因地制宜发展反季节蔬菜，均取得较好的经济效益；建立蔬菜绿色防控13.33公顷示范片1个，发放测土配方建议卡6.2万份，举办5期测土配方施肥现场咨询会，完成10个花生“3414”，10个花生校正试验，4个甘薯田间肥效校正试验；在各乡镇建立水稻、甘薯、油菜、西芹、花椰菜等农作物测土配方施肥技术示范点，促进测土配方施肥技术推广。加快推广新机具，引导农民购置手扶拖拉机10台、大中型拖拉机4台、插秧机1台、旋耕机14部、稻麦烘干机5台、微耕机4台、茶叶机械23台、猪栏卷帘布882×10平方米；在全区推广育秧到插秧一条龙机械化生产，全年机插面积1400公顷、机割2333.33公顷，机械化水平达35%以上；举办3场水稻机械化育秧技术培训班及现场会，受训人数800多人次。加快推广新农药，继续示范推广丙溴磷、氟啶胺等10多种新农药，新农药辐射推广面积达1333.33多公顷。

【农技推广体系建设】 2012年，区农业局因地制宜，进一步完善以“包村联户”为主要形式的工作机制和“专家+农业技术人员+科技示范户+辐射带动户”的技术服务模式，建立健全县（区）、乡（镇）、村农业科技试验示范网络，带动全国基层农业技术推广体系的改革与建设。是年，全区遴选、认定3个试验示范基地，建立4个农民田间学校（每个主导产业举办一所），每个行政村遴选3—5个科技示范户（种植、畜牧），每个示范户示范带动周边10—20个农户。按照1个农技推广专家联系20个科技示范户、1个指导员联系10个科技示范户的比例，在区、乡（镇）两级农技推广人员中聘用农技推广专家和农技指导员。

（翁锦龙）

·畜 牧·

【概况】 2012年，区农业局以科技进步为重点，以加快畜牧业发展方式转变为主线，全面推进现代畜牧业建设，完善政策，狠抓落实，强化科技，力促“三保”（保供给、保安全、保生态），着力推进畜禽标准化规模养殖，着力强化监测预警，促进畜牧业持续健康发展。全年畜牧业完成产值6.24亿元，同比增长3.14%。全区有生猪存栏7.77万头，其中生猪规模养殖场12个，存栏7.31万头，占总存栏的94.08%，生猪散养存栏0.46万头，占总存栏的5.9%；牛存栏0.0631万头；羊存栏0.1781万头。

【畜禽养殖污染整治】 2012年，区农业局按照区委、区政府相关文件精神，配合其他部门继续巩固萩芦溪流域畜禽养殖污染整治成果，防止“反弹复建”，同时与各相关部门协调配合，推进平原片国欢镇、白塘镇、涵东街道及涵西街道畜禽养殖污染整治工作，按照《关于印发莆田市涵江区2011年畜禽养殖污染整治工作方案的通知》具体要求，完成山区片、平原片区畜禽养殖污染整治工作，共拆除畜禽场（户）129场，面积115426平方米。

【动物卫生监督执法】 2012年，区农业局大力开展以打击“瘦肉精”和病死猪为重点的执法检查行动，印发各种宣传材料5000份，并举办检疫培训讲座，重点加强生猪规模养殖场的病死猪无害化处理和动物防疫条件的监督检查。是年，共出动执法人员500多人次，监管检查生猪规模养殖场120场次，监管率100%，生猪定点屠宰场20场次，对不规范行为督促其整改。同时，加大“瘦肉精”监测力度，在每月生猪产销环节例行监测20头份的基础上，继续对生猪定点屠宰场入场生猪进行每天不少于5头份的监测，并扩大养猪场的监测覆盖面，结合产地检疫同步进行“瘦肉精”现场抽检速测合格后，出具检疫合格证明，共监测盐酸克伦特罗、莱克多巴胺和沙丁胺醇等“瘦肉精”项目5850头份，速测结果均为合格。

【生猪检疫】 2012年，区农业局在全区各乡镇均设有产地检疫申报点，全区规模养殖场检疫申报率达100%，产地检疫工作开展面达100%，产地检疫出证规范率达100%，屠宰检疫率达100%。全年共开展生猪产地检疫94684头，生猪定点屠宰检疫108043头，检出病害猪肉317头例，共300多公斤，均按规定进行无害化处理。

【动植物疫病防控】 2012年，区农业局备足疫苗和相应的器械物资，开展春、秋两季防疫工作，做到区不漏乡镇、乡镇不漏村、村不漏户、户不漏畜（禽）、畜（禽）不漏针。各乡镇、街道组建由乡镇（街道）村干部、基层兽医技术人员、村级动物防疫员为主的防疫专业队，开展拉网式集中强制免疫工作，以确保“应免尽免”。全区共有家禽102.04万羽，高致病性禽流感免疫率达100%；牲畜8.06万头，口蹄疫免疫率达100%，其中生猪7.38万头，免疫率达100%；牛0.058万头，免疫率达100%；羊0.1677万头，免疫率达100%；生猪7.51万头，高致病性猪蓝耳病免疫率达100%；猪瘟免疫率达100%。同时，区、镇、村、养殖户（场）规范建立免疫档案，做到免疫证100%入场入户。加大对植物疫情监测、防控工作，落实防控措施，印发《病虫情报》《防治信息》等，开展植物产品检疫工作，蔬菜、枇杷调运检疫10多批次。全区全年未发生大规模的动植物疫情爆发事件。

【兽药经营企业GSP认证】 2012年，全区共有11家兽药经营企业完成GSP认证并换发具有“兽药GSP认证”标志的“兽药经营许可证”，其余兽药经营企业停业关闭。全区兽药经营企业硬件设施、人员素质有明显改善，经营秩序明显好转。

【饲料生产企业监管】 2012年，区农业局对全区10家饲料生产企业进行一次全面现场备案检查，共出动人员10人次。对检查过程中存在的不足之处提出整改要求。6—10月，根据莆田市农业局《关于印发<2012年农业部农业厅饲料质量安全监测计划莆田市实施方案>的通知》和《关于印发2012年莆田市饲料质量安全监测工作实施方案的通知》要求，对全区饲料生产、经营、使用者展开一次抽样监测，抽样14批次。制定涵江区饲料安全监测工作方案，对全区畜禽饲料开展一次安全抽样监测工作，抽样12批次，抽样12批次均合格。

【疫情监测】 2012年，采取免疫效果集中监测和日常监测相结合的监测方式，在春秋防集中监测的基础上，每月开展一次规模养禽场免疫效果日常监测，并将监测结果向全区通报，全年共进行血清学监测7190羽（头）份，其中高致病性禽流感H5N1 5388羽份、鸡新城疫332羽份、牲畜口蹄疫518头份、猪瘟489头份、高致病猪蓝耳病463头份。春防免疫抗体合格率分别为89.44%、84.55%、85.93%、87.38%、93.06%；秋防免疫抗体合格率分别为78%、83.04%、84.24%、93.02%、87.67%，以上动物疫病的免疫抗体合格率均高于农业部要求的70%。

【疫病防控应急储备】 2012年，区农业局及时制定《涵江区重大动物疫病防控应急物资储备管理制度》，并按要求储备应急物资，储备有一次性防护服300件、护目镜50个、口罩200个、雨鞋50双、液化气喷火枪6把、背负式高压喷雾消毒器10台等。各乡镇、街道贮备消毒药3吨，防护服200套，口罩700个，消毒喷雾器24架等。

（翁锦龙）

·林 业·

【概况】 2012年，涵江区林业局（以下简称区林业局）注重生态林业和民生林业建设，以推进“城乡绿化一体化”为载体，突出“创建全国绿化模范城市”和“沈海高速公路涵江段森林生态景观通道建设”两大工作，统筹抓好造林绿化、产业发展、林业改革、资源保护等各项工作。全年完成造林绿化面积2629.67公顷，完成林业产值10079万元，完成林业社会产值381277万元。截至2012年末，全区现有林业用地5.23万公顷，有林地面积5.03万公顷，其中商品林3.27万公顷，生态公益林1.96万公顷，森林覆盖率67.09%，全区活立木总蓄积量196.2万立方米。沈海高速公路森林生态景观通道涵江段建设经验在全省沈海高速公路森林生态景观通道建设现场会上作经验交流介绍。是年，1人被福建省委、省政府授予“全省造林绿化工作先进个人”称号。

【造林绿化】 2012年，区林业局贯彻《福建省人民政府关于切实抓好2012年造林绿化工作的通知》和全省水土保持工作视频会议精神，推进城乡绿化一体化“四绿”（即绿色城市、绿色村镇、绿色通道、绿色屏障）工程建设。全年完成造林绿化2629.67公顷，占任务数2373.33公顷的110.8%。其中人工造林更新172.87公顷，“三沿一环”林分补植修复2078.47公顷，绿色城市166.8公顷，绿色村镇182公顷，绿色通道29.53公顷。实施中央财政森林抚育补贴试点工作，完成封山育林333.33公顷，中幼林抚育2987.27公顷。创建“全国绿化模范城市”，沈海高速公路涵江段森林生态景观通道和赤港高新园区绿化作为全市“创模”检查点，受到全国绿化委考评组专家的一致好评。

【义务植树】 2012年，全区开展以“建设森林涵江，打造宜居新城”为主题的义务植树活动，区五套班子领导与区绿委成员、驻军代表、区林业局、莆田高新技术开发区、赤港农场领导及干部200多人在赤港侨居工程点参加义务植树活动，共栽植大王椰子、棕榈、桂花、樟树等树种1000多株。

【沈海高速公路涵江段森林生态景观通道建设】 沈海高速公路涵江段森林通道建设全长13.2千米，涉及江口、赤港、三江口、白塘等4个镇（管委会），造林绿化面积29.37公顷，栽植各类

4月7日，省林业厅厅长陈家东（左一）到涵江调研沈海高速公路森林生态景观通道涵江段建设情况

绿化苗木16992株。2012年，区政府把该项工作作为造林绿化工作的重中之重来抓。绿化用地由区财政统一出资租地，按每亩每年租金1000元，一次性付足20年的租金。为抢抓造林季节，加快建设进度，苗木采购及工程招标，打破招投标模式，采取超常规不违规的方式，成立由区林业局、区监察局、区财政局、区物价局、区审计局、有关镇（管委会）组成的苗木采购组，专程前往广东等地考察、评估，现场商定苗木规格和价格，签订苗木采购协议，及时提供高标准、高质量苗木。坚持特事特办原则，根据市场价格现场确定施工单价，从多家营林绿化公司中，优选队伍力量强、造林质量好的工程队，签订栽植、养护合同书，确定工程进度节点及奖惩办法。区林业局和建设责任单位组成质量监督组，对工程队造林进行跟踪跟进，严把质量关，确保进度。在苗木甄选上，按照“造林大苗化、树种多样化、品种乡土化、色彩季相化”要求和“因地制宜，适地适树”的原则，根据沈海高速涵江段地处沿海前沿，风力大，土壤盐碱度高，地势较低，土地较贫瘠的实际情况，选择刺桐、美丽异木棉、腊肠树、黄槿、高山榕等乡土景观树，采取高起垄、挖大穴、填客土等措施，在高速公路两侧各种植7行，形成两侧各30米宽“四季皆绿、四季有花、四季变化”森林景观走廊。4月18日，涵江森林通道建设经验在全省沈海高速森林通道建设现场会上作交流，与会代表参观涵江段森林生态景观通道示范段建设，涵江建设经验在全省推广。

【林政资源管理】 2012年，全区审批林木采伐16块，采伐面积118.67公顷，蓄积量8722立方米。办理木材经营加工企业年检18家。经省林业厅组织人员抽查，该年度森林覆盖率和森林蓄积量均超过省政府下达的指标，全区森林覆盖率67.09%、森林蓄积量194.15万立方米。加强林地管理，支持重点项目建设，协助建设单位做好项目占用征收林地申报材料的审核上报。是年，共审核上报湄渝高速公路、莆田市乌溪水库等工程建设项目占用征收林地9起、面积308.6361公顷。加强林业行政许可管理，全年共办理林业行政许可904宗。开展古树名木挂牌保护工作，对全区684株古树名木全部挂牌保护。

【森林防火】 2012年，按照《福建省森林防火指挥部关于印发县、乡两级扑火物资储备库建筑标准和主要物资储备标准的通知》，区、乡两级、各林场根据扑火物资储备库建筑标准和主要物资储备标准加强防火物资储备库建设，全区新增二号扑火工具550把、灭火弹400颗。在萩芦镇深固村开设森林防火林带5千米。加强护林员队伍的管理，对外出打工或身体虚弱等原因不能履行职责的护林员予以解聘，新聘责任心强的护林员，实行分区管理，确保防火期每个护林员都能在岗在位，履行巡山护林职责。村委换届选举后，区防火办、各乡镇及时组织镇干部、村主干和扑火队员进行森林防火知识的培训和演练，增强防火意识，提高扑火技能。加强防火宣传，全年通过移动短信平台，发送手机宣传短信21000多条，张贴预防森林火灾系列挂图、宣传标语等5000多张，分发《致全体市民朋友的一封信》3万多份，悬挂森林防火宣传横幅80多条，出动森林防火宣传车260车次。由于防范措施到位，森林火灾得到较好的控制，全区发生森林火灾1起，过火面积

1.67 公顷，森林火灾发生率和受灾率均控制在省定“双控”指标之内。

【林业有害生物防治】 2012 年，区林业局加强林业有害生物防治，累计完成各类有害生物监测面积 63559.47 公顷。购买白僵菌炮 2 万株粒防治松毛虫，生物防治面积 1000 公顷。完成调运检疫 1530 立方米，产地检疫 5938 立方米，检疫率达 100%。开展“绿盾 2012”植物检疫执法专项行动，查处违法调运木材 1 起。是年全区林业有害生物监测率 98%，成灾率控制 1‰以内，防治率 100%，苗木检疫率 100%，未发现松材线虫疫情，较好完成市政府下达的年度松材线虫防控目标任务。

【野生动物驯养管理】 2012 年，区林业局做好辖区内 4 家野生动物驯养繁殖、经营加工的管理、指导工作，及时对 4 家野生动物驯养繁殖场进行春季、秋季防疫工作的检查，指导野生动物养殖单位搞好卫生防疫和消毒工作，保障工作人员和野生动物安全。办理野生动物驯养繁殖、经营加工许可证年检 4 家，配合省林业厅对区内 4 家野生动物养殖单位经营情况的检查，规范野生动物驯养繁殖、经营加工工作。

【林业执法】 2012 年，区森林公安和林业行政执法队伍形成合力，深入开展清网行动、利剑出鞘、打击野生动物及其制品网络犯罪和非法贸易活动、打击破坏鸟类资源等专项行动。全年共办理各类案件 47 起，其中林业行政案件 42 起，行政处罚 42 人次，查处率 100%；办理刑事案件 5 起，破案 4 起，逮捕 2 人，取保候审 3 人，网上追逃 2 人。

【集体林权制度改革】 2012 年，涵江区新发林权证 459 本，全区完成林权登记发证面积 4.78 万公顷，林权登记发证率 99.5%，发林权证 20840 本，林权证到户率 97.9%。加强林权登记管理，共受理 97 宗林权变更，面积 964.47 公顷，受理113 宗初始登记面积 26132.13 公顷。推行森林综合保险，全区 4.94 万公顷森林参加综合保险，其中生态林 1.96 万公顷，商品林 2.98 万公顷，参保率 100%，实现森林综合保险全覆盖。完善森林生态效益补偿基金制度，将 1.96 万公顷生态公益林补偿资金纳入“一卡通”账户管理，并按照省定的补偿标准，将属于林权权利人的生态公益林补偿资金直接足额拨付到农户。

【自然保护区建设】 2012 年，涵江区做好莆田老鹰尖省级自然保护区范围和功能区调整工作。老鹰尖省级自然保护区成立后，因保护区位置、范围和功能区划图数据较粗略，与林业资源数据库无法对接，与毗邻的莆田黄龙国有林场存在林地权属争议，加上 2008 年涵江区与福清市行政区域重新勘界，部分自然保护区林地划归福清市管辖。因自然保护区边界无法准确落实，管理工作无法正常开展，即将动工兴建的省重点民生工程乌溪水库的淹没区也要占用原功能区划核心区的部分面积。7 月，根据省人民政府办公厅《关于做好自然保护区管理有关工作的通知》要求，对自然保护区的范围、界线和功能分区进行重新核查和确认，确保自然保护区内土地权属明确、界址清楚、面积准确、功能区合理。自然保护区管理处委托福建省林业调查规划院组织编制自然保护区范围和功能区调整申报材料。自然保护区范围和功能区调整方案经福建省环境保护厅组织的专家评审会论证评审通过。调整后的莆田老鹰尖省级自然保护区总面积2830.9公顷，其中核心区821.2公顷，缓冲区591.6公顷，实验区1418.1公顷，涉及新县、大洋两个乡镇10个行政村。

【林业产业】 2012年，区林业局协助福祥农林开发公司申报省林业科技推广示范项目“油茶良种技术推广”，巨然农业开发专业合作社申报省发改委资金补助项目“田七中药材优良品种繁育基地建设”。桂花香农果开发有限公司和福建农林大学签约“改良枇杷品质的方法”项目，总投资520万元。鼓励社会资金投入发展森林生态旅游，引进福建众和集团开发瑞云山森林公园，总投资2亿元。推进林下经济发展，大力宣传非木质利用前景，引导发展林菌、林药、林菜、林草等林下种植业，充分利用林地生产力，实现林农增收、林业增效。全区完成林业产值10079万元；完成林业社会产值381277万元，其中第一产业28376万元，第二产业347560万元，第三产业5341万元。

（阮　晖）

·渔　业·

【概况】 2012年，根据《关于莆田市涵江区人民政府机构改革的实施意见》文件精神，不再保留区海洋与渔业办公室，其职责划入区农业局，加挂区海洋与渔业局牌子（以下简称区海渔局），行政编制3名，其中设局长、副局长各1名，下设区海洋与渔业执法大队三江口中队，在编1名。是年，区海渔局扎实推进海洋经济发展，以提高水产品质量和综合效益为目标，不断提高海洋与渔业综合执法水平，完成海洋与渔业各项任务。全区完成水产品总产量55191万吨，同比增长1%。其中海水产品产量36955万吨，同比持平；淡水产品产量18236万吨，同比增长3%。完成渔业总产值7.23亿元，同比增长19%。水产养殖总面积3170公顷，其中海水养殖面积2289公顷，淡水养殖面积881公顷。

【工程用海项目通过预审】 10月10日，涵江区海洋功能区划调整通过国务院审批；《莆田市涵江区区域建设用海规划》《区域建设用海规划海洋环境影响专题篇章》及《区域建设用海海域使用论证》通过国家海洋局审批；区域建设用海范围内的“行政办公及商务中心一期工程”、“江临港产业园配套生活区一期工程”及“疏港公路及防护林一期工程”等6个项目共约258.93公顷的工程用海项目通过省海洋与渔业厅的用海预审。

【海域使用管理】 2012年，区海渔局完成对全区海域养殖品种面积的现场测绘及航拍工作，对江口镇5个涉海村、三江口9个涉海村养殖村界及品种面积普查测绘成果确认工作。出台涵江区海域使用补偿标准、涵江港区填海造地工程海域使用补偿实施细则，发布收回海域通告。

【渔政执法】 2012年，区海渔局严厉打击破坏海洋生态环境的海上非法采砂行为，按照上级部门的统一部署，协调海事、边防等相关部门，从严查处违法用海项目、非法采砂行为，并配合市执法支队对违法用海单位进行执法跟踪检查。开展“打非治违”专项行动，特别是“三

5 月 30 日，区海渔局开展巡查执法行动

安全设施的渔船，一律要求按照规定配齐。

【支渔惠渔政策】 6 月中旬，区海渔局完成下拨 2011 年度补贴 1150038.69 元的机动渔船燃油补助发放任务，确保上级下达的资金及时全额发放到位，严防截留、克扣、挪用资金的现象发生；在全省率先开展年度政策性渔工保险工作，采取以点带面，先易后难，调动渔工参保积极性，共投保渔工 292 人。培育扶持涉渔企业，下达 2012 年度第一批海洋经济发展补助资金 30 万元，用于补助福建省水手食品有限公司。

无”船舶和“电、毒、炸”等影响较大的违法行为，加大打击力度，坚决予以查处。是年，共巡查 57 天次，出动执法人员 294 人次，执法车行程 1526 千米，执法船航程 1331 海里。

【“护渔 2012”专项执法行动】 2012 年，区海渔局参加上级组织的“护渔 2012”联合执法行动，共开展大规模执法行动 5 次，组织渔政执法人员 212 人次，执法船只巡查 45 天次，巡查136 小时，制作海上巡查记录表 39 份，登临检查船只 138 艘次，查处临水作业未穿救生衣等违规作业船舶 2 人次。

【渔政船检】 2012 年，区海渔局把好渔船检验关，加强渔船渔港监督工作，提高职务船员的持证率，确保渔船救生、消防、通讯等安全设施的有效设置，提高渔业安全管理水平。全年共检验渔船 146 艘，凡在检验中发现缺少救生、消防等

【渔业科技入户】 2012 年，区海渔局每周定期下乡接受渔民群众的咨询，帮助养殖户解决生产中遇到的技术难题；组织渔民和养殖专业户收看福建电视台公共频道的相关专业知识讲座，通过远程教育开展技术培训；利用手机短信平台先后向相关人员发出水技服务信息 15 条，直接受信人达 2136 人次，做到及时向广大渔民群众提供公共信息服务。是年，由于气候异常、赤潮灾害等原因，江口社区海域滩涂牡蛎养殖出现部分死亡现象，区海渔局及时抽调专业技术人员赶赴现场，分析原因及时采取相应措施，抑制事态的进一步扩展，并对症下药，指导组织救治和恢复生产。

【水产品安全宣传】 4月至8月份，区海渔局重视织纹螺预警和宣传工作，在主要养殖区、集贸区挂横幅标语、张贴“河豚鱼”和“织纹螺”识别彩图及织纹螺危害等宣传材料，同时还利用手机短信提醒市民春夏期间慎食织纹螺，防止发生织纹螺中毒事件。6月11日，配合区食安办在大地香港城前举办“共建诚信家园、同铸食品安全”为主题的大型食品安全宣传活动，组织渔业执法、水产技术推广等单位，在现场进行水产品质量安全知识宣传并接受咨询，同时，发放《水产品安全消费知识问答》、“河豚鱼”和“织纹螺”识别彩图及织纹螺危害等宣传材料并制作2个可移动的展板向群众宣传安全食用水产品知识，共发放各类宣传材料385份，横幅20条，手机信息直接受信人达86人次，解答咨询20多人次。

【水产养殖业安全整治与管理】 2012年，区海渔局召开全区水产品质量安全整治工作会议，全面开展养殖生产单位基本情况的摸底调查，建立起水产养殖质量安全监管档案，同时制订水产品质量安全抽查计划，对于药残超标问题进行及时通报，通过抽检、通报等措施，逐步建立市场准入制度。完善水产养殖的生产、用药和投售三项记录，指导和督促养殖户、渔业加工企业建立健全生产日志、科学用药等各项规章制度。组织开展“水产品质量安全专项执法行动”、“水产养殖用药专项整治”活动，对水产养殖过程中违规用药行为进行集中整治，落实每周不少于两天下乡进场，了解渔业生产动态，掌握渔情，引导渔民正确使用鱼业投入品、规范使用鱼药；开展鱼用药物使用情况和用药记录检查，督促养殖户规范用药，做好鱼用投入品安全自控工作，在源头上预防水产品出现药物超标等情况。

【水产品药残检测】 2012年，区海渔局落实批发市场水产品的检测制度，共进行药残检测36个样品。配合农业部、省厅、市局对水产品养殖产地进行药残检测12批次，尤其是在季节性织纹螺抽样送检，坚持每周不少于一次，每次2个样品，共检测28批次。5月份赤潮灾害期间，及时采集缢蛏1个样品，送达省检测中心进行贝类检测，保障贝类水产品安全。

【渔业防汛防台风工作】 2012年，区海渔局成立防汛抗台领导小组，组建成立3支机动防汛抗台督查小组，督促落实领导包片责任制，从组织机构上健全完善防汛抗旱指挥部，形成层层有人抓，有人管的局面；根据市局印发的“莆田市渔业防台风工作预案”，结合涵江区具体实际，对渔船防台预案进行修订，明确渔船防台工作职责与组织领导、工作程序与步骤、岗位职责、工作制度等，形成较为完善的工作机制。4月中旬，区海渔局组织安全隐患督查组深入涉海乡镇主要渔业村，开展以重点渔业村、重点部位、重要设施和薄弱环节为重点的全面排查。7月5日，联合三江口海事处、三江口边防派出所开展海上救助演练，进一步完善海上应急救助部门协作工作机制。

（姚智平）

·水 务·

【概况】 2012年，涵江区水务局（以下简称区水务局）围绕“安全水利、民生水利、生态水利”三大体系建设，继续贯彻落实中央、国务院《关于加快水利改革发展的战略部署实施意见》，加快实施小型农田水利重点县建设，病险水库除险加固、农村饮水安全、河道整治等4大类36个水利项目建设，共完成固定资产投资4.76亿元，占年度计划任务2.7亿元的176%，超序时超计划完成年度目标任务，水利事业实现平稳较快发展的良好势头。涵江区人民政府被省水利厅评为“2011—2012年度冬春修水利建设及水毁修复先进县”。是年，在全区12个重点乡镇（街道）恢复设立水利工作站并加挂“防汛抗旱指挥中心”牌子，人员配备到位。

【防汛防洪】 2012年，全区平均降雨量为1540多毫米，比多年同期平均值略有增加。强降雨主要受第5号强热带风暴“泰利”、第9号台风“苏拉”影响，出现在6月10—12日、6月19—25日、8月3—4日。涵江区不断提高防汛抗旱预警应急能力，形成反应灵敏、运转高效的应急工作机制。14个乡镇（街道、管委会）防汛抗旱指挥机构在汛前调整充实到位，选派区、镇两级防汛指挥长16人次参加省防汛办举办的防汛指挥长培训班；重新对34座水库防洪调度计划、防汛抢险应急预案、199个村级防洪抢险救灾应急预案等进行修订完善、审批；严格落实以行政首长负责制为核心的各项防汛责任制，并公布全区30座小（二）型以上水库和8处海堤的行政责任人。

【山洪灾害防御】 2012年初，涵江区全面完成山洪灾害非工程措施建设，投资452.03万元，新建199处简易雨量站、9处简易水位站、10处自动雨量水位站、2个中继站、改造3个自动雨量水位站；1处县级监测预警指挥中心、14处乡镇发布平台和199处村级预警广播设施；编制1个县、14个乡镇、199个行政村三级的山洪灾害防御预案等，实现有效防御山洪灾害，保障人民群众生命安全，最大程度减轻山洪灾害损失的目标。

【城镇供水】 2012年，涵江区供水管理处以安全供水、优质服务为目标，不断推进供水管网改造和企业文化建设，年度完成售水量2023.46万吨，占计划99.84%，同比增长0.9%，实现产值3567.39万元，占计划99.79%，同比增长0.82%。完成利润67.21万元，占计划84.01%，同比下降60.12%，上缴税金305.99万元，占计划101%，同比下降4.19%，供水产销差率28.33%，比上年同期递增2.12%。

【民生水利】 2012年，涵江区投资3796.12万元，完成饮用水应急供水工程，即东方红水库引水工程；实施农村饮水安全二期工程，项目涉及江口、萩芦、白沙、庄边、新县、大洋等6个乡镇，受益人口10.2255万人，建设内容为输配水管网、净化工程等，项目概算总投资5656.3万元，其中争取中央补助资金3393万元，省级配套资金747.7万元。小型农田水利重点县建设，12月12—14日，三年建设总任务顺利通过省水利厅、财政厅组织的专家组验收。受益江口镇、三江口镇、白塘镇、国欢镇、梧塘镇、萩芦镇、白沙镇、新县镇、庄边镇和大洋乡等10个乡镇101个行政村，累计完成投资6580.21万元，建设小型水源工程47处（小型灌溉泵站22座、总装机308.5千瓦，拦河坝修复12座，山塘修复13座）；渠道修复改造

425.35千米（固定渠道修复改造294.99千米、田间渠道修复改造130.36千米）；配套改造渠系建筑物270处；高效节水示范片120公顷；完成村级组建农民用水户协会25个。受益灌区水利用率提高到0.58，新增有效灌溉面积240公顷，新增节水灌溉面积1456公顷（其中高效节水灌溉面积120公顷），改善灌溉面积2900公顷。水库、山塘除险加固工程，加固枫山、梅洋、郑坂、悬钟岭、外坑、桐林、梅溪、虎畴坑、丰收、兰猴、西院等小（二）型病险水库11座，项目总投资3630万元，其中争取中央专项资金2210万元，省级配套资金180万元；投资300万元，完成梧塘镇九峰，白沙镇后潭、高刀、马鞍，大洋乡池田、农场，萩芦镇外湖，新县镇梨花，庄边镇度下、刘坑等10座山塘加固任务。

【乌溪水库工程项目开工】 2012年，作为福建省重点项目、莆田市重大水利项目之一——乌溪水库工程于9月26日在大洋乡正式开工。乌溪水库位于涵江区新县镇和大洋乡之间，是一座集供水、防洪、灌溉、发电为一体的综合性中型水库。水库总库容2100万立方米，设计年发电量929万千瓦时，有压引供水系统长20千米，项目总投资约4.8亿元。

【河道整治】 2012年，区水务局把河道综合整治放在生态文明建设的突出位置，根据“保护优先、整治为主”的治河思路，科学合理规划设计河道岸线和两岸景观，整治和管护河道。是年实施工程有：梧梓河西庄沟段，建设复式堤岸2.04千米；国欢镇引水冲污工程，铺设DN800PCCP引水管道2.5千米；倒虹吸管连接段、供水处引水补水项目；三江口镇护岸建设，拓宽束窄河段1处等（完成投资20万元）。立足生态景观相结合高标准整治河道的要求，坚持科学规划、因地制宜，争取中央补助资金2755万元，完成梧梓河整治工程以及塘头河防洪工程初设报批工作。

【河道巡查】 2012年，涵江区人民政府出台《莆田市涵江区河道管理工作考评方案》和《进一步加强城区河道治理和管护工作实施方案》，明确落实管护责任，新组建一支18人的河道巡查队伍，实行“分片包组、定人定责”制度及每天至少巡查2次的工作措施，采取区、镇、村三级联动当场认定、马上制止、自行整改等有效措施，查处水事违法案件，保持河道全方位监督和长效管理的高压态势。全年共发现涉河水事违法行为123起，整改率达100%。加强水土流失治理工作，投资260万元，完成萩芦溪上游河流两岸433.33公顷生态脆弱区的水土流失治理，完成率为130%，萩芦溪、北洋涵江片区主河道等水功能区水质明显改善。全年共审批开发建设项目水土保持方案5个，方案审批率达100%,依法征收水土保持补偿费19.9万元。是年，区水土保持监督站被省水利厅列为全省水土保持执法能力建设试点单位之一。

（林文聪）

编辑：范　将

工　业

·工业园区·

【高新园区】 2012年，莆田市高新技术产业园区实现由省级高新技术产业开发区升级为国家级高新技术产业开发区的跨越发展（国函〔2012〕112号），定名为莆田高新技术产业开发区（以下简称高新园区），实行国家高新技术产业开发区政策，成为继福州、厦门、泉州之后的全省第四家国家级高新区。是年，实现工业总产值365亿元，比增17%；规模以上工业总产值290.7亿元，比增16.9%；新批外商投资项目3个，总投资额达3241万美元，出口创汇1.68亿美元。园区内共聚集电子信息液晶显示配套企业93家，规模以上企业36家，年产值超亿元企业27家，该产业实现规模以上产值102亿元，比增9.6%。共有精密机械企业66家，规模以上企业21家，年产值超亿元企业15家，实现规模以上产值87.1亿元，比增28.7%。共有鞋革服装类企业78家，其中规模以上企业22家，年产值超亿企业12家，实现规模以上产值49.8亿元，比增13.6%。园区连续8年位列全省开发区前十强。

基础设施建设　2012年，高新园区完成创业服务中心装饰工程，造价70万元，共2000平方米；科技孵化大楼完善装饰工程，造价700万元，共10000平方米；协助赤港做好6.67公顷大旺湖公园规划、0.67公顷赤港文化城功能设计及赤港小学配套设施规划设计工作；完成莆田市创建全国绿化模范城市评选迎检工作，补植黄金榕、红桑等各类灌木3000多株。与赤港农场共同完成侨居工程1.53公顷绿化工程和沈海高速森林生态景观通道8公顷造林工程。

科技创新　2012年，高新园区产学研合作进一步深化。以实施科技计划项目和“6·18”推介会为契机，鼓励企业开展“校企合作”和“院地合作”，共有3家企业分别与中国科学院成都分院光电技术研究所、中国科学院长春应用化学研究所、福建师范大学对接成功。邀请中国科学院院士、天津大学精仪学院激光与光电子研究所教授姚建铨等中科中涵公司的技术骨干就研发过程的技术细节进行现场指导。

项目服务　高新园区联系、指导企业做好2012年国家、省、市科技项目申报工作。共有13个项目获得立项，其中3个项目获国家科技部立项，4个项目获得省科技厅立项，6个项目获得市科技局立项，共获得上级科技扶持资金688万元。高新园区内的莆田市荣兴机械有限公司、福建省莆田市中涵机动力有限公司首批入榜福建省战略性新兴产业骨干企业名单。福建新世纪电子材料有限公司的“Karser”品牌被国家工商行政管理总局认定为驰名商标，区内中国驰名商标数达3个。

（林雪玉）

【新涵园区】 2012年，新涵工业集中区（以下简称新涵园区）进行新一轮控制性详细规划调整，用地范围西起涵港大道，东至塘北路，南临滨海大道，北至荔涵大道，规划面积800公顷。建成区域面积409.8公顷，其中工业用地面积160公顷，可利用工业用地139.13公顷。是年，引进卧龙达、亿发三期、方家铺子、中科港辉、盛辉物流等17个工业项目入园，总投资额21.4亿元。卧龙达、盛辉物流、四君子家具等多个项目完成农转用批复，启动用地征迁工作。

坚持“高起点规划、高效率开发、高标准建设、高效能管理”的指导思想，推进基础设施建设，着力打造“三横三纵”的交通网络，建成梧梓路、滨海大道等两条园区道路。投资500多万元实施一期涵北路、郊河路部分路段建设，完成各项前期工作，组织施工。同时，加紧路网、供水管网、供电、供水等建设，完善各项基础设施配套。

根据园区产业规划定位，产业布局主要以食品加工、鞋革服装为主，电子信息、机械制造为辅。有各类企业146家，其中工业企业95家。其中规模以上企业57家（鞋革服装30家，机械制造5家，印刷包装5家，食品加工10家，电子化工7家）。园区共实现工业产值79.1亿元（其中鞋革服装40.6亿元；食品加工31亿元；机械制造4.9亿元;印刷包装0.6亿元；电子化工2亿元），约占全区产值的26.2%，比增13.1%。完成固定资产投资2.73亿元。

【临港园区】 2012年，临港工业集中区（以下简称临港园区）进一步优化园区产业规划布局和完善基础设施建设。主动衔接配套高新园区及周边产业，启动滨海新区51平方千米总体规划及临港工业区二期5.1平方千米控规编制，为临港装备园32平方千米的产业规划提供依据和保障；新浦3000吨杂货码头完成建设投入试运行；完成对进园道路3.6千米的路基夯实及路面沥青铺设修整扩建工程的施工设计和工程估算编制；收回哆头盐场111.33公顷租用养殖合同，终止养殖，并对水利设施评估后进行补偿；协助莆田海事局推进海事码头及海事应急储备库在园区落户建设；启动投资3.6亿元的联11连接线的前期工作，该路全线13.2千米，沿现有海堤贯穿江口、三江口两镇，建成后与后郭南路、人民南路、三江路等互通形成四通八达的交通枢纽，为临港园区及填海区开发建设提供交通运输保障；计划新建为配套在木兰溪入海处岸线（即旧码头）规划的10个3000吨泊位的后方疏港支线，与市海防办对接，争取纳入国防路建设补助（每3千米100万元）。是年，有2家规模以上企业达成投资意向，其中亚洲最大物流企业谱洛斯选址落户，规划用地72.67公顷；雪津啤酒厂新厂规划用地146.67公顷，初步确认选址方案。

（顾振华）

·电力工业·

【概况】 2012年5月，莆田市电力系统进行体制改革，撤销涵江供电局，成立荔北客户服务分中心（以下简称荔北分中心），办公地址为原涵江供电局。涵江供电局职能划归荔北客户服务分中心。因国家电网公司“三集五大”（三集：人、财、物集约化；五大：大规划、大建设、大运行、大检修、大营销）体系建设需要，荔北分中心供电区域覆盖12个乡镇（含荔城区西天尾镇、城厢区常太镇）、3个街道办事处(含荔城区拱辰办事处部分)、2个开发区、3个管委会。涵东办、涵西办、国欢、三江口等4个乡镇、街道的电力线路抢修工作由莆田电业局运维部直接管理。是年，荔北分中心有全民职工100人、农电工162人、能源工29人，共291人。设市场班、城区营业班、抄表班、装表班、用电检查班、白塘供电所、江口供电所、梧塘供电所、白沙供电所、西天尾供电所等10个班组，电力直供用户22万户。

【电力安全生产】 2012年，荔北分中心围绕“三集五大”改革工作，加强现场作业全过程风险管控，做好班组承载力分析，抓作业组织、风险预控和管理人员现场管控，确保营销作业现场安全有序。落实好领导干部和管理人员下现场到岗到位检查，开展现场安全督查，严肃查纠违章行为。截至12月31日，安全生产366天，部门领导和管理人员下现场共317次，现场查纠协调解决问题133个，共出台8期安全生产督查通报，及时发现4个共性问题,各基层班组都能按规定时间内整改到位。开展安全生产“打非治违”专项行动、“安全年”等安全风险管控专项活动。根据莆田电业局2012年安全生产“打非治违”专项行动工作方案，组织编制荔北客户服务分中心安全生产“打非治违”专项行动工作方案，从煤矿及非煤矿山整治、电力设施保护、建设施工方面、消防、电力二次系统安全防护等5个方面开展打击非法违法生产经营，普查5户非煤矿山客户，其中无用电户2户，租用建萩芦至白沙202省道用电1户，安全生产许可证过期待复检1户，四证齐全开采用电1户。

【创建服务品牌】 2012年，荔北分中心开展“让声音微笑起来”主题实践活动，把“让声音微笑起来”所承载的国家电网公司基本价值理念落实到优质服务工作中，推广到各个服务环节。加强服务培训，梳理、完善服务流程，严格执行服务规范、服务质量标准，评选供电服务窗口“微笑大使”，创先争优，宣扬爱岗敬业精神。在营业场所推广应用《国家电网品牌标识推广应用手册》，做到各服务渠道品牌标识推广到位率100%、规范率100%。配合省公司组织开展“我是国家电网人”演讲比赛，形成“人人都是企业名片”的广泛认知。开展“走进国家电网”主题宣传活动。通过电力开放日、媒体互动、客户联谊、楼宇LED、电费缴费账单等多种形式，广泛宣传供电服务政策和各项举措，让广大电力客户更深入地了解供电服务过程，增进相互理解，传播国家电网品牌形象。突出业扩工程阳光服务，进一步提高优质服务管理水平。加大电力基础配套设施及设备的更新、完善，为用户提供更可靠、更个性化的用电服务；继续完善业扩工程招投标平台建设，增加可选厂家，保障用电客户的选择权，进一步提高业扩工程运转效率，精简程序，环环相扣，尽可能地缩短业扩工程完成时限，提高用户满意度；推出“放假期间工程不停歇”的个性化服务目标，如在“国庆”长假前专门对长假期间客户要求的业扩工程进行梳理并倒排进度，对重点客户特事特办等；加大宣传力度，对一些用户有疑问或其它用电政策解释宣传到位，让用电客户用得明白、用得放心。

【“两保三进”活动】 “两保三进”（“保经济发展、保电量增长”和“进企业、进社区、进农村”）活动是荔北分中心2012年下半年工作的重中之重。活动内容主要包括：落实用电激励政策，降低企业生产成本；加快业务办理速度，提升供电服务品质，推行省市重点项目“全程式”服务，建立大客户经理“一对一”服务机制，缩短服务流程时限，建立重大项目超常规对接机制，快速响应服务需求；推行城市居民小区“片区制”服务，实施“一户一表”改造，设立片区服务经理，主动接受客户监督，提供方便快捷服务；推行95598电话“一站通”服务，打造95598“问题解决中心”，建立服务快速响应机制；加快保障性安居住房报装接电，执行保障性安居住房供电工程配套费优惠政策，加强工程管控和后期服务；加强电网建设步伐，确保安全可靠供电，加快“迎峰度夏”项目建设，全面提升电网供电能力；全面保障客户安全可靠供电，组建综合抢修队伍，提高抢修复电速度，确保实现“不拉闸、不限电”工作目标；主动深入客户现场，及时解决实际问题。组织供电服务队，深入企业、社区、农村，与客户“面对面”宣传政策、“一对一”解决问题，把服务落实到一线，把问题解决在一线。

【队伍建设】 2012年，荔北分中心以“创先争优”为抓手，以改革创新精神推进队伍建设。创新服务方式，拓宽电费交费方式，在开通多银行电费代扣代缴等12种电费缴纳方式的基础上，开通电信电费代缴平台，拓宽客户缴费渠道，推出特色服务和个性化服务，使供电服务更加贴近老百姓；加强对农村电力服务宣传，及时解决群众关心的直接、现实的生产生活问题，建立农村老人协会电力服务信息网络，加强与服务区域内的85个农村老人协会的联络，做到监督有的放矢，服务急客户之所急，让社会了解供电企业特性，让群众支持电力发展，营造良好的供电服务环境；健全电力110联动，不断加强抢修队伍建设，以“停电就是命令”建立首问责任制。随着电力发展与人民生活越来越密切，要求配电人员以客为尊，换位思考，时刻为客户着想，还建立特殊用电大户重点通知的制度，为最大限度地满足客户需求，实行24小时值班待命受理抢修制度，动员全体干部、职工，发扬“吃大苦、耐大劳”的精神，弘扬“苦了我一人，方便千万家”的主人翁精神，推出“满负荷”工作法。在各项重大活动中，打造出福建电力特色服务品牌，精心组织，周密部署，确保各类重大活动、节日期间可靠供电；聚力而为，打破常规，服务地方重点项目建设，为安置房、铁路、高速公路等80多个建设项目开辟“绿色通道”；实施“新农村、新电力、新服务”农电发展战略。

【军企共建】 2012年，荔北分中心重视“双拥”共建工作，把“军企双拥共建”列入党总支议事日程。该分中心主任、总支书记经常到共建部队看望、慰问官兵，组织青年志愿服务队为部队免费检修电力线路，在营区中心部位增设400KVA配变1台，以解决长期以来低电压问题，着力为部队解难事、办实事。开展“安全执规·党员走前头”活动，扎实推进党员安全示范岗。荔北分中心综合党支部与共建部队的党委、党支部联合开展“三级联创”活动。学习部队的军事化管理，以强化自身的准军事化管理，深入开展“安全执规·党员走前头”活动，营造党员无违章、党员身边无违章的氛围，实现全员无违章，确保本年度“三级联创”分中心党总支全面完成各项目标任务，无发生员工违法违纪行为和安全生产责任事故。

（周文海）

·电子信息·

【概况】 电子信息产业是涵江现有产业中技术含量最高、产品市场占有量最大的产业。产品主要分为四大类：以台湾通信、新威电子为代表的通信终端设备，以德荣电子、新盈液晶为代表的液晶显示器，以安特半导体、新世纪电子、威特电子为代表的新型元器件，以德信电子、新威电子为代表的电子计算器。其中，液晶显示器和电子计算器两类产品所占比重较大。电子计算器占据国际市场份额6成多，是全球最大电子计算器生产基地。拥有占全国总量11%的小尺寸平板液晶显示器生产线，是全国四大液晶显示器生产基地之一。是年，涵江电子信息产业规模以上企业共44家，累计完成规模以上产值113.98亿元，比增9.2%，占全区规模以上工业产值的18.7%。产业体量大，占莆田市电子信息产业产值总量的85.7%，是全市电子信息行业的领军者。

【品牌建设】 至2012年，全区电子信息产业集群先后共获得福建省名牌产品5件，福建著名商标4件，省优秀新产品1件，省自主创新产品1件；有省级企业技术中心2家、市级企业技术中心4家；先后有5家企业获得省高新企业称号，1家企业获得省创新型企业称号。

【企业选介】

福建安特半导体有限公司　该公司是安特海外投资有限公司在福建省投资的第一家大型外资企业。公司成立于2002年2月，坐落在福建省莆田市高新技术产业开发区赤港电子信息园，占地面积7.47公顷，注册资金1200万美元，投资总额2999万美元。该公司集设计、研发、生产、销售于一体，研发力量雄厚，成功开发100多种具有自主知识产权的集成电路芯片并投入市场，广泛应用于计算器、电子钟、表、行针表、计步器、闪灯、定时器和温控器等系列电子消费产品。产品畅销东南亚及欧美市场，质量受到国内外客户的广泛好评。公司被省级部门认定为高新技术企业、两个密集型企业、海关AA类管理企业，先后获得莆田市重点项目建设先进单位、涵江区纳税大户等称号。

·机械制造·

【概况】 机械制造产业是涵江工业发展中的后起之秀。2012年，机械制造产业规模企业数达35家，累计完成产值114.9亿元，占全区八大产业产值的18.8%，占全市机械制造业产值的63.8%，是全市机械制造产业的中流砥柱。现有嘉美五金、鼎盛五金、鼎立金属、荣兴机械、全冠机械、金浦机械等龙头企业，主要生产铝型材、数控机床、金属加工、计量机械、移印机等，初步形成国内最大出口摩托车制动器生产基地、最大的易拉罐盖生产基地。

【品牌建设】 至2012年，全区机械制造产业集群先后共获得国家免检产品1件，福建省名牌产品8件，福建著名商标7件；共有4家企业的6件产品荣获省优秀新产品及省自主创新产品称号；有省级企业技术中心3家、市级企业技术中心4家，省高新企业4家，省创新型企业2家，产业技术创新能力不断加强，成为涵江企业技术创新的中坚力量。

【企业选介】

莆田市荣兴机械有限公司 该公司于1993年创办，并于2002年通过ISO9001：2000国际质量管理体系认证。建有“省级技术中心”，运用CAD、CAE、CAM技术，研发系列压铸模具及其工艺装备。拥有日本、美国等国和台湾地区先进的三坐标测量仪、光谱直读仪、投影检测仪、万能试验机，以及日本引进的大型压铸机、加工中心、自动涂装线等先进的检测设备和生产设备；集模具制造、压铸、机加、涂装、装配于一体，形成完整的生产体系。生产有制动器、制动蹄块、轮毂、后货架、脚踏支架、发动机箱盖类零部件等400多种产品；为五羊-本田、新大洲-本田、大长江、重庆建设YAMAHA、轻骑铃木等主机厂配套。公司先后被评为“福建省高新技术企业”和“福建省民营企业纳税先进单位”、“福建省最佳信用企业”等。

·食品加工·

【概况】 2012年，涵江区食品加工产业拥有英博雪津、东南香米业、东源水产、正源饲料、华林蔬菜、红太阳精品、金日食品、新黑龙食品、兴和食品、八闽香米业、北方蔬菜、三江面粉、发兴面粉、涵兴食品、长丰米业等龙头企业。主要生产烤鳗、海产品、食品饮料、蛋制品、酒制品、米面油食品、蔬菜食品、肉制品、保健食品、饲料等产品，是海西最大的啤酒生产基地、粮食加工仓储基地和全国最大的烤鳗食品加工出口基地。是年，食品加工产业规模企业数达28家（产值超亿元企业22家），累计完成产值102.89亿元。

【品牌建设】 至2012年，涵江区食品加工产业拥有中国名牌产品3件，国家免检产品2件，中国驰名商标3件，福建省名牌产品20件，福建著名商标15件，省优秀新产品3件，省自主创新产品3件；有省级企业技术中心4家、市级企业技术中心10家，省高新企业2家，省创新型企业5家。福建天下农庄食品发展有限公司注册商标“天下农庄”被国家工商总局认定为“中国驰名商标”；方家铺子（莆田）绿色有限公司生产的“方家铺子”牌桂圆干获“福建省名牌产品”称号；福建省正源饲料有限公司主持制定的“鳗鱼配合饲料”、“黄颡鱼配合饲料”、“鳖配合饲料”配方成为地方行业标准。

【企业选介】

福建省红太阳精品有限公司 该公司创建于1994年，总投资上亿元，是一家以生产国圣牌系列酱菜、豆制品、蛋制品、海藻类以及调味品而闻名的省级科技型企业和莆田市农业产业化龙头企业，拥有全国各地各种蔬菜基地1333.33公顷多，关联农户3000多户。产品畅销全国，并出口到日本、美国、英国、新加坡、澳大利亚、新西兰等国家，被评为福建省名牌产品、福建省著名商标，其国圣商标在香港注册。公司先后通过ISO 9001体系认证和haccp体系官方验证，在全省同行中率先通过qs认证，获得出口卫生注册证书、出入境检验检疫报检企业注册登记证和原产地标记准用证明。先后被授予全国乡镇企业创名牌重点企业、全国乡镇企业质量先进单位、全国食品行业质量效益型先进企业和福建省质量管理先进企业、福建省优秀龙头食品企业等称号。

·鞋革服装·

【概况】 鞋革服装是涵江的第一大产业，2012年，全区规模以上鞋革服装企业共77家（其中鞋革制造业63家、服装纺织业14家），占全区规模数33.5%，规模企业数居八大产业之首；产业规模产值累计实现167.35亿元。占八大产业规模总产值的27.4%，产业规模继续保持领军地位。

【品牌建设】 至2012年，全区鞋革服装产业集群先后共获得中国名牌产品1件，国家免检产品2件，中国驰名商标1件，福建省名牌产品4件，福建著名商标4件；有省级企业技术中心1家、市级企业技术中心1家。是年，莆田市博进服饰发展有限公司经福建省工商行政管理局授牌，荣获“福建省著名商标企业”称号。

【企业选介】

莆田高林鞋业制品有限公司　系外资企业，主要生产Pvc、EVA、PE微孔发泡和注塑等类拖鞋。现已发展成为福建省最大的塑料微孔拖鞋生产企业之一，也是国际名牌“白鸽”拖鞋重点生产企业之一。其生产工艺、设备在国内同行业中处于领先水平，拥有4000万双拖鞋的年生产能力。公司注册并自营出口的“吉祥鸽”和“艾司它”牌拖鞋，以其优良的质量，不断推陈出新的产品款式、花样及具有竞争力的价格，不断开拓国际市场，创国际名牌，赢得广大客户的信赖和赞誉，产品畅销非洲、中东、南亚、南美等世界各地。

·工艺美术·

【概况】 工艺美术产业是涵江四大新兴产业中发展最为迅速的产业，形成雕塑工艺品、金属工艺品、珠宝首饰等工艺品系列，主要加工制造青石雕、铜雕、宗教雕塑、金银珠宝、漆器等产品，产业发展前景广阔。拥有华昌首饰、集友艺术和丹桂工艺等一批骨干企业，其中华昌首饰公司主持制定的千足金镶嵌首饰标准成为全国行业标准，在国内市场具有一定知名度；莆田市集友艺术框业有限公司产值超10亿元。2012产业现有规模企业数9家，累计完成产值42.62亿元，占全区规模以上工业产值的7.0%，该产业所占权重虽小，但增长势头强劲，2006年始连续5年增幅45%以上，增幅居全区八大产业集群之首，已成为涵江工业经济增长的一大新亮点。

【品牌建设】 至2012年，全区工艺美术产业集群先后共获得中国驰名商标1件，福建省名牌产品2件，福建著名商标2件，省优秀新产品1件，省自主创新产品2件；有省级企业技术中心2家、市级企业技术中心2家，省高新技术企业2家。

莆田市四君子古典家具有限公司展厅

【企业选介】

莆田市四君子古典家具有限公司　该公司位于涵江洞庭开发区，占地面积1万平方米，规模较大，注册资本2100万元，拥有3个标准化厂房。是一家专门从事明清古典家具设计、开发、生产、销售、服务于一体的专业企业。主要以紫檀、黄花梨、老红木等为主要原料，继承明清传统家具巧妙、精确、榫卯结构和精湛技巧的特点，对每一件作品都精雕细刻，反复打磨、潜心精制。公司从业人员350多人，其中熟练专业技术工占80%，拥有一批高精尖的设计团队和管理队伍。作为涵江区工艺美术产业的龙头企业，积极参与各类展销会，连续多年来在中国莆田工艺美术博览会上获奖，并且多年被评为质量信得过单位，获轻工部“中国著名品牌”称号。2012年3月“龙瑞大沙发（11件套）”、“云龙画柜”在中国（中山）红木家具文化博览会第九届中国红木古典家具展览会上分别被评为产品创新金奖和传统工艺金奖；2012年5月“如意回纹桌五件套”在第七届中国（莆田）海峡工艺品博览会上获奖。

·印刷包装·

【概况】　印刷包装产业是涵江区工业发展中的辅助配套产业，发展较为迅速，产品对外知名度较高的有亿发工贸、樱花包装文具、百花文具、佳通纸品、金龙纸业、新金龙纸业、樱花实业、丰悦纸品、塘西彩印、汇丰包装、自兴纸箱等龙头企业。主要生产各类生活用纸巾、白板纸、茶板纸、彩印、纸箱、纸盒等主导产品。2012年，印刷包装产业规模以上企业数达9家，产值从2004年的3.74亿元增至2012年的39.73亿元。截至2012年底，先后共获得国家免检产品2件，福建省名牌产品4件，福建著名商标5件，市级企业技术中心3家。

【企业选介】

樱花（福建）包装文具有限公司　该公司于1991年7月正式成立，属外商独资企业，生产“樱花牌（SAKURA）”塑胶文件夹、资料册、档案盒、公文盒、笔记本、名片簿、风琴夹等系列办公用品及各种规格的“永固（NACHI）”包装胶带，产品以选材考究、高雅大方、款式新颖、质量可靠、价格合理远销国内外，并享有良好的国际声誉。先后获得“国家免检产品”、

"福建著名商标"、"福建名牌"、"福建省守合同重信用企业"、"中国农业银行福建省分行AAA信用企业"、"福建省用户满意产品和福建省用户满意企业"、"2007年中国工业排头兵企业"、"福建省绿色消费推荐产品"、"中国公认名牌产品"、"福建省首届诚信经营先进单位"等荣誉。2012年2月24日，樱花（福建）包装文具有限公司在马来西亚成功上市，上市名称为"中国文具有限公司"。

·医药化工·

【概况】 医药化工产业作为涵江工业经济中的新兴产业，发展规模虽小，但产品种类较为齐全，是具有一定特色和规模的产业群体，有仁德医疗、国邦化工、统冠化工、初日化工、红日涂料、三和化工、兆瑞化工、三和香庄等主要企业，生产各类鞋革用化工原料、胶水、涂料以及一次性使用输液器具、医用卫生材料等。2012年全区医药化工产业规模以上企业数4家，累计完成产值10.06亿元。截至2012年底，医药化工产业先后获得福建名牌产品1件，福建省著名商标企业2家。

【企业选介】

莆田市红日涂料有限公司　该公司成立于1997年，占地面积23000多平方米，是一家集科研、生产、销售于一体的现代化大型化工涂料企业。专业生产木器漆、内外墙乳胶漆、装修漆、硝基漆和塑胶漆等各种高分子化工建材产品。多年来研究并开发多种不同系列的优质产品，以其各具特色的优良品质，为建筑工程、家具厂家、塑胶机壳喷漆、工艺品及家庭装修广为选用，并作为亚洲几大电子计算机生产基地的主要塑胶漆供应商。在省内同行中率先通过ISO9000国际质量体系认证和国家强制性3C认证，水性涂料通过"中国环境标志"产品认证，木器漆连续十年由省质检中心抽检全部合格，并符合国家有害物质限量标准。先后获得"福建省名牌产品"、"福建省著名商标"、"中国著名品牌"、"中国涂料行业十大品牌"等称号，更有历年荣获3C（中国强制认证）、环标（中国环境标志产品）的认证及省质协"用户满意产品"，"讲诚信，重质量"和"诚信企业"等称号。

（黄娴婧）

编辑：许云峰

金融

·工商银行·

【概况】 2012年，中国工商银行股份有限公司莆田涵江支行（以下简称涵江工行）围绕以效益为中心，推进业务转型，加快业务创新，强化经营管理，突出资产质量，开展存贷款业务营销，组织中间业务收入，各项业务取得快速发展。全年各项存款余额达161001万元；各项贷款余额179209万元；实现中间业务收入1724万元；牡丹信用卡新增1048张；企业网上银行注册154户；国际结算业务量达7621万美元，结售汇6041万美元；代理保险1892万元；代理基金3258万元。

【存款业务】 2012年，涵江工行面对存款市场的激烈竞争环境，抓好目标客户的细分工作，做好优质客户的维护，推进中高端客户的营销工作，发展优质客户群体，力求服务到位。是年，各项存款余额达161001万元，比年初增加16458万元，其中储蓄存款余额128755万元，比年初增加6401万元，对公存款余额32246万元，比年初增加10057万元。

【个人信贷业务】 2012年，面临金融市场贷款资金紧张的环境，涵江工行继续拓展个人贷款营销，加强个贷业务宣传，细分客户市场，以高收入、高地位、高学历、高信用人群为优质目标客户，把握时机，抢占先机，竞争优质客户，扩大市场份额。是年，个人贷款余额89127万元，比年初增加11971万元。

【企业信贷业务】 2012年，涵江工行根据国家扶持小微企业的信贷政策，重视小微企业市场的拓展，以小微企业发展作为新的信贷业务增长点，在有限的信贷规模条件下，拓展有市场、有效益、有发展前景、科技含量高和信誉好的小微企业贷款市场，并着力进行细分，摸清上规模企业的生产经营、经济状况，以市场为导向、以效益为目标、认真筛选，稳妥介入，以发展的眼光寻求行业前景良好的小微企业，作为目标客户贷款营销重点。是年，涵江工行法人贷款余额达90082万元，比年初增加239万元。

【发展中间业务】 2012年，涵江工行转变中间业务营销理念，开拓业务空间，推进中间业务快速发展。培植中间业务的创收渠道，多方位、多途径拓宽客户的业务品种，极力挖掘中间业务的创收潜能。对年度收入计划指标进行预测分解，做到产品市场定位明确，收入增长目标清晰，制定“以传统结算收入为基础，以挖掘投行业务的深度与广度为推动，以拓户工程及衍生金融代理产品为补充”的中间业务收入增长思路。同时，做好中间业务核算管理工作，严格执行中间业务减免政策，严禁擅自减免中间业务收入，对各项中间业务收入分项目进行跟踪管理，确保收入及时入账。发展国内保理业务并拓展国内信用证项下的买方融资以及出口发票融资、出口订单融资、应付账款融资业务，有效地增加国内保理手续费及国际贸易融资安排费收入。拓展小企业网贷通业务，加大投行及现金管理业务的营销力度，发展贷款资产托管业务和年金业务，加大代理业务及信用卡业务的营销，提高中间业务收入。开办银票签发业务，增加签发银票的手续费收入。是年，涵江支行实现中间业务收入1724万元，同比减少714万元。

【汽车分期付款】 2012年，涵江工行利用合作车行的优势资源，本着以客户为中心，立足营销与服务，提升市场竞争力，做大做强汽车分期专项业务。以车行为支点，以客户为中心，提供上门服务，强化优质服务，提高工作效率，加大宣传力度，提高品牌效应。是年，涵江工行办理汽车分期付款业务14500万元。

【网点机构整合】 11月，为进一步优化和完善扁平化管理模式，提升支行综合竞争力和可持续发展能力，致力于把支行打造成主流区域、主流行业、主流客户的主流银行，莆田工行按照省行规模标准，即2012年上半年存贷规模日均余额达到2.5亿元，由市分行直接管理，称为直管支行。达不到标准的，划归直管支行管理，称为网点支行。涵江工行根据莆田工行辖属支行机构整合方案标准，由市分行直接管理，为直管支行，设行长1名，副行长3名，内设营业厅、业务部和综合部等3个部门，下辖管理保尾支行、石庭支行、商业城支行、后街分理处等4个网点支行，全行干部职工87名。

（李宪堂）

·农业银行·

【概况】 2012年，中国农业银行股份有限公司莆田涵江支行（以下简称涵江农行）完善健全各类制度，强化内控管理约束机制，不断提高风险抵御能力。开展学习《员工行为守则》、“合规文化建设大讨论”等教育活动，有效增强员工的风险意识、责任意识和合规意识；审慎客观开展风险分类，加强信用风险防范，有针对性地对信贷业务进行全面风险排查，改善信贷管理薄弱环节；深入开展以业务操作、员工行为和安全保卫“三化三达标”（即标准化、制度化、精细化和物防达标、技防达标、人防达标）为主要内容的员工参与民间借贷、非法集资自查督查和案件风险排查活动，从源头治理、程序治理、行为治理三个方面深入开展自查活动，切实纠正存在的发放贷款附加不合理条件和收费管理不规范等问题，促进全行规范经营行为。是年，各项人民币存款余额309227万元，本外币各项贷款余额418561万元，比年初增加84231万元；实现中间业务收入6513万元，其中结算业务收入527.68万元，代理保险业务收入89.2万元，电子银行业务收入172.71万元，投资银行业务收入3506.2万元，国际结算业务收入846.21万元，国内担保承诺业务收入717.5万元，外汇买卖、结售汇和贵金属业务收入255.14万元。

【负债业务】 2012年，涵江农行牢固树立“客户兴行”、“存款立行”理念，全力实施“拓户工程”，夯实客户基础，业务经营实现从“做业务”到“做客户”转变，网点经营实现由“交易结算型”向“营销服务型”转变；持续打造人工网点、自助银行、电子银行三大渠道，优化网点功能布局、服务流程和业务流程，增强服务品质和增值服务能力。截至年底，人民币各项存款309227万元，比年初增加53521万元，增长20.93%。其中，人民币储蓄存款213866万元，比年初增加30980万元，同比增幅895.40%；人民币对公存款95361万元，比年初增加22541万元，同比增幅32.16%。实现本外币拨备前利润16980万元，本外币拨备后利润14936万元。

【“三农”金融服务】 2012年，涵江农行履行服务“三农”的责任和使命，坚持股改不改服务“三农”方向、上市不减服务“三农”力度的承诺，加大服务“三农”工作力度。全年共新增发放新农保卡12330张，发放新农保基础养老金129112笔，金额1519.19万元，代扣新农保保费125277笔，金额3443.97万元。通过在全区225个便民业务代办点布放POS机具、转账电话，方便农民通过惠农卡购买化肥、农药等农资，有效延伸服务“三农”的半径，努力实现金融支农、惠农的全覆盖、普惠制。

【信贷业务】 2012年，涵江农行主动调整信贷结构，抢抓机遇推动业务结构优化转型，优先支持重点项目，扶持优质小微企业与个人高端客户，确保“三农”助农贷款的发放；通过调整贷款存量结构满足个人贷款尤其是“三农”业务的资金需求，保障服务“三农”信贷资金的需求；加大个贷业务营销力度，重点安排用于个人贷款特别是个人按揭贷款投放和涉农贷款投放力度，共营销万嘉永升华庭、万嘉盛景花园、文献步行街、华侨新城2期等4个楼盘的商品房按揭贷款业务，全年个人贷款余额达20081万元，比年初增加682万元。同时，与江口镇签订《共同推进江口小城镇综合改革建设战略合作协议》，向江口镇提供人民币20亿元的意向性信用额度，在滨海新城、新兴制造业基地、行政服务中心、商贸旅游等方面建设提供资金支持。

【中间业务】 2012年，涵江农行着力加快零售业务经营转型，实施“赢在大堂、胜在网点”的策略，促进网点向营销服务型转变，推进“拓户工程”建设，提升行业核心竞争力；以提升价值创造为主线，系统资源优先向重点业务、重点领域倾斜，开展零售业务、理财产品、电子银行产品、贷记卡以及汽车分期付款等营销，迅速提高优质客户群体中间业务覆盖率及贡献度。全年本外币理财产品销售余额达8887.2万元，年销售量增加142489万元，代理基金销售2798.86万元，存金通新增开户数297户，实物黄金销售4197克，个人电子银行活跃客户数96084户，企业电子银行客户数576户，贷记卡客户数比年初增加833户，汽车分期付款户数比年初增加231户。

（傅绍伟）

·中国银行·

【概况】 2012年，中国银行股份有限公司涵江支行（以下简称涵江中行）贯彻落实省行、分行工作会议精神，围绕“调结构、扩规模、防风险、上水平”的工作方针和省行党委提出新“一三五”（“一”是全力实现考核利润中心目标；“三”是持续开展网点效能提升、有效客户增长、基层队伍激活三项基础工作；“五”是全面打响核心存款攻坚战、中间业务进位战、业务结构调整战、风险内控保卫战、企业文化阵地战五大战役）工程，落实市分行党委年初提出的发展战略，以绩效考核目标为导向，贴近市场积极营销，扎实推进各项基础工作，实现各项工作平稳、健康、持续发展。年末各项人民币存款余额322633万元，各项外币存款6743万美元，人民币贷款余额63285万元，全年累计实现中间业务收入1923万元。

【负债业务】 2012年，涵江中行把发展负债业务放在各项工作的重中之重来抓，基本实现网点存款业务齐头并进发展，多点开花的势头，为莆田分行人民币储蓄存款在全省排名第一作出贡献。加强存款的组织领导，坚持抓早、抓紧、抓实营销计划的落实；通过各种方式的活动，如召开大户座谈会，高端客户答谢会，邀请客户参加中秋博饼等，扩大营销效果。发展基础客户，多管齐下促进基础客户数的有效增长，从扩大代发工资企业和第三方存管户数、提高商户通覆盖面、增加个人消贷投放、强化柜面服务等五个方面入手，努力培植有效客户新的增长点，促进客户量的大幅度回升。网点发展优势得到巩固，在莆田分行全辖排名前六名的网点中占据台5个，在省行组织的“夏季攻势”存款活动竞赛中，石庭支行获一等奖，香港城支行获二等奖，锦江支行获鼓励奖。年末人民币余额322633万元，比年初增长33327万元，各项外币存款余额6743万美元，比年初减少1233万美元。

【贷款业务】 2012年，涵江中行在资产业务发展上，通过上下联动、全力攻关，项目储备工作推进，存量优质客户挖潜见成效，密切配合分行中小企业复制工作，支持小微企业发展，有效地扩大客户基础；注重调整信贷业务结构、优化信贷资源配置，把有限的资源投入到优质客户、优质资源上，争取以有限的资源实现价值的最大化。同时，在巩固和挖掘原有客户的基础上，创新营销机制，拓展新的业务领域，促进客户和业务结构逐步趋于合理，中小企业授信客户行业分布广，涉及制鞋、机械、电子、服装、化工、食品、电器、五金、汽贸等涵江地区传统优势行业及新兴行业。年末各项人民币贷款余额63285万元，比年初增加7453万元，其中人民币公司贷款21481万元，比年初增加4813万元，各项零售贷款41404万元，比年初增加1532万元。本外币公司贸易融资折人民币10030万元。积极清收不良贷款，全年实现清收不良人民币贷款184万元。

【中间业务】 2012年，涵江中行增加银行卡发卡量和激活有效卡，以业务上规模促增效，与100多家POS机商户、320多家商户通商户有合作协议，有效地引导商户以刷卡为结算手段，增加有效的发卡量，提高客户的银行卡使用率。个人外汇保证金交易，注重抓交易大户、抓培训讲座沙龙、抓激励奖惩、抓上门服务，促使交易量提升；与多家企业签订代发信用卡工资协议，实现信用卡发卡量的突破，增加基础客户，带动网银手机银行业务的发展，稳定企业结算、个人结算及 ATM 收入、POS 机收入等各项中间业务收入。全年办理国际结算业务量 16201 万美元，外汇宝交易 21183 万美元，外币金交易量 3130 万美元，本币金交易量 3337 万元，美元银交易量 345 万美元，本币银交易量 191 万元，全年累计实现中间业务收入 1923 万元。

【内控风险管理】 2012 年，涵江中行重视内控风险管理。积极配合省行、分行开展案件风险排查，及时通报问题并进行风险提示。坚持实行各营业网点晨会，行领导及中层干部每周例会制度，组织员工学习总行《中国银行股份有限公司员工守则》《员工违规处理办法》《廉洁准则》《若干规定》等，组织员工观看案防图片展，增强员工的合规操作意识。推广实施“员工行为过程监测考评”系统，强化员工行为过程监控管理。加强对员工个人贷款、非法集资、民间借贷、信用卡套现等异常行为排查，发现苗头，及时引导，有效化解员工异常行为风险。注重抓好队伍作风建设，切实解决员工队伍在思想作风、经营作风和工作作风方面存在的突出问题，对文明服务督查发现的问题，注重抓好整改，先后发放表扬或过失通知书 27 人次，奖励处罚 118 人次，下发各类通报 8 份。

（涵江中行）

·建设银行·

【概况】 2012 年，中国建设银行股份有限公司莆田涵江支行（以下简称涵江建行）贯彻落实上级行的部署决策，突出把握好稳中求进、好中求快的工作思路，各项主要经营管理指标再创佳绩，全行各项工作均取得有效进展。涵江建行在努力实现自身价值最大化的同时，坚持“与客户同发展，与社会共繁荣”的经营理念，支持地方经济建设和支持企业发展。全年累计投放贷款 8.43 亿元、签开承兑票据 5.56 亿元。是年，全口径存款达 146468 万元；各项贷款余额 208377 万元；实现中间业务收入首次突破 6000 万元，达6124 万元，中间业务收入总量居全市建行首位。支行储蓄专柜获 2011—2012 年度总行级“青年文明号”称号。

【负债业务】 2012 年，涵江建行坚持“存款立行、存款兴行”的理念，以抓客户为基础，以抓产品为重点，以抓考核为动力，以抓服务树品牌，推动存款的稳步增长。个人存款方面，将小企业主及工商个体经营户锁定为存款源头，通过多种方式，与目标客户进行沟通与接触，取得客户最大限度的资金支持，实现个人存款增存稳存。发挥产品拉动存款的作用，将理财产品、结算通套餐等产品特有的优势作为维护存款客户、拓展增量客户的重要利器，构建存款和理财产品销售相互转化、相互促进的循环体系，进一步拓宽增存稳存渠道。开展客户新春祝福及社区金融服务等活动，提升该行品牌影响力，努力拓展市场新客户和他行优质客户，为增存稳存打下坚实基础。出台相关考核办法，引导员工将增存稳存作为工作重心，调动全行员工的营销积极性和主动性。坚持“以客户为中心”的服务理念，以规范和优化柜面服务环境为基础，推行差别化服务，着力提升服务内涵与品质。对公存款方面，加大有效账户的拓展，将存款营销与有效账户拓展相结合，不断改变客户基础较为薄弱和客户结构状况，夯实客户群体。加强与信贷客户的多元化合作，发挥资源配置作用。强化产品营销，提高存款稳定性。加强房地产客户封闭式管理，严格实行大额资金变动监控和日报制度，确保项目销售回笼资金全部进入监管账户。年末，全行全口径存款达146468万元，比年初新增24924万元，其中企业存款余额67295万元，比年初新增12644万元；储蓄存款余额79173万元，比年初新增12280万元。全口径存款日均余额131390万元，比年初新增8875万元。

【贷款业务】 2012年，涵江建行分析把握市场形势和政策导向，坚持客户与产品相匹配、规模与效益相统一的原则，在满足市场与客户多元化需求中实现信贷规模的有效扩大、客户与产品结构的进一步优化。全年累计投放公司机构类贷款21343万元，机构类贷款比年初新增1185万元。住房金融业务取得新的突破，营销储备骏乘、景隆等优质楼盘，房地产开发贷款比年初新增23850万元，个人类贷款比年初新增10788万元，余额突破5亿元大关。引导客户使用该行票据承兑、国内保理及国内信用证等供应链融资产品，进一步满足客户的多元化需求和优化融资产品结构。同时，还根据风险偏好、信贷政策主动压缩退出近亿元小企业贷款。通过诉讼保全，成功收回不良贷款1531万元，公司机构类贷款结构与质量进一步提高，为下一步资产业务的稳健发展解除后顾之忧。年末各项贷款余额208377万元，比年初新增38381万元，新增贷款额再创历史新高。全年累计签开银行承兑汇票金额35683万元，其中电票5000万元，签开额及计划完成率均居全市首位；累计办理国内信用证3498万元，计划完成率达117%，居全市第二位；累计支用国内保理预付款7389万元。

【中间业务】 2012年，涵江建行处理好创收与规范经营之间的关系，多渠道拓宽中间业务收入。在发挥资产业务对中间业务的带动作用的同时，拓展汽车、安居、车位等信用卡分期业务，信托、理财、保险、公积金、代发代扣等代理业务，妈祖金、奥运金、熊猫金币等贵金属买卖，借记卡、信用卡、电子银行、特约商户、EPOS以及现金管理、一户通、单位结算卡等资金结算产品，承揽地方工程审价业务，独家承办涵江区100万元以上政府项目的工程决算业务，中间业务可持续发展的基础进一步夯实。全年实现中间业务收入6124万元，同比增加464万元，同比增长8.2%；人均创收170.12万元，同比增加12.9万元。

【业务转型】 2012年，涵江建行坚持推进业务转型工作。持续推进对公业务转型，加快小额无贷户业务发展步伐，努力为对公客户提供多样化产品与服务，提高对公结算产品覆盖度，会计条线的营销服务意识大幅提高，在条线KPI考核中名列前茅，小额无贷户产品覆盖度为4.07，位居单点型支行第2位。继续推进对私网点二代转型，注重销售流程、服务流程的管理，支行专柜获总行“零售银行二代转型优秀网点”称号。持续推进电子银行渠道建设，增添电子银行自助设备，加快促进电子产品的运用与推广，为客户构筑高效的物理分流渠道，提供便捷、安全的服务环境。截至12月31日，电子银行账务性交易量之比比上年提高 8.09 个百分点，提升幅度位居全市单点型支行第 2 位。

（陈文荣）

·兴业银行·

【概况】 2012 年，兴业银行股份有限公司莆田涵江支行（以下简称涵江兴业银行），贯彻国家经济金融方针政策、法律法规和总分行工作会议精神，落实总分行的各项规章制度，贯彻分行“贴近政府、贴近市场、贴近客户”的工作方针，把握经营环境的变化，发挥支行业务经营特色，推进负债业务和资产等业务的联动发展。全年人民币存贷款余额分别为 12.3 亿元和 15.5 亿元，分别比年初增长 7.82%和 0.47%，存贷比例为 125：100，共实现账面利润 9920 万元，同比减少 880 万元。

【存款业务】 2012 年，涵江兴业银行贯彻莆田分行工作会议精神，坚持“贴近政府、贴近市场、贴近客户”的“三贴近”方针，扎实客户基础，抓行业龙头，实现企金条线负债业务的高速发展及结构优化。拟出支行主办行客户发展的名单，培育一批新的主办行客户往来，新拓展一批具有较强实力的中型主体客户落地，以及一批政府项目和对公存款户。推进储蓄存款业务的全方位、立体交叉的营销模式。以总分行推出的理财产品等业务为契机，发挥兴业银行业务的特色优势，进行储源调查，利用各种人际资源，寻找目标客户，发展中高端储蓄客户，实现分支行阶段性业务推进目标。开展“贺岁存单”专项营销活动，按照总分行关于开展 2012 年迎新春储蓄竞赛活动的通知，调动员工的营销热情，加强对支行储户全面摸底排查工作，发动全体员工加大对新老客户走访联系力度，多渠道、多方式出击，不断挖掘存款新的增长点，带动储蓄存款不断增长，全年储蓄日均存款余额保持在近 4 亿元，并荣获总行第一季度“迎新春，争先进”储蓄竞赛优胜支行奖二等奖。是年，各项人民币存款余额为12.33 亿元，比年初增加 0.89 亿元，增幅 7.82%。其中，对公存款余额 8.65 亿元，比年初增加 0.65 亿元，增幅 8.11%；储蓄存款余额 3.68 亿元，比年初增加 0.25 亿元，增幅 7.15%。

【贷款业务】 2012 年，涵江兴业银行始终贯彻莆田分行“以负债联动资产发展”的经营导向，实现各项业务的发展及资产结构的进一步优化。围绕分支行阶段性工作重点，推进公司、零售两大板块的资产业务，围绕当地政府基础设施建设、旧城改造等民生工程做文章，结合融资平台整改要求优化信贷结构，并跟踪项目下游企业在本行落户，引导项目单位合理使用资金，提高资产业务的回报。对全市的中小企业进行跨区域营销，加大上门走访力度，新拓展部分“龙头”企业的业务，在优化资产结构的同时，培育业务发展后劲。加强对企业融资业务品种的指导和推介，引导企业多渠道的融资观念，利用银行承兑汇票、应收账款质押等业务进行融资，合理使用融资工具，降低财务成本，提高资金使用效率，实现银企双赢。努力推进个人经营性贷款业务，择优扶持经营真实、资金回笼可靠、抵押物充足的个体工商户，培育中高端个人资产业务客户群体。全年人民币贷款余额 15.46 亿元，较年初增加 0.07 亿元，与年初基本持平。其中，公司贷款 12.8 亿元，比年初增加 0.14 亿元，增幅 1.1%；个人贷款余额 2.66 亿元，比年初减少 0.07 亿元，减幅 2.56%。

【零售业务】 2012 年，涵江兴业银行结合总行储源调查工作要求，成立由分管领导为组长的营销专项工作小组，主要针对涵江小商品批发城、涵江区物流协会、闽中水产品批发市场和工业园区等商圈市场开展调研，通过客户经理与会计人员交叉分组营销，依托兴业银行兴业通等产品的宣传，对行业内排名前 20 位的商户逐户进行面对面访谈，了解客户对金融产品的需求偏好、同业的产品模式等，给予的整体营销方案及最后的成效等内容。按照总分行的要求，从“经营产品”到“经营客户”和“从追求单一营销向整合营销转变”的经营理念转变，结合公私联动，深挖存量客户，加强对社区、商区的营销，积极营销信用卡、第三方存管、兴业通收单、个人网银、电话银行、手机银行等零售产品，推动零售核心客户的发展，提高中间业务收入，大部分零售业务小指标完成情况符合预期目标。

【国际业务】 2012 年，涵江兴业银行加强国际业务领域开拓、区域市场提升、区域特色培育和业务模式创新，针对区域特点的业务推动体系和资源配置方法，逐步建立专营运作机制。顺应人民币国际化趋势，巩固国际业务取得的阶段性发展成果，保持推进力度，优化业务模式，提高业务收益。全年累计完成国际结算量 5952.48 万美元，比增 259.47 万美元，累计完成结售汇 5222.3 万美元，与上年基本持平。

【金融服务】 2012 年，涵江兴业银行构建和谐兴业文化，内聚人心，外塑形象。开展创建文明单位、“创文明行业、建满意窗口”、“文明行业创建”和“学雷锋、树新风”等活动，制定文明服务标准，实行柜面规范管理，针对服务设施、环境卫生、行为规范、服务状况、安全防范、业务经营情况等方面，组织经常性检查督促，不断提高窗口文明服务的品位，涵江兴业银行为总行第七届“创文明行业、促跨越发展”竞赛活动示范点；1 人获得总行 2011 年度“服务明星”称号。

（薛贵松）

·农村商业银行·

【概况】 2012 年，莆田农村商业银行涵江支行（以下简称涵江农商行）围绕区委、区政府及莆田农商银行的战略规划，学习贯彻党的十八大精神，以科学发展、跨越发展为主题，以规范管理、加快发展为第一要务，注重基层，夯实基础，真抓实干，较好完成全年的各项目标任务。是年，各项存款余额 7.3 亿元，比年初增加 1.6 亿元，增长 27.28 %；各项存款日均余额 6.5 亿元，比年初增加 1.4 亿元，增长 27.30%，各项贷款余额 3.43 亿元，比年初增加 0.66 亿元，增长 0.24%。全年拓展离行式 ATM 机 2 台；拓展 POS 特约商户 35 户、“福农通”54 户；新增个人网银客户 1106 户；新增对公网银客户 93 户；新增福农通 865 张，其中新增贵宾理财卡 123 张。

【清除不良贷款】 2012 年，涵江农商行质量指标持续优良。全年“四级”、“五级”不良贷款余额、占比实现双降，至年末，五级不良贷款余额 302 万元，比年初减少 159 万元，不良占比 0.88 %，比年初减少 0.78 个百分点，四级不良贷款余额 277 万元，比年初减少 166 万元，不良占比 0.81%，比年初减少 0.79 个百分点。

【扶农扶小服务】 2012 年，涵江农商行继续推进扶农扶小服务，促进业务发展。推进增户扩面工作，全年进村入户完成采集评价 3017 户，核定授信额度 2879 户，完成比例 105.34%；同时为采集中有资金需求的农户发放贷款 105 笔，金额 1025 万元。持续推进“支农支小”金融服务工作，全年涉农贷款余额 22189 万元，比年初增加 5315 万元，增长 31.5%；小微企业贷款余额 5165 万元,比年初增加 783 万元，增长 17.9%。涉农贷款及小微企业贷款分别实现增量、增速“两个不低于”，目标客户建档面达 95%。推进“阳光办贷”流程改造，以支行新设立的个贷中心为平台，按照最有利于满足客户需求的方式设置办贷流程，提升办贷效率。

（宋志军）

·人保财险·

【概况】 2012 年，中国人民财产保险股份有限公司莆田市涵江支公司（以下简称涵江人保）贯彻落实党的十八大以及省、市公司工作会议精神，紧扣科学发展主题，以稳中求进、转变方式为主线，坚持“效益第一”原则，持续推进内控合规建设和企业文化建设，不断提升管控能力和服务水平，全面推进公司业务稳步发展。是年，涵江人保累计实现保费收入 5797 万元，同比增长 5.77%；剔除留底保费 162 万元外，全年净增 478 万元，累计实收保费 5929 万元，同比增长 11.51% ；应收保费余额 111 万元，应收保费率 1.91%，比上年同期下降 2 个百分点；全年共受理各类赔案 3535 件，累计支付赔款 3629 万元，综合赔付率 93.06%。

【业务发展】 2012 年，涵江人保实现首季开门红，第一季度实现保费收入 1708 万元，比上年同期净增 196 万元，增长 13.9%，超时间进度 2.2 个百分点。在全市人保系统第二季度劳动竞赛活动中，家用车、非营业车辆险增长率达 15%以上，入围三等奖。政策性保险业务继续得以加强，是年农房保险、水稻保险、渔工责任险、区机关公务车辆保险、自然灾害公众责任险、残疾人意外险全区统保，保费共收入 350 多万元。并增加能繁母猪保险保费收入 30 万元。新兴保险渠道发展迅猛，其中电销渠道保费收入 753.96 万元，完成年计划的 101%，比上年净增 282 万元，网销业务实现零的突破。银保渠道发展能力进一步提升，全年保费收入 211 万元，总量居全市第三。交叉互动稳步推进，公司交叉销售能力有效提升，实现保费收入 68 万元，形成“多渠道并举”的格局。车险业务增势强劲，保费贡献度大，全年商业险保费同比净增 449 万元，增长 12.6%，全年共竞回家用车和非营业车辆 600 多台，车行代理业务发展迅速，全年保费收入突破 1500 万元，为整体业务增长注入强劲动力。非车险业务稳步增长，货运险大幅度增长，实现保费收入 65 万元，同比增长 22.6%，具备全省十佳货运险单位评选入围条件。

【理赔服务】 2012 年，涵江人保坚持实事求是和“主动、迅速、准确、合理”的原则，对非车险理赔查勘案件，只要接到报案，无论事故大小，始终坚持赶到第一现场，掌握第一手资料，严格按照理赔流程，坚持双人查勘、及时赔付，做到让客户理赔无忧，彰显人保公司良好企业形象。6 月 10 日，涵江区三江口镇的一位村民在下海作业的路上不幸遭雷击致死。事故发生后，公司快速反应，立即派查勘人员对现场进行勘查，快速启动自然灾害公众责任统一保险理赔预案，简化理赔程序，以最快速度向受灾农户现场赔付 10 万元的保险金。

【销售人才队伍建设】 2012 年，根据《销售队伍人力资源改革实施方案》的通知及市公司的相关要求，涵江人保按时完成销改全面推广阶段各项重点工作，构建渠道化销售组织架构，建立销售人员职业发展体系，稳步推进渠道清分和分岗定级，有效推进基层销售增员，打造直销、中介和营销三类专业销售团队 6 个，团队成员调配合理，团队化作业明显，人员、业务实现平稳过渡。

附：典型案例

被保险人李某，男，50 岁，涵江区三江口镇哆中村人，从事渔船养护工作。2012 年 4 月 19 日，与市民政局续签“莆田市自然灾害公众责任保险统保协议书”，全市 323.5 万自然人全部纳入保障范围。6 月 10 日，李某下海作业途中不幸遭雷击中当场身亡，该公司获悉后，马上成立事故调查小组，第一时间赶赴事故现场，配合相关部门进行查勘、调解和赔偿等工作，并于次日将赔款 10 万元送到受害者家属手中。这是涵江人保自 2011 年开办自然灾害公众责任险业务以来的首次出险。

（陈　敏）

·人寿保险·

【概况】 中国人寿保险股份有限公司莆田市涵江区支公司（以下简称涵江人寿）下设综合管理部、个险销售部、团体业务部、银行保险部、客户服务中心等 5 个部门和江口、梧塘、城区等 3 个营销服务部；设经理、副经理各 1 名。全系统有内勤员工 23 名，一线业务人员 180 多名。2012 年，公司新单业务总保费收入 9306 万元，其中长期险首年保费收入 8781 万元；短期意外险首年保费收入 525 万元。全年承保件数 12220 件，各种理赔给付共计 1140 起，赔款总额 533.37 万元。

【个险销售】 2012 年，涵江人寿个险部提出“领跑超越”的经营战略。实行每周 5 次大早会制度，让营销员养成“每天上班”习惯，该公司强化对精英主管的追踪，成立精英队伍，引导营销员树立诚信销售的理念，组织营销员进行新产品学习通关演练，每月举办一场高端客户答谢酒会、每周举办一场客户宣传会。举办“爱心车友进山区专场活动，百名母亲足疗活动，百人庆生酒会”等 15 场高端产说会，共搭建 5 场精英个人品牌荣誉宴，2 场团队品牌答谢会，先后举办客户服务节游园活动、大型室内增员舞会、踩街增员团康活动等。是年队伍持证人力 156 人，个险首年期交保费 1197.75 万元，比增 22.59%；其中十年期交保费 653.19 万元。

【银行保险】 2012 年，涵江人寿银保部坚持“稳中求进，奋力拓展”的思想，通过周关经营的目标引导，加快业务节奏、强化过程管控，加强沟通，定期走访和座谈，对各网点逐一进行走访。同时定期信息反馈，及时了解市场动向。开展以精英训练营、产品说明会、网点沙龙为主要形式的业务合作活动，共同推进双方合作和业务发展。首年新单保费7376.96万元，其中首年期交保费737.03万元，留存客户经理9人，理财经理35人。

【团体保险】 2012年，涵江人寿团险部加大学生保险维护及服务力度，组织两次大型活动，组织“中国人寿杯”儿童少年绘画比赛暨百米长卷现场绘画表演，全区参赛学生超过2000人，征集到作品542幅。组织管理干部、业务精英及爱心客户30多人到庄边镇徐洋小学开展秋季助学“书香传情、爱心传递”活动，赠送图书600册，向庄边镇10名困难小学生捐款5500元及一批书包、作业本等学习用品。做好小额贷款保险、建工险、补充工伤保险、中小企业团意险等项目的攻关工作，实现短期险保费444.29万元，完成率104.05%，比增22.23%；其中意外险保费收入321.78万元，完成率111%，比增36.64%。

附：典型案例

陈某就读于涵江区某小学四年级，上体育课时不慎意外受伤，造成外伤性脾破裂，在涵江医院进行手术治疗，花了近两万元医疗费。陈某一家是涵江区白沙镇人，为了生计，举家迁往涵江城区，靠着父母微薄的打工收入过活，因为这次事故，原本并不宽裕的家庭雪上加霜。6月25日，涵江人寿领导获悉情况后，立即派客服人员送去慰问品，并协助他们收集理赔所需材料。通过调查核实清楚后，于6月27日就将该理赔案件办结，并把13360.46元赔款转到陈某家长的账户。

（卓君君）

编辑：范　将

财税 经贸

·财 政·

【概况】 2012年，涵江区财政局（以下简称区财政局）围绕科学发展主题，贯彻落实区委、区政府的一系列决策部署，实施追赶战略，以投资促发展、以发展调结构、以发展惠民生，履行职责，奋力开拓进取，财政收入实现稳步增长，重点支出得到保障，预算执行情况较好，促进全区经济建设和社会稳定。是年，全区财政收入26.06亿元，总支出15.72亿元。区财政局获得市一类"平安单位"、"全区创先争优先进基层党组织"、"基层党建工作示范点"、"年度先进窗口"等称号。

【财政收入】 2012年，全区代编预算总收入26.06亿元，完成调整后预算任务26亿元的100.24%，同比增收3.84亿元，增长17.27%，其中上划中央级收入13.16亿元，完成调整预算的94.35%，同比增收1.60亿元，增长13.76%；地方级收入12.89亿元，完成调整预算的107.19%，同比增收2.19亿元，增长20.56%。在全区代编预算总收入中，区本级预算收入12.02亿元，完成调整预算的109.37%。其中，上划中央级收入

12月11日，区财政局组织学习党的十八大精神

5.92亿元，完成调整预算的95.91%；地方级收入6.10亿元，完成调整预算的126.62%。政府性基金收入6187万元，完成调整预算的99.79%，其中国有土地使用权出让金收入4920万元，完成调整预算的109.33%。

【财政支出】 2012年，全区代编预算总支出15.72亿元（含省、市专项及上年结转，下同），增支2.27亿元，增长16.90%，其中区本级支出14.86亿元，增支2.35亿元，增长18.77%；乡镇（街）支出8550万元，减支760万元，下降8.16%。区本级财力支出10.91亿元，增支1.15亿元，增长11.76%，其主要支出科目：科学技术支出2187万元，增长14.92%；农林水事务支出2370万元，同比增长5.56%；教育支出4.85亿元，增长12.83%；医疗卫生支出4503万元，同比增长12.35%；社会保障和就业支出2.37亿元，同比增长39.66%。政府性基金财力支出6700万元，下降64.64%。

【财政收支平衡】 2012年，区本级财政总计收入19.80亿元。其中，区本级地方级收入6.10亿元，地方债券收入1826万元，上级补助收入7.33亿元（含体制补助446万元，税收返还收入4597万元，燃油税费改革返还补助388万元，转移支付补助1.64亿元，省市专项补助4.49亿元，各项结算补助6614万元），下级净上解收入4.87亿元，上年结余收入8173万元，调入资金5000万元。财政总计支出19.58亿元，其中：本年支出14.86亿元，上解上级支出4.72亿元。收支对抵，年终滚存结余2168万元，减去结转下年支出4376万元，实际净结余-2208万元。区本级基金收支平衡情况：当年基金收入6700万元，上级基金补助收入6601万元，上年基金结余1894万元，基金总计收入1.52亿元。当年基金支出1.31亿元，加上补助下级支出420万元，基金总计支出1.35亿元。收支对抵，年终滚存结余1715万元。

【重点项目融资】 2012年，区财政局协调转贷单位和贷款银行做好8亿元多贷款的融资转贷工作；多渠道筹集资金7.4亿元，其中新增银行贷款3.12亿元。落实BT招投标工程项目9个，合同造价8.1亿元。全年重点项目共支出14.38亿元，平均每月支出1.2亿元，确保全区重点项目建设的开展。

【支农惠农补助】 2012年，涵江区强农惠农富农投入加大，全区财政共安排各类支农资金1.13亿元。推进涉农资金拨付“一折通”，兑付粮食直补、农资综合直补和良种补贴、燃油补贴、生态公益林补贴和造福工程补贴等惠农资金，惠及农户5.3万户；落实家电下乡、摩托车下乡、家电以旧换新补贴政策，共审核发放补贴资金3869.19万元，家电下乡销量仍居全市第一。

【支持科教文建设】 2012年，区财政教育投入5.08亿元，用于完善基础教育资助政策体系，改善中小学基础设施建设，扎实推进中小学校舍安全工程项目建设，推进职业教育发展。区财政科技投入达2144万元，落实各项科技创新优惠政策，鼓励企业增加研发投入。安排各类文化体育与传媒专项资金1265万元，加大文化事业基础设施建设投入力度，实施有线广播“村村响”工程、文化信息资源共享工程，支持区体育场、青少年校外体育活动中心和农民体育健身工程建设，支持少体校发展。

【支持公共卫生建设】 2012年，区财政局拨付基本公共卫生资金1177.5万元，为全体居民免费提供包括建立居民健康档案、健康教育、预防接种等9项公共卫生服务。是年，区财政安排投入计生经费2543万元，用于推进农村计划生育“三结合”（即计生工作与发展农村经济相结合，与帮助群众勤劳致富奔小康相结合，与建设文明幸福家庭相结合）工作的开展，做好计生国家优质服务区等各项工作，并按照人均计生经费51元的标准安排落实好计生经费。

【支持社会保障体系建设】 2012年，涵江区共统筹安排社保资金1.75亿元，进一步深化医药卫生体制改革，提高基本医疗保障能力，完善乡镇卫生院财政补偿机制，完善城乡低保补助政策，继续贯彻实施优抚对象抚恤补助标准自然增长机制，进一步做好城乡社会养老保险工作。

【征迁项目投入】 2012年，区财政局坚持“项目为纲、投资为要、征迁第一”的原则，全力支持项目及征迁工作。投入2.22亿元推进塘北片区、苍然后度、铺尾片区和卓坡片区等老城区改造，做好拆迁补偿工作。投入7.67亿元用于疏港大道、南环城路、涵港大道、福厦铁路、新涵大街北伸等重点道路项目建设；投入2490万元用于涵江港开发建设；投入9384万元用于兴涵水都等城乡建设用地增减挂钩指标工作；投入1.72亿元用于海峡纺织城、亿发集团等工业用地征地拆迁补偿及基础建设。

【预算管理】 2012年，区财政局注重预算管理科学精细，切实发挥好预算执行分析服务决策的参谋助手作用，把预算执行管理工作放在突出的位置，深入研究国家宏观调控政策对财政收入的影响，促进财政收入稳定增收，探索预算绩效管理办法，不断提高预算支出执行的有效性、及时性、均衡性。国库改革全面普及。制订关于规范和加强预算单位国库集中支付资金归垫管理制度，提高支付效率，及时受理单位支付申请，基本做到每日一付，确保全区纳入国库集中支付的257家单位经费支出正常。是年，共通过系统下达指标20.99亿元，完成国库集中支付11429笔业务，实现支付金额18.12亿元，比上年同期增长13.32%，利用可调度资金2.87亿元；并且保证月均3600万元的工资，每月都在10日前直达个人账户。

【乡财管理】 2012年，涵江区实行严格的资金申报审批制度，有效缓解乡镇财政资金紧张状况。是年，累计审核批复用款2.41亿元，为乡镇调控留用资金227.56万元。树立全局意识，优化支出结构，审核拨付乡镇干部职工及离退休工资支出3545.18万元，拨付镇村运转经费4920.67万元，拨付拆迁、农业、交通、水利等专项资金1.83亿元。乡镇卫生院继续坚持“票款同行、以票管收”的办法，对卫生院收入做到应收尽收，严禁转移及隐匿各项收入，全年实现医疗收入608.46万元、药品收入1012.44万元，保障卫生院业务工作的正常运转。

【票据管理】 2012年，涵江区严把票据“使用、发放、核销”三关，全年通过电子化管理系统核销票据761549份，通过电子化管理系统的非税收入资金8.1亿元。是年，新增8家财政票据电子化管理改革试点单位，有力推动财政票据电子化改革的进行。

【实施“一事一议”项目】 2012年，涵江区全面实施村级公益事业建设“一事一议”财政奖补项目，促进社会主义新农村建设，做到“三结合”，即与新农村建设相结合、与小农水建设相结合、与整合自然村道路建设省级补助资金相结合。是年，共有8个乡镇56个自然村实施“一事一议”项目，完工56个，兑现财政奖补资金625万元。

【国有资产管理】 2012年，涵江区强化国有资产经营收益管理，盘活闲置国有资产，促进国有资产经营保值增值和收益最大化，进一步规范行政事业性资产租赁行为。是年，共审批区直单位7宗房产租赁及3宗残值竞价，统一进入区人民政府发展服务中心进行公开投招标，租金收益明显提高，保证国有资产租金收入。

【财政监督管理】 2012年，涵江区严格收支审核，节约财政资金。创新资金监管方式，继续推出在线平台实时追踪专项资金的拨付动向、落实情况，集信息公开、资金追踪、监管联动、状态监测、信访处理、决策支持等功能为一体，全区纳入监管范围的包括强农惠农、社会保障、文教卫生及经济建设类等20多项涉农项目资金。是年，通过该平台拨付资金1.75亿元，拨付率达100%；加强政府采购管理，建立网上采购和网上审批监督平台，共成功采购货物105次，总预算价为1280万元，总成交价为1095万元，共为政府节约资金185万元，节约率为14.45%。加强会计委派管理，突出监督时效性、针对性、制度的严格性；建立健全事前事中事后全过程监督机制，既要保证资金及时足额拨付，又要严格履行各项审批程序；严把会计人员质量关，共办理591本会计从业资格证书。加强专项检查，落实整改。实施“终端问效检查”，对各项惠农惠民资金落实情况进行检查；开展行评和纠风工作。建立健全狠抓落实的工作机制，着力解决群众和基层反映的突出问题，着力改善财政运转中的薄弱环节，着力落实党风廉政建设责任制，着力构建作风建设的长效机制；组织“三全一重”廉政风险防控工作。针对纪委要求的风险排查工作，认真排查，定期分析、督促整改、规范管理，从源头上堵塞产生违纪问题的漏洞。

(喻琳琳)

·国 税·

【概况】 2012年，涵江区国税局（以下简称区国税局）以组织收入为中心，优化纳税服务，扎实推进征管改革，努力探索基层国税队伍的文化建设和党风廉政建设，不断提高税源管理质量，有效促进税法遵从。全年共组织税收收入167058万元，办理各类减免税2554.21万元。

【税收收入】 2012年，区国税局组织入库税收收入167058万元，同比增收24938万元，增长17.55%，完成市局下达年度任务152000万元的109.91%，超收15058万元。入库政府口径税收收入167011万元，同比增收24984万元，增长17.59%。其中，增值税入库86504万元（含调库 5800 万元），同比减收 1958 万元，下降 2.21%；消费税入库 25991 万元，同比增收 2116 万元，增长 8.86%；还入库企业所得税入库 54548 万元，同比增收 24765 万元，增长 83.15%。此外，还入库“营改增”税收 81 万元，车辆购置税 15 万元。

【减免税服务】 2012 年，区国税局为服务全区经济发展，全年共办理各类减免税 2554.21 万元。其中，为 10 户福利企业落实优惠政策，办理退税 1251.93 万元；对 6 户高新技术企业减免税 382 万元；为 32 户外商投资企业落实过渡期“两免三减半”，减免税 821.28 万元；为全区 202 户小型微利企业落实税收优惠，减免税 99 万元；为 102 户出口企业办理出口退税 12698 万元。

【税收违法查处】 2012 年，通过预警管理，增值税、企业所得税税负正常率分别达 98.5% 和 98%。扎实推进模型建设和纳税评估，全年评估模型覆盖面达 95.17%，评估面达 40.48%，评估有效率达 76.05%，对 183 户企业评估更正补税 1429.15 万元。是年，受理 11 件税收违法举报案件，查补税款 295.79 万元。反避税立案调查 7 户，已结案 5 户，补征税款 5008.82 万元。对 20 户外资企业进行反避税跟踪管理，调增应纳税所得额 1738.03 万元，补缴所得税额 348.95 万元。

【优化纳税服务】 2012 年，纳税服务促进税法遵从的作用取得广泛一致的共识。服务大厅建设在 2011 年通过省局规范化验收的基础上不断巩固和完善，人员进一步充实，设施进一步完善，功能进一步丰富，服务水平进一步提高。开通“绿色通道”服务，推行“即到即办”和“马上就办”，实现“免单”、“免填单”服务，办税效率不断提高。信息技术应用更上一层楼，丰富多元功能，引导网上认证，推行网络发票，方便纳税人涉税办理。改进短信提醒，规范热线响应，丰富网站内容，完善 QQ 服务，在征纳双方架起沟通桥梁，缩短税务机关与纳税人的距离。开展国地税联合办税，有效化解纳税人重复办税之累，得到较好的反响与评价。全年联合办理税务登记 1212 户次，联合进行纳税信用等级评定 5569 户，联合开展税法宣传和纳税咨询 2 次，联合纳税评估和税务稽查 6 次，联合进行税收执法巡查 8 次。

（朱 翔）

·地 税·

【概况】 2012 年，涵江区地方税务局（以下简称区地税局）持续推进依法治税工作，加强税收征管。全年累计组织各项收入 10.47 亿元，同比增收 1.29 亿元，增长 14.1%。其中，税收收入累计入库 6.17 亿元，同比增收 5223 万元，增长 9.2%。政府口径收入 6.33 亿元，同比增收 6670 万元，增长 11.8%，完成区政府年度计划任务 6.3 亿元的 100.5%。

【规费收入】 2012 年，区地税局入库基本养老保险费 2.01 亿元，同比增收 2742 万元，增长 15.8%；失业保险费 1733 万元，同比增收 190 万元，增长 12.31%；医疗保险费 1.05 亿元，同比增收 2880 万元，增长 37.91%；工伤保险费 1622 万元，同比增收 375 万元，增长

30.07%；生育保险费747万元，同比增收260万元，增长53.38%；残疾人就业保障金383万元，同比增收78万元，增长25.57%；工会经费343万元，同比增收32万元，增长10%；江海堤防费662万元，同比增收107万元，增长19.28%。

【税收征管】 2012年，区地税局将企业所得税汇算工作与各税费的申报情况检查相结合，与企业所得税征收方式鉴定相结合，与个人所得税的扣缴情况检查相结合，与发票的开具情况检查相结合，与土地价值计入房产原值征收房产税和工业企业缓征房产税、土地使用税的执行情况检查相结合，确保汇算质量和进度。充分发挥数据巡查与纳税评估联动机制,对酒店建筑安装、装修装饰（含二次装修）进行专项评估。筛选近两年来办理施工许可证的企业，抽调业务骨干开展建安专项巡查；通过主动向区委区政府汇报、争取部门协调支持等措施，紧抓重点项目税收。

【纳税服务】 2012年，落实省地税局出台提升纳税服务水平的15项措施，推进办税厅规范化建设。办税大厅统一改变办公桌朝向，实行面对面服务。窗口全部实现“一机双屏”，便于纳税人了解操作全过程，全面实施“一窗式”服务。在调查论证的基础上，对省局现有即时办结的6大类56项涉税事项基础上，追加前移、下放9项涉税审批事项为大厅即办事项；开展“百人走千户、服务促和谐”暖心工程活动，帮助企业解决实际困难；成立税收志愿者服务队，制作并发放税收志愿者服务“连心卡”。

（叶　莹）

·商　务·

【概况】 2012年，涵江区经济贸易局（以下简称区经贸局）围绕涵江区“十二五”发展规划，以科学发展、跨越发展为主线，以大产业大企业为抓手，突出项目发展，优化产业布局，打好“新增长区域发展战役”，进一步推进经济结构调整和发展方式转变，为建设滨海宜居城市打下坚实的经济基础。是年，全区实现社会消费品零售总额75.1亿元，比增11.3%。68家限额以上商贸企业及中石化、中石油、永辉、凤凰百货等驻涵连锁企业累计完成销售额41.3亿元，比增12.1%，其中零售额19.4亿元，比增7.3%。

【生猪屠宰管理】 2012年，涵江区做好生猪定点屠宰日常监管工作,督促对各定点屠宰场（点）加强内部管理，建立健全生猪进场登记、肉品品质检验、无害化处理等台账，保证猪肉质量可追溯。对辖区内生鲜超市、专卖店、加工企业、餐饮企业及相关市场实行索证索票制度。开展私屠滥宰和制售病死猪及其产品专项整治工作。加大对肉品质量安全督察工作力度，严厉打击私屠滥宰、注水肉和制售病死猪及其产品等违法违规行为，维护生猪产品市场秩序，保证人民群众吃上“放心肉”。是年，累计出动执法次数367次，出动人员2264人次，查获非法屠宰肉品145.5公斤，罚没款0.34万元，行政处罚3人。着重做好生猪定点屠宰资格审核清理工作，牵头组织农业、环保等监管部门对辖区8个定点屠宰企业进行现场资格审核，对不符合标准的屠宰企业加大监管力度，督促整改，进一步规范屠宰行业管理。

实施肉品追溯系统项目建设，对城区1个机械化屠宰场、8个超市、1个专卖店和3个农贸市场进行调研摸底，宣传发动，制定实施方案，并于10月19日在泉州市签定肉品追溯系统项目建设合同。该项目在年底全部配备到位并投入使用。

6月11日，涵江区举行食品安全宣传活动

【食品安全监管】 2012年，涵江区制定“2012年度全区治理餐桌污染建设食品放心工程工作实施方案”，建立食品安全工作制度，召开9次食品安全工作协调会，听取各相关职能部门的工作意见和建议，研究部署下一阶段的重点工作。组织开展系列宣传咨询活动。在宣传月活动期间，共出动人员412人次，分发宣传材料12600份，利用LED广告屏制作横幅86条、展览板15块。重大节日期间，各食品安全监管部门配合在各职能监管领域开展节日期间食品安全检查。3月21日—23日，区人大常委会分自查、暗访、明察三个阶段，采取听、谈、访、看等多种形式对全区贯彻实施《食品安全法》情况进行检查。开展重点区域的食品市场专项整治工作，于4月25日至6月底在全区范围内开展为期2个月的打击假劣食品专项整治工作，共出动执法人员562人次，车辆40多车次，检查相关食品经营户800多户次，查处违法食品案件9件，案值1.12万元，罚没款0.4万元。是年，共开展各类食品检验检测2563批次；各部门出动食品安全执法1420次，出动人员6090人次，查处案件227起，查获货值总金额22.33万元，查获数量总计5854.85千克，罚款金额55.32万元。

【规范成品油市场】 2012年，区经贸局组织辖区内17家成品油经营单位进行年度检查，参加此次年检的加油站16家、配送企业1家，参加的成品油经营单位全部通过年检。“五一”国际劳动节、中秋、国庆之际，开展安全经营生产大检查行动，会同工商、消防、质检、安监等4家部门对辖区内的部分加油站进行安全经营检查，在检查中发现的问题督促加油站负责人及时整改到位，扫除安全隐患。对存在违规经营行为的商家进行严厉批评教育，保障两节期间成品油市场的稳定发展和有序经营。

【推广家电下乡】 2012年，继续推广家电下乡活动，规范网点申报，强化日常监管，整顿家电下乡市场秩序。坚持日常监管与重点抽查相结合，依法取消6家不合格网点，保障农民群众合法权益。同时，会同财政局联合下发《关于下达2012年中央财政家电下乡网络建设专项资金的通知》，对11家较规范销售网点下达网络建设补助19.38万元、售后服务建设补助2.6万元，共计专项资金21.98万元。是年，全区有45家备案销售网点，遍布于区内12个乡镇。全年家电下乡共销售107418台、销售金额26739.78万元，其中补贴量107758台，补贴金额3114.76万元，兑付率为100.41%。

【"万村千乡"工程】 2012年，涵江区继续实施"万村千乡"工程，建成"万村千乡"农家店55个，配送中心1个。截至年底，全区共建成配送中心3个，基层配送部8个，配送中心和配送部均配备电脑、打印机和传真机，农家店500家。乡镇覆盖率达100%、行政村覆盖率达70%，基本形成连锁化、规范化、网络化的农村商品流通网络，促进城乡商品双向流动，确保农村商品市场的持续健康发展。

【完善城乡市场监测网络】 2012年，区经贸局围绕市、区两级政府关于菜篮子工作"保质、保量、保安全"的总体要求，加大工作力度，涵江区全年副食品供应工作进展顺利。根据省经贸委的文件精神，下达2012年度省级城市副食品调控基地指导性生产计划。密切监控各类副食品的销售情况，对闽中蔬菜批发中心、农贸市场、闽中水产品批发市场、凤凰百货及永辉超市等实行季报制度，定期报送31种主要副食品价格。同时，组织闽中蔬菜批发市场通过商务部生活必需品监测系统进行每周一报，监测粮食、禽蛋、食用油、肉类、水果、水产品等8大类59个产品。加大货源投放组织力度，在元旦、春节、中秋、国庆等重大节日前期，指导销售企业采取有效措施，组织主要副食品货源投放市场供应，保障全区市场供应充足，价格平稳有序。

【"放心酒"工程】 2012年，区经贸局严格指导酒类经营者自觉遵守酒类登记制度，进一步推进备案登记和溯源制度。截至12月29日共累计办理酒类备案登记105户，其中新备案21户，新增申领随附单企业5户，计120本。联合工商局等相关部门，共出动执法人员42人次，对城区酒类流通市场进行大检查，强化散装批发酒类流通市场的监督管理。下发整改通知书36份，严厉打击制售假冒伪劣酒的违法行为，杜绝无证照经营，堵塞假冒伪劣酒进入流通领域的渠道，确保酒类流通工作的实施。

【安全生产监管】 2012年，区经贸局与所属企业签订安全生产责任状，实行安全生产"一票否决"制。以"全区安全生产咨询日"活动为契机，悬挂大幅标语12幅，张贴宣传标语30多条。派发100多份安全生产宣传资料，为群众解答安全问题，提高企业干部职工的安全防患意识。做好节日安全检查，抓好大型商贸场所安全隐患排查，确保经营单位安全"零事故"。针对元旦、春节、"五一"、"十一"黄金周等敏感时期，开展节日安全大检查，共出动20多次，发现一般隐患15个，当场予以纠正。配合安监、消防部门联合，定期或不定期对规模企业和有重大安全隐患的企业实施安全检查。

【安全生产标准化建设】 2012年，区经贸局进一步强化企业主体责任，推进安全生产标准化建设工作，严格按照安全生产法律法规、行业规章、规程及标准，进一步规范企业安全生产管理，是年，对辖区内的151家企事业单位完成安全生产标准化建设的评定（认定）工作。

【推进国企改制】 2012年，持续推进国有企业改制工作，抓关键、解难点、扫尾巴，做到改制到位、协调到位、安置到位。全年实施和完成改制企业4家，其中莆田造纸厂、莆田市涵江区五金交电化工公司等4家企业完成改制及职工安置，共妥善安置改制企业职工900多人，支付职工补偿安置金额达2846万元。

（黄娴婧）

·外 经·

【概况】 2012年，涵江区对外贸易经济合作局（以下简称区外经局）综合管理全区利用外资、对外贸易、对外经济技术合作等工作，组织指导涵江区企业开拓国际市场，参加境内外经贸洽谈会、交易会、展销会等。切实做好国家、省、市出台的扶持外经贸发展的政策措施的宣传和组织申报工作，指导企业用好、用足相关的优惠政策和扶持措施，最大限度发挥政策资金的引导及杠杆作用。加快完善支持政策，帮助支持企业脱围解困。建立健全对企业（项目）的跟踪服务制度，局领导经常下基层调研，及时了解重点企业生产经营情况和重点项目进展情况，尽可能地协调解决企业生产经营和项目建设过程中遇到的困难和问题。借助外商投资企业联合年检的契机，督促企业及时到资。

【招商引资】 2012年，全区新批外商投资项目15个（其中增资7个），合同利用外资历史口径1.38亿美元，比增12.1%；验资口径5461万美元，比增53.96%。实际利用外资完成1.88亿美元（扣除市直雪津6000万美元），实际完成1.28亿美元，历史口径1.5亿美元，比增23.3%；验资口径2300万美元，比增0.48%。全年外贸进出口总额6.37亿美元，下降1.8%，其中进口1.24亿美元，比降10.23%；出口5.13亿美元，比增0.38%。

【参加“9·8”投洽会】 2012年，区外经局组织参加“9·8”投洽会”等招商活动，共签约项目外资项目13个，总投资达31119万美元，合同利用外资30961万美元。

（许建芳）

·供 销·

【概况】 2012年，涵江区供销合作社联合社（以下简称区供销社）围绕区委、区政府的中心工作和上级社的工作部署，以建设社会主义新农村，服务“三农”为宗旨，拓展服务领域，推进供销合作社工作。全系统实现商品购进总额15904万元，比增7.72%；销售总额17566万元，比增18.16%；实现利润49.3万元。

【农资备耕服务】 2012年春耕期间，涵江区共筹集资金780多万元，购进各种优质化肥9800

吨，农药80吨、农膜3吨；销售各类化肥2万多吨。与相关部门开展“放心农资下乡”活动，现场为农民群众介绍真假农资商品识别方法，开展农技知识答疑活动，推广农业种植新技术，共发放化肥、农药宣传单2000余份；免费发放新胜利复合肥、洋丰肥料等优质农资品牌化肥800多小包，发放茶叶用肥200多包。

【基层供销社改革与管理】 2012年，区供销社为加强企业管理，整合山区资源，打造全新供销社，成立大洋供销社中心社，下辖大洋、庄边、新县等3个基层供销社。大洋供销社拟对原供销社商场进行改造，配套扩建大型超市，组建涵江区大洋闽中红色旅游购物中心，争取到薄弱社的补助资金。抓好基层社建设，通过资产盘活、资产运营、业务拓展等方式不断壮大基层组织。加强供销社资产和门市承包出租管理，加快社有闲置资产的改造利用，对坐落在集镇、中心村的闲置破旧供销社房产进行重新招标出租，确保社有资产保值增值。

【农村合作经济组织】 2012年，按照市社年初下达的目标要求，区供销社指导基层供销社领办、兴办合作经济组织。立足本区优势资源和特色产业，利用系统人才、网络、设施等条件，引导领办专业合作社。以大洋供销社为依托组建涵江区联农蔬菜种植专业合作社，该合作社吸收蔬菜种植专业户125户，入股资金125万元，拥有蔬菜生产基地120公顷。坚持高标准起步，规范化运作，严格按照《农民专业合作社法》的要求，建立切合实际的办社《章程》，完善各项规章制度，有效提高专业社的组织化程度，调动农民参与专业合作社建设的积极性。

（夏元平）

·粮　食·

【概况】 2012年，莆田市粮食局涵江分局（以下简称涵江粮食分局）辖属的国有粮食企业经营量达2.999万吨，其中购进粮食5062吨，销售粮食6964.46吨。实现全区地方粮食储备规模到位率、地方自筹粮食风险基金到位率、国有粮食企业当年经营实现盈利“三个100%”。

【储备粮管理】 2012年，涵江粮食分局下辖企业涵江粮食购销公司公开拍卖轮出2009年度产储备粮4567.46吨（稻谷储备一般三年换新），完成轮出计划100%。除收购夏粮655.469吨外，产粮区择优采购新粮3911.99吨，总轮入粮食4567.46吨，完成轮入计划100%。至11月底，轮换储备粮全部进出仓完毕，入库新粮各项质量指标符合国家中等标准。同时，切实抓好春秋两季粮油安全普查工作，及早布置各企业开展自查，并组织对完成自查任务的各企业进行全面普查，检查粮油总量达28228吨（其中春季15950吨，秋季12278吨），全部实现“一符三专四落实”（即账实相符，专仓储存、专账记载、专人保管，数量、质量、品种、地点落实）和“一符四无”（即账实相符，无虫害、无变质、无鼠雀、无事故）的粮库标准。针对夏秋两季台风、暴雨和气温炎热的特点，保质保量配齐4万条防汛所需的麻袋，并由专人保管，专仓存放，专人负责，确保一旦防汛需要，随时能提供到位。

【订单粮食收购】 2012年，继续完善粮食订单收购制度。贯彻落实国家粮食收购最低保护价政策和直补政策，全年订单收购量655.469吨，完成区政府下达的650吨指导性收购任务。落实强农惠农一系列措施，实际收购价每百斤达136元（不含订单粮食直接补贴），高于上年14元。创新服务方式，提高服务水平，敞开收购农民余粮，切实把各项政策百分百兑现给农民，当场兑现农民售粮款174.6万元，兑现粮食直补资金13.1万元。

【粮食企业改革】 2012年，为进一步深化国有粮食企业改革，整合企业资源，加强国有资产管理，提升企业市场竞争力，涵江粮食分局利用旧城改造拆迁安置工作的有利契机，莆田市涵江粮食购销有限责任公司兼并莆田市涵江粮食管理站，通过实施重组，整合资源，做大做强粮食购销企业。同时，将涵江购销公司大洋、庄边、新县、白沙等“老、旧、小”的粮食仓库进行资产集中置换，提高利用率，确保国有资产保值增值。

【粮食流通监督】 2012年，涵江粮食分局为进一步转变职能，切实推进依法行政、依法管粮，配合市粮食局组织16批次47人次对区域内东南香、长丰、天下农庄等8家民营企业和2家国有粮食企业的粮食流通统计制度执行情况、粮食质量、粮食仓储设施及运输工具的检查，抽取的政策性用粮、原粮、成品粮样品经检测质量全部合格。同时，对有收购资质的企业进行粮食收购价格的检查，并做好8家民营企业的统计和库存的检查。在全省粮食流通统计制度大检查中也表明，各单位都能按时报送统计报表，建立统计台账，做到统计台账与统计报表相符，都能按核定的最高和最低库存量标准库存粮食。

【巩固联营业务】 2012年，涵江粮食分局继续巩固联营合作成果，鼓励和支持国有粮食企业与民营龙头企业莆田市东南香米业发展有限公司以及莆田市利源米业有限公司本着互利互惠的原则，开展横向联营。筹措资金，利用市担保公司的资金平台和企业自有资金，拓展联营业务。涵江粮食购销公司全年联营经营量达2397吨，创利润6.19万元。

【塘北山粮库搬迁】 涵江区塘北社区一期改造建设项目是区2012年重点建设项目之一，涵江塘北山中心粮库列入搬迁范围。为全力支持和配合涵江旧城改造项目建设，涵江粮食分局调查摸底各个企业资产情况，做好安置、过渡补偿数据测算和新建粮库投资估算，在此基础上签订《房屋征收补偿安置协议》。同时，在项目实施过程中，涵江粮食分局下属企业涵江粮食购销有限责任公司价值3000多万元的地方储备粮租用东南香米业有限公司仓库过渡储存。

（黄兆敏）

编辑：陈伟庄

经济综合管理

·发 改·

【概况】 2012年，涵江区发展和改革局（以下简称区发改局）组织编制全区国民经济和社会发展的中长期规划和年度计划，研究分析全区社会资金平衡和财政、金融以及经济与社会发展的运行情况，进行宏观经济监测、预测、预警，提出促进经济健康发展的措施建议，编制全区重点建设项目计划；按照国家、省、市有关规定审批或上报项目，做好国民经济动员工作等工作。

【2012年度计划编制】 2012年，制定出年度国民经济和社会发展的主要预期目标为：全区生产总值333亿元，同比增长15%；农林牧渔业总产值28.5亿元，同比增长6.5%；工业总产值823亿元，同比增长15.6%，其中规模以上工业产值775亿元；全社会固定资产投资166亿元，同比增长38.6%；社会消费品零售总额78亿元，同比增长14.5%；外贸出口创汇总额5.2亿美元，与上年持平；合同利用外资1亿美元；实际利用外资1亿美元；财政总收入26亿元，同比增长17%；城镇居民人均可支配收入26000元，同比增长12.5%；农民人均纯收入10000元，同比增长12%。

【2012年度计划实施】 2012年，区发改局围绕“项目为纲、投资为要、征迁第一”的工作要求，持续打好“五大战役”，创新各项工作举措，全区经济社会保持平稳健康的发展态势，基本完成区八届人大一次会议确定的目标任务。是年，全区实现生产总值323.16亿元，同比增长10.5%。人均GDP达6.8万元，高于全省全市平均水平；三次产业结构比例调整为5.1:72.5:22.4。农村牧渔业总产值27.81亿元，同比增长4.6%。工业总产值646.38亿元，同比增长13.8%，其中230家规模以上工业企业产值610.06亿元，同比增长14.1%。社会消费品零售总额75.7亿元，同比增长11.7%。财政总收入达26.0629亿元，同比增长17.3%，其中地方级财政收入达12.9033亿元，同比增长21.1%。城镇居民人均可支配收入达25891元，同比增长12.9%；农民人均纯收入10445元，同比增长13.6%。全社会固定资产投资168.85亿元，同比增长32.7%；合同利用外资13845万美元，同比增长12.1%；实际利用外资18805万美元，同比增长3.5%；外贸进出口总额63729万美元，同比下降1.9%。

【重点建设项目】 2012年，涵江区实现全社会固定资产投资168.85亿元，同比增长32.7%。是年，共审批项目105件。全区235个区级重点项目，总投资2099.96亿元，年度计划投资154.99亿元，累计完成投资161.75亿元，完成年度投资计划的104.36%。其中：在建重点建设项目131个，实现投资117.71亿元，完成年度投资计划的114.59%；区级预备重点项目54个，实现投资32.7亿元，完成年度投资计划89.59%；重点前期项目40个，进行项目策划、招商引资或土地征迁等前期工作，实现投资9.48亿元，完成年度计划投资的66.93%；为民办实事项目10个，开工10个，实现投资1.85亿元，完成年度计划的115.59%。

【“五大战役”】 2012年，涵江区“五大战役”共安排项目5类，细化为235个项目，项目总投资2099.96亿元，年度计划投资154.99亿元，是年完成投资161.75亿元，完成年度计划的104.36%。具体分为：

重点项目建设战役，共23个项目，总投资60.15亿元，年度计划投资22.37亿元。是年完成投资23.92亿元，完成年度计划的106.92%。

新增长区域建设战役，共107个项目，总投资1283.42亿元，年度计划投资55.21亿元。是年完成投资58.22亿元，完成年度计划的105.45%。

城市建设战役，共71个项目，总投资633.50亿元，年度计划投资60.45亿元。是年完成投资61.56亿元，完成年度计划的101.85%。

小城镇改革发展战役，共3个项目，总投资100.1亿元，年度计划投资11.4亿元。是年完成投资11.81亿元，完成年度计划的103.57%。

民生工程战役，共31个项目，总投资22.79亿元，年度计划投资5.59亿元。是年完成投资6.23亿元，完成年度计划的112.18%。

【“6·18”项目成果交易会】 2012年，在第十届“6·18”交易会上，全区共上报对接项目145项，总投资16.5亿元，其中合同项目41项，总投资9.7亿元；协议项目39项，总投资3.6亿元；意向项目65项，总投资3.2亿元。同时，征集企业技术需求32项，项目对接数量及投资规模都超过上年。交易会期间，共组织120多家企业、2000多人次参加本届项目成果交易会，比上年均有不同程度增加。区政府与福州大学物理与信息工程学院的涵江区电子信息产业科技合作平台建设、福建省威诺数控有限公司与天津大学的数控机床产品的协同设计制造公共平台的开发、福建越特新材料科技有限公司与中国科学院福建物质结构研究所的抗菌防霉MDI聚氨酯泡沫环境友好材料产业化工程、福建省红太阳精品有限公司与福州大学食品科学研究所的大宗蔬菜生物发酵关键技术及产业化、福建省东源水产食品有限公司与福州大学的中华鳖深加工产业化，以及福建省仁德医械制造有限公司与朱凤秋（专利权人）的便携式体征监测仪产业化等6个项目参加莆田市签约仪式，项目总投资10120万元。福建越特新材料科技有限公司、莆田市安泰电子科技有限公司、福建天下农庄食品发展有限公司等7家企业的产品进行现场展示。福建天下农庄食品发展有限公司与武汉工业学院对接的“糙米营养食品的开发及其产业化”项目（集成挤压膨化、微粉碎技术改善产品质构；集成挤压膨化、填充与喷涂技术包埋产品糠味），在不改变产品品质的前提下，提高产品的营养价值并大大减少稻米可食资源的浪费，技术居国内行业领先水平。

【项目资金争取】 2012年，区发改局重点围绕民生工程，深入基层挖掘项目，包装项目，争取中央、省投资补助，实现项目多渠道融资。是年，共争取到40个项目，各级资金13393万元，其中20个项目列入国家发改委中央预算内投资计划盘子，项目总投资39608万元，下达中央补助11418万元，支持涵江区部分重大基础设施和民生项目的建设。

（叶 青）

·统 计·

【概况】 2012年，涵江区统计局（以下简称区统计局）以区域经济工作为重点，依法作好各个专业的统计年报和定期报表的汇总上报工作。做好网上直报、规模以下工业抽样调查、农村住户调查、农村私人建房抽样调查、企业景气调查、旅游调查、投入产出调查、非公经济调查等相关抽样调查工作，编发月、季度国民经济主要统计指标资料，编印2012年度统计年鉴，发挥统计信息、咨询、监督三大职能，定期或不定期地撰写统计分析，调研课题。是年，共检查单位30个，查处统计违法行为3起，均为提供不真实或不完整统计资料的统计违法行为，并给予警告罚款处理。

【2012年主要经济指标】 2012年，全区完成地区生产总值323.16亿元，按可比价格计算，比上年增长14.1%；完成农业总产值27.81亿元，按可比价格计算同比下降4.6%；230家规模以上工业企业完成610.06亿元，按可比价格计算同比增长14.1%；426个500万元以上项目完成固定资产投资额162.45亿元，同比增长35.2%；全社会消费品零售额完成75.70亿元，比增11.4%；财政总收入完成260629万元，同比增长17.3%；其中地方级财政收入完成129033万元，同比增长21.1%；城镇居民可支配收入25891元，同比增长12.9%；农民人均纯收入10445元，同比增长13.6%。

【2012年主要经济指标考评】 2012年，区统计局严格按照《涵江区2012年主要经济指标考评方案》文件要求，对10个乡镇、2个街道、2个管委会及6个区直部门开展各项主要经济指标的月度、季度和年度考评工作，根据考评内容和考评方法及时完成各期考评工作，并通报考评结果。同时，对平原片的前3名（涵西街道、涵东街道、三江口镇）、山区片的前2名（萩芦镇、大洋乡）、区直部门的前2名（发改局、财政局）给予表彰和奖励。

【企业“一套表”制度改革】 2012年，区统计局推进企业“一套表”在涵江区的顺利实施，在抓好宣传动员、业务培训、试填试报、深入调查、数据衔接等各项企业“一套表”制度改革前期工作的基础上，结合涵江区统计工作实际，扎实推进相关工作，企业“一套表”制度改革顺利开展。

【第六次人口普查资料开发与应用课题】 2012年，区统计局重点做好人口普查的后续工作。严格按照人口普查工作的程序、标准和期限，组织撰写人口普查资料开发与应用课题，撰写《莆田市人口现状、发展趋势及计划生育面临的新问题》课题，保质保量完成各阶段任务，发挥人口普查的社会效益。

【抽样调查】 2012年，区统计局根据上级要求进行抽样调查。2月、5月、8月、11月，对规模以下企业开展抽样调查，全区共抽取8个镇、街和32个村（居）委会进行调查，同时抽中13家企业进行企业制造业经理指数调查和53家企业进行非国有企业主要指标监测。人口抽样调查，全区共抽中7个村居14个调查小区进行反映人口在数量、结构、流向、就业等方面变动情况的抽样调查。农村住户抽样调查和农户固定资产投资抽样调查，继续开展对抽中的5个村，50户农户进行反映农民人均纯收入和农民消费水平等指标的抽样调查工作；同时开展城乡住户一体化调查新样本的轮换工作，新样本共抽中15个村居150户，核实抽中调查小区的住房住户情况，做好调查员的选聘、小区清查摸底、业务培训、选定记账户的核实、培训等工作。主要畜禽监测，涵江区按季度在5个乡镇中共抽取10个小区，89个畜禽养殖单位，49户养殖规模户，进行反映主要畜禽生产情况的监测调查。

【统计法制宣传教育】 2012年，区统计局按照省、市统计法制宣传教育计划，专门召开会议，制定印发《2012年涵江区统计法制宣传教育计划》，布置宣传统计法，同时利用各种培训、报表布置等机会宣传《中华人民共和国统计法》，提高全社会的统计法制意识。加强统计法制基础工作，组织120人参加全国统计从业资格考试，236名统计持证人员参加统计人员继续再教育培训。组织已取得行政执法资格的局干部参加《行政强制法》《行政处罚法》等法律知识考试。

【调研服务】 2012年，区统计局共组织撰写统计综合分析文章8篇，对全区经济运行的态势进行客观、公正的分析，对存在的问题进行剖析，并提出一些合理性的建议；围绕工作的重点和难点，深入乡镇进行全面、细致的调研。全年共撰写调研课题3篇，《城乡一体化背景下农民土地流转问题调研—对涵江区土地承包经营权流转存在问题及建议》获得市调查队2012年度重点调研分析项目评审结果经济类一类项目，《促进莆田工业持续发展与产业转型的若干思考》《关于创建莆田东部新城（福莆宁新城）的建议》获得市调查队2012年度重点调研分析项目评审结果经济类二类项目；为区委办、区府办和广电部门提供统计信息30多条；编辑出版《2012年统计年鉴》，共编印300册；为有关部门提供统计咨询服务300多人次。

（郑金富）

·物价·

【概况】 2012年，涵江区物价局（以下简称区物价局）深入贯彻党的十七届六中、七中全会和十八大精神，以促进全区经济又好又快发展为目的，以深入推进创先争优活动为动力，围绕“稳增长与调结构并重、控物价与保民生并行”，把稳定价格总水平作为物价工作的首要任务，全面加强价格调控监管工作，大力规范市场价格行为，提高价格服务能力，为实现“经济社会发展新跨越，再铸港城崛起新辉煌”营造有利的价格环境。是年，区物价局撰写信息及调研类稿件30余篇，在国家发改委，省、市局，区委、区政府刊物及新闻媒体等刊登50多篇次。先后被省物价局授予“价格政务信息先进单位”、莆田市委（市政府）授予“创先争优先进集体”、区综治委授予“综治平安工作先进集体”等称号。

【稳价控价】 2012年，区物价局巩固并维护好辖区内永辉、惠民等8家大型超市平价销售区及11个供销销售点的建设，认真执行政府调控价格政策，积极发挥稳价惠民作用。完善对平价商店“三员制”（即物价员、监测员、监督员）管理，结合新推出的夜间市场巡查制度，有针对性地对平价商品价格进行采集、监测，并将各超市平价商品价格进行汇总、比对，一旦发现价格异动现象，立即执行日监测制度，适时启动应急机制。抓好政府关注、群众关心的“菜篮子”“米袋子”的价格和市场供应情况的调查，及时向上级部门报送6种主要粮油批发价格及33种粮、油、肉、禽、蛋、菜等生活必需品价格。是年，以“涵江区人民政府公众信息网”为平台，对辖区内粮油等主要农副产品监测信息实行网上公布，共发布各类监测信息近230余条。年中推出区城房地产行情被动监测，发布3期季度报告，为科学评估积累基层数据，也为区委区政府决策提供参考。探索创新以“总体布局、分类推进、以点带面”的价格调节基金征收模式，有效开展征收工作。年初，酝酿制定征收方案，深化摸底排查调查、学习政策法律法规，科学把握工作程序，增强征收执行力。全年共征收餐饮、娱乐业价格调节基金金额47万多元，同比提升15%左右。

【价费管理】 2012年，区物价局与区财政局密切配合，扎实开展2011年行政事业性收费年度审验工作，共审验78个单位，审验率达100%，审验金额2876万元。取消、停征、减征行政事业性收费16项，及时调整收费项目4项，收费标准98个，纠正不规范收费公示单位6个，查出违规收费单位3个，查处违法收费金额14万元。严格落实贯彻收费政策，做好行政事业性收费管理工作，针对应取消或降低标准的收费项目及时变更收费许可证，确保中央、省、市出台的各项企业减负政策落实到位。进一步规范社会团体、市场中介服务收费和金融服务机构收费。全年共减轻企业及社会负担22万元。

【反价格欺诈行动】 2012年，区物价局开展春季反价格欺诈专项行动，发放价格政策法规宣传材料500多份，反价格欺诈提醒函300份，检查指导明码标价商店560多家，责成改正不规范标价的商店60多家。如对凤凰百货价格欺诈处罚案件，紧抓不放，查办执行历时1年多，罚没款4万元全数上缴国库。首创夜间市场价格巡查，组织每周一次夜间市场价格巡查活动，重点检查各大超市明码标价执行情况，并递进采取“一提醒二告诫三处罚”的方式，严厉查处价签标价和结算价格不一致、促销标示的原价不真实、利用虚假的价格手段误导诱骗消费者等价格欺诈行为。全年，共对3家超市明码标价不规范行为予以责令改正，现场接受价格政策咨询16人次，此经验做法专报省局，刊发推介全省。

【涉农费用检查】 2012年，区物价局采取化肥价格检查与涉农收费检查相结合模式，落实惠农政策与收费年审工作相结合，共检查涉农收费部门和单位23个，以检查化肥等农资零售企业的明码标价为突破口，对全区88个经营农业生产资料企业及经营销点，特别是乡镇农资生产资料商店，“拉网式”进行化肥等农资价格的监测、检查工作，认真落实国家涉农优惠政策，及时纠正13个化肥等农资经销点不规范明码标价的行为，查处1家违规收费13.6万元。

【运输价格检查】 2012年，区物价局协同交警、交管部门推动票价专项检查，先后在春节、五一、端午、国庆等节假日期间，开展客运市场联合治理工作，重点查处不执行明码标价和乱涨价的行为，并宣传价格政策法规，落实明码标价规定，发放“价格提醒函”，严明违价法律责任，增强诚信经营理念。加强涵江汽车总站源头管理，发挥三大客运公司的主渠道作用，责成企业在各站点售票处公示春运期间各条线路客运价格，每辆营运客车车厢内张贴运价表。全年共出动检查62天次，参检人员336人次，查处违价客车392辆次，责成改正72辆次，退还多收旅客价款0.45万元，罚款1.17万元。

【电信资费检查】 2012年，区物价局会同区纠风办开展电信行业资费专项检查，分别对辖区内电信、移动、联通等4个营业网点实施价格检查。并免费在电信、移动、联通各营业网点显眼处设置“举报举证箱”，并公布区纠风办、物价局投诉举报电话、网址及邮箱，为收集案源、强化社会监督建立良好的信息渠道。同时，聘请电脑、会计等部门专业人士配合协助检查，进点检查前在各营业网点张贴“收费检查公告”，寓检查于社会监督之中。

【价格举报】 2012年，区物价局坚持“12358”价格举报电话日常值班制度，保证24小时不断岗，做到解答政策耐心周到细致，举报记录真实详细，核实查处快速及时。在查办举报案件时，坚持接报必出、处理准确、反馈及时的原则，快速解决矛盾纠纷，举报处理满意率达98%以上。建立健全查办联动机制，加强信息分析判研，形成价格举报与监督检查联动机制，及时发现案源，严格执法监管。通过举报件查处停车场“拖车清障”乱收费行为，进而对辖区内3家停车场进行全面清查，对不严格实行收费标准的予以责令改正，进一步规范明码标价及收费许可制度，达成举报、办案、整治、规范“四个一”。全年共受理价格投诉举报咨询案件65件，其中咨询43件，立案核查22件，查处违法案件11件，退还消费者金额300元，处罚金额6400元，案件办结率达100%。

【成本监审】 2012年，区物价局定期开展幼儿园成本监审。抽样涵江实验幼儿园等5家有代表性的幼儿园，对幼儿园2011年保育教育费、伙食费成本进行监审。对部分幼儿园伙食费中不合理开支提出整改意见，提请物价检查所启动“价格行为告诫警醒谈话”，做到收费方面存在的问题早发现早纠正。深入涵江区卓坡经济适用房一期项目建设经济适用房现场，及时收集资料，开展调查，及早把握该经济适用房的价格成本构成，对其中10幢828套经济适用房进行成本监审跟踪，并对符合条件的487户城市低收入家庭进行配售。开展调定价成本监审。对涵江区鑫旺停车场的停车费，清障费成本监审，并形成报告。协调完成涵江区定点屠宰场生猪屠宰服务收费标准的定调价成本监审，为市级调定价提供科学公正合理的成本调研报告。会同区财政局、教育局对2012年度涵江区各中小学的课本费进行审议审定。免除农村义务教育阶段的作业本费，由财政减轻农村学生及家长负担500余万元，年核减高中课本费每生 30 元，共减轻高中学生及家长负担近 24 万元。

【价格鉴证】 区物价局依法公正高效地为公检法机关打击“两抢一盗”、“故意毁坏财物”等侵财犯罪而锁定证据。全年共为公安机关办理价格鉴定 263 起，标的额 363 万元，收入 51 万元。还为配合公安分局经济侦查大队和工商部门打击侵犯知识产权和制售假冒伪劣商品案件 2 起，标的近 200 万元，准确有效地打击犯罪，为稳定社会治安、改善涵江区投资环境作出贡献。

【价格认证】 2012 年，区物价局下属单位价格认证中心协同财政等部门对省道 201 线路段、河滨路、塘北片区建设改造中委托社会中介机构评估的房地产拆迁补偿价值，依照涵政办《关于涵江区涉及重大财政性资金项目价格评估结果复核审核工作方案的通知》要求，经组织专家对各原评估结果的定价依据、技术参数、评估方案等进行科学、客观、民主、真实、公正的复核审核。全年共对 10 宗原评估值 5179.5763 万元补偿金复审裁定为 5102.7533 万元，为财政节支补偿资金 76.823 万元。其中，对福建省联合中和评估有限公司误差超 10%的违规事实予以记录、引证、上报并警示。服务征迁项目一线，主动承担涵江港开发区、向莆铁路及涵港大道、南环城路建设等 20 多个大项目的价格认证工作。全年共受理涵江港开发区等 23 个重点项目涉及 36 项内容的价格认证，认证金额近 3700 多万元。协调跟进政府重点项目省道 201 路建设线、涵黄公路、南环城路、人民街延伸、四大市场征地等多宗征迁补偿评估工作。对评估机构的登记、勘验、丈量、评估等作业进行全程跟踪，实时提出评估建议，确保评估质量，并配合协调有关事宜，为平衡协调征迁中的利益关系提供有力的价格依据。联手财政、审计、监察等部门加强有关国有资产运作的价格价值管理，对资产整合、资源调配等运营中涉及价格问题进行认证。共承接涉及该类认证 39 宗，价格认定金额逾 8000 万元；参与“校安工程”工作，对全区内多所学校的危房校舍进行拆除净残值认证，金额达 10 多万元。

（林 立）

·审 计·

【概况】 2012 年，涵江区审计局（以下简称区审计局）围绕审计工作服务经济社会健康发展根本任务，按照“依法审计、服务大局、围绕中心、突出重点、求真务实”的审计工作方针，履行审计监督职责，做好审计服务发展，审计服务民生，审计服务和谐社会建设的各项工作，规范审计行为，提高审计质量，更好地服务区委、区政府提出“领先跨越，宜居新城”的目标和要求，发挥审计“免疫系统”的功能作用。全年共完成审计单位和项目 10 个，查出各类违规金额 38.67 万元，管理不规范金额 513.19 万元；共完成工程建设审核项目 225 个，其中预算审核项目 116 个，送审造价 30059 万元，核减额为 1096 万元，核减率达 3.6%；结算审核项目 109 个，送审造价 31295 万元，核减额为 1669 万元，核减率达 5.3%。

是年，分别获得审计署办公厅授予的“区地方税务局 2010 年税收征收管理情况专项审计调查”鼓励奖，“AO 在水利工程投资审计中的应用”应用奖，“AO 在区人民法院预算执行及

11 月 16 日，涵江区召开 2012 年城镇保障性安居工程跟踪审计进点会议

其他财政收入情况审计中的应用”应用奖；福建省审计厅授予的“区水务局 2009 年—2011 年水利工程建设投资情况专项审计调查 AO 应用实例优秀奖”、“AO 在区人民法院预算执行及其他财政收入情况审计中的应用优秀奖”和“2012 县级审计机关统计工作先进单位”，“代保管费专户存款的计算机审计方法”被省审计厅推荐上报参加“审计署计算机审计办法评选活动”；市委、市政府授予的“平安莆田建设”平安单位。1 人次获“福建省五一劳动奖章”，1 人次获“中共福建省审计厅机关委员会 2012 年党建重点课题调研成果优秀奖”及“中国审计学会计算机审计分会 2012 年度计算机审计能手人才”等称号。

【政府投资项目审计】 2012 年，区审计局发挥投资审计在区域经济建设中的重要作用，把政府投资项目审计工作当作重点抓。投资审计促进建设项目规范管理和顺利实施，保证财政性投资安全，也为各级政府节约大量资金。健全投资审计廉政建设责任制，公开审计工作流程及操作规程。5 月，区审计局出台《莆田市涵江区政府投资项目评审相关管理规定》，细化和制定财政性资金建设工程预（结）算评审流程及操作规程。在预算评审方面，针对“资料收件”、“助审中介机构选定”、“现场踏勘”、“组织评审”和“定案复核”等重点环节，采取廉政新举措，加强对中介机构助审工作的质量控制。在结算评审方面，针对以上五个重点环节，采取廉政新举措，同时“组织评审”这一核心环节进一步细化，分解成“初审”“中审”“终审”三级评审和三级质量控制程序，加强评审阶段的廉政监督。建立审计发现疑难问题审理制度。对于固定资产投资审计中出现的新情况、新问题以及政策、法规没有明确界定的问题，由审计小组提出要求，提交区审计局审理会研究，审理会无法作出决定的，聘请相关专家组成会办小组，对疑难问题提出审计意见，出具会议纪要，归入审计业务档案。建立中介机构预选库，并坚持末位淘汰制度，中介机构预选库的建立、使用、管理遵循“公平公正、择优进库、综合评价、动态管理”原则。通过公开程序选择助审中介机构，建立预选库。预选库日常运作过程中，通过抽检的方式，对助审中介机构开展质量考评。根据质量考评结果，对业绩好的单位予以表彰；对有不良记录的中介机构停止或取消其参与政府投资工程审计的资格，并根据考核结果实行“末位淘汰制”，建立内部质量控制制度，工程审计项目审计机关原则上派3人以上参加，其中评审人员1人以上，复核人员1人，局分管领导1人。且每月要求报送工程审计项目进度表，对初审报告与审定数差异进行分析。同时，以会办的形式，对审计过程中的重大问题及有争议的事项进行讨论，增强审计结果公开透明的程度，减少暗箱操作的可能。

【预算执行审计】 2012年，区审计局开展对本级预算执行和其他财政收支情况审计，区级预算执行审计以区级政府性资金管理为主线，以区级部门预算执行审计为基础，结合经济责任审计，以整合审计力量，提高审计效率，再则结合上级审计机关统一安排的项目，突出开展民生审计，促进各项惠民政策的落实，维护群众切身利益，促进建设和谐社会。通过审计查出主要问题金额551.86万元，其中预算编报不真实不完整140万元，未按规定征收缴纳收入97万元，违规改变项目计划和资金用途104万元，乱收费乱摊派乱罚款1万元，资金滞留闲置139.86万元，虚报冒领4万元，违规使用发票22万元，扩大开支范围或提高开支标准列支44万元。8月底，区审计局在区人大常委会上作《关于2011年度涵江区区级预算执行和其他财政收支审计工作情况的报告》，实事求是地指出2011年区本级预算执行和其他财政收支审计中发现的问题。区政府高度重视，采取一系列措施，狠抓审计中发现问题的整改，审计发现的38个问题基本整改到位。

【经济责任审计】 2012年，按照区委组织部委托，完成3个单位领导干部任期经济责任审计。在乡镇审计中结合乡镇的实际情况，侧重对工资和奖金发放情况、内部控制和现金管理情况进行审计。审计发现有的使用收款收据付款，有的专项资金被挤占，有的职能管理不到位，有的内部控制不完善，有的开支手续、结算方式不规范。审计某镇存在的问题有：暂付款401.83万元，其中干部个人暂借款达74.58万元，最高的欠款人借款额高达45.04万元（报刊款）；欠款时限超2年的涉及11人、16.72万元，其中已死亡及调离某镇的5人、3.02万元。有些支出没审批（金额35.22万元）。审计某单位存在的问题有：应收未收罚没款7.5万元；对未按规定时限缴纳罚没款的5件处罚案件未按日收取滞纳金；部分专项资金滞留闲置或拨付不及时，涉及金额1473.94万元。这些问题影响单位财务收支的完整、真实和财务活动的有序开展。

【效益审计】 2012年，区审计局从财务状况、负债比率、成本控制、病人费用、周转能力、发展能力、政府投入、人力资源和药品费用等九大类指标对涵江医院的经营活动、财务经济活动和管理活动进行评价。审计结果表明，在医疗市场竞争日趋激烈的今天，医院为生存和发展，不断增强经营意识，调整服务结构，提高服务质量，降低服务成本，努力实现经济效益和社会效益的最大化。2009—2011年三年的收入增长率分别为22.44%、22.66%、16.16%，2011年收入达1.31亿元。三年来医院药品加价率和药品收入占医药收入的比重均符合国家规定，说明医院通过有效控制“以药养医”，遏制药品购销不正之风，减轻病人的经济负担。医院工资福利支出占总支出的比例逐年上升，说明医院重视引进卫技专业人才，并提高人员的工资福利，以吸引和留住人才。医院固定资产增长率近三年分别为5%、12%、11%，说明医院规模不断扩大，同时技术手段也不断更新。药品周转率逐年提高，说明医院药品在满足业务需求的情况下库存不断减少。医院的人均门诊费用和人均住院费用均控制在上级下达的指标之内，说明医院能够通过加强管理来为患者节省开支，达到“少花钱，治好病”的良好效果。

【校安工程审计】 2012年，区审计局对区校安工程的建设及资金使用情况进行审计调查，按照校安工程总规划，涵江区应在2009—2011年拆除或停止使用校舍384栋，总面积21.4983万平方米，完成重建103幢，总面积19.331万平方米。截至2011年10月20日，开工项目94个，动工面积17.58万平方米，动工率90.92%。其中，在建项目47个；竣工项目47个，竣工面积5.82万平方米，竣工率30.1%。完成投资7253.7万元。未开工项目9个，其中1个项目签定施工合同，1个项目中标公示，7个项目正在进行招标。调查发现的问题有：在工程建设方面，有的校安工程存在质量隐患，有的装修材料不符合设计要求，有的现场安全意识淡薄，有的监理人员履职情况较差，有的进度超过合同期。在财务管理方面，有的校安工程履约保证金延迟交纳，有的竣工验收后没及时进行送审结算。针对这些问题，审计提出六点建议，要求加强工程建设和资金管理。

（陈秀云）

·工商行政管理·

【概况】 2012年，涵江区工商行政管理局（以下简称区工商局）按照相关文件要求制定出台“莆田市涵江区工商行政管理局机构改革实施方案”，完成机构改革和人员交流轮岗任务，按照“8+2+2”的模式，下设办公室、政策法规股、行政执法股、企业注册股、市场监督管理股、食品流通监督管理股、商标广告监督管理股、人事教育股、机关党委、监察室等10个股室；12315消费者申诉举报服务台、检查大队等2个直属单位。

是年，区工商局围绕“以港兴区、工业强区、商贸活区”发展战略，以树立勇当先锋形象、红盾卫士形象、效能工商形象为目标，锐意进取，奋发有为，为推动涵江“港城崛起、再铸辉煌”做出新贡献。截至年底，全区有注册商标3579件，比上年增长13.9%。其中，驰名商标8件，占全市总量的36.4%，著名商标52件，占全市总量的33.1%，知名商标75件，占全市总量的28.5%，占有量均位居全市各县区首位。全区共有市场主体总量达到16231家，其中内资企业2654家（含农民专业合作社90家），外资企业301家，个体户13276家。

4月26日，区工商局开展“4·26世界知识产权日”法律咨询宣传活动

【整顿市场经济秩序】 2012年，区工商局开展“八闽红盾出击——反不正当竞争执法 维护市场公平秩序”专项行动，召开动员大会并进行现场部署，制定行动方案，成立专项行动领导小组，由局长任组长，分管副局长任副组长，有关股室、所、队负责人为领导小组成员。部署各工商所、检查大队集中执法力量，围绕重点领域、重点行为和重点对象，重点查处11类经济违法违章行为。局领导带领相关业务股室干部深入基层一线，现场组织、指挥、督办工商所开展专项执法行动，全程参与执法行动；各工商所和检查大队在前期调查摸底的基础上，按照行动方案和部署，有针对性地开展执法行动。是年，共出动执法人员362人次，出动执法车辆126车次，检查各类经营主体145户次，累计立案查处不正当竞争、假冒伪劣等10类经济违法违章案件57件，案值15万余元。

【实施商标品牌战略】 2012年，区工商局根据涵江区主导产业、传统优势产业、区域经济支柱产业、特色农业的企业特点，制订驰名、著名商标培育发展规划。运用工商部门的商标主管机关优势、人才优势、法律优势，指导条件成熟的龙头企业、优秀品牌企业申请认定福建省著名商标。是年，共发展商标494件，新增方家铺子（方家铺子<莆田>绿色食品有限公司）、Karser（福建新世纪电子材料有限公司）、手心缘（福建亿发集团有限公司）等3件中国驰名商标；新增莆田市四君子古典家具有限公司、福建亿发集团有限公司、福建莆田荣龙精密机械有限公司、莆田市南华电子有限公司、方家铺子（莆田）绿色食品有限公司、福建省港达玻璃制品有限公司、福建新世纪电子材料有限公司、莆田市红日涂料有限公司等8件福建省著名商标，新增莆田市红日涂料有限公司、莆田市涵江区初日化工有限公司、黄祖国（莆田市三鑫润滑油贸易有限公司）、莆田德信电子有限公司莆田市涵江区华盛伟业不锈钢制品厂、林奇斌（莆田市涵江区吉龙居装饰材料经营部）、莆田市四君子古典家具有限公司、莆田市涵江区龙兴家具有限公司、李玉莺（莆田市善艺李氏工艺有限公司）、福建省莆田市新华利有限公司、福建莆田市新兴晟鞋材有限公司、福建省水手食品有限公司、福建莆田市闽中罐头食品有限公司、莆田市利源米业有限公司、莆田天下鱼庄生态农业有限公司、福建省利邦环境工程有限公司、福建莆田荣龙精密机械有限公司等16件莆田市知名商标。

【服务市场主体】 2012年，区工商局深化落实工商总局的一系列优惠政策，坚持先行先试，制订实施办法，创优发展环境，巩固存量、扩大增量、提高质量、做大总量，全力推进各类市场主体快发展、大发展。全区新增各类市场主体3436家，其中内资企业259家，个体工商户2877家，农民专业合作社18家；新增注册资本19.78亿元，分别同比增长8.39%和27.66%。全区共免收登记费用31320元，自主选择经营范围48户，县域通办253户，预约服务387户，当天核准115户，免收企业年检费74050元。主动深入企业解难释疑，重点围绕行业发展困境及对策，广泛征求建议，帮助应对困难。共走访企业315家，召开电子、物流、食品、广告、印刷、农资、小微企业等7场行业座谈会，收集意见建议56件，解决问题35件；指导9家企业通过实施动产抵押和股权出质，融资1.785亿元；与邮政储蓄银行联合开发推介小微企业专项贷款，帮助42家企业融资470万元。

【百姓餐桌安全监管】 2012年，区工商局在注重抓好食品安全监管中的队伍素质、责任管理、社会认同度等“软实力”建设的同时，抓紧抓实准入、检测、考评、办案等监管“硬实力”，持续推进食品安全监管工作。全年共办理食品流通许可证678份，同比增长10%，全区共有许可证总数3108份。区工商局食品可追溯体系建设工作作为莆田市先进典型，两次代表莆田市接受国家局、省局食品安全监管工作及流通环节食品安全治理整顿督查工作检查。省工商局对区工商局食品流通监督管理工作及周边食品市场专项整治的经验做法给予高度肯定，区工商局被授予“全省流通环节食品质量可追溯体系示范点建设工作先进单位”称号。

【保护消费者权益】 2012年，区工商局组织开展“纪念3·15国际消费者权益日”系列活动，在涵江区电视台开辟专栏，举办现场接受消费者投诉咨询活动，发放识别真假商品宣传材料2000多份，集中销毁一批价值近20万元的假冒伪劣商品。是年，共受理消费者咨询1103件，回复1103件，回复率100%；受理消费者申诉举报430件，挽回经济损失64.13万元；受理举报案件102件，查证属实立案33件，案件总值8.54万元，罚没款8.99万元。

【“无讼消费”创建】 2012年，区工商局与区法院联合在商场、超市及村、居委会开展“无讼消费”创建工作，联合出台《关于加强调解衔接、推进“无讼”建设的若干意见（试行）》，在“消费维权站点”建立法官工作室，确保纠纷不出村居。在商城管委会创建“无讼商贸区”，消费维权站点与法院挂钩法官及时报告情况，联动调解，化解纠纷，共同促进基层从“化讼”到“少讼”，再力争到“无讼”的转变。该局开展“无讼消费”创建活动的经验在涵江区综治平安工作简报第5期刊登，与人民法院的“无讼”联动机制经验总结，得到市工商局肯定并转发。12月26日，代表市工商局社会管理创新示范点接受市综治检查，得到检查组肯定。

【整治无照经营】 2012年，区工商局坚持服务发展和规范执法并重，强化“查无”工作力度，将“无照”整治工作的重心放到重点行业和重点区域上，以食品、烟花爆竹、化学危险品、“黑网吧”等行业为重点监管对象，以校园周边等地段为重点监管区域，通过建立推行“工商事务服务站”，抄告消防、环保、安办等相关部门，有效整合各类社会资源，以行政指导、帮助办照为主，以重点监管、行政处罚为辅，创新查处取缔无证无照经营工作方式、方法。是年，共查处无照经营案件111件，案值25.26万元，罚没款33.13万元，抄告89份，涉及经营户1216家。

（陈永威）

·国土资源管理·

【概况】 2012年，莆田市国土资源局涵江分局（以下简称涵江国土分局）围绕区委、区政府“扩大内需、保障增长”的经济发展目标和“促进跨越发展”的总体要求，以保护国土资源为重点，以保障经济发展为目标，主动服务，严格规范管理，营造保护资源严格规范、保障发展持续有力、依法行政整体推进、服务社会全面优质的良好局面。

【项目用地报批】 2012年，涵江区加快推进行政审批改革，优化审批流程，压缩审批时限，实行“并联审批”，开辟“绿色通道”，急事急办，特事特办，为企业发展、项目建设提供便捷条件。项目审批相关手续的时限从15个工作日压缩到7个工作日，项目用地预申请当天办结；对重大项目用地提供快捷高效的“一条龙”全程式代理服务。是年，共审理并上报项目用地总面积573.44公顷，获批用地面积370.13公顷。其中，获省政府土地征收及农转用批复的涉及项目34个；获市政府批复农村个人住宅（只转不征）用地报件4件；另外，兴化湾疏港道路江口至荔涵大道路段工程、赤港至三江口港区疏港道路一期工程、莆田市涵江区供水厂萩芦净水站二期原水预处理及工艺改造工程、渭阳（西天尾）变电站、省道201线莆田宁海新桥工程项目报件获省政府批复，湄渝高速莆田（萩芦）至仙游（五星）段（涵江区境内）工程获国土部审批。同时，还完成土地利用总体规划修编工作，其中涵江区及各乡镇土地利用总体规划数据库上报国土部备案。

【土地开发整理】 2012年，涵江国土分局推进补充耕地工作，挖掘补充耕地的潜力，推进土地开发整理，动员有关单位和群众自发开发耕地，实现涵江区耕地占补平衡。8月份，与区农业局共同验收28个土地开发项目，总规模148.2公顷，新增耕地118.56公顷。推进土地开发整理项目的顺利实施，大洋乡坂洋霞洋片区土地整理项目、庄边镇黄龙村土地整理项目竣工验收。指导旧村复垦项目的实施工作，执行建设工程各项制度。定期对旧村复垦项目进行稽查，督促旧村复垦项目的进度，监督旧村复垦项目的质量。全区共有11个旧村复垦项目开始实施，拆除旧房451座，复垦5公顷。

【国土资源监察】 2012年，涵江区加强国土执法监察工作，进一步推进执法监察关口前移，将执法监察的触角延伸到乡镇、村居的每个角落，做到早发现、早制止，全区违法用地制止拆除到位率明显上升，违法用地行为明显下降。是年，全区共发现违法用地86宗，基本制止拆除到位，共发出《责令停止违法行为通知书》

24份，《国土资源违法行为移送函》48份，查办各类举报、信访、督办件28宗。“两节”期间，全区各乡镇、各职能部门共出动人员408人次，车辆126辆次，共发现4宗违法用地，均整改到位。同时，根据莆田市国土资源局《关于印发2011年度土地矿产卫片执法检查实施方案的通知》的要求，涵江国土分局对土地卫片数据进行核查，查处违法用地30宗，并发出30份制止通知书，立案查处11宗，没收违法建筑物2.26万平方米。

【项目用地征迁】 2012年，涵江区共征收集体土地104.6公顷，发放征地补偿款9762.41万元，共涉及拆迁户1641户，拆除面积约6.01万平方米。涵江国土分局围绕“和谐征迁工作法”，从部门工作职能出发，科学研究制定服务经济、服务项目建设的各项措施办法，进一步优化工作流程，从机制上对业务运作、业务程序进行规范，加强业务监督，提高办事效率，为推进项目带动经济战略奠定坚实基础。

【矿山安全监管】 2012年，涵江区通过开展多次集中大检查和联合执法，打击非法采矿行为，有效防范和遏制矿山事故的发生，全区安全生产状况进一步稳定好转，实现“零事故”。严厉打击非法采矿行为，对无证矿点进行严厉打击，发现一宗，取缔一宗。并与各部门紧密配合，具体分工，对萩芦溪流域内江口、萩芦、白沙、庄边、新县和大洋等6个乡镇的无证非法违法采矿情况进行全面调查摸底，并把调查摸底情况汇总列表，建立档案。是年，共巡查156次、483矿次，出动人员252人次、车辆58辆次；组织有关部门联合执法1次，拆除违章搭盖的工棚1座、采矿机械设备2部（台），扣押采矿工具4件；发现无证采矿点1个，依法查处1个并以取缔关闭。全年未发现“死灰复燃”及新发生的非法采矿点，做到查处率100%，关闭率100%。对本辖内的持证矿山进行全面的检查，对发现的越界开采矿山责令整改到位，对存在安全隐患的提出整改意见，并积极与有关部门开展联合执法，该年度共巡查持证矿山12次、24矿次，出动人员62人次、车辆12辆次，发出巡查意见书12份，提出巡查意见18条，其中存在安全隐患的意见18条，并全部整改到位。

【土地登记】 2012年，全区共办结国有土地登记发证14批次73宗，总面积约8030平方米；集体土地登记证上报15批次360宗，总面积约43200平方米。同时，涵江国土分局严格按照《莆田市人民政府关于解决历史遗留土地登记发证问题的意见》及莆田市国土资源局下发《关于解决历史遗留土地登记发证问题的实施方案》文件精神，逐步推进片区改造安置历史遗留办证问题的解决。江口儿童乐园办证历史遗留问题，经过市、区各级各部门召开多次专题协调会，得到解决，并办理土地使用证141本。延宁片区拆迁办证历史遗留问题近两年中也办理约700本。此外，推进农村集体土地所有权登记发证工作，维护群众合法权益。在登记发证工作中，以“一补两核三达到”为（即开展一次全面的补充调查，重点做好“两个核实”，达到“权属合法、界址清楚、面积准确”，达到符合土地登记规范化要求，达到能将土地证书发给土地权利人的目标。）工作主线，以“两个核实”（即核实集体土地所有权界线是否准确、核实宗地内国有地和飞入地面积是否剔出）为工作重点，对行政区划调整、并村或分割等引起土地权属变化的，对土地征收、未及时开展土地变更登记的，进行补充调查，查清权属界线。同时，对土地权利其他属性及登记档案资料进行全面检核。对未登记宗地，按法定程序和地籍调查要求开展确权登记。

（罗敏光）

·安全生产监督·

【概况】 2012年，涵江区安全生产监督局（以下简称区安监局）以深入扎实开展“安全生产年”活动为载体，以强化预防、落实责任、依法治理、应急处置、科技支撑、基础建设为主要措施，进一步强化安全生产责任目标管理，着力抓好重点行业领域安全监管和隐患排查治理，全面促进全区安全生产形势持续稳定好转。全年全区共发生各类安全生产事故236起，死亡22人，受伤195人，直接经济损失147.42万元，同比分别为起数减少29起、下降10.94%，死亡人数减少2人、下降8.33%，受伤人数持平，直接经济损失减少1.06万元、下降0.71%。其中，道路交通事故135起，死亡19人，受伤194人，直接经济损失11.32万元，与上年同期相比，事故起数增加1起、上升0.75%，死亡人数减少2人、下降9.52%，受伤人数减少1人、下降0.51%，直接经济损失增加0.26万元、上升2.35%；火灾事故100起，死亡2人，受伤1人，直接经济损失135万元，与上年同期相比，事故起数减少31起、下降23.66%，死亡人数减少1人、下降33.33%，受伤人数增加1人、上升100%，直接经济损失减少2.42万元、下降1.76%；农业机械事故1起，死亡1人，无人员受伤，直接经济损失1.1万元；水上交通、海洋渔业、工商贸建等行业多年无发生人员伤亡及经济损失事故。

【安全督查考评】 2012年，区安监局严格按照区委办、区政府办《关于印发2012年督查考评方案的通知》文件，于3月29日—4月1日、7月3日—6日、10月9日—12日、12月3日—11日，四次牵头组织区委督查室、区政府督查室、区综治办、区监察局、区交通局、区消防大队、区交警大队等单位每季度一次，深入14个乡镇、街道、管委会等有关单位，对安全生产隐患排查治理情况进行督查考评，考评结果在全区范围内通报，责成最后一名且分数在80分以下的单位主要负责人在下季度全区防范重特大安全事故工作会议上做表态发言，并对其进行诫勉教育；考评结果为倒数一、二名的在本年度绩效管理分别予以扣0.5、1分。区安监局还制订《涵江区安全生产目标责任考评办法》，严格落实《涵江区安全生产约谈制度》，对安全生产工作中履职不力的各级政府、各行业主管部门和生产经营单位安全生产第一责任人和直接责任人，以召开谈话会形式对其进行约谈，促使安全生产第一责任人、直接责任人增强安全监管意识。

【落实安全监管责任】 2012年，区安监局全面落实安全生产“一岗双责”规定，及时修订区政府领导安全生产监督管理职责分工，区长亲自给全区73个安全生产责任单位下达《2012年度安全生产目标管理责任书》，分解细化各项目标任务，明确各分管副区长及各职能部门安全监管职责。是年，全区无发生较大、重特大安全生产事故，一般事故造成死亡总人数实际为22人，比市政府下达的控制数少2人。亿元国内生产总值生产安全事故死亡率、十万人口各类生产安全事故死亡率、道路交通事故万车死亡率等各项相对指数都在市政府下达的控制数内，全区安全生产责任状完成情况良好。

【火灾隐患排查整治】 2012年，区委、区政府继续将“清剿火患”工作纳入年度工作绩效考核，持续开展网格化消防安全管理、消防安全“防火墙”工程、十八大期间消防保卫战、出租屋及“三合一”场所等专项整治活动，并向各相关单位下发消防安全责任书，细化责任。特别是位于白塘镇的莆田市再生纸品福利厂“9·10”火灾事故发生后，区委办、区政府办立即联合下发《关于立即开展安全生产大检查的紧急通知》，并召开火灾事故现场会，强调各级各部门要深刻吸取事故惨痛教训，举一反三，全力以赴做好火灾隐患排查整治工作。是年，全区共出动人员8722人次，检查场所4360家次，发现火灾隐患或违法行为7042处，下发《责令改正通知书》2019份，整改火灾隐患或违法行为7001处，行政处罚179起，行政拘留33人，罚款112.7万元。区“三合一”整治办共组织督察123次，督查场所797家，发出督办函75份，查处“三合一”场所250家，依法临时查封88家。涵江区被市政府挂牌督办的8家存在重大火灾隐患的单位全部整改到位销案，区政府挂牌督办的9家存在较大火灾隐患单位中，3家按期整改到位并摘牌销案，3家报请区政府进行验收销案，3家在积极整改中。

【施工现场安全监管】 2012年，区安监局以防高坠、物体打击、坍塌为重点，在全区范围内开展建筑施工模板工程、脚手架和建筑起重机械安全专项整治。是年，共对全区21个施工企业、13家监理单位、62个建筑施工项目进行检查180次，查出安全隐患590处，发出隐患整改书138份，整改580处，整改率达98%以上；下发停工整改书6份，责令非法施工项目停止施工6宗，立案查处案件8宗，分别对11家建筑企业和监理单位作不良纪录及处罚，罚款16万元。

【道路交通运输安全整治】 2012年，全区各级各有关部门主要领导认真履行道路交通安全第一责任人责任，及时成立道路交通安全综合整治领导小组，调整充实各级道安办工作人员，切实开展道路交通安全综合整治“三年行动”、道路交通安全集中整治大会战、道路交通“五整顿”（即整顿驾驶员队伍、整顿路面行车秩序、整顿交通运输企业、整顿机动车生产改装企业、整顿危险路段）、客运企业安全专项整治、二轮摩托车违章、非法车辆上路等一系列行动。是年，共查处各类道路交通违法行为53981起，查扣机动车1752辆、驾驶证89本。打击酒后驾驶141起，醉酒驾驶22起，无证驾驶1371起，客运车辆超载83起，货运车辆超限超载710起，疲劳驾驶9656起，超速驾驶2110起，涉牌涉证3735起等，共罚款614.1万元。在8、9、10三个月开展的道路交通安全整治“大会战”期间，全区共设14个执法检查点，坚持每月逢五日、逢十日统一开展行动，投入警力8639人次严加路面监管，纠正违章26529次，行政拘留6人，排查道路交通安全隐患点段75处，其中临水临崖、连续下坡、急弯陡坡等事故易发路段21处；农村道路安保工程隐患30处。同时，区政府及时拨付2500多万元专项资金用于危桥改造、设置道路防护栏等。

【民爆剧毒物品安全监管】 2012年，区安监局充分发挥村级治保主任（安全员）作用，扎实开展群防群治工作，严厉打击民爆物品、剧毒化学品非法生产、经营窝点，强化烟花爆竹储存、运输、经营、燃放、回收和处理全过程监管；强化使用民爆物品的采石场废弃仓库及使用剧毒化学品的自来水厂等重点单位安全检查。是年，共出动检查人员800多人次，检查民爆物品仓库38家次，烟花爆竹仓库73家次，烟花爆竹销售企业326家次，剧毒化学物品企业36家次，采矿采石场29家次，省重点建设工程风电、水利、省道等临时作业点69家次，共发现安全隐患129处，全部督促整改到位。是年，收缴非法烟花爆竹300多件、炸药77.4公斤、电雷管12枚，查处涉爆案件6起，刑事立案1起、刑事拘留1人，治安立案5起，罚款8万元。

【危险化学品监管】 2012年，区安监局加大辖区内生产、储存、经营危险化学品的企业及个体工商户普查摸底工作力度，加强部门联合执法，多次组织安监、经贸、公安、消防、供销及工商等部门开展加油站安全检查。是年，共组织56个检查组，出动人员500多人次，检查4家危化品生产性企业和41家危化品经营店共328次，发出责令整改书15份，查处非法违法行为32件，关闭非法违法企业1家、油漆店9家，罚款25580元。

【非煤矿山安全监管】 2012年，区安监局吸取荔城区黄石镇天马山“6·30”无证非法采矿点炮烟窒息致人死亡事故教训，进一步建立健全村级安全员挂钩检查制度，坚持基层每周巡查、部门每月督查，全面检查辖区内非煤矿山安全生产情况。全区共组织巡查156次，出动人员358人次，检查483矿次，发现安全隐患18处，发出巡查意见书12份，整改16处。重点排查历年来经治理整顿后取缔关闭的所有矿山及新开采或遗漏查处的矿山，严防“死灰复燃”，安监、国土、环保、水土、林业、公安等有关部门联合执法4次，拆除违章搭盖工棚3座、采矿机械设备8台，扣押采矿工具10件，无证矿点关闭率100%。党的十八大召开期间，区安监局再次组织执法人员对辖区内持证非煤矿山进行全面安全检查，排查安全隐患，确保非煤矿山生产安全万无一失。

【“打非治违”专项行动】 2012年，涵江区成立由区长为组长的“打非治违”专项行动领导小组，制定下发方案，多次召开再动员部署会议，对各单位打非治违工作进行跟踪督促。从8月起，区领导每周1次带队深入到企业一线查找安全隐患和“三违”行为，督促区安监、公安、交警、工商、经贸、住建、消防等重点领域牵头单位积极有效推进“打非治违”工作。截至年底，全区共组织2675个检查组，检查人员19640人次，排查生产经营单位16521家次，排查出安全隐患15613条，发现非法行为581起，责令停产312家，关闭非法违法企业126家，行政拘留25人，立案311起，罚没款200多万元。

【安全生产“百日大检查”】 2012年，区安监局为进一步推进安全生产“打非治违”专项行动和隐患排查治理工作，区委办、区政府办及时印发《涵江区开展安全生产百日大检查实施方案》，成立以区长为组长的领导小组，区长亲自带队深入一线检查安全工作，区委、区政府领导分别按照挂钩联系乡镇的分工，每周安排一次带队检查活动。从8月起至10月止的大检查期间，区领导共开展带队督查20多次，各乡镇(街道、管委会)、各有关主管部门主要领导也都能积极地履行安全监管职责，带队深入现场开展安全检查。全区共出动检查人员8526人次，检查各类场所6421次，排查出隐患3698条，整改3625条，保障全区安全生产形势的持续稳定。

【安全生产标准化建设】 2012年，全区把企事业安全生产标准化建设作为安全生产监管工作的重中之重来抓，先后下发《关于深入开展企业安全生产标准化建设实施意见》《关于规范企业安全生产标准化评定管理的指导意见》《关于进一步做好安全生产标准化建设有关工作的通知》等文件，多次召开会议要求各级各部门按计划、有步骤，规范有序地推进安标化创建工作。并把安标化创建工作作为促进企业落实主体责任的有效途径，注重发挥典型企业的示范带动作用，培植英博雪津、新荔丰鞋业、集友框业及荣龙精密机械等一批安全理念先进、安全管理规范、本质安全水平高的安全文化示范企业，通过典型引路，达到以点带面的目的。截至年底，全区95%以上企业参加“平安企业”创建活动，通过“平安企业”创建工作，逐步夯实全区安全生产基础。有7812家企事业单位(含个体工商户及各类场所)参与安全生产标准化建设工作，7188家达三级标准(其中生产性及规模以上企业621家，事业单位96家，宗教场所119家，娱乐场所27家，药店89家，油漆店33家，其他各类个体工商户6203家)，完成率达92%。

【加强安全教育培训】 2012年，区安监局为全面提高生产经营单位从业人员安全素质，杜绝各类生产安全事故的发生。6月份，区安办特别邀请市司法局副局长陈明仁到涵江作辅导讲座。11月，区安监局对199名村级安全员进行再教育再培训。同时，区安监局、建设局、质监局、消防大队等负有安全监管职责的部门，积极组织村级安全员、生产经营单位主要负责人、安全管理人员及从业人员进行安全生产培训。是年，共组织100多场各类型安全培训教育班，5万多人次受教育。通过举办多类型培训，进一步增强职工的安全意识，提高自我安全防护能力，确保员工持证上岗，为企业提供较好的安全技术支持。

(蚁淑霞)

编辑：陈伟庄

中共涵江区委

·区委（纪委）主要会议·

【区委八届三次全体（扩大）会议】 8月25日上午，在区机关大院1号楼六层会议室召开。参加会议的有区委委员33人、候补委员6人、纪委委员21人以及区直副科级以上单位主要领导、乡镇、街道、管委会党政主要领导。区委书记沈伯麟代表区委常委会作工作报告；分组讨论区委八届三次全会报告、《涵江区贯彻落实〈莆田市城乡一体化综合配套改革试验总体方案〉的实施意见》，区委、区政府《关于深化科技体制改革加快区域创新体系建设的实施意见》《关于加快海洋经济发展的实施意见》《关于加快旅游产业发展的实施意见》；审议通过区委八届三次会议决议。

【区委八届四次全体会议】 12月25日上午，在区机关大院1号楼四层会议室召开。参加会议的有区委委员33人、候补委员6人。区委书记沈伯麟讲话；审议通过《中共莆田市涵江区委八届四次全会对重要干部拟任人选和推荐人选表决办法》（草案）；区委常委、组织部长陈凤珠介绍建议人选有关情况；审议建议人选；区委委员投票表决；宣布表决结果。

【区纪委八届二次全体会议】 2月11日，在区机关大院1号楼六层会议室召开。区纪委委员21人出席会议。区纪委书记邱玉良作《准确站位，有效履职，为推进港城崛起再铸辉煌提供坚强保证》的工作报告，会议讨论通过区纪委八届二次全体会议决议。

【区纪委八届三次全体会议】 8月25日，在区机关大院1号楼五层会议室召开。区纪委委员19人出席会议。会议学习贯彻胡锦涛总书记在省部级主要领导干部专题研讨班上的重要讲话精神，总结部署防腐倡廉工作，区纪委书记邱玉良作了讲话。

·纪　检·

【概况】 2012年，涵江区纪委、监察局开展重点项目、“两违”（即违法、违规）整治等多项督查，对干部予以效能问责113人次；开设审批“绿色通道”窗口，全区项目建设中涉及的84个审批事项进入快速审批通道；加强执法人员业务培训和行政执法事项实时监督，规范权力正确行使；把投诉受理工作纳入全区绩效考核平台，制定考核办法和绩效考核比重；开展廉政风险防控管理，从源头上预防腐败的滋生蔓延；开展建设工程标后检查，检查项目

8月25日，中共涵江区第八届纪律检查委员会第三次全体会议召开

服务项目促发展”主题实践活动，激励干部创先争优。

【效能问责】 2012年，区纪委、监察局围绕打好“五大战役”，整合督查力量，以大督查推进全区50个重点征迁项目，共发出督查周报41期，督办函告单34份，协调解决各类问题30多个；开展重点项目建设、河道管理整治、“两违”整治、政务公开、维稳及信访防控等多项督查，发出督查通报或督办单督促整改，对因工作不力等干部予以效能告诫47人次，诫勉教育66人次。

70个，发现问题151件；开展办事公开标准化、规范化、常态化建设评议工作，扩大公开示范效应；优化“涵江区推进惩防体系建设和落实党风廉政建设责任制考评方案”，完善机关效能建设运行各个环节的监督管理和运行机制推进工作落实；查办各类违规违纪案件63件，受理群众来信来访359件次；受理“12319”民生热线293件，重点加强保障性住房配租配售、低保专项资金和强农惠农资金监管；开展公路“三乱”、教育收费、减轻企业负担等专项整治，纠正各类违规问题22件，涉案金额115.46万元；抓好农廉精品示范点创建，提升农廉品质；监督落实委托会计队伍绩效考评方案，实行奖优罚劣；创新廉政教育活动形式和建立廉政教育点，推进廉政文化建设；开展“保持纯洁当表率，推动跨越走前头”主题实践活动、“正风正纪保纯洁、提速提效促跨越”活动和“驻村入企办实事，

【审批“绿色通道”】 2012年，区纪委、监察局牵头制定《重点项目审批“绿色通道”实施办法》，在区发展服务中心开设审批“绿色通道”窗口，重点项目审批实行预约收件、“容缺预审”、精简环节、压缩时限等办法，进入快速审批通道。是年，平台受理各类重点项目办件577件，压缩时限1641个工作日，提速45%。同时，开展电子监察、网上审批监管，对存在“体外循环”、“超时审批假办结”、让办事群众“两头跑”等问题的11家单位进行通报批评，对2名工作人员予以效能问责。

【规范权力运行】 2012年，区纪委、监察局加快网上行政处罚电子监察系统建设，重新梳理

区直各相关行政执法单位的业务流程，对涉及执法业务的工作人员进行实际案例上机录入培训和业务能力测试，加强行政执法事项网上运行、实时监督，实行行政处罚案件月上报制度。是年，共开展网上行政处罚281件；受理投诉件36件，办结36件；对相关执法人员予以效能告诫2人次、诫勉教育1人次；解决涉及环保、城建、环境卫生整治等15个问题。

7月13日，省保障性住房监督检查组到涵江调研督查

【廉政风险防控】 2012年，区纪委、监察局围绕权力运行，按照“三全一重”（即全面清权查险、全程跟踪监督、全力化解风险、重点选题防控）的工作模式全面开展廉政风险防控管理，督促指导各乡镇和区直部门通过采取“自己找、群众提、互相查、领导点、组织评”等多种方式，从岗位职责、思想道德、制度机制等方面排查风险点6124个，核定权力清单2814项，绘制权力运行流程图447个，制定防控措施5000多条。同时，围绕重点岗位、重点环节、重点领域，突出抓好财政、住建、教育等10家重点联系单位的重点选题防控，通过采取职能部门初审、遴选多方监督人员协审、区纪委常委会终审三级审核的办法，对各单位的选题开展督查指导并最终确认26个选题。

【行政监察】 2012年，区纪委、监察局组织环保、农业、流域办等单位对“两溪”（即木兰溪、萩芦溪）流域水环境综合整治工作情况进行专项监察，针对督查中发现的问题要求各责任单位进行限期整改。开展工程建设领域专项整治，组织区住建、水务、交通、国土等相关职能部门对全区87个工程项目标后管理情况进行检查，并在部门检查的基础上进行重点抽查，完成检查70个，覆盖面80.4%，发现问题151个；开展工程建设领域项目信息公开工作，根据审批和管理权限，督促区发改、水务、住建等13个部门加大项目信息公开力度，接受社会监督。

【“办事公开”督查】 2012年，区纪委、监察局对23个市、区办事公开示范单位进行监督检查，发现各类问题100多个；对全区12个乡镇（街道）44个村（居）的政务、党务和村务公开开展明察暗访，现场录像，发现各类问题79个。要求各单位针对问题逐项落实整改，并注重在抓基础、抓规范、抓拓展、抓深化、抓创新上下功夫，全区村务、院务、征迁事项等重点领域的公开有新突破，如江口镇官庄村支部被党中央授予“创先争优先进基层党组织”称号，涵江医院获“全国院务公开示范点”称号。

【查办违规违纪案件】 2012年，全区纪检监察机关共受理群众来信来访359件次，新立案件70件，其中经济类案件19件，经济大案5件，涉及村主干违纪案件9件9人，“三机关一部门”（即党政机关、行政执法机关、司法机关、经济管理部门）案件5件5人；给予党政纪处分73人次，其中开除党籍6人，开除公职3人，移送司法机关追究刑事责任6人，为国家和集体挽回经济损失27.65万元。

【纠风惠民】 2012年，区纪委、监察局规范保障性住房建设和配租配售的申请、审核、公示等审批流程，建立联动审核机制。全区各类保障性住房竣工1046套，配租配售到户986套，配租配售率达94.26%；加强低保专项资金、强农惠农资金两项监管，全年共调减低保569户848人，累计发放惠农补贴资金2540万元；开展电信行业、银行业资费专项检查，分别对辖区内电信、移动、联通、工行等25个营业网点实施价格监管，初步建立两行业的监督管理机制；抓好青璜中学和私立紫璜小学两所民办学校的清理改制工作，全部规范整改到位，通过省市评估验收；新聘20名纠风联络员，列入区评议代表储备人才库，组织评议代表入户访查401户，验收个案293件。

【农村党风廉政建设】 2012年，区纪委、监察局进一步深入推进农村党风廉政建设工作方案，抓好福厦路沿线、涵秋公路沿线、山区线三条线上的农廉精品示范点创建。结合村级组织换届，选好配强村监会成员，全区有95%以上的村选举出新的村监会班子，按照“四有”（即有持续稳定的集体收入、有功能齐全的活动阵地、有先进适用的信息网络、有群众拥护的“双强”带头人）标准建设村务监督委员会，推进村务公开、党务公开、户代表会议制度、村干部述职述廉等一系列制度全面落实。组织开展“三资”（即资金、资产、资源）监管、换届工作纪律、《农村基层干部廉洁履行职责若干规定（试行）》贯彻落实情况等专项督导，发现并督促整改一批突出问题。

【廉政文化建设】 2012年，区纪委、监察局明确廉政文化“六进”（即进机关、进社区、进家庭、进学校、进企业、进农村）牵头单位职责，在机关、学校、农村创建廉政文化走廊、廉政楼道、廉政书角、廉政板报等，丰富廉政文化内涵。机关、学校、农村社区人员积极参加市举办的“壶兰清风”廉政书画作品征集活动，全区共选送54幅书画作品参评，有5幅被评为优秀奖。区国税、地税等单位开展反腐倡廉辩论赛、税企廉政合作等活动。同时，依托大洋闽中廉政教育基地、镇级党校、村级农家书屋等，因地制宜地建立廉政教育点，着力构建区、镇、村“三位一体”的廉政教育格局。全区共开展各类宣讲、培训等活动30余次，印发警示教育案例选编等700余份，编发廉政、廉政勤政短信1200余条，组织9位新任处级领导干部参加网上廉政知识测试，先后对2000余名党员干部实施分层级教育。

（翁青敏）

·组 织·

【概况】 2012年，中共涵江区委组织部（以下简称区委组织部）以“基层组织建设年”活动为抓手，以迎接党的十八大召开为主线，以提高组织工作科学化水平为主题，发挥职能作用，抓特色创新，抓重点推进，较好地激发组织工作活力，为经济社会发展提供有力的组织保证。是年，全区发展党员521名；分批选派900多名机关党员干部参与项目建设；有81名符合提前退休条件的公务员办理退休手续；对600多名科级干部基本信息进行补充完善；对17名拟提任、交流科级领导干部进行任期经济责任审计。

【村级组织换届】 2012年，根据市委办、市政府办《关于做好2012年村级组织换届选举工作的通知》和区委办、区政府办《关于做好2012年村级组织换届选举工作的通知》精神，区委组织部制定《关于做好2012年村党组织换届选举工作的通知》，围绕“选好村主干、配强村班子”这一中心任务，坚持“提前谋划、通盘考虑、统筹安排、分步推进”的原则，按照“能换则换、能调则调、能派则派”的思路，采取“3个2”工作法，把好村级主干人选关，即由区调研组、乡镇（街道）两级分别进行调查、考察村干部履职情况；由党员和村民代表等两个群体分别推荐村级主干初步人选；由乡镇（街道）党（工）委、区调查核实组两个层面分别对新物色村级主干初步人选进行考核、审核，并由区委书记和组织部长召开专题会议听取各乡镇（街道）党政正职关于新物色村级主干人选情况汇报，结合区调查核实组调查核实情况，逐一对村级主干人选进行比对、印证，共同把好村级主干人选关。对村级组织换届倒排出的21个重点难点村，采取“136”工作法，即每个后进村制定一个切实可行的整顿治理方案；实行区处级党员领导干部、区直结对单位党员领导干部、乡镇（街道）党政正职“三级联包”负责制；必须在6个月内全部实现或基本实现后进转化，确保一次性换届成功，换出新活力。区委书记还与各乡镇（街道）党（工）委书记签订换届工作和换届纪律责任状，实行时间倒排、责任倒追，严肃纪律、筑牢防线。全区199个村（社区）党组织于8月18日在全市率先完成换届，199个村（居）委会于10月28日全面完成换届，21个重点难点村全部一次性换届成功。新一届村（社区）“两委”1282名，班子整体结构更加优化（“一肩挑”的村有27个占15.4%），总体呈现出“四高一少一低”的特点，“四高”是，整体素质明显提高，妇女干部比例高（占23.4%），选派干部当选率高（其中在岗的7名党员大学生村官全部当选村党组织副书记），直选试点成功率高（13个村和社区党组织采取“公推直选”办法一次性成功）；“一少”是村干部人数减少，比上届减少57名；“一低”是村干部平均年龄降低（平均年龄46.1岁，比上届下降1.3岁）。

【“145”干部选任机制】 2012年，围绕服务项目、考核干部，区委组织部探索构建“145”干部选拔任用工作机制，“1”即全区干部实行“一岗双责”，紧紧围绕重点项目建设需要，统筹使用区、镇、村三级干部，所有干部除做好本职工作外，由区委统一调配，参与重点项目建设。“4”，即一线考核采取“四轮推荐”，通过项目指挥部推荐、所在单位党组织推荐、全区领导干部大会推荐、领导干部署名推荐，广泛听取意见。“5”，即选任过程探索“五项差额”，以差额推荐、差额提名、差额考察、差额酝酿、差额选任的方式选拔任用干部，在考察过程中对考察对象的工作实绩在所在单位、项目指挥部和区机关公示栏进行公示，接受广大干部群众的评判和监督。是年，通过“145”选任方式，确定65名科级干部差额考察人选，结合具体职位与人员匹配以及优化班子结构需要，提拔重用在项目征迁一线实绩突出、群众公认的58名优秀干部。该做法在全市属首创，得到省委组织部和市委组织部领导的肯定，并在《福建日报》《福建组工通讯》上介绍。

10月14日，区委组织部召开基层组织建设工作汇报会

【基层党组织晋位升级】 2012年，为贯彻省委组织部、省委创先争优活动领导小组《关于在全省创先争优活动中开展基层组织建设年的实施办法》和中共莆田市委关于印发《在全市创先争优活动中开展基层组织建设年的实施方案》要求，进一步推动基层党组织晋位升级，增强基层党组织的创造力、凝聚力和战斗力，区委印发《关于在全区创先争优活动中开展基层组织建设年的实施方案》，采取召开座谈会、个别访谈、案例剖析等方式，深入各乡镇（街道）、村（社区）、机关、企事业单位调研，全面了解全区822个基层党组织的基本情况，准确掌握党组织所处状态。结合基层党组织现状摸排调查情况，建立符合各乡镇（街道）、村（社区）、机关、企事业单位实际、操作性强的分类定级标准。采取“基层党组织自评、党员群众测评、上级党（工）委评定、区委组织部审核”工作程序，按“好”、“较好”、“一般”、“较差”四个档次，对基层党组织进行全面分类定级。按照“一支部一方案”原则，通过党员群众测评、上级党委分类考评，引导基层党组织有针对性地开展整改提高、晋位升级。对“好”的基层党组织重在巩固提高，把有效做法制度化、成功经验长效化。对“一般”、“较差”的党组织重在转化升级，分类制定整改方案，帮助制定晋位升级的措施，明确量化目标和具体措施、

责任人员、完成时限，做到目标明确、措施具体、责任到位。是年，评定为“好”的基层党组织169个，占20.6%，其中有22个党组织晋位升级为“典型”；“较好”的基层党组织394个，占47.9%，其中有57个党组织晋位升级为“好”；“一般”的基层党组织219个，占26.6%，其中有55个党组织晋位升级为“较好”；“较差”的基层党组织40个，占4.9%，其中有32个党组织晋位升级为“一般”。

【难点村扶助】 2012年，结合村级组织换届，针对倒排出历史遗留问题突出、信访矛盾纠纷严重的21个难点村，实行区处级党员领导干部、区直结对部门单位党员领导干部、乡镇(街道)党政正职“三级联包”负责制，实行“一村一策”的整顿方案，采取输血与造血并重、扶贫与扶智并进等方式进行综合治理。全区共帮助21个难点村硬化村组道路130余千米，新建村级组织活动场所4个，落实项目资金310多万元，解决各类问题36件。

【下基层活动】 3月，根据市委《关于开展“进百村入千企访万户”主题实践活动实施方案的通知》的要求，区委组织部认真总结连续6年8次开展区直机关党员干部“驻村入户大走访”活动的经验做法，结合项目征迁、服务重点企业和后进村整顿等重点工作，深入组织开展“驻村入企办实事，服务项目促发展”主题实践活动，全区共结成帮扶对子2466对，先后帮助630多个困难农户制定脱贫致富措施，落实各类帮扶资金260多万元，为基层群众办实事好事684件，成功调处各类矛盾纠纷1053起，成功率98.3%。建立走访帮扶、目标承诺、考核评价三项下基层活动长效机制，实现下基层活动常态化。该做法被市下基层活动办作为下基层活动先进县区上报省里作经验交流。

【创先争优表彰】 4月，根据莆田市委组织部《关于做好2010—2012年全省、全市创先争优先进基层党组织和优秀共产党员推荐工作的通知》的文件精神，区委组织部下发《关于做好2010-2012年全市、全区创先争优先进基层党组

6月30日，涵江区召开创先争优表彰大会

织和优秀共产党员推荐工作的通知》。6月30日，召开全区创先争优表彰大会，对创先争优活动中表现突出并取得优异成绩的中共江口镇院里村支部委员会等25个先进基层党组织和林怀芳等30名优秀共产党员予以表彰，并分别授予“涵江区创先争优先进基层党组织”和“涵江区创先争优优秀共产党员”称号。此外，三江口镇塔山村党支部等9个先进基层党组织和翁素美等9名优秀共产党员荣获“莆田市创先争优先进基层党组织”和“莆田市创先争优优秀共产党员”称号；江口镇官庄村党支部、福建亿发集团有限公司党支部等2个党支部获“福建省创先争优先进基层党组织”称号；江口镇官庄村党支部获“全国创先争优先进基层党组织”称号。

【党建示范点品牌创建】 2012年，根据市委实施“5520”示范创建工程要求，围绕“区级有品牌、乡镇有亮点、村级有特色”创建目标，区委组织部制定出台“关于做好党建工作示范点创建评选的实施方案”，在基层党组织分类定级为“好”的169个党组织中，采取基层党组织申报推荐、乡镇（街道）党（工）委审核把关、区委组织部验收确认的方式，重新筛选确定8个市级党建工作示范点和10个区级党建工作示范点，并由区委对10个区级党建工作示范点统一命名授牌，分别给予1万元奖励金。推荐上报的江口镇官庄村党支部、福建亿发集团有限公司党支部分别获“全国创先争优先进基层党组织”和“全省创先争优先进基层党组织” 称号。

【非公企业党建】 2012年，按照“有党员的企业党组织覆盖率100%，从业人员50人以上的企业党员覆盖率100%，所有非公有制企业党的工作覆盖率100%”的目标要求，区委组织部加大组建力度，抓好非公企业党建规范化建设。是年，全区新建企业党组织39个，其中规模以上企业党组织30个，规模以下企业党组织9个，党员127人，百分百完成上级关于非公企业党建的任务要求。8月份，为进一步加强和改进全区非公有制企业党的建设工作，根据省委办公厅《关于加强和改进非公有制企业党的建设工作的实施意见（试行）》和市委办《关于加强和改进非公有制企业党的建设工作实施意见的通知》，结合涵江区实际，区委办印发《加强和改进非公有制企业党的建设工作的实施意见》，调整充实区委非公企业党工委，设党工委书记1名，由区委常委、组织部长兼任；常务副书记1名，由正科级干部担任；副书记1名，由副科级干部担任，下设办公室，人员编制5名，办公经费每年10万元，纳入区财政预算。大力整合党建指导员、服务企业专员、工会联络员等职能，探索建立非公有制企业党建服务专员制度，精心选拔138名业务干部，到227家非公有制企业担任党建服务专员，为企业解难题、办实事、抓党建、促发展。

【人才队伍建设】 2012年，区委组织部围绕经济和产业发展，构建“引进人才、搭建平台、开发项目、带动产业”的人才引进方式，为全区经济和社会发展提供人才保证和智力支持。开展中涵机院地深度合作，邀请郭孔辉院士的专家技术团队担任中涵机技术顾问，成功研制超快激光打孔数控机床，获得国家重大科技项目立项。邀请32批160多名科研院所专家到企业现场指导，成功对接技术项目249项，46家骨干企业先后与中国科学院下属的16个研究院所以及厦门大学、福州大学等高校建立长期合作关系。引导阳鑫机械、金浦机械等企业与莆田华侨职业中专开展校企合作，创建“工厂式”校内实训基地，培养开发200多名机械类数控技术本土人才。高度重视莆田高新园区开发建设，推动园区升格为全市唯一的国家级高新技术产业开发区。加快推进中科院海西研究院莆田中心建设，吸引软件设计、机械电子等高新技术和新兴产业初创型科技企业入驻。创建中涵机省级院士专家工作站，入站研发高端人员14名，重点开展柴油机共轨系统技术攻关，有效促进企业转型升级和产品更新换代。开辟职称评定绿色通道，出台《关于做好非公有制企业专业技术人员任职资格评定工作的通知》，帮助391名非公企业专业技术人员取得初级职称，推荐上报21名中高级专业技术人才。

【组工干部服务项目建设】 2012年，区委组织部响应区委“项目为纲，投资为要，征迁第一，项目大提速”的号召，着力实施“一线磨砺”行动，选派10名部机关干部参与3个区重点征迁项目，引导组工干部在贴近基层、服务项目中锻炼能力、转变作风、树立形象，增强大局意识和服务意识。特别是在区委组织部挂钩的铺尾片区改造建设项目中，部领导认真落实挂钩项目制度，做好指导、协调和督促工作。在部领导的带领下，机关干部不分节假日，坚守在项目征迁一线，深入拆迁户，耐心细致做好思想动员和政策宣传，为群众释疑解惑，发挥带头表率作用，确保项目按序时节点推进。

（陈彦高）

·宣 传·

【概况】 2012年，中共涵江区委宣传部（以下简称区委宣传部）以迎接、学习、宣传、贯彻党的十八大为主线，围绕“港城崛起、再铸辉煌”的目标，唱响主旋律、打好主动战，有声势、有成效地开展宣传思想文化各项工作。是年，区委宣传部组织中心组理论学习12次，组织100人以上集中宣讲60多场次；在《福建日报》《湄洲日报》刊发新闻稿件580多篇；在中央、省、市人民广播电台共播发稿件600多篇；在中央、省、市、区播出新闻2548条；涵江新闻网站刊发稿件700多条；全年上报宣传动态信息和舆情信息1100多条；持续开展群众性文体活动30多场次；在全区党员干部中组织开展“加快建设文化莆田”征文、“我为城乡一体化献一策”、“议发展、兴涵江”理论研讨等理论调研活动，发动各界撰写调研文章62篇；“七一”期间先后组织5000多名党员参观辖区内省、市、区级爱国主义教育基地，接受红色教育，增强爱国爱乡热情。

【十八大主题宣传活动】 2012年，为庆祝党的十八大胜利召开，区委宣传部组织开展形式多样的主题宣传活动。在十八大召开之前，组织发放“科学发展、成就辉煌”迎接十八大胜利召开宣传挂图250份；在农村、社区、企业广泛运用黑板报、农村广播、宣传标语、宣传栏等载体扩大宣传范围，增强宣传的针对性和互动性。十八大胜利闭幕后，及时研究制定学习宣传方案，下发学习通知，发放宣传折页3000多份；组建学习宣传党的十八大精神文艺宣传队，牵头协调涵东街道顶铺社区举办首场庆十八大胜利召开文艺演出，先后通过方言快板、三句半、表演唱等群众喜闻乐见的形式，深入社区、平原、山区乡镇开展十八大精神文艺宣传演出8场次；在全区范围内开展党的十八大精神百场宣讲活动，出动宣传车辆30余车次，悬挂宣传横幅100多幅，发放各种宣讲材料6000多册，组织100人以上集中宣讲60多场次，受教育面达10000多人次；邀请市讲师团团长曾国顺为全区党员干部作十八大精神知识辅导讲座，把学习宣传贯彻党的十八大精神不断引向深入；涵江新闻网开设“深入学习贯彻十八大精神”等专栏加大十八大主题宣传，被省委宣传部评为“全省党的十八大网上宣传和防控工作先进单位”。

【理论学习】 2012年，区委宣传部坚持以中心组学习为龙头，以学习宣传贯彻党的十八大精神为重点，全年共组织区委中心组集中学习12次；面向基层党委中心组，征集学习内容选题12个，有7个选题列入《区委中心组2012年理论学习计划》；推荐上报区农业局、供水管理处等2个学习型党组织典型单位，以点带面，在全区广泛组织开展“多读书、读好书”活动和“议发展、兴涵江”理论研讨活动；组织推荐23名企业理论宣传骨干参加市委宣传部组织的业务培训，提升企业文化建设水平。依托“涵江讲坛”开展征迁政策法规培训宣讲，邀请涵江区法院行政庭庭长黄健美作房屋征迁知识辅导讲座，提高干部依法开展项目征迁工作的能力；在机关、医院、行业服务窗口等人员密集场所免费安装“新华频媒”30台，以更快捷的方式传播党的声音。

【“五大战役”宣传】 2012年，区委宣传部突出“五大战役”宣传，通过制作报刊专版、开设电视专题，开辟新闻网专栏、开通手机短信宣传平台等，宣传“五大战役”进展情况和项目征迁过程中的典型事例、突出成效，营造较好的宣传声势。组织新闻工作人员深入项目第一线，以亲历体验的第一手材料，大力宣传报道战役中涌现的先进事迹和典型，营造浓厚舆论氛围。先后在《福建日报》《湄洲日报》刊发一些份量较重、影响较大的稿件，区委报道组全年在《湄洲日报》刊发稿件500多篇，其中头条120多篇；《福建日报》用稿80多篇，其中头题20多篇；在中央人民广播电台、福建人民广播电台、莆田人民广播电台共播发稿件600多篇；涵江广电中心播出新闻1812条，市台播出605条，省台播出127条，中央台播出4条。涵江新闻网开设“奋战150天，打好五大战役，实现涵江新跨跃”、“项目为纲、投资为要，持续打好五大战役”等专栏，共上传发布新闻700多条。

【社会舆情信息收集调研】 2012年，区委宣传部加大社会舆情信息收集上报力度，共收集整理上报舆情信息1100多条，舆情调研工作得到上级的肯定，区委宣传部部长李文福被省委宣传部评为“全省调研工作先进个人”。依托涵江互联网新闻中心，收集涉涵重点和热点舆情形成网络舆情快报，呈送区委、区政府相关领导，全年共编发专报8期，简报18期。

【文化管理体制改革】 2012年，涵江区进一步深化文化体制改革，扎实推动文化发展繁荣，成立以区委副书记、区长陈万东为组长的文化改革发展工作领导小组，负责指导和实施全区文化改革发展工作，领导小组下设办公室挂靠区委宣传部。对照部门“三定方案”（即定机构，定编制，定职能），撤销原区文化市场稽查队，组建成立区文化市场执法大队，整合文化、文物、广播电影电视、新闻出版等市场和行业的执法监管及“扫黄打非”等工作职能，在全区形成集中统一、运转高效的文化市场管理执法体系。组建成立涵江区文体广电出版局，实现由“办文化”向“管文化”的转变，由文化微观管理向宏观管理的转变。是年，全面启动国有经营性文化事业单位涵江影剧院转企改制工作，撤销涵江影剧院，原有职工并入涵江区文化馆，职能业务不变，负责全区农村电影“村村通”放映工作。

【扶持文化产业】 2012年，加大对文化企业的扶持和服务力度，重点推进集友框业、华昌珠宝等2个项目列入福建省文化产业“310行动”计划，并荣获2011年、2012年“福建省文化企业十强”称号。

【组织参加省内外各类文艺赛事获奖】 2012年，区委宣传部先后组织文艺家参加全国、全省各类文艺评奖和赛事活动。黄义福获得庄逢时福建青年散文奖，邓伯元的写意画作品获得福建省首届写意画大展花鸟组一等奖，刘群芳获得第七届长三角青年歌手电视大奖赛美声组优秀奖，刘群芳、李向群分别获得莆田市“正荣杯”第四届青年歌手电视大奖赛二等奖和优秀奖。王鹏飞国画作品参加“中国当代最具影响力的实力派艺术名人100家”评审活动获特等奖，被授予“世界华人功勋国画大师”称号。择优推荐歌曲《水乡涵江》参加省“一市县一歌”选拔赛及复赛，组织少儿选手参加省首届少儿才艺电视大赛。在莆田市第九届中小学生艺术比赛中，有76人次获得音乐类比赛奖项，其中一等奖11项，有64人次获得美术书法类比赛奖项，其中一等奖20项。

【地方传统文化保护开发】 2012年，做好地方传统文化的保护开发工作，协助央视4套《沿海行》栏目组到涵拍摄涵江车鼓等民俗活动；协助中国教育电视台《华夏文化之旅》栏目到涵江拍摄专题片《涵江寻古》；协助海都网“为美丽福建喝彩——醉美八闽·惊艳十佳”评选活动栏目组来涵就红砖建筑文化进行采风拍摄，撰写《涵江红砖厝——“小上海”的红楼梦》专题文章，扩大涵江在外知名度。为江氏民居、黄氏民居、郑樵墓、东岳观争取到省级补助资金32万元，及时维修受损文物。申报莲峰宫、世惠祠、新灵宫为第八批省级文物保护单位，申报崇圣宫、上生寺、陈应功纪念馆、水头宫为第五批市级文物保护单位。

（陈　伟）

·统　战·

【概况】 2012年，中共涵江区委统战部（以下简称区委统战部）以围绕迎接十八大、宣传十八大、贯彻十八大系列活动为主线，按照省、全市统战工作会议精神，发挥优势谋求作为，服务中心工作促进发展，服务非公有制经济，服务重点项目征迁，负责挂钩的人民街项目取得较大突破。创新工作新机制，把宗教工作纳入全区综治考评内容，指导协调侨联系统探索推广调解衔接机制成为全省典型，有效提升统一战线服务发展水平和促进自身科学发展水平，为推动涵江区实现港城崛起再铸辉煌奋斗目标提供最广泛的力量支撑。

【干部理论学习】 2012年，区委统战部把统战干部的政治理论学习作为加强统战干部思想教育的着力点，进一步健全统战干部理论学习制度，采用多种学习形式，努力提高统战干部队伍的整体素质。学习十八大报告和修改后的党章，深刻领会其精神实质，并专门下发《关于全区统一战线认真学习宣传贯彻党的十八大精神的通知》。组织党员干部学习胡锦涛总书记“7·23”重要讲话精神以及《中共中央、国务院关于加强和改进新形势下工商联工作的意见》等重要文件精神，提高统战工作的政策理论水平。组织统战干部参加各级培训进修，主要领导参加市委党校举办的为期两个月的第37期处级干部进修班，1名副部长参加区委党校科级干部进修班，选派1名统战干部到省委统战部进行信息工作跟班学习。同时，组织全区各乡镇、街道、管委会的统战委员参加市委统战部举办的全市乡镇（街道）党（工）委统战委员培训班，提高基层统战干部知识水平。

【统战调研和信息工作】 2012年，建立统战调研信息工作机制，出台《区统战信息与调研工作考评办法》，建立健全统战系统信息员队伍。区委统战部报送的统战信息名列全省各县区前茅，连续两年获“全省县级统战信息工作一等奖”。专门制定区统一战线2012年统战理论研究重点课题工作方案，召开会议进行布置，组织深入基层开展调研活动，共向市委统战部选送13篇调研文章，向区委党建办报送调研文章2篇，其中选送的调研文章《统一战线有效服务五大战役和重点项目建设的优势和作用研究》获得省委统战部“2012年优秀统战调研文章优秀奖”及市委统战部“2012年度调研文章评选三等奖”。撰写的调研文章《发挥统一战线优势，有效服务中心工作》被《涵江政研》2012年第一期刊登，报送的经验总结文章《发挥优势，促进侨乡和谐》一文被《福建统战信息》增刊采用。9月，区委统战部与区工商联组成两个联合调研组，组织开展“同心·助推微型企业发展调研活动”，了解微型企业真实情况，为区委、区政府决策提供参考。调研组分别走访福建省威诺数控有限公司、中涵机动力有限公司等10多家有代表性的小微企业，分别听取小微企业主围绕当前生产经营情况、存在突出问题和需要上级协调解决的问题等方面提出的意见建议，形成《关于开展“同心”助推微型企业发展情况的报告》呈阅件，为区委、区政府决策提供参考。

【服务经济建设】 2012年，区委统战部落实区委布置的“驻村入企办实事，服务项目促发展”主题实践活动，扎实开展“进企业、解难题、促发展”活动和“百家重点企业大走访活动”，帮助中小企业解决用工、征地手续等方面的困难，如帮助协调办理中涵机公司综合楼规划建设的相关手续。加强异地商会建设，发展壮大工商联驻外商会组织，于4月份筹备成立浙江义乌涵江商会，使涵江区的异地商会总数达到5家，为联系外地民营企业家、推动民资民智回归创设新平台。指导筹备区工商联换届选举工作，协助区委、区政府做好筹建商会总部经济区的规划、设计、论证和招商等前期工作。利用异地商会平台，继续实施回归工程，联系和动员在外的涵江籍企业家参与“5·18”、“6·18”等大型项目经贸活动，鼓励在外乡亲回乡投资兴业，促进民资、民智回归。

【非公人士引导教育与服务】 2012年，依托区工商联，继续在全区范围内开展非公人士职称评定工作，至年底全区有183名非公人士通过初级职称的评审；组织30家企业参加市举办的企业文化专题学习班；组织40名企业家参加省工商联举办的“用足激励政策、创建强势品牌”公益论坛；组织40名企业家参加市委统战部举办的“新环境下企业面临的挑战和应对策略”讲座等。推进非公代表人士的政治安排，区工商联执委李凤荣当选为党的十八大代表，同时推荐提名2名第十一届省政协委员，2名异地商会会长分别被增选为区政协常委，3名异地商会企业家提名被增补为区政协委员。组织部分民营企业到庄边镇慰问10户老红军、老党员，送去企业家的温暖。“八一”建军节期间由区工商联组织部分民营企业家开展“拥军送清凉”活动，慰问在训练的民兵高炮分队。党的十八大闭幕后，及时组织非公人士学习贯彻十八大精神， 区统战部牵头区工商联承办联合打造“涵江工商联讲坛”，定期邀请专家学者给企业主授课，有效促进非公人士健康成长。

【非公党组织创先争优活动】 2012年，区委统战部负责牵头指导做好非公党组织争先创优活动，成立区非公有制经济组织党组织开展创先争优活动指导小组，制定活动实施方案，召开动员大会，采取领导挂钩、培育典型、以点带面等有效措施，建立领导干部联系点103个，促使非公创先争优工作取得较好成效。是年，参加创先争优活动的企业354家，党员1068人，亿发集团党支部获得省委表彰，东南香米业公司党支部获得市委表彰；推荐上报先进非公党组织2个、优秀共产党员1名、党建之友1名，获省委统战部创先指导小组表彰。

【服务重点项目征迁】 2012年，区委统战部贯彻落实区委“项目为纲，投资为要，征迁第一”的部署要求，全力支持重点项目建设，在有效服务重点项目征迁工作中体现统一战线新作为。履行区委安排的区统战系统挂钩人民街道路项目建设的职责，动员广大统战干部报名到基层一线参与服务项目工作，统战系统90%以上干部下到项目一线参与服务征迁工作，其中人民街卓坡段道路完善工程于5月份全面完工通车。同时，人民街北伸市政道路和两个安置区建设采用BT方式实现当年度拆迁、当年度开工的目标要求。鼓励各民主党派人士为推进项目建设献计出力。召开民主党派服务项目征迁工作座谈会，引导各民主党派和无党派人士以不同形式主动参与项目征迁，如民建涵江总支向全体会员发出《关于积极响应并踊跃投身涵江项目征迁建设的倡议书》，号召大家争当服务征迁工作的宣传员、战斗员、监督员、调解员。发挥统一战线地位超脱、联系广泛、体谅包容等的优势和作用，协助破解征迁难题，促进项目建设进行。如在国欢寺公园规划建设中涉及寺内违章建筑不愿配合拆除的难题，牵头区民宗部门参与协调化解，通过做多方的思想动员工作，最终化解寺庙人员的抵触情绪，完成寺内违章建筑的拆除工作，促进国欢寺公园建设顺利进行。

【促进多党合作】 2012年，区委统战部落实区委常委与党外人士联系交友制度。建立统战部长与党外代表人士“谈心日”制度，加强与党外代表人士的联系沟通。进一步健全完善党委与各民主党派协商通报会制度、政府有关部门与民主党派的对口联系制度，召开政府部门与各民主党派工商联对口联系工作座谈会，促进多党合作事业健康发展。支持党派组织建设。围绕“强组织、增活力，创先争优迎十八大”这一主题，支持各民主党派开展“基层组织建设年”活动和“争创先进基层组织、争当优秀党派成员”活动，民革涵江总支部邀请专家作“如何提高提案撰写质量”专题指导讲座，提高参政议政的能力。同时，协助做好党派换届选举工作。加强与党派市委会沟通协商，协助完成民革、九三学社、民建等党派的换届选举工作和筹备成立民进涵江支部工作，并协助顺利召开民进涵江支部第一届会员大会。组织各民主党派、无党派人士参加市、区《政府工作报告》征求意见会，支持和鼓励各民主党派围绕区委、区政府工作重点和社会热点难点开展专题调研，积极建言献策，全年各民主党派、工商联和无党派人士共向政协提交提案70多篇，占全区提案总数的60%以上，提案的数量和质量均有新的提高，一些提案得到区主要领导批示。鼓励各党派发挥优势开展“三下乡”等社会化服务，民进支部组织会员深入庄边镇黄龙村开展“三下乡”活动，为当地农民群众送医送药价值3000多元，赠送科普书籍1000余册。

【宗教管理】 2012年，区委统战部探索把宗教工作纳入对乡镇（街道）党委、政府以及相关部门社会管理综合治理年度考核内容，在全市尚属首家。指导各宗教活动场所深入开展“创建和谐寺观教堂”活动，引导宗教界继续发扬支持“扶贫、助学、助孤”的优良传统，广泛参与社会公益活动。努力解决宗教教职人员和管理人员的就医、养老问题。按照市里的统一布置，牵头抓好治理宗教场所乱滥建工作，以良好的成绩通过市里的督查。协调做好涉及城市改造和重点项目建设拆迁异地安置的20多个宗教活动场所工作，做到和谐拆迁。重视抓好宗教场所的纠纷化解工作，存在多年未能解决的基督教涵江宫口点拆迁安置纠纷得到妥善化解。

【涉侨矛盾调解】 2012年，区委统战部指导协调侨联系统探索构建多元化纠纷解决机制，整合力量与法院共建调解衔接机制，较好发挥三级基层侨联组织网络广的优势，江口侨联等基层侨联成功调处涉侨婚姻、经济纠纷、财产纠纷、征迁纠纷等案例62件，在江口镇召开“五侨”、“五台”合力互动、共建涉港澳台侨维权机制座谈会，该做法受到省、市统战部和省、市侨联部门的肯定,省侨联主席到涵进行专题调研指导，5月份《福建统一战线》专门刊登区委统战部报送的《发挥优势，构建侨乡和谐》文章，把江口镇侨联与法庭共建调解机制促进社会稳定的典型做法在全省内交流。发挥侨联优势，主动参与在项目征迁中涉侨纠纷排查化解，减少项目征迁工作阻力，如省道201丰山段涉港征迁户肖先生与征迁指挥部之间两年没有解开的矛盾，区委统战部协调侨联等有关部门多次上门调处，问题最终得到化解。

【海外联谊】 2012年，区委统战部开展“涵侨精英故乡行”活动，邀请涵籍侨界精英回乡亲情访问或商务考察，重点拜访接待在巴西、西班牙、阿根廷、意大利、马来西亚等国家的侨团及林德祥、陈琴棋、郑天祥、黄瑞豹、蔡俊成、许志煌等知名人士。继续动员老一代侨胞带领子孙后代返乡谒祖，培植乡情乡谊。热情接待由马来西亚雪隆兴安会馆主办的青少年莆田寻根团一行20人，配合举办“2012年莆田海外华裔青少年夏令营活动”。鼓励侨职等校与海外华校结成友好学校的学生继续与结对朋友加强联系，宣传家乡，深化感情，为做好华侨华人新生代工作出力。是年，引导全区归侨侨眷、海外侨胞捐资支持公益事业建设资金400多万元。按照上级的统一布置，协助做好香港专项工作，为香港保持长期繁荣稳定作出应有的贡献，涵江区香港专项工作成效突出，受到省、市的充分肯定和通报表扬，江口镇侨联主席受到省委统战部的表彰。

【服务侨资企业】 2012年，区委统战部牵线搭桥推动回归工程，建立健全侨联联系服务侨资企业制度，为其排忧解难，跟踪帮助引进的项目主解决项目招商、落地、生产过程中遇到的问题，促进项目工作取得实效。如区侨联在接待巴西侨亲时成功动员巴西新侨沈天恩先生回乡投资，协助其在荔涵大道旁征地10公顷创办莆田市顺展建材有限公司，总投资额3000万美元；引进港胞蔡新华先生投资2000万美元，征地6.67公顷创办福建新华防水高科技有限公司。

（陈俊亮）

·党 校·

【概况】 2012年，中共涵江区委党校（以下简称区委党校）贯彻落实党校工作会议精神和中央、省市委关于党校工作的一系列指示。是年，按照区委干部培训的总体要求，区委党校共举办一期科级干部进修班和一期干部理论培训班，共培训学员106人。还与机关部门、镇街村居合作办班，拓展延伸教育培训职能。与区机关党工委、财政、残联、统计等部门联合办班，分别举办非党积极分子、农村实用人才、残联工作联络员、统计干部培训班，共培训学员300多人次。

【创新培训办班方式】 2012年，区委党校根据《干部教育培训工作条例（试行）》、《2010—2020年干部教育培训改革纲要》和《中央组织部关于实施基层干部“科学发展观主题培训行动计划”的通知》的文件精神，结合大规模培训轮训干部的形势需求，统筹兼顾、因材施教，创新教育培训办班方法方式，形成大培训格局。培训做到三个结合：理论培训与业务培训相结合。为加速项目推进力度和进一步提升干部的执行力，区委党校加大对党员干部的业务知识的培训力度，讲课内容中增加涉及征地拆迁、项目策划包装、资金运作管理、城市建设管理、矛盾纠纷排查、服务企业、服务三农、计生工作、招商引资、服务村居等实用知识内容。集中培训与送教下乡相结合，区委党校根据实际情况，拟定课题，确定授课教师提前备课，并把学习菜单分发各单位，各单位可结合自身实际提前与区委党校沟通，邀请教师到本单位上课，实现自主选学，并根据形势的需要，依托“涵江论坛”，组织教师深入机关单位、农村乡镇、街道社区、工厂企业，围绕“海西规划”和全市“十二五”规划的主要任务，十八大精神以及十七届六中全会精神等专题开展宣讲活动，全年区委党校教师“送教下乡”达30多场次。本地培训与异地培训相结合，为提高干部应用科学理论指导实际工作的能力，注重立足实际，加强对区情的学习教育和先进典型的学习，区委党校组织镇街村居干部先后到惠安聚龙小镇、白沙坪盘村等地参观考察、调研取经，提高干部的政策理论水平和实际工作能力。

【科研工作】 2012年，区委党校进一步建立健全一系列科研管理制度，实现科研工作的有序管理，要求每位专职教师每年至少发表公开文章1篇以上、每年至少参与1项区级以上课题的调研。教师的科研任务与年度考核、评职定级、聘任职称等挂钩，是年共有6篇理论文章发表在《福建省委党校学报》《福建行政学院学报》《湄洲日报》等报刊杂志上。是年，教学教研人员参与涵江区关于“基层组织建设”的课题的调研，参与者深入实际调研，写出高水平高质量的调研文章供区委政府决策参考。

【师资培训】 2012年，区委党校针对干部对学习培训的新要求，加大对教师进修培训力度。选派4名教师赴省委党校参加学习十八大精神师资培训，组织教师参加市、区形势报告会，专题调研座谈会，鼓励教师自我充电、自我扩容。同时，组织教师驻村调研2次以上，以丰富教师理论讲授的现实素材，并要求每位教师必须针对当前的时政热点焦点问题选择一个专题进行有针对性的学习，促使每位教师都能成为有专长的教学骨干和行家能手，做到参加进修培训有针对性，自我扩容强调专业性，以较好地适应理论政策教学的需要。

【办学质量评估】 5月25日，莆田市委组织部、市委党校受省委组织部、省委党校委托，联合市里8个相关部门，组成评估工作领导小组，由市委组织部副部长、市委党校常务副校长魏金铸带队共11人，对区委党校开展县（区）委党校办学质量评估工作，评估工作领导小组通过现场实地察看、听取工作汇报、查阅相关材

5月25日，区委党校举行办学质量评估工作汇报会

料、召开部分教师学员座谈、评估意见反馈汇总、评估工作总结等环节进行评分，最终得分84.3分。区委党校当即对初评中存在不足的问题进行整改，努力提高办学质量。

（汤荔荔）

·信 访·

【概况】 2012年，中共涵江区委、涵江区人民政府信访局（以下简称区信访局）贯彻落实中央、省、市信访工作会议精神，切实加强对信访工作的领导，落实处理信访事项“路线图”，深入开展领导干部接访活动和干部进村入户集中开展排查化解矛盾纠纷活动，做好党的十八大召开期间的信访工作。全年共接待群众来访311批891人次，受理群众来信48件。是年，莆田市“12345”政务服务热线正式开通，区信访局受理市信访局转来的“12345”投诉件共104件，受理市信访局转来“省长信箱”投诉件179件，其中交办件114件，转送件65件。

【群众来访】 2012年，涵江区群众到区信访局上访311批、891人次，其中集体访41批、570人次。反映的主要问题包括征地拆迁类、涉法涉诉类、劳动社保人事类、村务管理类等。到市上访171批、941人次，其中集体访44批、722人次。反映的主要问题有征地拆迁类、涉法涉诉类、村务管理类等。到省上访106批、287人次，其中集体访11批、20人次。反映的主要问题有征地拆迁类、涉法涉诉类等。进京上访11批、18人次，其中集体访1批、5人次；进京非正常上访8批、11人次。

【群众来信】 2012年，区信访局共受理群众来信48件，其中5人以上联名信5件，反映的主要问题有征地拆迁类、村务管理类等；市信访局共受理涵江区群众来信65件，其中5人以上联名信8件，反映的主要问题有征地拆迁类、村务管理类等；省信访局共受理涵江区群众来信360件，其中5人以上联名信20件，反映的主要问题有征地拆迁类、涉法涉诉类、村务管理类等；国家信访局共受理涵江区群众来信50件，其中5人以上联名信1件，反映的主要问题有征地拆迁类、涉法涉诉类等。

【领导接待日】 2012年，根据省委办公厅、省政府办公厅《关于进一步完善领导干部接待群众来访制度的意见》精神，区委、区政府下发《关于进一步完善领导干部接待群众来访制度的通知》文件，对区领导接待群众来访活动进行调整，由原来每月20日区五套班子领导轮流在区信访局接待来访群众，改为每月15日区党政主要领导在区信访局轮流接待来访群众（单月15日由区委书记接待、双月15日由区长接待），每周一上午安排1名区委常委或副区长在区信访局接待来访群众，同时每月未参加定期接待群众来访的区委常委、副区长自行安排一次接访群众，接访形式可采取定点接访、也可以重点约访、专题接访、上门走访等，时间不少于半天。是年，区主要领导在区信访局共接待群众来访71批268人次，其它党政领导共接待群众来访81批250人次。

【落实处理信访事项“路线图”】 2012年，涵江区进一步贯彻落实处理信访事项“路线图”，即明确规范受理责任、流程、限时回复等内容，要求受理部门对信访问题先行调解，如调解不成，属行政部门管辖的，按照行政机关调查处理、复查、复核“三级终结”程序办理，做好信访事项规范办理，落实信访告知制度。是年，区信访局出具信访事项转办单305份、受理告知单359份，向公安机关移送群众非正常上访的书面材料8份；涵江区各级各部门共受理来访、来信、来邮纯件683件，全部按照处理信访事项“路线图”及时进行受理、告知、办理、答复，其中经调解息诉息访的147件，行政三级办理的536件（经处理的505件、经复查的31件）。

【矛盾纠纷排查化解】 2012年，按照省联席办《关于在全省推广“霞浦经验”组织干部进村入户集中开展排查化解矛盾纠纷活动的通知》的要求，涵江区组织干部进村入户集中开展排查化解矛盾纠纷活动，研究制定“涵江区干部进村入户集中开展排查化解矛盾纠纷活动实施方案”，并于6月18日晚上召开动员部署大会。活动分为四个阶段：动员部署阶段（6月中旬）、进村入户阶段（6月下旬至7月上旬）、集中化解阶段（7月上旬至8月下旬）、回访总结阶段（9月份）。以乡镇、街道、管委会为单位，组织干部进村入户走访群众，全面排查化解矛盾纠纷和信访问题。区信访联席会议成员单位结合各自挂钩的村（社区）开展进村入户活动。各乡镇、街道、管委会、区信访联席会议成员单位采取“看、听、问、析”等形式进村入户，征求群众意见建议，倾听民情民意，宣传党的路线、方针和国家法律法规政策，填写涵江区干部进村入户矛盾纠纷排查化解表，建立民情档案，解决群众的合理诉求。全区共排查化解各类矛盾纠纷262件（其中刑事类9件，民事类102件，行政类151件），化解且息访息诉134件（其中民事类59件，行政类75件）。

【十八大期间信访工作】 2012年，为确保国庆期间及党的十八大召开期间全区的安定稳定，区信访联席办在8月初集中排查70件信访积案和信访突出问题，集中一个月时间进行化解，做到重心下移、关口前移，力促“案结事了”。同时，做好初信初访的办理工作，围绕“发现得早、化解得了、控制得住、处理得好”的目标，以“事要解决”为核心，推动初信初访的及时、妥善解决，切实把矛盾化解在基层，消除在萌芽状态，有力地消除重信重访后患。研究出台依法处置、有效维护信访秩序的八项规定，对进京非访，组织、煽动、串联、胁迫、以财物诱使、幕后操纵他人信访或者以信访为名敛财的违法信访行为，围堵机关、堵塞、阻断交通的群体性突发性的策划者、首要分子明确证据收集及处置的原则，依法坚决予以处置。严密稳控、严厉问责，全区共排查出可能进京上访的重点信访事项44件66人，以乡镇、街道为主体，切实做好群众的思想工作。同时还安排全区44个区直有关单位协助乡镇、街道做好重点信访人的稳控工作，把机关人员压到维稳一线，有效增强稳控力量。从8月23日起，抽调区纪委、组织部、政法委等8个部门科级领导干部成立9个信访工作督导组，每周采取定期或不定期的方式对全区14个乡镇、街道、管委的信访工作进行全面督查。从8月27日起到党的十八大结束，坚持信访动态“一天两报告”制度，确保及时全面掌握全区信访动态。制定下发《涵江区信访预警稳控问责规定》，对十八大前夕和十八大期间信访稳控责任以及进京上访、非访的责任进行明确规定。对工作不力，导致信访人进京上访或非访，给予相关乡镇党政主要领导效能告诫，情节严重的，予以组织处理或党政纪处分。同时，对下派参与信访协防的部门干部也列入问责范围。

（林黎阳）

·机关党建·

【概况】 2012年，中共涵江区委区直机关工作委员会（以下简称区党工委）组织和动员机关各基层党组织和广大党员全面学习宣传党的十八大精神，总结开展创先争优活动经验，推进“基层组织建设年”活动，使机关党建工作融入区委、区政府提出的“项目为纲、投资为要、征迁第一”工作大局中。深入贯彻落实中央新颁布《条例》，结合涵江区实际，制定出台《关于贯彻〈中国共产党党和国家机关基层组织工作条例〉的实施意见》。进一步强化机关党组织建设，设立机关系统党委，配备专职副书记。落实“基层组织建设年”活动，扎实做好基层组织分类工作。下发做好基层党组织换届工作通知，按期完成30多个党组织换届。切实加强对党务干部、机关党员、入党积极分子、入党发展对象的培训。全年培训入党积极分子80多名，发展党员20多名。通报表彰163名年度优秀党员。开展对下派项目一线党员干部慰问活动，深化机关党组织挂钩联系村（社区）工作。落实基层党建责任制，制定《区直机关党建目标责任制考评细则》，更好推进机关党的建设。是年，区直机关共有100个单位，其中党政机关15个，国家机构32个，人民团体5个，事业单位27个，公有企业16个，非公企业5个；共建立4个基层党委，7个党总支，124个支部。是年，党员人数2106名，预备党员39名。

【机关党风廉政建设】 2012年，涵江区机关党风廉政建设进一步提升。继续深入开展《中国共产党党员领导干部廉洁从政若干准则》的学习和落实，组织广大党员干部进行进行从政道德教育和党纪党规教育。签订基层组织抓党风廉政建设责任书。深入开展廉政文化进机关活动，进一步健全落实廉政谈话、党员交心谈心制度，采取学文件、听报告、看警示教育片等形式，教育活动多样化。积极开展平安先行单位创建和文明单位建设活动，营造良好和谐的机关工作环境。建立健全民主监督机制，拓宽党员与党内事务和机关党组织参与重大决策的渠道，推行党务公开，定期检查党员组织生活情况，开好一年一次的民主生活会。

【主题教育活动】 2012年，围绕宣传学习党的十八大精神这一重大政治任务，举办多形式的学习活动，以党支部为单位，组织机关党员干部下基层开展宣讲理论活动。组织开展以“港城崛起再铸辉煌”为主题的理论研讨和征文活动。迎接建党91周年爱国主义和党史宣传教育。组织一次以学习《党章》为主要内容的主题教育。探索创建学习型党组织、争当学习型党员活动，营造学习氛围。参与文明城区创建活动，开展评选“身边好人”等活动。同时，深入开展“创先争优”活动，以“喜迎党的十八大，四比四看进项目”为重点服务项目的党员主题实践活动，组织发动好机关“驻村入企业办实事、服务发展促项目”活动。积极培育一批具有机关特点的先进典型，推出区财政局支部、市广电中心涵江支部为基层党建示范点。总结好机关创先争优活动，“七一”期间，向省、市、区推荐表彰一批在服务经济发展中表现突出的先进基层党组织和优秀共产党员。并组织基层党组织开展对下派项目一线党员干部慰问活动，深化机关党组织挂钩联系村（社区）工作。

（陈素华）

·党史研究·

【概况】 中共涵江区委党史研究室（以下简称区委党史室）是参照公务员管理的事业单位，为正科级机构，设主任1名，副主任1名，人员编制2名。2012年，区委党史室履行“存史、资政、育人”职能，突出以服务现实为重点，创新工作思路，创新研究方法，转化党史研究成果，强化党史宣教工作，提升党史工作影响力。11月，经省委党史研究室批准，涵江区“中国工农红军第207团旧址”、“外坑乡苏维埃政府旧址”等2个市级党史教育基地晋升为省级党史教育基地。至此，涵江区共有3个省级党史教育基地。

【“申苏”工作】 2012年，区委研究提出申报中央苏区县（以下简称申苏）的工作安排。申苏工作直接由区委分管领导组织协调，区委党史室承担史料收集工作，区委办负责协助对外协调和后勤保障。在党史部门人手不足的情况下，在全区范围抽调4位热心、熟悉党史和从事过党史工作的干部帮助工作。区财政核拨10万元专项经费保障工作开展。申苏工作小组先后深入山区乡镇进行实地考察，并发动群众收集革命文物。并赴省、市图书馆、档案馆查询史料，赴漳州、龙岩等地党史部门考察学习、座谈交流。还与仙游县联手“申苏”，于10月底共同前往连城县、长汀县和江西赣州市、瑞金市等4地党史部门，进行业务交流，查找线索。

【党史研究】 2012年，区委党史室进一步挖掘史料，深化党史研究。组织走访省内党史专家和萩芦、白沙、新县、庄边、大洋等5个山区乡镇的老红军、革命“五老人员”、知情人等，并由广电中心配合，对高龄“五老”人员进行口述历史资料的采访，采集到近30位80岁以上老人的口述影音资料。通过走访市图书馆、档案馆、晋江市档案馆、省图书馆、福建师大图书馆、省委党校图书馆、古田会议纪念馆，以及龙岩市、诏安县、南靖县、赣州市、瑞金市党史部门等，学习先进的党史工作理念，同时搜集大量的文献资料，充实原本相对贫乏的党史研究内容。

【编纂党史资料汇编】 为迎接党的十八大胜利召开，9月份，区委党史室编录的《中共莆田市涵江区历次代表大会资料汇编》出版。全书共36万字，系统收录1984年至2011年间，涵江区召开的8次党代会的概况、工作报告、会议决议和选举结果等重要文献，对于正确认识和分析不同时期涵江区党的建设和经济社会发展的历程，确定今后全区工作的指导思想、奋斗目标和战略措施，全面推进涵江区改革开放、经济建设和社会各项事业实现科学新跨越有积极的指导和借鉴作用。

【全市党史教育基地管理座谈会】 8月30—31日，莆田市党史教育基地管理座谈会在大洋乡省级党史教育基地——闽浙赣人民游击纵队闽中支队司令部旧址召开。市委党史研究室主任林清华等，各县（区）委党史研究室主任和16个省、市级党史教育基地单位负责人参加会议。会上，有4个省、市级党史教育基地单位负责人作经验交流；与会人员就如何加强和改进党史教育基地管理工作展开座谈讨论。

（姚俏欣）

·老干部工作·

【概况】 2012年，涵江区委老干部局（以下简称区老干局）以迎接党的十八大、学习贯彻党的十八大精神为主线，以老干部活动中心、老年大学为平台，组织老干部政治理论学习，认真做好落实老干部政治待遇和生活待遇的有关工作。是年，区老干局服务管理的老干部有36名，其中离休干部23名，“50·5·12”退休干部8名，异地安置5名；地厅级1名，县处级7名；最大年龄89岁，最小年龄78岁，平均年龄85.3岁；80岁以上的34名，占94.4%。健康状况良好的8名，一般的24名，不能自理的4名。

【落实政治待遇】 2012年，区老干局于每月15日、20日、25日按片（涵江片、山区片、莆田市区片）组织老干部就近进行一次集中学习，学习主要内容有中央、省、市有关工作会议精神，省、市老干部工作会议精神和区委、区政府有关文件，了解经济社会发展状况。结合理论学习和老干部实际，开展一系列活动。8月份，在全区离休干部、“5·12”退休干部中开展“喜迎党的十八大知识竞赛活动”，重温党在关键的历史节点上所表现出来的智慧和胆识，激发老干部对党、对祖国、对社会主义的热爱之情。9月29日，组织离休干部和“5·12”退休干部收看中央电视台综艺频道播出中央组织部、解放军总政治部和北京市委共同组织的首都老干部喜迎党的十八大文艺演出——“永远跟党走”。开展党的十八大精神学习月活动，组织离退休干部收看党的十八大开幕式盛况，采取多种形式组织学习党的十八大精神。老干部们结合学习党的十八大报告感受，畅所欲言，表达对党的感激之情，表示要为涵江建设献余热，参加“我为落实党的十八大献一策”活动。为满足老干部平时的学习需求，为他们征订《福建老年报》《每周文摘》《参考消息》《福建法制文摘》等报刊，还征订各类党报、杂志及时投送到老干部活动中心。及时通知老干部参加区委、区政府的重大会议或活动，1月11日召开2012年度涵江区委、区政府工作通报会暨迎春茶话会。针对老干部年事已高，行动不便，特别是夏天炎热给老干部出行带来的不便等困难，创新通报会形式，通过上门发放《涵江区委、区政府2012年上半年工作情况通报》的书面材料向老干部通报，将重要的学习、通报材料及时送到他们的家中，受到老同志的普遍认可。

【落实生活待遇】 2012年，区老干局以纪念干部离退休制度建立30周年为契机，按照闽委老〔2012〕9号文件要求，全面开展老干部政策落实情况检查工作。区委组织部部务会议专题研究，成立开展老干部政策落实检查工作领导小组，区委常委、组织部长任组长，区委组织部、区老干局联合下发《关于开展老干部政策落实检查的通知》，组织学习老干部政策文件，收集党的十七大以来老干部政策文件发给各乡镇街道、区直有关单位。逐项检查离休干部离休费、医药费、生活补贴、护理费、一次性抚恤金、管理服务经费等执行资料，确保无遗漏。发放中共中央组织部老干部局下发的《党的十七大以来老干部政策落实情况调查问卷》20份。跟踪落实《关于发给"5·12"退休干部护理费和调整高龄补贴问题的通知》《关于提高离休干部生活补贴标准和扩大发放范围的通知》。特别是现有10名困难企业离休干部，医药费全部由财政承担，有8名离休干部的离休费由财政承担，还有罐头厂2名离休费由该企业的破产清算组解决。发放离休干部医保优待证25本。对党的十七大以来去世的离休干部的遗偶进行逐一梳理排查，分别建立26名无工作遗偶花名册、5名有工作遗偶花名册，逐一检查落实离休干部的无工作遗偶定期定额生活补助费增资。下发《中共莆田市涵江区委老干部局关于调整离休干部无工作遗偶定期定额生活补助标准的通知》，落实离休干部的无工作遗偶定期定额生活补助费增资。落实《中共福建省委老干部局、福建省财政厅关于调整企事业单位离休干部死亡一次性抚恤金发放标准的通知》《涵江区公务员局、涵江区民政局、涵江区财政局关于转发国家机关工作人员及离退休人员死亡一次性抚恤金发放有关问题的通知》等文件精神，督促落实有关部门补发2011年8月1日后去世的老干部一次性抚恤金。1月起，区委、区政府给予离休干部、"5·12"退休干部每人每月特殊慰问费100元。

【健全关怀帮扶机制】 2012年，为及时了解老干部的日常生活，区老干局健全关怀帮扶机制，坚持"人性化关怀、亲情式服务"的工作原则，完善《老干部信息登记表》《走访看望老干部登记表》等服务台账，建立分片联系老干部制度，坚持"三必访"（即老干部生病住院必访，老干部病故后对其家属生活情况必访，老干部有困难、有求必访）。每逢春节、中秋、重阳节和国庆等重大节日，区老干局组织人员入户走访慰问老干部，送上慰问金和慰问品。春节期间，区委、区政府给予离休干部、"5·12"退休干部每人发放价值500多元的礼品卷；慰问肖天柱、林福元、蔡元铿、林培华等困难老干部和离休干部无工作遗属并发放慰问金。全年共探望生病住院老干部40多人次。完善离休干部信访工作长效机制，做好信访工作，老干部来信、来访、来电的办结率达100%。保障老干部各项待遇的落实，离休干部黄深铭、"5·12"退休干部陈文珍、林淑英同志去世，区老干局为其办理善后事宜。

【宣扬先进典型】 2012年，区老干局挖掘离退休干部在创先争优中的典型事迹，推荐上报涵西街道劳动保障工作站党支部、大洋乡退休老党员郭克绍分别为全市创先争优活动先进集体、先进个人。并组织撰写其先进事迹文章《再就业职工的温馨“娘家”》、《闽中红旗映晚霞》进行宣传，入选《莆田市离退休干部党组织和党员创先争优活动先进事迹汇编》，郭克绍先进事迹还在全市纪念离退休制度建立30周年暨离退休干部创先争优工作座谈会上作介绍交流，并于7月10日被《福建省老年报》刊登。《莆田市涵江区大力倡导文化养老》一文刊于《福建老干部工作》10月第16期。全年被各级刊物采用信息10条，其中被《福建省委老干部局老干部部工作情况简报》采用1条，被《福建老干部工作》采用2条，被《福建省老年报》采用2条。

【老年大学】 2012年，区老年大学校舍迁至区委党校。开设政治时事、文史、保健、电脑、烹饪、灯谜、摄影、二胡、体育健身、莆仙戏曲等17个专业，18个教学班，成立校艺术团(下设文艺队、器乐合奏队、莆仙戏等业余团队)，有灯谜、摄影、剪纸、曲艺4个专业学会。在原来特色专业建设的基础上，开展精品课程建设工作，灯谜课程被评为市级精品课程。10月份，区老教委与摄影家协会合作举办以“行走于民风民俗中，喜迎十八大胜利召开”为主题的民俗摄影展，共展出摄影作品100多幅。11月6日，老年大学把学员创作的120多幅书画、摄影和剪纸进行展览，并对外开放。11月10日，区老年大学以“庆祝党的十八大胜利召开”为主题，举办书画家笔会。成立一支20多人的志愿者队伍，参与文明建设实践、参与社区管理、治安保卫、环境保护、计生宣传等公益活动。学员志愿者通过发挥自身优势，参加“弘扬雷锋精神、服务项目一线、志愿服务同行”的学雷锋志愿者服务活动。是年，有80多位学员在社区、村(居)担任宣传员、信息员、监督员、教育员、调解员；30多位学员成为社区各健身训练点的骨干；5位学员担任“五老”网吧志愿监督员。推广福建省老年学习网，组织学员参加福建老年学习网“网上学习万人行”活动，加强培训，扶老上网，让更多的老年人学会利用网络学习。10月份，区老年大学通过省级示范校复评。

(王琼萍)

编辑：范　将

涵江区人民代表大会

·区人大主要会议·

【区人大八届二次会议】 12月30日，在明珠国际大酒店举行，199名代表出席会议，共举行4次全体会议。会议听取和审议区人民政府的工作报告；审议区2012年计划执行情况及2013年计划草案的报告；审查、批准区2012年国民经济和社会发展计划执行情况的报告及2013年国民经济和社会发展计划；审议区2012年预算执行情况及2013年预算草案的报告；批准2012年区本级预算执行情况的报告和2013年区本级预算；听取和审议区人民代表大会常务委员会工作报告；听取和审议涵江区人民法院和人民检察院工作的报告；补选陈天喜等2人为涵江区第八届人民代表大会常务委员会委员；增选翁美玉为莆田市第六届人民代表大会代表。会议期间，代表提出议案13件，经大会议案审查委员会审查决定不列为大会议案，均转为建议。批评和意见（简称建议），连同代表提出的建议59件，共72件。

12月31日，涵江区召开第八届人民代表大会第二次会议

【区八届人大常委会第一次会议】 2月16日举行，区八届人大常委会组成人员23人，到会23人。会议通过区第八届人民代表大会常务委员会代表资格审查委员会名单。任命欧虹为区发展和改革局局长，姚志钦为区教育局局长，潘淑贞为区科学技术局局长，林光海为区经济贸易局局长，吴备军为区监察局局长，姚文瑞为区民政局局长，蔡黎凡为区司法局局长，朱永恒为区财政局局长，郑天和为区人力资源和社会保障局局长，黄志新为区公务员局局长，翁嘉勋为区环保局局长，刘光荣为区住房和城乡建设局局长，许春煌为区交通运输局局长，刘少强为区农业局局长，林玉辉为区水务局局长，曾德洪为区文体广电出版局局长，林思清为区卫生局局长，郑丽萍为区人口和计划生育局局长，杨锦水为区审计局局长。通过区人大常委会2012年工作要点。

【区八届人大常委会第二次会议】 4月13日举行，区八届人大常委会组成人员23人，到会23人。会议任命陈清泉为区人民政府副区长；任命王世娓为区人口和计划生育局局长；接受扎西、吴健明请求，免去其二人的区人民政府副区长职务；免去翁嘉勋的区环境保护局局长职务、郑丽萍的区人口和计划生育局局长职务。听取和审议区政府贯彻实施《中华人民共和国食品安全法》情况的报告，并进行专题询问；书面审议区人民代表大会常务委员会主任会议议事规则（草案）、区人民代表大会常务委员会议事规则（草案）、区人民代表大会常务委员会任免国家机关工作人员实施方法（草案）。

【区八届人大常委会第三次会议】 6月21日举行，区八届人大常委会组成人员23人，到会21人。会议任命向子明、黄予为副区长；审议通过关于调整2012年重点建设项目安排计划的议案；听取和审议区政府贯彻实施《中华人民共和国档案法》《中华人民共和国道路交通安全法》情况的报告；通过区人民代表大会常务委员会主任会议议事规则、区人民代表大会常务委员会议事规则、区人民代表大会常务委员会任免国家机关工作人员实施方法。

【区八届人大常委会第四次会议】 8月28日举行，区八届人大常委会组成人员23人，到会20人。会议免去吴明松的区人民法院审判员职务；听取和审议区政府关于2011年区本级决算和2012年上半年预算执行情况的报告；听取和审议区政府关于2011年区本级预算执行及其他财政收支审计工作情况的报告；审查和批准涵江区2011年区本级决算；听取和审议区政府关于2012年上半年计划（含重点建设项目）执行情况的报告。

【区八届人大常委会第五次会议】 10月30日举行，区八届人大常委会组成人员23人，到会21人。会议接受林思清请求，免去其区第八届人民代表大会代表；任命陈基清为区人民法院人民陪审员；免去洪凤麟的区人大常委会教科文卫工作委员会主任职务、林文森的区人民检察院检察员职务、蔡文炳的区人民法院人民陪审员职务；通过区人大常委会关于召开区第八届人民代表大会第二次会议的决定；听取和审议区政府关于调整2012年区本级财政预算的议案，审查和批准2012年区本级财政预算调整；听取和审议区贯彻实施《中华人民共和国农村土地承包法》情况的报告；听取区公检法机关关于打击“两抢一盗”犯罪专项工作情况的报告。

【区八届人大常委会第六次会议】 12月12日举行，区八届人大常委会组成人员23人，到会21人。会议接受刘效忠、朱永恒、陈清、郑玉枝、林梓雄、陈金洪辞去区第八届人民代表大会代表职务；审议表决区人大常委会工作报告（稿）。

【区八届人大常委会第七次会议】 12月26日举行，区八届人大常委会组成人员22人，到会21人。会议任命胡翔为区人大常委会法制工作委员会主任、姚清峰为区人大常委会华侨台胞工作委员会主任、杨平英为区人大常委会信访室主任、林玉钗为区涵西街道人大代表工作办事处主任；任命施晨峰为区财政局局长、刘效忠为区人力资源和社会保障局局长、凌文东为区住房和城乡建设局局长、郭孙涵为区环境保护局局长；任命黄金伟为区人民法院交通审判庭庭长；任命刘金明、黄良俊、蔡国宾、杨明锋、黄祖英为区人民检察院检察员；免去胡翔的区人大常委会信访室主任职务、陈金洪的涵西街道人大代表工作办事处主任职务；免去朱永恒的区财政局局长职务、刘光荣的区住房和城乡建设局局长职务、郑天和的区人力资源和社会保障局局长职务。听取和审议涵江区人民政府关于区八届人大一次会议代表议案和批评、意见、建议办理情况的报告；听取和审议关于涵江区第八届人民代表大会代表情况和补选的代表资格的审查报告；听取区八届人大二次会议安排意见的报告；审议区八届人大二次会议议程草案；审议区八届人大二次会议主席团和秘书长名单草案；审议区八届人大二次会议执行主席分组名单草案，决定提请区八届人大二次会议主席团第一次会议表决；审议区八届人大二次会议财政经济审查委员会名单草案；审议区八届人大二次会议代表议案审查委员会名单草案。通过区八届人大二次会议列席人员安排原则；通过区八届人大二次会议列席人员名单；通过区八届人大二次会议邀请上主席台就座人员名单；书面听取区发改局关于涵江区2012年国民经济和社会发展计划执行情况及2013年国民经济和社会发展计划草案的报告、区财政局关于涵江区2012年预算执行情况及2013年预算草案的报告、区人大财经委关于涵江区2012年国民经济和社会发展计划执行情况及2013年国民经济和社会发展计划草案的初审报告、区人大财经委关于涵江区2012年预算执行情况及2013年预算草案的初审报告。

（关君君）

·区人大常委会·

【概况】 2012年，区人大常委会共召开7次人大常委会会议，做出决定、决议7项。组织对中心城区畜禽养殖污染整治、河道修复保护规划、综治平安建设、城区停车场规划建设和道路停车管理、宗教活动场所管理情况审议意见办理、校安工程建设管理等工作开展视察调研，听取和审议“一府两院”6项工作报告，对道路交通安全法等5部法律法规执行情况进行检查，促进经济社会又好又快发展。是年，共接待、受理群众来信80件、来访148人次，省、市人大常委会下转交办信访件42件，积极化解社会矛盾，维护社会稳定。

【依法治区】 10月，区人大常委会专题听取区公检法机关关于打击“两抢一盗”犯罪活动情况报告，要求公检法机关持续强化专项打击力度，不断加强治安防控，切实推进群防群治，努力打造“平安涵江”。为进一步促进民主司法，加强审判监督，人大常委会依法任命1名人民陪审员。继续实施规范性文件的备案审查程序，对区政府报备的59份规范性文件进行审查，保证规范性文件的合法性。

【人事任免】 2012年，区人大常委会坚持党的领导，发扬民主，严格依法办事，行使人事任免权，确保人事任免有序进行。2012年，常委会共依法任免国家机关工作人员38人次。

【执法监督】 2012年，区人大常委会履行职责，坚持对法律法规的实施情况开展视察检查。3月，组织对涵江区近年来群众反映强烈的食品安全问题，开展食品安全法的执法检查，并围绕食品安全监管工作中存在的11个问题，对区政府有关部门进行专题询问。区政府依照人大常委会审议意见，进一步理顺管理机制，完善食品安全联席会议制度，落实食品安全监管责任，开展整治行动，促进全区食品安全状况进一步改善。5月，组织对涵江区贯彻实施《中华人民共和国档案法》情况进行检查，是建区以来首次档案法执法检查，在肯定成绩的同时，提出要加强对重点项目档案的规范化管理，确保项目征迁档案完整齐全。区委、区政府高度重视人大的建议，联合发出《关于加强项目征迁档案管理的通知》，及时增补人员和资金，落实责任，强化项目征迁档案的建档和管理。6月，组织道路交通安全法的执法检查，督促解决涵江火车站进站道路中央的电线杆迁移等4个影响交通安全的问题，要求政府及职能部门举一反三，清查排除道路交通安全隐患。9月，组织对贯彻实施《中华人民共和国农村土地承包法》情况进行检查，督促和支持政府加大对闲置土地清理力度，建章立制，加强监管，规范土地流转，提高土地资源利用率。还配合省、市人大在涵江开展的水污染防治法等3部法律法规的执法检查活动。

【服务项目建设】 2012年，区人大常委会围绕区委“项目为纲，投资为要，征迁第一”的决策部署，建立常委会领导和各委室挂钩项目、挂钩乡镇工作机制，开展“服务项目促发展、深入基层解难题”活动，选派基层工作经验丰富、思想能力过硬的机关干部深入项目一线。常委会领导带头做好涵港大道、省道201线、卓坡地税小区、枫林小区等重点项目的挂钩工作。特别是作为省、市重点建设项目的涵港大道，征迁工作有序开展，道路及安置房建设等工作稳步推进，成为涵江区重点项目建设中的一个亮点。

【视察调研】 6月，区人大常委会对涵江区中心城区畜禽养殖污染整治情况进行视察调查，督促区政府优化发展所需的水资源环境。7月，开展对涵江区2012年上半年计划（含重点项目和为民办实事项目）、预算执行情况及2011年区本级决算情况进行视察调查，促进政府扎实推进项目建设，加快经济结构调整，培植税源，健全公共财政体系，保证年度预算收支平衡和经济的健康发展。8月，先后对城区停车场规划建设和道路停车管理情况进行视察调查，进一步改善城区交通秩序。9月，对校安工程建设管理情况进行视察调研，针对薄弱环节，建议完善义务教育经费保障机制，加快完成义务教育标准化建设。重点督促解决全区高中、幼儿教师绩效工资、住房公积金纳入财政预算等问题。对辖区内“人民满意电业局”的创建工作情况进行视察检查，督促解决电网建设、扩容增容等问题，为企业、居民用电提供保障。10月，与市人大常委会联动，开展城乡一体化综合配套改革实验工作的前期调研，找准突破口、研究政策对接、加强规划管理、优化产业布局，深入推进实施等方面提出建议和意见，为莆田市城乡一体化综合改革总体方案和涵江区实施意见的形成建言献策。还配合做好市人大对涵江区水利工程建设、农村土地征收征用情况等视察调工作。

7月24日，市人大常委会主任林光大（右三）到涵江与人大代表交流

【议案督办】 2012年，区人大常委会对区八届人大一次会议期间收到代表提出的建议、批评和意见104件，涉及到教育卫生、城乡建设、安全和谐、社会保障、环境保护等方面的内容。大会闭幕后，区人大常委会人事代表工作室对代表提出的104件建议、批评、意见进行分类梳理后，分别交有关机关和单位办理。常委会通过开展专题调研、重点督办等形式，跟踪建议、批评和意见办理进展情况。经承办单位的努力，均在法定的期限内办理完毕并答复代表。

（关君君）

编辑：许云峰

涵江区人民政府

·政务纪要·

【江口小城镇建设专题会议】 3月6日上午，区委副书记、区长陈万东带领区国土、建设、财政等部门负责人在江口镇三楼会议室召开现场协调会，就小城镇建设有关问题进行专题研究，与会人员经充分讨论后形成一致意见。纪要如下：一、会议认为，为加快推进小城镇建设，进一步提升侨乡面貌，各有关部门要高度重视，切实服务好小城镇建设，集中精力解决好项目推进过程中的手续报批、用地等问题，确保项目按序时进度完成。二、会议就有关事项议定如下：（一）关于站前商贸中心有关问题。1.关于站前片区改造和站前统建区（丰山安置区）建设手续问题。会议研究决定：（1）站前片区改造。站前片区改造业主为江口镇，站前控制性详细规划中为商住用地的，由区经营办协调市土地储备中心列入今年土地收储计划；属于市政设施以及绿化配套用地，由江口城投公司向区规划办申请选址和规划许可。（2）站前丰山统建区。请区规划办协调市规划局按市委〔2012〕2号会议纪要尽快组织对安置区原控规限高进行论证。江口镇先行启动已选房的安置区建筑设计方案招标工作。2.站前自建区建设问题。会议研究决定：（1）同意站前片区安置区按照原定征迁补偿方案在小城镇控规以外给予自建方式安置，并由区住建局办理安置区建设手续。（2）由区住建局牵头，对全区范围内的军用电缆统一规划一个线路方案，由区政府进行统一协调。（3）为加快已建安置区配套道路建设，取信于民，同意按江口镇提出的按照“一事一议”方式抓紧组织实施，同时要对工程的质量、安全和资金的运作进行严格监督。涉及资金方面，由江口镇与区交通局、区农办沟通，积极向上争取资金。（4）福厦铁路11个安置自建区土地报批按集体土地报批，由区国土分局与区铁办配合，尽快完成土地报批手续，并由区住建局统一办理建设手续。3.站前片区改造资金问题。该项目建设共需资金9900万元。会议研究决定，由区财政局本着先急后缓的原则，先行下拨部分资金，用于站前片区丰美村东田房屋征迁补偿以及自建安置区果树土地补偿。（二）石庭片区改造问题。该项目涉及8家企业征迁，需要土地置换、异地安置约50亩。会议研究决定，由江口镇会同区国土分局在新涵工业集中区中安排相应的土地用于企业搬迁使用。（三）土地整治安置区手续报批问题。鉴于东大村大岭洋、灯兰洋及院里村公洋坡等3个安置区项目在江口镇全境划为城市规划区之前已完成安置点范围确定、工可编制、地质勘察、总平及建筑方案初步设计等前期工作。为完善手续，会议明确，由区住建局按原有规定予以补办相关手续。（四）江口片区污水处理厂及配套管网建设问题，为实现今年江口片区污水处理厂开工，完成市下达的环保责任书，解决江口片区的污水处理问题，会议决定，请区住建局尽快采取BT方式启动污水处理厂建设，同时请江口镇负责江口片区污水处理厂征地以及配套管网建设。项目建设资金从1900万国债专项资金中支付。（五）新农村建设土地办证问题，会议议定，对原来按照区政府〔2007〕11号纪要精神，已建的芹兰小区、锦岚小区、蔗车小区农村住宅，请区住建局、区国土分局牵头核实小区用地范围和户主名单。核实后，按照新农村建设上报区政府审批。（六）江口市场管理问题，会议议定，涉及江口市场管理混乱、占道摆摊严重等问题，由江口镇、城管大队加大执法力度。区经贸局拟出全区市场管理方案，对市场管理人员、市场资产给予规范，防止资产流失，发挥市场更大作用，并与江口镇就市场管理问题进行沟通协商。（七）新增区级财政下拨问题，会议议定，涉及2011年江口镇新增地方级财政收入问题，请区财政局按照小城镇政策以及原财政体制，先拨120万元，余下按照序时及时拨款。三、会议最后强调：要全力推进小城镇建设，重点加快城北工业园配套设施建设，高速路出口广场及两旁绿化、火车站站前片区建设两个窗口要有形象进度；着力抓好企业增资扩产，确保完成预期固投目标。实施道路白改黑以及立面改造工程，提升福厦路江口段沿街形象。全力加快海峡纺织工业城、中科院海西研究院莆田中心等省委拉练项目的建设进度。

【关于“菜篮子”工程建设及副食品供应保障工作有关问题会议】 5月8日上午，副区长陈清泉在区政府二号楼六层会议室主持召开“菜篮子”工程建设暨副食品供应保障工作会议，会议专题听取了区经贸局关于“菜篮子”工程建设及副食品供应保障工作情况的汇报，并就有关问题进行研究，形成一致意见。纪要如下：一、会议认为，“菜篮子”工作不仅关系到消费者利益和群众生活，而且影响到农业生产和农民增收，是维护社会稳定、构建社会主义和谐社会的一项重要工作。各相关部门要从全局和政治的高度，充分认识做好当前副食品生产、保障市场供应、保持价格基本稳定的重要性和紧迫性，进一步增强紧迫感，切实把这项工作作为一项民生工程抓好落实。二、会议明确，各相关部门要进一步强化责任，明确工作任务，切实贯彻落实省、市“菜篮子”工程建设和副食品保障工作的决策部署，采取行之有效的工作措施，确保“菜篮子”产品供应不断档、不脱销和市场价格基本稳定，保证群众消费安全。一要完善工作机制。各相关单位要把“菜篮子”工程建设和副食品保障工作摆在重要的议事日程，制定工作方案，指定一名分管领导具体负责，建立健全“菜篮子”工作长效机制；二要落实工作责任。各相关单位要切实落实监管责任，实行“菜篮子”工作问责制，并严格责任追究；三要强化基地保障。要大力支持生猪基地、蔬菜基地建设，鼓励基地积极引进新品种、新技术，提升种养水平，扩大生产，增加有效供给，保障市场供应；四要培育龙头企业。要加强对农业龙头企业的扶持力度，重点培养一批农业产业化龙头企业，充分发挥龙头企业的品牌效应，有力推进“基地+农户”发展模式建设，带动农户种植和创收；五要加强市场监管。要落实农产品市场业主责任制，从源头上规范农产品经营行为；加强市场巡查监管，加大执法办案力度，对涉嫌经销劣质、变质农副食品等违法违章行为追根溯源，一查到底；坚决取缔无照经营行为；严厉打击缺斤少两、以次充好、囤积居奇、垄断市场等损害消费者权益、扰乱市场秩序的行为，努力保障市场稳定和消费安全；六要开展市场监测。要密切关注肉、蛋、菜等主要副食品价格市场行情，全面、准确地了解市场真实信息，及时分析预警，保证市场价格处于有效监管状态；七要加大农副产品检测，确保人民群众吃的放心。三、会议要求，各参会单位要加强沟通协调、分工合作，创造“菜篮子”工程良好工作环境，共同促进涵江区商品市场的繁荣发展。

【关于莆田青璜中学、涵江区私立紫璜小学清理规范专题会议】 5月17日下午，区委副书记、区长陈万东在区政府2号楼四层会议室主持召开会议，专题就莆田青璜中学、涵江区私立紫璜小学清理规范有关问题进行研究，形成一致意见。现纪要如下：一、会议指出：根据省教育厅《关于要求莆田擢英中学等13所义务阶段改制学校限期完成清理规范工作的意见》（闽教综〔2011〕33号）要求，莆田青璜中学、涵江区私立紫璜小学必须限期完成清理规范工作，即要在明晰学校资产属性、学校办学性质和确保公共教育资源不流失的前提下，保障学生利益不受损害，确定改制学校的走向，依法加以规范。二、会议就有关事项明确如下：1.关于莆田青璜中学清理规范问题。鉴于学校存在举办者主体没有财产所有权、师资力量不足等问题，无法规范为民办学校。为了规范办学行为，维护学校良好的运行态势、保持教师队伍稳定、缓解城区初中校就学压力、稳住区内优质生源，强化教育管理，进一步提高办学质量，会议议定，莆田青璜中学自2012年8月起改制为公办学校。会议同时议定：（1）上报撤销莆田青璜中学所有民办性质批复，重新登记为区教育局下属全额拨款事业单位，有关机构编制事宜应按规定程序审批。（2）八、九年级学生继续在校就读，就学形式保持稳定，执行公办学校收费政策；2012年秋季新生按照区教育局核定的普及区进行招收。高二、高三学生继续在校就读，按照公办普通高中标准收费;高一、高三补习班停止招生。（3）借调的公办教师经教育局组织考核合格后调入青璜中学，自聘教职工按照《福建省教育厅关于做好改制学校清理规范工作中教师工作的通知》（闽教人〔2012〕41号）等省市有关文件办理。过渡期间，临时续聘的自聘教职工可保留原聘任的待遇不变。（4）区财政按现行财政补助方式及标准，向青璜中学核拨教师工资（含过渡期临时续聘的自聘教职工工资）、初中生均公用经费等办学经费。2.关于涵江区私立紫璜小学清理规范问题。鉴于学校存在举办者主体没有财产所有权、师资力量不足等问题，无法规范为民办学校;且该校与区第二实验小学普及区域重复，不适合规范为公办学校。经充分讨论研究，会议议定，自2012年8月起终止涵江区私立紫璜小学的办学行为。会议同时议定：（1）由区相关部门注销私立紫璜小学登记，收回办学许可证、收费许可证等；做好财务清算，不留债权债务。（2）11名公办教师回原校工作，自聘教职工按照《福建省教育厅关于做好改制学校清理规范工作中教师工作的通知》（闽教人〔2012〕41号）等省市有关文件办理。（3）学生分流以安定稳定为前提，认真做好政策宣传工作。（4）该校财产由教育局统一安排，校舍产权仍归区教师进修学校所有，无偿出借二实幼使用，改造费用由二实幼自行解决。三、会议最后强调：区教育局、财政局、公务员局、编办、物价局等部门要进一步加强配合，密切协作，做好改制学校清理规范工作，具体方案报区委常委会通过后实施。

（范　将）

·行政服务·

【概况】 2012年，涵江区人民政府发展服务中心(以下简称区发展服务中心)开展网上审批和电子监察工作，采取并联审批、办件预登记、审批绿色通道等方式，加强审批监管。稳步实施公共资源交易管理工作。是年，共受理各类网上审批办件43485件；公共资源成功交易375次。

【网上审批】 2012年，区发展服务中心共有建设、规划、国土、财政、人防、交通、消防、水务、供水、房管、民政、外经、经贸、发改、卫生、计生、农业、林业、劳动、文体、环保、海渔、气象、地震、安监、残联、司法、教育、国税、工商等30个部门、单位进驻设立服务窗口。区地税、公积金、公安、人事、机关社保、医保中心、城镇保中心、新农合、新农保、妇幼保健院婚检中心、计生服务站、劳动就业中心、劳动监察大队、社会劳动保险中心、司法局三江公证处等15个单位在该中心设立虚拟大厅，采用电子眼、录音监控办件过程，实现网络远程督查。是年，全区有45个部门、单位开展网上审批，共受理各类网上审批办件43485件，办结43059件，办结率达99%，办件量为全市各县（区）第一位。其中，即办件35591件，即办率81.84%；承诺件办结7897件，提前办结7818件，提前办结率99%。电子监察纠错率100%。

【审批绿色通道】 2月，涵江区制定《重点项目审批“绿色通道”实施办法》，在区发展服务中心开辟重点项目审批绿色通道。涉及区重点项目审批的14个部门、单位的84个重点项目审批事项全部进驻区发展服务中心受理。区委、区政府研究确定的重点项目、重要投资项目，进入重点项目审批“绿色通道”办理。“绿色通道”审批遵循三个原则：简化手续，对进入审批“绿色通道”办理的项目的前置条件进行取消或实行容缺预审，共取消前置条件26个，容缺前置条件106个；对申请人提供的申请材料扫描形成电子档案资料数据库，部门间共享，后续审批环节不再重复提供。从快办理，对进入审批“绿色通道”办理的项目，共有23个未涉及现场勘查的事项改为即办件；涉及现场勘查的勘查时限压缩一半以上，共压缩时限364个工作日；涉及公示公告、组织专家论证等环节的事项，明确时限，纳入审批流程统一监管。跟踪督办。区发展服务中心对进入审批“绿色通道”的审批项目，通过电子监察系统等全程跟踪督查，直接向区督查工作领导小组反馈。是年，共通过“绿色通道”受理各类重点项目办件726件，取消前置条件416个，容缺前置条件1908个；审批时限从原有的4421个工作日压缩为2106个工作日，提速2315个工作日。

【并联审批】 2012年，全区有19个审批事项开展网上并联审批。其中，部门下属单位间并联审批项2个；区直部门间并联审批事项4个；市区部门间上下并联审批事项13个。审批环节涉及建设、卫生、消防、文体、人防、环保、规划、气象、国土、外经、发改、工商等12个部门、单位。是年，共办理并联审批件398件。

【办件预登记】 2012年，区发展服务中心新增13家入驻部门、单位纳入办件预登记系统，共有20个入驻部门、单位的259个审批事项纳入预登记系统管理。办件预登记系统通过设立的办件预登记窗口对办件的申请、办结两个关键环节进行监管，防止办件出现游离于审批系统监管之外的“体外循环”和未完成审批程序而进行的假办结现象发生，提高网上审批监管水平。

【乡镇便民服务中心建设】 2012年，全区12个乡镇（街道）完成便民服务中心建设。其中，江口、梧塘、萩芦、白沙、新县、庄边、大洋等7个乡镇便民服务中心开展网上审批，审批办件纳入电子监察系统监管。方便基层群众办事，提高整体服务水平。

【公共资源交易】 2012年，涵江区调整充实工程造价咨询中介机构预选库，取消2家中介机构入库资格，新增3家中介机构入选预选库。共有6家符合资格条件要求的中介机构入选预选库。是年，政府采购共成功采购货物124次，总预算价为1020.05万元，总成交价为943.38万元，共为政府节约资金76.67万元，总节约率为7.52%。产权交易成功交易12次，预算金额为403.61万元，成交金额为437.52万元，增值33.91万元，增值率为8.40%。建设工程招投标成功235次。工程总预算价20.56亿元，总成交价19.84亿元，节约资金0.72亿元，节约率3.51%。其中，BT融资项目招投标成功10次，总预算价18.94亿元，总成交价18.42亿元。交易零星工程发布321宗，总发包价1984.17万元。工业用地挂牌共成交4次，成交金额为3585.67万元，成交面积13.74万平方米。

（施治平）

·招商引资·

【概况】 2012年，涵江区招商局（以下简称区招商局）围绕招商工作，以“三维”（即中央企业、民营企业、港澳台侨外资企业三个维度）项目对接为重点，推动港口开发和城市建设，服务重点项目建设，加强优质项目招商洽谈，分别与保利集团、华融集团、中信集团等19家企业签订投资意向合同。是年，全区共洽谈项目40个，总投资达1001亿元。其中，签约兴化湾南岸涵江港开发、兴涵水都（一）、文化创意产业园、国际电子商务贸易城、双洋蓝宝湾、空气净化器、百利电子、骏乘名门、利邦环境工程有机废气回收、瑞金电子、盛景建设工程、四君子家具、远东木业、山河药业、永盛城市综合体、瑞盛纺织、盛辉物流、红牌电器、武夷广场等19个项目，涉及基础设施、城市综合体开发、电子信息、机械加工、物流等领域，总投资额431亿元，全年完成投资24.86亿元；继续跟踪洽谈项目21个，总投资额570亿元。签约19个项目中，其中竣工投产项目5个，总投资额17.50亿元，累计完成投资13.02亿元；开工项目10个，总投资额61.70亿元，累计完

3月21日，区委书记沈伯麟(左三)、区长陈万东(左五)到福州保利地产参观

成投资11.71亿元；合同项目1个，总投资额1.8亿元，累计完成投资0.13亿元；协议项目3个，总投资额350亿元。

【组团招商】 2012年，针对重点招商对象和招商项目，涵江区主要领导和分管领导带队赴深圳、青岛、北京、上海等地开展招商考察活动12次，拜会高端客商和商会组织15个。同时，切实加快“三维”项目对接步伐，特别是通过加强与中信集团、中建集团、华融集团、保利集团、中房集团、中电集团等多家央企的洽谈合作，取得较好的对接成效。

【接洽招商】 2012年，涵江区通过“走出去”和“引进来”加强招商力度，区招商局先后接待华融集团、中信集团、上海银都、中建八局、保利集团、碧桂园、香港东盛、红星美凯龙、中体奥星、普洛斯、林宁集团近30家企业客商到涵江考察项目18批次，为推介涵江，进一步加强交流合作奠定基础。

【招商推介】 7月13日，涵江区参加省、市珠三角民营企业产业项目洽谈会，共签约项目16个，总投资达81亿元。涉及机械设备、电子信息、电子商务、城市综合体、工艺美术、医药、物流等行业。其中，上省台签约项目4个，总投资32.5亿元。上市台签约项目12个，总投资48.5亿元。

【跟踪督查】 按照区委、区政府对招商工作的部署和要求，2012年全区共筛选出22个重大招商项目进行重点跟踪对接，总投资875亿元，并成立重点招商项目督查工作组，对重大招商项目实行周督查、月通报制度，及时跟踪化解项目对接中存在的各种问题。区招商局注重机制创新，努力为招商引资提供动力和保障，力

6月5日，上海银都派遣人员到涵江考察项目

求招商实效高效，就政策咨询、证照办理、税费减免、土地使用等方面做好服务，落实首问责任制、限时承诺制、AB岗制，减少办事环节，方便客商投资，切实提高办事效率和服务质量，促进部分重大招商项目取得较大进展和突破。

【涵江港开发建设项目】 2012年，区政府成立对接工作领导小组，各项工作有序较快推进。涵江港填海工程完成有关程序顺利开标，中标单位为信保（天津）股权投资基金管理有限公司；国务院批复福建省海洋功能区划（2011—2020年）；海域使用论证报告书和海洋环评专章（送审稿）完成修编，经省海洋渔业厅正式上报国家海洋局审查审批；征海完成江口镇与三江口镇的村界确认，江口镇2249.03公顷，三江口3182.73公顷。

【海峡纺织工业城项目】 该项目是省在建重点项目和市重点建设项目之一，同时也是涵江区迎接省委、省政府拉练检查的重点项目之一。2012年，为促进该项目尽快落地开工，区委、区政府按照一个项目、一个挂钩领导、一支专门服务队伍要求，作为项目挂钩单位，区招商局项目服务小组，常驻项目一线，为项目建设提供全天候、全过程、保姆式的服务。特别是上半年，在时间紧、工期急、任务重、气候条件恶劣等不利情况下，按照市、区的工作安排，盯紧目标和进度要求，发挥“5+2”、“白+黑”的工作精神，与区建设局及江口镇、国欢镇有关人员全力配合，全面协调，合理安排，超常规运作，破解项目施工建设中遇到的各种具体问题，为海峡纺织工业城项目迎接省委、省政府拉练检查做出贡献和努力，并始终加强对该项目的跟踪服务力度，牵头协调做好（三期）填土方、电力走廊施工、新威专线迁移、顺展企业收回手续办理等后期各项工作。

（郭丽芳）

·抗震防灾·

【概况】 2012年，涵江区地震办公室（以下简称区地震办）在全省率先建立区级地震应急指挥系统手机平台，并健全以54人的地震紧急救援队伍为骨干，125人的民兵抗震救灾分队为中坚，14支共329人的区地震灾害救援志愿者服务队为补充的区地震灾害救援队伍体系，加强开展救援培训演练。该地震救援现场演练在《福建日报》报道，地震抗灾宣传工作在年度召开的全省防震减灾宣传会议上作交流发言。是年，区地震办获得“全省防震减灾工作综合评比一等奖”、“全省地震应急救援工作一等奖”和“全市防震减灾工作综合评比一等奖”等荣誉。

【构建群测群防体系】 2012年，区地震办加强以莆田六中井水位观测点为骨干，人民公园动物、白沙镇温泉地热、新县镇蜜蜂昆虫等宏观观测点为辅的地震监测网络体系建设，并推动新县镇巨然云顶森林人家建设森林生态宏观监测点工作。巨然云顶生态区面积333.3公顷多，山上除密盖竹、松等林木外，并有中药材种植、动物圈养、鱼类养殖等区域，可建设为多种群综合类宏观监测点。是年，共更新12名防震减灾助理员、199名地震灾情速报员、47名防震减灾宣传员。

【监测预警设施建设】 2012年，区地震办配备地震应急专用电脑，租赁地震专用通讯线路，加强地震应急条件保障。建立地震前兆信息监测系统、地震速报实时显示系统和客户端、地震前兆数据自动处理与展示系统、基于GIS的地震分析预报系统等地震监测数字系统。同时，建立连接中国地震观测网络的信息节点，与国家地震局和省地震局实现信息联通，及时传输各种地震信息。该系统的建立，可提供地震发生实时讯息及地震监测的实时数据，提高涵江区地震监测预警能力。

【地震应急物资储备】 2012年，区地震办协同区民政局、区红十字会制定救灾物资储备库管理制度，做好应急救灾物资储备工作，共储备帐篷50顶、棉被300套、羽绒服100件、军用大衣100件、鞋3000多双，便衣便裤2000多条等，总价值达100多万元。与福建省东南香米业发展有限公司、国货精品商场、惠民超市等公司签订应急状况供储协议，确保在应急状态下受灾群众有饭吃、有衣穿、有房住，维护社会安定稳定。

【防震宣传】 2012年，区地震办在“5·12”全国防灾减灾日、“7·28”科技活动周等时段，利用“三下乡”、“服务三农”、“安全生产月”、“企业文化”等活动平台，与区宣传部、武装部、消防、教育局、安监局、科技局、科协等部门，联合开展防震宣传，利用地震知识有奖竞答等方式，宣传防震知识。同时，通过企业冠名赞助奖品，与雪津啤酒集团公司共同举办“雪津杯”地震知识有奖竞答活动，增强群众参与意识。是年，共开展防震知识进机关、进部队、进企业、进农村、进社区、进学校等系列活动10多次，摆放展板500多块、悬挂横幅20多条，印制并发放宣传材料5000多份，有奖竞答题目2000多条，兑现奖品2000多份。

（谢鹤飞）

·商城管委会·

【概况】 涵江区商城管理委员会（以下简称商城管委会）下辖商城环卫所、商城社区居委会和商城治安联防队，占地面积36.53公顷。2012年常住人口1444人，流动人口6000多人，外来人口396人。建有独立式商住楼101幢，建筑面积56.3万平方米，店铺1850开间，商户

1212家。是年，商城管委会以安全生产和消防安全为第一要务，实施“以港兴区、工业强区、商贸活区”发展战略，服务商贸经济发展，加快国际商贸城建设前期工作，实现商城发展有新突破，安全生产有新举措。全年交易额达80亿元，4家限上商贸企业销售额完成1.8亿元。投资25万元，建立商城行政服务中心，共设立安监、计生、城建、工商、社事等12个服务窗口，为企业和商户综合办理行政审批和公共服务事务提供服务。

【消防安全整治】 2012年，商城管委会持续开展年关消防安全攻坚战、“回头看”行动、“打非治违”、安标化建设、网格化“清剿火患”战役和十八大期间消防安全保卫战等一系列消防安全整治活动。其间共排查各类生产经营单位3244家，联合执法11次，处以停电整顿27家，行政处罚4家罚款2万元。通过整治，一期62家人员住宿场所和二期14家“二合一”场所基本整治到位，基本实现“一期实行封闭式管理，二期楼梯实体墙隔离直通室外地面”的整治目标。联合工商、公安、安监、工商等有关部门人员开展“安全生产月”等宣教活动，分别在一期、二期和商城管委会门口增设LED大屏幕3个，举办消防法律咨询、图片展等，组织各企事业单位联合开展灭火疏散演练，提高群众灾难逃生、自救、紧急疏散能力，商城消防安全形势逐步趋于平稳。是年，商城管委会被区政府评为“全区安全生产先进单位”。

【综治平安】 2012年，商城管委会针对辖区人员流动性大，治安形势较为复杂的实际，全面实施“三定”治理方案（定人员岗位、定巡逻时段、定巡逻路线），切实加强社会治安综合治理。管委会全体干部职工坚持在8小时之外安排值班，每岗两人，从晚上6点至第二天早上8点，对商城区域全方位进行监控。同时，加强商城联防队建设，合理布设治安岗和报警点，设立1个警务室、4个执勤岗，筹集资金8万余元购进电动巡逻车，将商城联防队员分为3个小组，采取机动与步行相结合方式，实行24小时全天候巡逻，全面构筑大防控巡逻体系。通过多支队伍的昼夜巡逻，确保在第一时间发现灾情、第一时间组织救援，减少和避免各类重特大安全生产事故及治安隐患的发生。

【商会组织建设】 2012年，商城管委会注重发挥商会的桥梁纽带作用，引导商会秉承“诚信、互助、创新、发展”会训，努力加强自身建设，创新工作方式，加强合作交流，在子女就学、公益事业、民生工程、安全生产、治安巡防、经营环境等方面做大量的工作。通过与中国民生银行莆田市支行沟通，双方取得共识，达成意向，构建“银商战略合作”的初步框架，优惠引进封顶POS机，并成立“涵江国际商贸城城市商业合作社”，争取贷款规模2亿元，其中第一支1亿元互助基金，投放到位，第二支1亿互助基金及第三支2013年的高额授信在进行中。商会先后又与邮政储蓄银行、交通银行达成信用卡办理协议，努力使广大商户得到实惠，让商会更有凝聚力，使商城的经营模式得到再一次的提升。

【“无讼商贸区”】 3月，为进一步推进社会管理创新，更好地服务商城经营户和广大消费者，商城管委会联合区法院、区工商局开展“无讼商贸区”活动，旨在通过在商城设立法官工作室、消费维权点，凡在商城范围内发生的消费纠纷、经济纠纷均可就近向“无讼商贸区”的特邀调解员进行投诉，由特邀调解员先行调解，对调解达成协议的由双方当事人共同通过法官工作室向人民法院提出确认申请，经确认的调解协议具有强制执行力；对调解未成的，由法官在法官工作室当场予以立案、快速快判，方便群众维权。

【国际商贸城建设】 12月，《莆田市涵江国际商贸城控制性详细规划方案》获市政府批复实施。根据批复，涵江国际商贸城规划用地范围：东至涵黄路，南至度下村，西至规划涵港大道、向莆铁路，北至福厦路，规划总用地面积约261公顷。规划区划分为4个大地块，并细分为86个控制地块，在实际建设中，可根据项目的具体情况对基本地块进行再划分或合并。

（柯建松）

·赤港管委会·

【概况】 2012年，莆田赤港华侨经济开发区管理委员会与莆田赤港华侨农场（以下简称赤港管委会）实现国内生产总值184200万元，农业总产值3100万元，工业总产值465000万元（其中规模工业企业实现产值462000万元），外贸出口创汇额5245万美元，完成固定资产投资44000万元，合同利用外资1017万美元，实际利用外资1257万美元，税收5813万元。

【项目建设】 2012年，赤港管委会投资200万元建设侨居工程260米步行街的夜景灯、绿化带、景观河等配套设施建设；投资1832万元建设“赤港廉租房二期”10号、12号楼及1-4、6、8号楼装修及配套工程；投资3670万元建设赤港综合文化服务中心（简称A、B楼），占地面积1公顷，建筑面积15000平方米；投资50多万元完成赤港敬老院建设，入住孤寡老人7人；投资208万元开工建设400米的赤港长林路；开工建设赤港农场大旺湖湿地公园，占地面积8公顷，设计梅花岛，鱼池、啤酒街等休闲娱乐场所，具有东南亚风情的湿地公园；农业基础设施不断完善，投资100万元用于农田水渠、机耕路维修、电灌站抽水泵更新等农业服务；争取200万元用于沈海高速公路两侧（赤港段）8公顷造林绿化。

3月23日，赤港管委会召开农场第六届职工代表大会第三次会议

【学校建设】 2012年，赤港管委会争取上级资金，改善学校的教学环境。对农场学校教学大楼拆除新建，同年完工，学生全部在新建的教学楼里上课。发挥“桥梁”作用，为学校牵线搭桥，发动企业界人士捐资230多万元，建设标准塑胶跑道及足球场，添置300套小学生升降课桌椅和25套幼儿课桌椅，配备60台电脑和教师讲台、空调、钢琴等。同时，不断完善奖教奖学管理办法，吸引更多的优秀的教师人才到赤港小学任教。启动赤港幼儿园前期工作，征地0.53公顷，拟建设一流的莆田高新技术产业开发区赤港幼儿园，为开发区（农场）职工子女提供更好的就学环境，吸引更多外来员工来开发区（农场）创业、就业。

【环境卫生】 2012年，赤港管委会把美化绿化环境提上议事日程，干部每天上午上班前打扫一遍办公楼周围道路，保持环境卫生整洁。建立干部包户和挂钩企业制度，每位干部包30户（包括计生、卫生、安全等责任）和分管领导包片制度，主要领导负总责，层层抓落实的管理制度。投资50多万元发动320人次进行为期4个月的居民区环境卫生大整治，同时实行居民门前三包与奖励制度相结合的办法，广播宣传与文明卫生倡议书相结合，把卫生管理社会化，形成人人都是投资环境，加大保洁资金投入力度，添置垃圾箱110个，实现垃圾百分百无害化处理。投资150万元对农场内3处公厕进行改造，投资50多万元对涵港路绿化带进行整治、修补。

【平安建设】 2012年，赤港管委会投资50多万元新建涵港路东、西两端治安岗亭，3个流动岗亭，8个重要路口装备治安监控系统；配备3辆二轮摩托巡逻车及警灯，12部天翼巡逻手机。扩大联防队队伍，24小时不间断巡逻，提高巡逻密度。

（侯美香）

编辑：范　将

政协涵江区委员会

·区政协主要会议·

【区政协七届二次会议】 12 月 30 在明珠国际大酒店召开。区政协主席戴培树受政协涵江区第七届委员会常务委员会的委托，向大会作政协涵江区第七届委员会常务委员会工作报告，区政协副主席王锦华作政协涵江区第七届委员会常务委员会关于七届一次会议以来提案工作情况报告（书面）。参加会议的政协委员分组审议讨论区政协七届常委会工作报告，审议区政协七届常委会关于七届一次会议以来提案工作情况报告。全体委员还列席涵江区八届人大二次会议，听取并讨论区长陈万东所作的涵江区人民政府工作报告，听取并讨论区法院、检察院工作报告，以及计划和预算报告。会议审议通过《政协涵江区第七届委员会第二次会议决议》，会上表彰 10 件优秀提案，致公党涵江工

12 月 30 日，政协涵江区第七届委员会第二次会议召开

委等3家提案先进集体以及区建设局等5家提案办理先进单位。区委书记沈伯麟代表区委在闭幕会上作讲话。

【七届常委会第一次会议】 2月14日，区政协召开七届常委会第一次会议，会议由区政协主席戴培树主持。会议邀请区委组织部、统战部负责人，区政协机关各室办、各专委会负责人，各乡镇（街道）政协工作联络组组长，各民主党派、工商联、台联、侨联负责人，以及在涵的市政协常委参加。会议组织学习《中国人民政治协商会议章程》相关条款和《福建省政协提案工作条例》；区政协主席戴培树传达省政协十届五次会议、市政协六届一次会议精神，并就区政协贯彻会议精神进行动员、部署和安排。会议审议通过区政协2012年工作要点和计划安排，还根据新一届领导班子的实际情况，对正、副主席与机关室（办）干部进行职责分工，为政协各项工作的顺利开展提供保证。

【七届常委会第二次会议】 7月19日，区政协召开七届常委会第二次会议，会议邀请区委统战部，区政协各专委会负责人，各乡镇（街道）政协工作联络组组长，各民主党派、工商联、台联、侨联负责人，以及在涵的市政协常委参加，区政协主席戴培树主持会议。会议组织学习胡锦涛同志在"七一"香港回归15周年庆祝大会上讲话精神；听取区政府关于2012年上半年经济运行和重点项目建设情况通报；听取区综治办关于全区社会安定稳定情况通报；审议通过《关于区政协委员履行职责服务管理暂行办法》《关于委派区政协委员担任民主监督员的服务管理暂行办法》《中国人民政治协商会议莆田市涵江区委员会全体会议工作规则》《中国人民政治协商会议莆田市涵江区委员会常务委员会工作规则》《中国人民政治协商会议莆田市涵江区委员会提案工作暂行规定》《中国人民政治协商会议莆田市涵江区委员会专门委员会通则》等6份规范性文件，并通过委员任免事宜。

【七届常委会第三次会议】 10月25日，区政协召开七届常委会第三次会议，会议由区政协主席戴培树主持。会议邀请区委统战部，区政协各专委会负责人，各乡镇（街道）政协工作联络组组长，各民主党派、工商联、台联、侨联负责人，以及在涵江的市政协常委参加。会议听取区政府关于重点项目建设情况（含安置区、安置房建设情况）及城乡一体化推进工作情况通报，听取区纪委、监察局关于党风廉政建设和反腐败工作情况通报，审议讨论在区政协委员中开展"深入企业服务经济发展，深入社区服务社会和谐，深入群众服务民生改善"活动实施方案，讨论筹备区政协七届二次会议有关事宜。

【七届常委会第四次会议】 12月19日，区政协召开七届常委会第四次会议，会议邀请区委统战部，区政协各专委会负责人，各乡镇（街道）政协工作联络组组长，各民主党派、工商联、台联、侨联负责人，以及在涵的市政协常委参加，区政协主席戴培树主持会议。会议组织学习中共十八大精神；协商决定区政协七届二次会议召开日期及会期；审议通过区政协七届常委会工作报告、提案工作情况报告（讨论稿）；协商通过拟提交区政协七届二次会议有关材料；增补区政协七届委员会委员，通过拟提交七届二次会议选举的常委候选人建议名单，任命区政协七届常委会各专门委员会负责人。

（吴珊珊）

·区政协常委会主要工作·

【理论学习】 2012年，区政协常委会坚持把强化理论学习作为首要政治任务，努力提高政治理论素养，夯实共同的思想基础，自觉坚持党对政协工作的领导，确保与党委、政府在思想上同心同德、目标上同心同向、行动上同心同行。完善学习制度，突出学习主题，采取多种有效的学习形式，组织政协委员和机关干部深入学习贯彻中共十八大和十七届五中、六中全会精神，学习胡锦涛总书记在省部级干部培训班和在庆祝香港回归15周年大会上的重要讲话精神，学习区第八次党代会精神，系统学习人民政协理论和政协章程，引导委员形成发展共识，使党委的重大决策部署在政协得到全面贯彻落实。针对换届后新委员多的特点，组织举办新委员培训班，邀请省政协专家作“发挥三个作用，努力当好委员”专题辅导讲座，还通过印发学习资料、专题座谈等途径，着力抓好新一届政协委员的培训学习，帮助政协委员尽快进入角色，提高履行职责、参政议政的能力。

【协商议政】 2012年，区政协常委会切实履行政治协商职能，按照全委会集中协商、常委会重点协商、主席会议专题协商的原则，共召开11次主席会议、5次常委会议和1次全体会议，对接全区工作重点，听取情况通报，开展专题协商。全体会议围绕国民经济和社会发展计划、重点项目安排、城市建设和管理等集中协商，提出意见建议。常委会议分别听取涵江区半年经济运行、重点项目建设、安置区（安置房）建设、推进城乡一体化、维护社会安定稳定，以及党风廉政建设和反腐败工作等情况通报，紧扣“项目为纲、投资为要、征迁第一”，围绕营造团结、和谐发展环境，聚众谋，建良言，献实策，为区委、区政府民主决策、推进工作提供参考。

【民主监督】 2012年，区政协常委会围绕关系人民群众切身利益的热点问题，开展安置房建设、城区河道整治、社区便民服务点建设及医疗卫生服务网络建设等专项视察，提出意见建设。做好推荐民主监督员和行风评议代表工作，25名监督员坚持把推动民生工程的落实作为监督重点，参与政府部门组织的政风行风评议、绩效考评和专项监督检查，促进相关工作的开展。组织机关干部和政协委员参与各类监督活动，如实反映群众的意见和要求，选派人员参加公立医院改革、经济适用房和廉租房发放、项目征迁方案听证等，有效履行民主监督职能。

【视察调研】 2012年，区政协常委会围绕全区改革发展大局，按照课题求准、调研求深、建言求实的原则，组织开展13次视察和调研活动，以视察调研报告、专报件等形式，提出一系列意见、建议。组织委员就涵江港开发、侨资企业发展、水资源规划利用等课题开展视察，为推动科学发展、跨越发展提供智力支持。组织委员和专家专题视察安置房、城乡污水配套管网、省道202涵江段等建设情况，加大征迁力度、加快项目进度提出意见和建议。重视在社会管理创新，推动事关社会管理重点提案的办理、落实，组织视察宗教活动场所、网格化警务改革、推进社区建设等工作情况，并就相关课题建言献策。关心文化事业发展，就海西文化创意产业发展、职业技术教育，以及历史文化名村、非物质文化遗产保护等情况开展专题视察和调研，为推动文化大发展、大繁荣献计出力。

【提案工作】 2012年，共收到提案121件，经审查立案119件，占提案总数的98.35%。在立案的提案中，民主党派提案54件，占45.38%。按类别分，有关经济建设方面70件，占58.82%；有关科教文卫体方面31件，占26.05%；有关民主法制、社会保障和其他等方面18件，占15.13%。截至年底，立案提案均办复，办复率达100%。提案所提问题解决或基本解决的40件，占33.62%；所提问题在解决或列入计划逐步解决的71件，占59.66%；所提问题受条件限制暂不能解决的7件，占5.88%。所提问题用作参考1件，占0.84%。从委员反馈的意见看，对提案办理结果表示满意的为110件，满意率92.44%。

【联谊交流】 2012年，区政协常委会主动接受上级政协的工作指导，配合省、市政协到涵江视察、调研等活动，如配合省政协做好农村饮水安全工作、促进小微企业健康发展，以及创新社会管理、推进社区工作的视察活动，做好农民工状况调查工作；搞好市政协在涵江活动的协调工作，配合做好"五大战役"、为民办实事项目、农村医疗卫生服务等专题视察，以及加强城市管理、提升城市形象、特色文化产业扶持发展等调研活动。扩大对外交流，派员列席省、市政协全会或常委会，并积极建言献策。组织参加全省城建区政协横向联谊网络第14、第15次会议，参加市县区政协主席第39、第40次联席会议，就创新政协工作、提升文史编纂水平、加强政协自身建设等专题进行交流。加强横向联系，组织人员赴三明、漳州等市参观、考察，围绕提升城市建设水平、创新社会管理、发挥文史作用等专题，与相关兄弟政协开展工作交流，促进共同进步。热情接待兄弟县区政协考察团来涵交流，加强工作协作。

【服务项目】 2012年，区政协常委会班子领导按照区委的统一安排，挂钩联系石庭圆圈片区改造、风力发电、小城镇试点建设、高新区发展服务中心配套设施完善工程、城市文明卫生管理、土地收储等重点项目，深入项目一线，主动靠前指挥，协调解决具体问题，大力推进项目建设。区政协机关工作人员积极报名参加项目一线工作，参与涵江港开发、石庭圆圈片区改造、风力发电等项目，履行好"一岗双责"，拓宽参政出力的渠道。专门举行"服务项目，推进征迁"政协委员专题座谈会，动员和组织全体政协委员投身重点项目建设，加大正面宣传，理顺群众情绪，推动项目工作。

【走访委员活动】 2012年，区政协常委会切实加强与各界别委员的联系，为建设和谐涵江凝聚智慧和力量，全年分4次组织走访委员专题活动，并举办3场区政协委员走访视察座谈会，深入实际了解情况，收集意见和建议，尤其是深入工商经济界委员企业，协助他们解决生产、经营中遇到的困难和问题。研究制定《在区政协委员中开展“三深入三服务”活动的实施方案》，组建领导小组和活动小组，以更充分地发挥委员主体作用，为推动发展、促进和谐凝心聚力。发挥政协联系广泛、位置超脱的优势，动员和组织广大委员，协助党委、政府做好协调关系、理顺情绪、化解矛盾的工作，在处理群众来信来访、化解民间纠纷、协助信访维稳、保障项目建设上积极参与，发挥作用。

【文史资料采编】 2012 年，区政协常委会发扬“以文会友、以文交友”的优良传统，做好文史资料编写和历史文化的研究工作，编辑出版《涵江文史资料》第 20 辑，共征集 38 篇 11 万多字，较好地发挥“存史、资政、团结、育人”的作用。

【关注民生】 2012 年，区政协常委会做好收集和反映社情民意工作，制定和印发《涵江区政协关于征集社情民意的通知》，收集群众意见，反映群众呼声，就“支持非物质文化遗产申报”、“加强校园周边流动摊点管理”等问题，以政协专报件形式向区委、区政府及有关部门反映。组织和引导政协委员持续做好支持公益事业的工作，发动委员捐款捐物支持各项民生活动。继续在委员中开展扶贫帮困、捐资助学活动，共有 41 名委员挂钩 102 名学生，捐款 10.76 万元帮助品学兼优的贫困学生。区政协机关支部开展“驻村入企办实事、服务项目促发展”主题实践活动，深入挂钩的江口镇石西村，为基层和群众协调解决实际问题。

（吴珊珊）

编辑：许云峰

民主党派 工商联

·民 革·

【概况】 2012年，中国国民党革命委员会涵江区总支部（以下简称涵江民革）下设3个支部；有党员48人。党员中有区政协常委2人、区政协委员2人、市青联委员1人。是年，1人被民革福建省委评为“优秀党员”，1人被省法院评为“优秀人民陪审员”，另有8人次获得各级表彰。

【民革涵江区总支部成立】 8月21日，召开民革涵江区总支部暨第一、二、三支部成立大会，民革涵江支部升格为民革涵江区总支部。总支部第一届主要领导为：主任委员林震辉（兼区政协副主席、区台联会主席），副主任委员陈金辉、肖娴、高敏。

【参政议政】 2012年，涵江民革履行党派职能，致力于社会主义建设和祖国统一大业。履行参政党职能，有关党员参加市、区政协组织的视察、调研活动，参加活动的党员能从不同角度、不同层次参政议政、建言献策，共提交市、区政协提案18件，涵江民革被区政协评为“提案工作先进单位”。在民主监督方面，有1人被聘为市政风行风评议代表，1人被聘为区政风行风评议代表，1人被聘为区法院人民陪审员。

（陈金辉）

·民 盟·

【概况】 2012年，中国民主同盟莆田市涵江区工作委员会（以下简称涵江民盟）有主委1人，副主委2人，下设4个支部，盟员95人。其中有莆田市六届人大代表2人、莆田市政协六届委员1人、涵江区八届人大常委1人、涵江区政协七届常委1人、七届区政协委员7人。是年，全体盟员立足岗位，全面落实民盟莆田市委提出的各项任务，积极参政议政，取得可喜的成绩。民盟涵江工委会被涵江区政协授予2012年度“提案先进单位”。

【参政议政】 2012年涵江民盟参加区委、区政府、区政协、区委统战部以及有关部门组织的会议。其中，季度经济、安全形势和社会治安综合治理情况通报会2次、社会经济发展规划意见征求会1次，参与法院、检察院关于反腐倡廉工作和区政府效能建设等重大问题的协商和课题调研工作各2次。同时，承担盟省委调研课题课题，论文《城市建设发展与历史文化传承的现状与对策》被盟中央采用为全国两会提案内容。是年，共向涵江区政协七届一次提交团体题案 12 篇，其中《关于再次推动我区“黄氏纸扎”申报非物质文化的建议》的提案被确认为涵江区政协重点题案。

【服务社会】 2012 年，盟员江启成牵线搭桥，促使上海兴业环球基金有限公司与浙江新华爱心教育基金会，继续捐资 125000 元，在莆田六中设立“兴业环球珍珠班”，招收“双特”学生 42 人。盟员江启锋发挥余热，参与霞徐社区老协会年终送温暖活动，开展义务巡逻，保一方平安；盟员方炳良为涵江法院干警辅导法律文书写作，配合社区法制学校开展法制宣传；医务界盟员参与疾病防控，多次随“三下乡”医务小组，其中盟员杨元聪、关国清与石庭华侨医院的部分医生到石庭老人院开展义诊；盟员魏旭华涵西福利院等地进行义诊。

（李永清）

·民　建·

【概况】 2012 年，中国民主建国促进会涵江区总支部（以下简称涵江民建）加强与对口联系部门的交流、联谊，促进了解，推动工作。全年发展新会员 2 人，总支部共有会员 59 人。会员中担任处级领导 2 人，科级以上职务的会员 4 人，中高级职称 22 人。会员中，有莆田市人大代表 1 人，市政协委员 1 人，区人大代表 2 人，区政协常委 2 人，区政协委员 4 人，行评代表、廉政监督员 3 人，民建莆田市委会副主委 1 人、委员 3 人。

【民建涵江总支部第二次会员大会】 12 月 28 日，民建涵江总支部第二次会员大会召开，顺利完成换届选举工作，实现新老交替、政治交接，班子结构呈现年轻化。总支部第二届委员会主任委员由涵江区人大常委会副主任方国民连任；副主委由谢长华、黄凌担任，张建平、孔俊欣为总支委员。一支部和二支部主委分别由陈榕晖、蔡玉美担任。

【服务项目建设】 2012 年，涵江民建率先向全区民建会员发出《关于积极响应并踊跃投身涵江项目征迁建设的倡议书》，要求广大会员突出参政党义不容辞的责任，以饱满的热情和昂扬的斗志，投身到项目大建设的具体实践中，助推涵江项目建设，有十几位会员投身到项目一线中，发挥作用，贡献力量。为会员和会员企业服务，尽力为会员企业协调解决融资、征地、办证、创品牌等问题，鼓励引导会员企业加快发展、做大做强，参与社会公益活动，奉献爱心，回报社会。

【参政履职】 2012 年，涵江民建共向市委会、区政协提交党派提案 15 件，会员中的市、区人大代表、政协委员都积极撰写提案，围绕安置房建设、经济发展、农业发展等问题大胆建言，提交个人建议、提案 10 多篇。撰写的《关于切实抓好安置房管理推动城市建设良性发展的建议》获“2012 年度区政协优秀提案”，总支部被区政协授予“2007—2011 年度提案工作先进集体”称号。组织开展专题调研，撰写调研文章《关于企业文化建设与经济统战工作的思考》受到民建市委会的肯定，撰写的《深入践行社会主义核心价值观推动民建组织发展》获“2012 年度全区统战理论研究优秀成果三等奖”。

（黄　凌）

·农工党·

【概况】 2012年，中国农工民主党莆田市涵江区总支部（以下简称涵江农工党）下属两个支部，有党员67人。其中，担任市政协副主席、农工党莆田市委主委及委员各1人、市老龄委主任和农工党莆田市委参政议政部副主任各1人，市政协委员和区人大代表、区政协常委各1人，区政协委员7人，区行风评议代表和联络员各1人。

【提案课题调研】 2012年，涵江农工党参政议政、民主监督、视察调研、行风评议取得成效，共向市、区提交个人、单位提案和课题共12件。在区“两会”上，党员关玉清提交的提案《关于建立和健全我区加快农村垃圾治理、推进城乡环卫一体化工作长效机制的建议》《关于我区食品安全问题及其对策的建议》和王银凤提交的《关于进一步提升社区卫生服务水平的建议》均被确定为重点提案，并与杨金灿提交的《关于美化国欢寺与城区公共文体活动场所相结合的建议》均获“涵江区政协2012年度优秀提案”。调研课题组向区统战部提交的课题“当前我区民主党派参政议政面临的问题与对策”(执笔人关玉清) 获“涵江区2012年度统战理论研究优秀调研文章三等奖”。

【服务项目建设】 2012年，涵江农工党动员广大农工党员干部围绕区委、区政府的中心工作，响应区委统战部的号召，按照“项目为纲、投资为要、征迁第一”的战略要求，聚集正能量，投身新项目。是年，共选派3名综合素质好、责任心强、项目建设经验丰富的党员，到项目征迁一线，助推项目建设。党员姚金海所在企业以诚信为本，合法经营、依法纳税，以纳税多达千万元以上的社会效益继续成为莆田市和涵江区2012年度的纳税大户。

(关玉清)

·致公党·

【概况】 2012年，中国致公党涵江区工作委员会（以下简称涵江致公党）有党员104人，为涵江区人数最多的民主党派。党员中归侨13人、侨眷属87人，其中中、高级职称者76人，充分体现以归侨、侨眷中上层人士为主的党派特色。党员中有省、市人大代表1人，区人大代表1人，区政协常委1人，委员7人。

【海外联谊座谈会】 11月28日，由涵江致公党牵头，联合“五侨”（即侨办、侨联、致公党、人大华侨委员会、政协港澳台侨委会）在江口举办“学习宣传贯彻十八大精神暨海外联谊座谈会”，邀请部分有代表性的海外侨胞、归侨侨眷参加座谈，特别邀请对口联系单位区国土局领导及供地科、发证办负责人参加座谈，现场回应侨胞侨眷最关注的土地办证、申请建房用地等问题。会议还收集到与会同志结合工作和生活实际，对华侨恢复国内户籍、保护华侨祖屋、祖坟、转变工作作风、维护侨胞侨眷合法权益等方面提出的意见、建议。该党将收集到的宝贵意见梳理归纳，作为“两会”提案、建议素材，通过各级“两会”等渠道督促有关部门整改、落实。

【参政议政】 2012年，涵江致公党重视提案工作，围绕区委、区政府的中心工作和广大人民群众关心的重点、热点、难点问题，发动党员参与提案撰写工作，做调研、献素材、出主意，群策群力，建言献策。是年，选送提案20件，其中党员施必鸿执笔的提案《关于切实抓好安置房管理，推动城市建设良性发展的建议》、巨玉红执笔的提案《关于进一步加强涵江内河水系网保护的建议》被区政协评为优秀提案。涵江致公党被区政协评为“提案工作先进集体”。重视课题调研，挑选党员成立课题组，拜访港澳莆籍社团领导，了解港澳乡亲现状及社团工作情况，主动向涉侨部门领导请教，课题组全体成员经过多次座谈讨论，完成课题《加强港澳爱国社团建设，壮大爱国爱港爱澳力量》，得到区委统战部的表彰。党员中有2人分别担任区法院人民陪审员、区纪委特邀监察员等。

【服务社会】 涵江致公党与区外侨办联合开展侨法宣传工作，耐心为归侨侨眷、海外侨胞释法解惑，选派党员参与为侨界群众义诊活动。梧塘支部党员喻荔萍赴宁夏吴中市红寺堡三中支教；江口支部协助旅外乡亲组织慈善活动；涵江支部组织党员轮流照顾留守老党员；党员为家乡建设捐资上万元；多名党员参与大调解工作，为侨胞、侨眷调处经济、家庭、房产、征迁补偿安置等纠纷32件，切实化解矛盾，促进社会和谐。

【党员风采】 2012年，全区在职致公党员均为各自所在单位的骨干，在本职工作上建树颇丰。邓伯元作品《十五秋》入选纪念“毛泽东同志在延安文艺座谈会上的讲话”发表70周年全国美展，作品《古松图》获首届福建省写意展一等奖；朱雁娴作品《秋之宴》获得2012年全国工笔画展优秀奖，作品《境遇》《眷顾》参加2012年厦门全国工笔画年展（邀请展）；田丽花的论文《B-型钠尿肽在心衰治疗中的指导作用》发表在《中外医疗》杂志上；蒋丽娟的论文《涵江区花生“3414”田间肥效试验分析》发表在《福建省农业科技》杂志上。是年，有2位党员晋升为正科级干部，有6位党员被抽调参加项目征迁一线工作，有6位党员被单位选送参加国家级、省级业务培训。1人被评为福建省人口计生工作先进工作者，1人被评为省侨联系统首批“四星级侨友之星”，被致公党省委会评为“先进个人”，还有11位党员获得市、区级单位的表彰。

（郭立红）

·九三学社·

【概况】 九三学社莆田市涵江区支社（以下简称涵江九三学社）为各民主党派中社员较少，涉及行业较多的一个党派，社员大多数为涵江区各个部门工作岗位上的领导骨干，涉及医药卫生、工程技术、社会金融、政府机关、农林等行业。大多是医疗界的高、中级知识分子。共有社员24人。其中，省人大代表1人，市政协委员1人，区政协常委1人，区政协委员2人，区卫生局副局长1人。担任区事业单位领导、科主任以上职务的有7人。是年，共向九三学社莆田市委提交提案13件、向区政协提交提案12件，组织社员下乡义诊5次。1人被九三学社莆田市委评为先进个人。

【涵江九三学社第五次社员大会】 9月7日在涵江建成大酒店八层会议室召开，全体社员出席会议。会议通过林兰玉作的《凝心实干，开拓进取——为实现经济社会新跨越、再铸港城崛起新辉煌作出新贡献》工作报告，选举产生涵江九三学社新一届领导班子，陈国清当选为主任委员，邱祖植、洪一鸣当选为副主任委员。

【参政议政】 2012年，涵江九三学社履行参政党职能，组织社员参政议政、民主监督、建言献策，多次参加省、市、区召开的座谈会、民主协商会、情况通报会，并参与社会调查、考察调研活动，在深入群众、了解群众的基础上，向上级提交提案25件，其中张国章撰写的《防范医闹及纠纷的几点建议》被九三学社中央委员会采用，《关于完善"第二代居民身份证"的几点建议》被省政协采用，陈国清撰写的《关于加强萩芦溪水资源综合治理保障涵江供水的建议》被区政协评为"优秀提案"，九三社员与致公党联合撰写的《关于进一步加强涵江区内河水系网保护的建议》被区政协评为重点提案。

（陈国清）

·工商联·

【概况】 2012年，涵江区工商联合会（以下简称区工商联）组织非公有制经济人士学习党的十八大精神、国务院"非公36条"以及省、市区各级党代会会议精神，并举办各类培训班。组织会员参加"海西应先行、港城当崛起"主题实践调研活动，采用召开座谈会、交流心得体会、走访等形式进行讨论，服务涵江经济建设。至年底，全区共有工商联各类组织15个，其中镇街商会8个，商城管委会商会和开发区商会各1个，异地商会5个。有在职行政人员2人，其中有工商联常务副会长1人，专职副会长1人。全区共有新老会员1155名，其中企业会员96名，个人会员1059名。是年，在全区范围内开展职称评定工作,共有383人通过初级职称的评审。

【调研走访】 2012年，区工商联深入部分常、执委企业了解情况，调查研究。通过走访，进一步摸清会员企业的呼声愿望以及一些带有倾向性，苗头性的社会热点问题。从而对各乡镇街道商会的工作情况有较深入的了解。发动工商联界别的政协委员和会员企业中的人大代表，就全区社会经济发展中一些亟需重视和解决的热点、难点问题，撰写各类提案和建议案，向党委、政府建言献策。参加省工商联对涵江区民营经济发展环境的民主测评工作，采取走访调查、问卷评议、召开座谈会等方式，广泛听取企业家呼声。牵头做好相关部门的综合协调和沟通工作，部门之间形成互通情况、主动配合的良好局面，相关职能部门都能及时准确提供民营企业经济数据和资料。开展经常性走访民营企业活动，了解全区民营经济的发展现状和民营企业的所思、所想，注重于通过工商联会员中的各级人大代表、政协委员，参加人大、政协有关会议等途径，履行民主监督、参政议政的职能。在全区范围内开展对外民资回归、异地商会在外民营企业家情况、对内非公企业劳动制度、投资环境等一系列重点和专题调研活动，为党政决策提供参考。

【成立义乌市涵江商会】 4月成立义乌市涵江商会。选举产生第一届执行委员会，华山综合医院董事长翁雄当选为第一届义乌市涵江商会会长、欣怡餐具有限公司董事长林国涵当选为第一届义乌市涵江商会秘书长。有50多位在义乌的涵江籍企业家出席会议，区人大常委会主任肖云敏、区政协主席戴培树、区委常委、统战部部长吴志林等领导，上海市涵江商会会长陈鸿龙等异地商会代表到会祝贺。吴志林代表区委、区政府讲话。

（陈春霖）

编辑：陈伟庄

社会团体

·工 会·

【概况】 涵江区总工会（以下简称区总工会）以维护职工合法权益、构建和谐劳动关系为主线，重点开展维权机制建设、困难职工帮扶、基层工会建设和职工素质工程建设等工作。2012 年，新组建基层工会组织 70 家，涵盖法人单位 167 个，发展工会会员 2238 人；做好集体合同和工资专项集体合同签订和续签工作，工会企业共签订集体合同 593 份，覆盖企业 1055 家，覆盖职工 70118 人，工会企业共签订工资专项集体合同 566 份，覆盖企业 1017 家，覆盖职工 70321 人；继续开展“送温暖”活动，慰问困难职工 321 户、慰问劳模 13 人，共发放慰问金 28.9 万元；继续做好劳动模范、五一劳动奖章的推荐评选工作，所推荐的涵江区固定资产投资服务中心肖涵获“福建省五一奖章”；发动 970 家企业参与和谐企业创建；组织 310 家企业参加“安康杯”竞赛活动；组织 6403 名区直机关干部职工和全区教师体检工作；全区有 53 家单位 2082 人参加职工医疗互助活动，筹集互助金 128172 元，办理职工大病补助申请 6 名，发放补助救助金达 41277.68 元；区地税局等 7 家单位获莆田市“工人先锋号”。

【帮扶组织建设】 2012 年，区总工会实施帮扶常态化长效化建设机制，以区级帮扶中心为源头，推动工会帮扶向基层延伸，构建区、乡镇、村居的三级帮扶网络。是年，全区建立 1 个区级帮扶中心、15 个乡镇帮扶站、199 个村居（社区）帮扶点，实现帮扶组织网络全覆盖。同时，在建立乡镇帮扶站的基础上，结合环卫工人实际，增设环卫工人爱心服务点，并免费提供茶叶、饮水机、医用紧急药箱、针线包等物品，切实为职工服务。

【基层工会建设】 2012 年，按照省、市总工会关于做好基层工会以“双亮六有五健全五上墙”（即工会组织亮牌子、工会主席亮身份；有工会组织基础台账，有组织体系情况、职工和会员名册、召开会员（代表）大会、职工（代表）大会和换届的原始资料，有工会工作手册，有工会公章，有工会法人资格，有工会单独经费账户；健全工会委员会、经费审查委员会、女职工委员会，工会联合会规范健全单独基层工会或联合基层工会，基层工会规范健全工会分会或工会小组；工会工作职责上墙，工会组织结构上墙，工会委员会名单上墙，四好领导班子标准上墙，建设职工之家标准上墙）为主要内容的规范化建设的要求，区总工会首批确定抓好 11 家乡镇、村居和企业工会的指导和服务，争取所属地乡镇（街道）党委的重视和支持，努力把它们建设成为全区乡镇、村居和企业工会的标杆。首批乡镇工会示范点3家：江口镇、国欢镇和高新技术园区；首批村居工会示范点3家：江口镇园下村、五星村和涵东街道霞徐社区；首批非公企业示示范点5家：莆田市德信电子有限公司、福建省鼎盛金属制品有限公司、福建省嘉美五金有限公司、莆田市东南香米业发展有限公司、福建省亿发集团有限公司。

8月17日，区总工会举行金秋助学资助仪式

【关爱行动】 9月24日至9月28日，区总工会启动女职工“关爱行动”，组织在全国工会帮扶管理系统建档的40名困难女职工进行一次“两癌（乳腺、宫颈癌）”免费检查。

【“工人先锋号”活动】 2012年，区总工会继续开展创建“工人先锋号”活动。在活动中，注重通过广泛宣传、典型引路、完善激励等方法，促使职工增强自主管理意识，提高立足本职为涵江区经济社会发展多作贡献的主动性和积极性。截至年底，产生全国工人先锋号1个、省级工人先锋号15个、市级工人先锋号27个。

【工人防暑降温工作】 2012年夏季高温期间，本着对广大职工生命和健康高度负责的态度，区总工会把防暑降温工作作为劳动保护重点工作来抓。8月，区总工会组织防暑降温慰问团深入商城环卫所、金星鞋业等企事业单位，对155名农民工和职工开展慰问，送去价值1.6万元的蜂蜜、冬瓜茶、菊花茶等消暑降暑清凉食品和慰问金。

【金秋助学】 金秋助学活动是工会服务职工的一项重要工作。6月，区总工会研究制定金秋助学活动方案，通过调查摸底、入户走访等前期工作，最终确定资助32名考上大学的困难职工子女。8月17日，在区政协会议室召开涵江区总工会2012年“金秋助学”资助仪式，会上对全区32名贫困学子实施帮扶，共发放助学金6.4万元。

【学雷锋志愿活动】 3月4日，区总工会组织20名职工志愿者参加由区文明办举办的涵江区“弘扬雷锋精神、服务项目一线、志愿活动同行”启动仪式，职工志愿者随即参加工业路开展文明卫生城市大扫除活动。 （黄 任）

·团 委·

【概况】 2012 年，共青团涵江区委员会（以下简称团区委）共发展新团员 2188 名，各级团组织“推优”151 名，经“推优”入党的团员 60 名。开展乡镇实体化“大团委”建设，新成立团支部 435 个。同时，新增收集“两新”（新经济组织和新社会组织）组织团员信息，录入青年团员 20328 人。截至 12 月底，全区 14—28 周岁青年 12 万人，团员 2.1 万人，完成新增团支部 435 个的既定任务。

【共青团涵江区第八届代表大会】 4 月 20 日，召开共青团涵江区第八次代表大会，区五套班子主要领导和团市委书记参加开幕式。全区共有 119 名优秀青年代表参加，会上通过陈敏代表团区委第七届委员会作的《高举团旗跟党走、砥砺奋进促跨越 为重振涵江“小上海”雄风贡献青春力量》工作报告，选举产生以陈敏为书记的团区委新一届领导班子。

【镇、村两级团支部换届】 2012 年，全区乡镇、街道团（工）委顺利完成换届工作，新选配书记、副书记、委员 90 名，进一步强化“桥头堡”作用。在全区开展村、社区团支部书记“公推直选”试点工作。全区 12 个乡镇街道各有 2 个村、社区开展“公推直选”试点工作。全区村、社区顺利完成换届任务，村团支部书记的年龄较上届有较大幅度下降，文化水平有明显提升，增强基层一线团组织的活力和战斗力。

【服务项目建设】 2012 年，团区委围绕区委、区政府工作中心，凝聚青年创业力量，激发青年创新热情，发挥青年在促进经济社会发展中的生力军和突击队作用。开展青年突击队行动，服务项目一线。组织青年突击队开展慰问活动，赠送慰问品价值超过 3 万元，分担一线青年干部后顾之忧；5 月初向项目一线青年发放“青春促跨越，港城当先锋”倡议信 1000 多份。在“五四”期间联合区广电中心开展项目一线青年风采宣传活动，该新闻在市电视台播放 2 次。6 月初，在各中学发放《小手拉大手》征迁条例知识宣传卡 3000 张。

【青年就业创业工程】 2012 年，组织基层团组织协助银行对小额贷款业务进行宣传，共完成小额贷款 61 笔，发放贷款数额 304 万元，带动就业 239 人。开展 YBC 推介活动 6 场次，发放相关宣传材料超过 1000 份，全区新增 YBC 创业导师 3 人，新增 YBC 创业青年 2 人。在全区继续开展青年就业见习基地组建工作，新组建青年就业见习基地 4 家，签订就业见习 55 人次。

【中学共青团工作】 2012 年，团区委在全区学校团组织中开展“我与祖国共奋进，我与港城同成长”走好成人路教育活动。增强学生的社会责任感和历史使命感，激发他们的爱党爱国情怀。举办“劳动·创造·奋斗——青春励志专场”，邀请省高校挂职副书记和市十大杰出青年、青联委员等，举办专题讲座 3 场次，宣传“勤奋学习、脚踏实地、艰苦奋斗、执着坚毅”的成才理念，激发广大青年学生积极向上，奋发有为的信念。继续开展“专职团干进校园”活动，指导学校做好庆祝五四青年节各项工

4 月 20 日，团区委召开第八次代表大会

作，与班级同学进行面对面交流，做好业余团校工作。

【少先队工作】 2012 年，继续深入开展“先锋行动”。全区各级少先队组织以“四好少年”为目标，以先锋课堂为抓手，开展一系列主题鲜明的少先队体验活动、少先队先锋队课、少先队雏鹰争章、少先队创建英雄大中队集体活动。组织全区 15 所中心小学在“六一”国际儿童节期间集中开展 15 场次“红领巾心向党——学先锋，找榜样，争四好”统一主题队日活动，共有 2 万余名少先队员参与活动。使广大少年儿童度过一个简朴、热烈、快乐而有意义的节日。

【关爱青少年】 2012 年，团区委联合区教育局、区检察院、区法院和莆田监狱聘用涵江区首批 15 名学校少先队志愿辅导员，安排选派司法干警与各中小学结对，使普法工作贴近学校、贴近学生，提升预防青少年违法犯罪工作成效。继续推动希望工程，资助高考贫困生圆梦大学。涵江区中涵机有限公司、涵江区烟草专卖局、莆田监狱团委等多家单位资助高考贫困生 22 人次，金额超过 4 万元。深化关爱农民工子女行动，开展“六一”国际儿童节慰问活动，向 4 所小学的农民工子女和贫困家庭学生赠送价值超过两万元的运动鞋。涵江区白塘中心小学和江口镇五星小学获得“福建省共青团关爱农民工子女志愿服务行动示范基地”称号。

（陈智峰）

·妇 联·

【概况】 2012 年，涵江区妇女联合会（以下简称区妇联）以推进涵江科学发展、跨越发展为主线，以建设“坚强阵地”和“温暖之家”为目标，以党群共建创先争优为动力，以“巾帼创新业、建功‘十二五’”为主题，广泛开展“服务创一流、巾帼展风采”等创先争优活动。是年，召开涵江区纪念“三八”国际劳动妇女节 102 周年暨表彰大会，评选一批涵江区“三八”红旗手、“三八”红旗集体、巾帼文明岗及巾帼建功先进个人，进一步激励和引导广大妇女继续在“五大战役”中建功立业，展示风采。

【扶助妇女创业就业】 2012 年，涵江区妇女创业就业工作形成“政府搭台，银行推动，市场运作”的良好机制。通过规范申贷流程、开通放贷绿色通道、宣传政策、办培训班、建立联席会议制度等措施，推动妇女创业小额贴息贷款政策落实，有效帮助城乡妇女解决创业就业中的资金短缺问题。组织女企业家参加“6·18”项目成果交易会及莆田市海内外妇女发展联谊会。深化“双学双比”（即学文化、学技术、比成绩、比贡献）活动，依托“双学双比”领导小组各成员单位的力量，为农村富余女劳动力转移提供技能培训，并帮助农村妇女实现转移就业。开展农村妇女实用技术培训。持续培育“巾帼示范村”和“巾帼示范基地”，涵江区萩芦镇梅洋村获省级“巾帼示范村”、三江口镇东盛蔬菜专业合作社获省级“巾帼示范基地”称号。莆田市涵江区华光电子有限公司总经理林琳、锦都建材有限公司董事长林春梅等女企业家获莆田市“优秀创业女性”称号。是年，帮助196名妇女解决贷款1562万元。

【实施“连心工程”】 春节期间，全区共慰问贫困妇女儿童30名，累计发放慰问金、慰问品15000元。资助贫困女大学生18人，发放资助金18000元。母亲节期间，联合区计生局、计生协结合幸福家庭创建活动，在全区开展以“温情红五月、计生送幸福”为主题的宣传月活动。通过开展“婚育新风进万家”、“光荣母亲”评选活动、女性健康讲座、现代小戏进农家等系列活动，庆祝第十六个母亲节，全区约有40多位计生贫困母亲得到经济救助。

【妇女免费健康检查】 2012年，区妇联协调、配合卫生部门抓好新一轮城乡低保妇女免费健康检查项目和国家农村妇女“两癌”检查项目的实施。是年，共普查低保妇女2360人，检查率达100%。协助政府继续抓好免费科学婚检，婚检率保持100%。

【妇女维权法制宣传】 “三八”妇女节期间，区妇联联合区综治办、公安分局、检察院、法院、司法局等部门在涵西街道三门井繁华地段开展“三八”维权周宣传活动和省、市、区妇联主席下基层大接访活动，排查调解各类纠纷矛盾，现场接待咨询200多人，为300多名妇女群众现场讲解妇女权益、婚姻家庭等法律知识，巾帼志愿者现场发放《妇女权益保障法》《婚姻法》《法律援助宣传手册》等宣传资料2000余份。结合“六五”普法宣传，联合区法院在新世纪电子有限公司开展送法进企业赠书等系列活动。组织全区妇联系统广泛开展送法进企业、进社区、进农村等系列活动，并联合有关部门开展男女平等基本国策和打击“两非”等宣传教育活动。

【“平安家庭”创建】 2012年，在各乡镇、街道（管委会）办公场所、学校、卫生院、市场等人口密集地设置“男女平等”、“平安家庭”创建标准等固定宣传标语，制作反映妇联工作、平安家庭创建工作的流动展板，在六一街、兴涵大街、涵三路等人流量大，人口密集街道悬挂宣传横幅40余条，印制6000份“平安家庭”宣传年历，在广大家庭中营造“平安家庭”创建活动宣传的浓厚氛围，提高平安家庭创建知晓率。截至年底，涵江区“平安家庭”户、示范乡镇（街道）、示范社区（村）覆盖率分别达95%、75%和91%。

【妇女儿童维权】 2012年，涵江区进一步完善推动保障妇女儿童权益工作机制。区妇联联合区综治办、区法院等7家部门下发《涵江区预防和制止家庭暴力的若干意见》的通知，明确规范成员单位的职责分工，要求各单位要密切合作，协调联动、齐抓共管。逐步构建反家暴社会干预防控体系，切实从源头上维护妇女儿童权益。全年共接待来信来电来访案件46余件(次)，办结率达100%。同时，探索建立妇女民情调查员、信息员队伍，总结推广妇女信访代理制和协理制以及妇女议事会制经验，发挥“12338”妇女维权服务热线的作用，了解妇女呼声，引导妇女依法理性有序表达利益诉求。依托乡镇街道综治服务中心、农村和社区“妇女之家”，加大妇女儿童维权站（点）建设力度，联合妇女儿童维权合议庭和调解委员会，努力把社会矛盾化解在基层和萌芽状态。

【“三八”妇女节系列活动】 2月25日，区妇联在涵江明珠国际召开女领导干部、女企业家“庆三八·谋发展·促跨越”座谈会，来自各乡镇(街道)、机关各系统女领导干部代表和各行各业优秀妇女代表60余人参会。围绕女干部成长、涵江发展、如何加大培养选拔女干部工作的力度等问题畅所欲言，献言献策。区人大常委会原副主任、涵江医院副院长黄立平为广大女企业家讲解女性健康、常见疾病预防和治疗等问题，针对女企业家工作忙等原因指导如何做好预防女性疾病和健康体检等。3月3日上午，在区政府大院内举办涵江区“巾帼建新功、喜迎十八大”灯谜有奖竞猜活动。600余条关于政策法规、妇女维权、家庭助廉、计生知识、卫生健康、能源资源、生态环境等精彩的谜面，吸引近500多名妇女群众、外来务工人员和灯谜爱好者参与。

【特色家庭创建】 2012年，涵江区开展和谐家庭、平安家庭、低碳家庭、廉政家庭等创建活动，活跃家庭和谐细胞。推荐黄一花、许榕兴等家庭和陈秋红等人参与市妇联开展的“五好文明家庭”暨“十佳和谐家庭、好婆婆、好媳妇、好丈夫”和“优秀兵妈妈”评选表彰活动。组织开展“低碳家庭、时尚生活”主题实践活动，发动广大妇女和家庭参与低碳家庭知识竞赛、读书征文活动，在广大家庭中推广“家庭节能六件事”、“家庭低碳计划十五件事”。精心打造省、市、区级“巾帼文化中心户”29户。

【关注儿童成长】 区妇联启动2012年家庭道德教育实践月活动，以“关注孩子主动生活的能力”为主题，邀请北京知名家教专家深入基层举办12场次家教讲座，受教育家长和孩子达3600多人。选送30余篇“亲子阅读”优秀征文参加市评选。开展“生育关怀”进校园活动，邀请区妇幼保健中心资深专家在石庭华侨中学、国欢中学、三江口中学分别开展以“阳光心灵，健康青春”为主题的人口国策暨青春期健康教育讲座，增强中学生人口国情、计划生育观念和青春期保健意识。

【关爱农村留守儿童】 “六一”国际儿童节期间，区妇联邀请区五套班子领导深入涵西幼儿园等3所学校看望慰问农村留守流动儿童，送去慰问金2万余元。联合区计生局、计生协会开展庆“六一”暨“计生情、温暖行”系列活动。开展“情暖计生户学子”活动，共奖励留守儿童、计生户优秀学子40多人，购买校服和学习用具等慰问品，折合人民币共计3万多元。建立“爱心书屋”、“儿童之家”，为农村留守流动儿童援建4个“爱心书屋”、1个“儿童之家”，发放儿童玩具和爱心图书5000余册，送去关爱。开展“共谱和谐生活”活动，以“六一”国际儿童节为契机，开展一系列关爱儿童活动，如乒乓球、少儿围棋、绘画比赛，给孩子们送去节日的祝福。免费健康体检活动。深入全区各乡镇为留守流动儿童进行免费健康体检，全区共有1930名“留守儿童”参加体检；开展涵江区“爱心妈妈”现场招募暨“关爱农村留守流动儿童”签名活动，全区共招募爱心妈妈233名。

【妇联自身建设】 2012年，区妇联坚持“党建带妇建，妇建服务党建”的原则，努力把妇联组织建成学习型、创新型、服务型的妇女群众组织。建立全区妇女人才数据库工作，征集全区妇女人才库信息共200多份。推荐选派3名女村书记参加省妇联干校培训；组织14个乡镇、街道（管委会）妇联干部参加市妇联举办的乡镇妇联干部培训班。对全区14个乡镇、街道（管委会）中村（社区）组织换届情况进行调查模底，并及时与各乡镇党委、政府加强沟通，与民政部门协调，推进“村委会妇女成员实行专职专选、村委会中确保要有1名妇女成员和村妇女代表占村民代表组成人员三分之一以上”等政策的落实，确保女性进村两委的“两个确保、两个提高”（即确保村委会成员中有妇女成员、确保妇代会主任进村“两委”；提高村妇女代表当选率、提高女村支书和村主任当选率）目标的实现。全区有女村支部书记9名，女村主任5名。175个村委会成员中均有妇女委员，村妇代会主任百分百进村两委。

（林秋桑）

·科 协·

【概况】 2012年，涵江区科学技术协会（以下简称区科协）以贯彻落实《全民科学素质行动计划纲要》为指针，围绕涵江区经济社会发展需要，努力夯实创建全省科普示范区的基础，着力推进科普进农村、进社区、进学校、进企业，扎实抓好科普宣传、实用技术培训及推广、青少年科技、科普惠农兴村计划等工作。

【科普宣传】 1月6日，在区委宣传部的协调组织下，区科协参加在江口镇东岳观开展的“科技、文化、卫生”三下乡活动，在现场发放科普宣传资料3000多份，向东岳观赠送《科技报》《科学与文化》杂志书籍158册，现场科技咨询人数达300多人；“全国环保日”期间开展系列活动，9月份相继在莆田第十七中学、涵西街道鲤江庙广场、顶铺、霞徐、涵西等社区开展以“节约能源资源、保护生态环境、保障安全健康、促进创新创造”为主题，重点宣传节能减排、低碳生活、绿色环保等为主要内容的科普宣传、知识竞赛和张贴挂图等活动。整个宣传活动共制作宣传展板41块，发放宣传手册1900多份，宣传图册386册，参加竞答人数300余人。此外，区科协在全区199个村居、街道宣传栏共张贴1195期次科普宣传挂图进行科普知识宣传。

【青少年科技活动】 2012年，为激发青少年“学科学、爱科学、用科学”的兴趣，区科协根据省、市科协的有关通知精神，与区教育局联合组织区域内中小学参加莆田市第二十七届青少年科技创新大赛及科幻画制作大赛。在竞赛中，莆田第十七中学学生姚庄峰获市青少年科技创新大赛优秀项目三等奖；涵江实验小学学生林好晴获市青少年科技创新大赛优秀科幻画制作一等奖；涵西中心小学学生李昕怡、白塘中心小学学生吴碧霞、涵江实验小学学生苏占航分别获二等奖；石庭中心小学学生王义禄、赤港小学学生郑如冰分别获三等奖。

【农村实用技术培训】 2012年，区科协围绕"农业科技年"为主题，坚持"实用、实效、实际"的原则，依托科普示范基地，同时利用党员远程教育、干部电化教育、镇街农函大分校的优势和先进农技协以及各专业村进行新技术、新产品的推广，邀请莆田市农科所专家及技术人员，分别在东盛现代农业有限公司、华林蔬菜基地有限公司、桂花香农果开发有限公司、区养蜂协会、萩芦镇东张村等举办以实用技术为内容的高新蔬菜栽培技术、台湾特色水果种植技术、茶叶、桉树栽培技术等培训共18期次，受训菜农、果农、茶农达1000多人次。

【科普惠农项目建设】 2012年，区科协继续实施"科普惠农兴村"计划，培养、推荐莆田市东盛现代农业有限公司和莆田市东盛蔬菜专业合作社理事长李爱华入选福建省"科普惠农兴村计划"项目，9月份莆田市东盛蔬菜专业合作社理事长获"全国科普带头人"称号；莆田市东盛现代农业有限公司被评为"福建省先进科普示范基地"。共获国家、省级奖励10万元。争取省委省政府为民办实事项目——科普惠农宣传栏项目建设资金在涵江区得到落实。向市科协科协争取到项目资金35万元建设资金，新建98个科普惠农宣传栏，该项目（宣传栏）建成并通过省、市科协验收，投入使用。争取青少年科学工作室建设项目2个，获省科协补助建设资金4万元，分别建在涵东街道顶铺社区、涵西街道涵西社区，该项目建设通过省青少年科技活动中心验收，于9月底投入使用。同时"三农"网络书屋建成并使用。

【非公企业成立科协】 4月29日，在涵江区建成大酒店举行企业科协集中授牌仪式。涵江区红太阳精品有限公司、锦都家具有限公司、初日化工有限公司等10家企业成立企业科协，为广大企业注入科技的生机与活力，为企业发展和壮大创造良好的外部环境。

（林祖荣）

·侨　联·

【概况】 2012年，涵江区华侨联合会（以下简称区侨联）围绕区委、区政府"项目为纲、投资为要、征迁第一"中心工作，动员广大归侨侨眷和海外侨胞，配合政府征迁，支持家乡建设。深入宣传《中华人民共和国归侨侨眷权益保护法》，分发宣传小册子、宣传单800份，开展侨法咨询活动3场次，慰问难贫侨700多人，送去慰问金、慰问品折合人民币6万元；通过各种渠道反映侨界社情民意，共同维护归侨侨眷的合法权益和海外侨胞的正当权益；共接待印尼、马来西亚、新加坡、西班牙、巴西、阿根廷等国新老华侨华人1000多人次。截至年底，涵江区在外华侨华人 39.79 万人，港澳同胞 3.56 万人，共计 43.35 万人，区内有归侨 2041 人，侨眷属 18 万人。辖区内有乡、镇、街侨联组织 9 个，村、社区、学区、侨资企业侨联小组 115 个。是年，区侨联被省侨联、省公务员局授予“2008—2012 年度福建省侨联系统先进集体”称号；有 1 人被省侨联评为首批“四星级侨友之星”。

【服务经济】 2012 年，区侨联做好侨资企业的服务工作，继续加强与汇达时装、新飞天鞋业、珍宝电子等 3 家省级侨资企业服务联系点和 20 家区级侨资企业服务联系点的联系，为企业发展提供服务，在侨资企业与银行间搭建桥梁，协助企业解决融资问题，并通过外省侨联网络，协助企业解决工荒问题。争取部门支持，协助企业解决经济纠纷、与所在地群众纠纷、企业周边治安等问题。是年，协助区政府引进项目 2 个，利用外资 5000 万美元；共接受侨胞捐建文教卫生、桥路水电、休闲公园等社会公益事业款项 600 多万元。

【维护侨益】 2012 年，区侨联关心难贫侨的生产生活，春节期间配合省、市侨联慰问难贫侨 84 户，送去慰问金、慰问品折合人民币 6 万元。3 月份，区侨联与区法院成立涉侨维权调解衔接工作领导小组，定期研究涉侨维权调解工作，制定《涵江区人民法院、涵江区侨联关于建立涉侨维权衔接工作互动机制的意见》及实施方案，进一步推动涉侨维权调解工作制度化、规范化，提升涉侨维权工作水平和效率。区侨联还以区法院设立涉港澳台侨民事审判合议庭为契机，联合区涉侨台单位与区法院建立涉侨台维权领导小组，定期召开联席会议，整合全区涉侨台优势资源，共同为涉侨台民事纠纷调处工作献计出力，化解纠纷，增进和谐。9 月份，省侨联主席王亚君到涵江侨区调研，慰问难侨 5 户，送去慰问金 2500 元；区侨联筹措资金 30 万元，捐助 102 名品学兼优的贫困初高中毕业生；宣传贯彻《中华人民共和国归侨侨眷权益保护法》及其《实施办法》，与区外侨办联合在江口东岳观开展侨法宣传系列活动，答复群众咨询 300 多人次，发放宣传材料 500 多份，为群众义诊 200 多人次。

【参政议政】 2012 年区侨联充分发挥侨界 36 位各级人大代表、121 位各级政协委员的作用，组织他们深入调研，倾听侨声，了解民意，就经济、社会、法制、民生等方面的改进和发展提出建议 23 件，提案 35 件，部分议案、提案被各级党委、政府和有关部门采纳。如郭立红代表在省十一届六次人大会议上提出的《关于加强东方红水库饮用水源保护的建议》，得到省人大的重视和省环保厅的回应，并被列为省监察厅督办件，督促福州市政府限期治理，并取得实效；提出的《关于提高归侨离退休职工生活补贴标准的建议》得到省委重视，将归侨离退休职工生活补贴标准由每月 60 元提高至每月 100 元，并于 2012 年 7 月始执行。11 月下旬，“五侨”（即侨办、侨联、致公党、人大华侨委员会、政协港澳台侨委员会）联合举办学习宣传贯彻十八大精神座谈会，邀请 20 多位侨胞、侨商、归侨侨眷畅谈学习十八大体会，了解海外侨情新况，探讨进一步做好海外联谊工作新路子，广泛征集侨胞、侨界群众对莆田、涵江建设与发展的意见、建议。

【海外联谊】 2012年，区侨联继续坚持立足东南亚，拓展欧美日的工作方向，发挥老华侨的带动作用，加强与新华侨、华侨新生代、留学生的联系，请进来，走出去，深交老朋友，广交新朋友。侨联创新工作机制，动员老华侨携子孙后代回乡寻根谒祖，加大做好海外华侨华人新生代工作力度，全年共接待、拜访印尼李文正博士、关文龙先生、林德祥先生、马来西亚李旭同先生、黄瑞豹先生、新加坡黄日昌先生、西班牙蔡俊成先生、巴西许志煌先生等一大批新老华人华侨，建立起深厚的感情，实现侨务资源可持续发展。11月份，接待由马来西亚雪隆兴安会馆主办的青少年莆田寻根团一行20人，带领他们参观涵江城市建设新貌，参观江口东岳观华侨纪念馆、赤港华侨农场小学、侨居工程、竹园等。

（郭立红）

·台 联·

【概况】 2012年，区台湾同胞联谊会（以下简称区台联）发挥优势，扩大联谊，做好台湾人民工作。学习贯彻党的一系列对台方针政策，坚持“和平统一、一国两制”的基本方针，充分发挥对台工作的“五缘”（即地缘、血缘、文缘、商缘、法缘）优势，积极稳妥地开展对台联谊工作。围绕服务祖国统一大业，寓联谊于服务之中，增进了解，热情服务台商、台胞、台属，团结联络居住在祖国大陆的台湾同胞，主动联络台湾岛内、港澳及海外的台湾同胞，沟通感情，扎实做好争取台湾人民人心工作。

【服务台胞】 2012年，区台联组织干部经常深入到台胞家中，及时了解和掌握全区台胞的情况，反映台胞工作、学习、生活等方面的意见和要求，配合协助有关部门为台胞排忧解难。注重发挥台联是“台胞台属之家”的作用，关心居住在涵江区的台湾省籍同胞及遗孀。在春节、中秋等节假日组织开展慰问台湾省籍同胞活动，送慰问品和慰问金。为台胞子女上学、出国探亲出示证明等，联系协调市、区有关部门为台胞子女在莆就学办理有关手续，提高为台胞服务的质量。选送台湾省籍同胞刘明参加河北省怀来县综合技能培训。向上级有关部门争取，主动为生活困难的台胞解决实际困难。重点抓好1948年以前到涵江定居的60周岁以上台湾省籍同胞的摸底调查，配合市台联会为3名困难台籍同胞争取到每月100元的生活补助，1名60周岁以上的台籍同胞每月150元的生活补助金。同时，抓好台胞中困难户的低保工作，做到能保尽保，主动为台湾同胞解决实际问题。

【服务台商】 2012年，区台联主动服务台资企业发展。结合区委部署开展的“进企业、解难题、促发展”活动，深入到台资企业中去，了解企业生产经营情况，了解企业在经营中所遇到的一些用工、用电、用地以及市场、融资等方面存在的困难和问题，帮助协调联系上级有关部门给予解决，使台资企业能够化“危”为“机”，度过难关。协助区台办等有关部门协调解决台资企业莆田万宗工艺品有限公司的纠纷问题，维护台商的合法权益。

（苏 盈）

·残 联·

【概况】 2012年，涵江区残疾人联合会（以下简称区残联）继续贯彻落实残疾人教育、就业、扶贫等一系列残疾人优惠政策，为维护残疾人基本生活、就医、就学、就业及合法权益，提供制度性保障。截至年底，涵江区有残疾人26875人，占总人口6.25%。其中，肢体残疾7906人，视力残疾5709人，听力残疾5907人，言语残疾727人，精神残疾1966人，智力残疾2217人，多重残疾2443人；办理第二代残疾人证的有11996人，办证率44.6%。

【区残联第五次代表大会】 区残联第五次代表大会于11月5日召开，会议听取和审议区残联第四届执行理事会的工作报告；选举产生区残联新一届主席团委员；召开区残联第五届第一次主席团会议，选举产生主席团主席、副主席，执行理事会正副理事长、理事，聘请区委书记和区长为名誉主席，推举产生5个专门协会的主席、副主席、委员。

【残疾人宣教文体】 2012年，区残联在爱耳日、爱眼日、助残日等残疾人纪念日广泛开展宣传咨询活动。组织残联工作人员和涵江医院五官科医生上街开展“爱耳日”、“爱眼日”宣传咨询活动，发放宣传单1000多张，义诊126人次。通过开辟专版、专栏，设置宣传标语等形式，宣传残疾人事业取得的成就，宣传党委、政府领导和有关部门走访慰问残疾人的场面，宣传残疾人克服困难、努力学习、回报社会的典型事迹。将残疾儿童少年纳入普及九年义务教育的工作范围，统一领导，统一部署，统一检查，让所有的适龄残疾儿童少年都能入学，共为50名贫困残疾学生和残疾人子女发放助学金，其中大专以上30人每人每年2000元，高中20人每人每年1000元。丰富残疾人的文化生活，在残疾人较多的地方如莆田市特殊学校和江口镇东大村建立“福乐书屋”，开展形式多样的文体活动。8月13日在江口镇海星村开展“残疾人体育宣传周”活动，区残联和各专门协会组织39名残疾人运动员、12名助残志愿者参加活动，此次活动设置乒乓球赛、羽毛球赛、套圈、敲锣等趣

11月5日，区残联召开第五次代表大会

味比赛。组织8名残疾人运动员参加全省残疾人青少年田径锦标赛，取得13个第一名、3个第二名和1个第三名的成绩。

【残疾人康复】 2012年，区残联与卫生部门联系协调，将平民医院、九五医院和莆田市康复医院定为涵江区白内障复明手术定点医院，完成白内障复明免费手术145例。全年共为1名低视力患者验配助视器，指导训练、培训家长1名；肢体康复训练10人；输送43名脑瘫、智力等儿童到涵江区骨科医院等康复点进行理疗和功能康复训练，每人每年补助1万元；举办一期假肢使用与护理培训班，培训24人，安装普及型假肢14人，转介辅助器具230人，矫形器1人；培训聋儿家长4名，为聋儿家长提供沟通交流、掌握康复训练知识的机会；举办一期智残儿童培训班，培训智残儿童9名，免费给每位家长赠送康复训练教材；为3名孤独症儿童转介到省康复中心进行康复培训；为25名贫困截瘫或重度肢残者发放轮椅；为400名贫困重度精神残疾人治疗发放医疗救助卡，每人500元，凭卡到区康复医院免费取药。以区康复医院为依托，对住院的贫困精神病患者给予救助治疗，每月只收取300元生活费，组织精防医生走村入户为贫困精神病患者送医送药。

【残疾人就业】 2012年，区残联与相关部门以及职介等机构相结合，实现残疾人多渠道多形式就业培训。依靠社会力量代培工业缝纫、制鞋业、电脑培训、家用电器、摩托维修、美容美发、糕点制作等实用技术，培训残疾人108人次。依托涵江区残疾人康复扶贫培训基地和各乡镇残联举办残疾人实用技术培训班，聘请高级农艺师和优秀养殖户培训有就业需求和创业愿望的残疾人245人次。举办涵江区残疾人创业就业培训班，培训30名有创业意愿的残疾人。利用各种平台，通过就业培训、就业指导、就业推荐、跟踪服务等四项全托底服务，为残疾人提供职业指导和就业渠道。全年共登记求职残疾人223人，推荐集中安置在福利企业就业的残疾人45人；分散在机关、企事业单位就业的残疾人67人；个体从业的残疾人111人。鑫祥工贸有限公司被省残联授予“福建省残疾人就业示范基地”称号，并给予5万元的奖励补助。依法征收残疾人就业保障金，共有1099家单位缴纳残疾人就业保障金，收取残疾人就业保障金380.306万元，同比上年度增长24.5%。发放残疾人就业创业补助，支持“零就业”家庭就业30人，每人5000元。按照《关于开展福建省残疾人就业服务机构规范化建设工作的通知》制订的评估标准，区残疾人就业服务所在软硬件设施建设、规范服务、资料归档、注重实效等方面工作扎实，被省残联评为“福建省残疾人就业服务机构规范化建设达标单位”。

【残疾人扶贫解困】 元旦春节期间，涵江区共慰问残疾人困难户255户，发放慰问金10多万元，油1175千克，线面1175千克，大米1500千克，慰问品折合人民币4万多元。落实残疾人保障措施，优先把残疾人纳入最低生活保障，共有5327名贫困残疾人享受低保政策，实现应保尽保。着力做好全区享受低保、60周岁以上以及低保边缘的重度残疾人生活补助金的发放工作，全区共审核认定享受重度残疾人生活补助3362人，月发放生活补助资金11.5万元，确保贫困重度残疾人生活有所保障。宣传引导残疾人参加新型农村、城镇居民养老保险和新型医疗保险，其中重度残疾人和残疾人低保户的参保费用由财政全额补贴。为11441名残疾人办理意外保险，保险金额22.882万元。扶持残疾人发展生产，摆脱贫困，加强残疾人康复扶贫资金和项目的管理，及时下拨资金，扶持帮助贫困残疾人。为涵江区福利粘胶厂贷款10万元，为鑫祥工贸有限公司争取中央专项贷款100万元，贴息补贴5.6万元。为30名残疾人办理小额信贷贷款手续，发放信贷款30万元，帮助残疾人自谋职业和个体创业就业。实施安居工程项目，为30户贫困残疾人重建房屋，每户补助2万元；为40户贫困残疾人修缮房屋，每户补助8000元，全部完工，搬入新居。加强福乐家园建设，萩芦镇官林村“新生果园”康复扶贫培训基地、涵江区顺发福利纸制品有限公司和涵江区康复医院共为12名智力残疾人和30名精神残疾人提供托养服务。根据居家托养的条件要求，进行摸底排查，完成83户残疾人的居家托养对象的确认，发放居家托养对象每人5000元共41.5万元补助金；完成中央阳光家园计划50户残疾人居家托养的确认，发放居家托养对象每人2000元共10万元补助金；完成机构托养对象13名，每人发放5000元共发放补贴金额6.5万元补助金。

【残疾人维权】 2012年，区残联协调司法部门为贫困残疾人开辟法律服务绿色通道，全年共受理法律援助案件4件，使残疾人的合法权益得到保障。采取召开会议、进村入户调查、理事长接待日等办法，及时听取基层残联和残疾人的呼声，了解存在的困难和问题，掌握残疾人中存在的不稳定因素，主动把矛盾化解在萌芽状态。做好残疾人来信来访工作，指定专人负责，做到件件有落实、事事有回音。全年共受理来信3件，接待来访15人次，受理电话咨询32人次，办结率均为100%，无出现越级上访或集体上访事件。

（吴超敏）

·老龄办·

【概况】 2012年，涵江区老龄工作委员会办公室（以下简称区老龄办）全面落实“六个老有”（即老有所养、老有所医、老有所为、老有所学、老有所教、老有所乐）工作目标，抓基层、抓重点、抓落实。维护和保障老年人的合法权益，丰富老年人的精神文化生活，促进老龄事业健康持续发展。截至年底，全区60岁以上老年人口达6.28万人，约占总人口的14.6%。其中65岁以上老年人口4.19万人，占总人口的9.74%；80岁以上高龄老年人口快速增加，总数有8340人，占老年人口的13.28%；90–99岁老年人1150人，占老年人口的1.8%；百岁以上老人共18人（最高年龄106岁），百岁老人同比下降12个百分点。

全年涉老案件共接受法律援助16起、法院受理赡养案件4起，执行4起；区老龄办受理老年人信访15件，调处率达100%。免费办理老年人优待证21000多本，协调做好办理老年人优待证审批权力下放至乡镇便民服务中心窗口的工作。继续与区妇幼保健院签订为全区60岁以上老年人在诊就诊实行优先优待协议。对符合城乡最低生活保障条件的贫困老年人972名，及时纳入最低生活保障范围；老年人不承担各种社会集资，农村男55周岁以上（不含55

周岁），女50周岁以上（不含50周岁）不承担“一事一议”投劳和筹资任务；对城市22名“三无”老年人（无劳动能力、无生活来源、无法定赡养人和扶养人的老年人）、40名农村五保老年人和335名城乡低保老年人去世的予以减免丧葬殡仪服务费用。

【社区居家养老服务站】 2012年，全区新建14个社区居家养老服务站，总人口33529人，老年人口5656人，占总人口16.8%。计划完成投资28万元，实际总投资178.6万元。为确保省级居家养老服务站建设任务顺利进行，做到早动员、早布置，涵江区召开居家养老新建社区单位负责人工作现场会，参观涵东街道新区社区市级居家养老服务示范单位，会上并作经验交流。区民政、财政、老龄等部门每月20日组织人员，对各个社区的试点项目进行重点督查，每月6日以简报形式将各中心（站）项目进展情况按照社区居家养老服务工作考评标准，逐一比对，并予以通报，区老龄办编发简报5期。是年，新建14个社区都与辖区9家以上服务机构和单位签订为老服务协议，有效整合社区医疗卫生商贸服务、家政服务等各类为老服务资源568个。坚持以满足社区老年人多样化服务需求为出发点，普遍内设家政服务室、日间照料室、医疗保健室、娱乐棋牌室、图书阅览室、兴趣小组室、营养配餐室、教育培训室、志愿服务室、老年学教、助老餐厅等服务设施。为社区老年人提供读书看报、学习培训、健身休闲、兴趣培养、文化娱乐、生活照料等方面的服务。14个试点社区累计服务项目达130个，设立日间休息室14间56床，专职管理人员99人，兼职管理人员175人；专职助老服务人员122人，兼职助老服务人员269人；志愿者（义工）28支641人。老年活动室14个，老年学校14所，设立为老服务热线14台，无偿服务对象125人，低偿服务对象249人（每月发放购物卷30-50元），得到各类服务老年人总数5320人，占新建社区老年人总数的95%，各中心（站）室内活动场所面积2800平方米，室外活动面积3950平方米。经省市考评验收，新建14个社区居家养老服务站全部合格，实现全区城市社区和农村社区全覆盖。

【老年人优待政策】 6月初，区老龄办派员到各街道、社区进行调查，审核每一位老年人的基本材料，统一在银行办理存折、按社会化发放程序，保证老年人按时足额领到生活补贴。全年百岁老人的高龄营养补助费，每人每月200元，慰问金每人每年1000元。根据莆政文〔2009〕108号和涵政〔2010〕4号文件，涵江区90-99周岁老年人每人每月生活补助100元。是年，全区90-99周岁老年人1150人，累计发放132万元并逐年列入财政预算。

【敬老月活动】 重阳节期间，区委书记沈伯麟和区长陈万东分别带队，组织区五套班子领导分4个组走访慰问百岁老人18人，特困老人30人，困难老人30人，特别贡献老人20人，敬老院院民80人；慰问4个基层老年人协会，累计发放慰问金5万元，慰问品食用油400千克、线面400千克；向困难老人赠送轮椅36辆，向基层老年人协会赠送42吋液晶彩电9台；区财政拨出专款8000元用于制作新板二十四孝漫画幻灯片，委托区城乡数字电影放演两支队伍，巡回放演达50场次。

7月3日,区关工委召开庆"七一"暨争创"五好"关工委经验交流会

【"敬老文明号"活动】 2012年，区老龄委开展"敬老文明号"活动。活动期间，各级、各有关部门广泛开展健康向上、丰富多彩的文体活动，促进文体活动成为老年人生活的重要内容，更多的老年人走出家门，参与社会活动。区老龄办与涵西街道联合组织一支老年人文艺队深入农村、社区演出15场次；组织演出具有浓厚地方特色的以尊老敬老为内容的莆仙小戏，弘扬中华民族传统的敬老文化；并通过基层老年协会、退教协、老年学校开展各种形式健康有益的娱乐活动，丰富老年人的精神文化生活，有效地推进社区精神养老家园的创建。

（郑朝阳）

·关工委·

【概况】 2012年，涵江区关心下一代工作委员会（以下简称区关工委）围绕中心，服务大局，不断增强关心下一代的使命意识，努力在自身队伍建设、争创"五好"关工委、开展思想道德教育和为广大青少年办实事等方面主动作为，取得成效。是年，全区共有关工委组织249个，参与关工委工作的"五老"人员811人，占关工委工作总人数1642人的49.4%。

【组织建设新进展】 2012年，新增商城管委会关工委，使关工委在乡镇一级单位中实现全覆盖，并按照"先易后难，分类指导，典型引路，稳步推进"的原则，选择在热心公益事业、社会影响较大、员工子女较多的梧塘镇新荔丰鞋厂建立涵江区首家企业关工委组织，实现企业组建关工委零的突破。

【创建"五好"活动】 2012年，根据《涵江区创建"五好"（即领导班子建设好、骨干队伍作用好、制度健全执行好、积极探索创新好、活动经常效果好）基层关工委考评细则及标准》和各乡镇推荐的情况，区关工委认真组织实地抽查考评，经主任办公会议确认，全区共评出创"五好"基层关工委先进单位34个，占全区基层关工委总数的13.7%。其中，乡镇机关5个，占乡镇级总数的33.3%；村居（社区）22个，占村居社区总数的11.1%；学校7个，占学校总数的20.6%。

【主题教育】 2012年，区关工委共组织两次大的主题教育活动，共举办教育讲座14场次，受教育青少年达3000多人。5月，举办6场“学习雷锋做一个真实的人”主题教育讲座，讲座通俗、平实、生动地诠释新时代的雷锋精神；12月，组织8场的宣讲报告会，着重围绕中共十八大精神这个主题进行宣讲。各乡镇（街道、管委会）和教育系统关工委也通过丰富多彩的文化活动方式对青少年进行教育。如大洋乡关工委编写乡土教材，录制闽中革命斗争史纪录片《闽中红旗不倒》；清明节期间白沙镇关工委组织学生到省级爱国主义教育基地沃柄红军“207”团旧址缅怀先烈；新县镇关工委在“五四”青年节期间依托革命教育基地外坑宣德宫开展青少年入团宣誓活动；江口镇关工委通过举办文艺歌舞晚会，宣传“爱国爱乡、海纳百川、乐善好施、敢拼会赢”的福建精神。

【法制教育】 2012年，区关工委与区文明办、综治办、预防青少年违法犯罪领导小组办公室、公安分局、教育局、司法局、共青团等7家部门联合开展第二届“关爱明天、普法先行”青少年普法教育活动，订购普法教育读本124本，赠送给全区各乡镇关工委和各中小学校作为普法教材；购买2套普法教育VCD在区广播电视台上播放；动员各中小学校踊跃参与市关工委组织的青少年普法教育征文活动，小学组的获奖率占全市的48.4%（全市64名获奖，涵江区占31名）。

【未成年人零犯罪村居（社区）、学校创建】 2012年，涵江区各级关工委开展“未成年人零犯罪村居（社区）、学校”活动，如庄边镇关工委利用假期和双休日，通过分发宣传单向家长宣传《义务教育法》《教师法》，还邀请派出所干警为镇各中小学生专门讲解《未成年人保护法》。莆田锦江中学关工委与区法院签订共建协议，成立青少年维权工作组，尝试设立模拟法庭，该校重视法制宣传的做法得到司法部普法办的重视和肯定。全年涵江实现零犯罪村居91.96%，居全市第二；零犯罪学校97%，居全市第二。

【奖教助学】 2012年，全区三级关工委和机关各职能部门的帮困助学资金达114.926万元，受

12月6日，区关工委开展党的十八大精神巡回报告活动

资助学生共1001人次。其中，区关工委资助考取大学的贫困新生40名，每人2000元；江口镇累计资助贫困学生301人，资助款达6.66万元；大洋乡筹集奖学基金150万元，发放助学和奖教资金13.2万元；庄边镇爱心基金累计156万元。

【关爱活动】 2012年，区关工委以“六一”国际儿童节为契机，携手江口东岳观，为18名贫困外来工子女及留守儿童送去共5000元的学习用品和慰问金。萩芦镇关工委开展“一助一”帮困助学活动，镇干部与82名贫困学生结对帮扶；国欢镇后洋村关工委结对帮扶留守儿童11名，外来工子女15名，贫困儿童4名。赤港经济开发区关工委在“六一”国际儿童节期间开展义诊活动，为80名儿童免费体检，慰问留守儿童、独生子女和贫困儿童；涵东街道关工委设立“未成年人心理健康辅导室”，先后为青少年进行心理健康辅导50多人次；涵西街道关工委联合团区委在莆田第十七中学开设为期两周的阳光教学活动，为外来工子女补习英语、自然科学和写作知识。白沙镇关工委联合镇有关部门，向学生宣传“三无”食品的危害；白塘镇关工委配合做好农村无业青年的劳动力转移培训；庄边镇关工委联合镇农技站进行农业技术的推广与培训。大洋乡关工委介绍、输送初中学生215人到福州中华职业技术学校继续学习，并由该校安排就业。

【“爱心图书室”建设】 2012年，区关工委重视“爱心图书室”的巩固完善工作。在大洋乡“爱心图书室”抓试点，添置价值1.5万元的各类书籍和图书柜、桌椅，并完善图书借阅、图书登记、图书保管和管理员职责等一系列制度。10月，组织举办全区图书管理员培训班，到西天尾龙山文化站参观学习。在全面调研的基础上，区关工委按照各图书室缺什么补什么的原则，共投入近5万元资金，改善各图书室的条件，完善各种规章制度，充分发挥图书室作用。

【改善青少年成长环境】 2012年，江口镇关工委商请侨领及企业家捐款200多万元，实现江口中心小学乔迁新址。赤港经济开发区关工委新建5000多平方米的教学楼，并发动企业家捐款300多万元，建设学校足球场、塑胶跑道等，添置多媒体电脑、实验仪器等教学设施。

（刘丽琳）

·社科联·

【概况】 2012年，涵江区社会科学界联合会（以下简称区社科联）贯彻落实上级宣传和社科联工作会议精神，坚持正确的舆论导向，做好理论武装、社科普及、课题调研等各项工作，推进全区经济和社会事业的协调健康发展，发挥社科联的职能作用。

【社科普及】 2012年，区社科联探索在新形势下发展和普及哲学社会科学的有效途径和方法，开展社会科学“进机关、进农村、进企业、进学校、进社区”活动。在社会科学普及宣传周活动中，深入发动，在各乡镇、区府大院、涵东新区、涵西保尾、鲤江广场等社区宣传栏布置社科知识宣传挂图；在兴涵街、兴涵门等显眼地点悬挂巨幅社会科学宣传标语；组织法律咨询、消防综治等宣传咨询活动；开展社会科学类图书优惠展销；组织人口计生、人口普查等宣传与发动工作，增强干部群众人口与社会经济和谐发展意识；宣传普及中国特色社会主义理论，同时通过联动参与各项活动，自觉承当起认识世界、传承文明、创新理论、咨政育人、服务社会的职责，扩大社科联的影响。

【社科活动】 2012年，涵江区发挥社科联的职能作用，围绕“项目为纲、投资为要、征迁第一”主题，组织社科工作者参与调研活动，组织理论界和社科界工作者，结合涵江实际，选定调研专题，通过调研和宣讲，引导广大干部群众增进对项目征迁政策的理解和支持，为推动涵江城市建设和经济又好又快发展。指导协会工作，指导区诚信促进会开展“2011—2012年度诚信企业先进单位”评选活动，指导区综治协会开展“建设平安涵江”宣传，指导区工商协会开展维护消费者权益宣传，发挥协会服务、自律、协调、合作的作用。

（潘晓明）

·计生协会·

【概况】 2012年，涵江区计划生育协会（以下简称区计生协会）抓好基层协会组织建设和“生育关怀”、“三结合”各项帮扶工作，积极参与计生宣传。同时，做好区计生协会换届工作。是年，全区“双创”两类达标村189个，其中一流村（居）计生协会达114个，“双创”两类达标率为94%；“五好协会小组”1181个，达标率为88%，均名列全市首位。区计生协会与10个乡镇（街）计生协会连续5年保持一流县级计生协会和一流乡镇（街）计生协会称号。

【幸福工程】 2012年，区计生协会围绕幸福工程“治穷、治愚、治病”的目标，继续采取“小额资助、直接到人、滚动运作、劳动脱贫”的救助模式，积极运作。是年，全区幸福工程专项资金累计达181.4万元，累计救助资金379万元，救助792户，受助人口11720人，到期项目户脱贫率为95.6%，资金还款率、滚动率均达100%。其中，2012年（统计年）发放幸福工程款108万元，帮扶108户。

【计生小额贴息贷款】 2012年，区计生协会本着“放得下，管得好，收得回”的工作原则，按照规范运作加强管理的要求，努力推进计生小额贴息贷款工作。市计生协会安排小额贴息指标29.5万元，全区共完成放贷389万元，扶持农村计生困难户188户。

【生育关怀行动】 2012年，区计生协会加大“生育关怀”基金的筹措力度，辖区内所有乡镇街道（管委会）均设立“生育关怀”基金，共筹措“生育关怀”基金132.6万元。通过开展紧急救助、经济帮扶、志愿者服务、亲情牵手、宣传倡导等方式，不断拓宽生育关怀空间。全年共资助计生困难户大学生100多名，资助考上一级达标校计生户子女150多人，慰问计生特殊困难户63户，共发放资金69万多元。

【第五次会员代表大会】 10月13日，召开区计生协会第五次会员代表大会，共有130多人出席会议。会议听取并审议通过区计生协会工作报告；会议选举产生新一届理事会、常务理事会和领导机构，潘春玉当选为区计生协会会长，

10月13日,区计生协会召开第五次会员代表大会

林光亮为区计生协会常务副会长，蔡良最为副会长。

（蔡良最）

·红十字会·

【概况】 2012年，涵江区红十字会（以下简称区红十字会）工作人员走上街头进行艾滋病预防自救互救知识的宣讲，红十字医疗志愿者进入社区开展义诊、健康咨询、传染病防治、造血干细胞捐献、无偿献血等知识宣传活动，举行初级救护技能现场模拟演练，社区还利用展板、宣传栏等宣传《中华人民共和国红十字会法》、世界红十字日的由来、红十字会的基本原则等相关知识。是年，共组织各类宣传活动14次，发放宣传资料万余份。

【青少年红十字活动】 2012年，区红十字会加强与教育部门配合，把红十字工作与德育教育相融合，在全区中、小学中开展"红十字宣传月""卫生救护知识培训""防灾抗灾演练"等活动，结合红十字人道主义和爱国主义教育，把学校红十字工作与德育工作有机结合，成功推荐涵江实小获得福建省红十字模范学校称号，取得组织全面化、宣传渗透化、活动多样化的初步成效。

【博爱救助公益活动】 2012年，区红十字会开展"博爱进万家"活动，为社区的低保户、残疾人、特困家庭送去食用油、床单、被套、棉衣、棉被、大米等慰问物品，及时上门走访，了解困难原因、家庭境况，社区居委会、街道办事处层层把关，把党的温暖送到确实需要特殊关爱的群众中，共为特殊群体拨付救助款项17.63万元，为1540人次提供各项救助活动。切实开展红十会城乡困难居民重特大疾病救助工作，累计为辖区内申救助成功人数达235人，救助金额260余万元。

【无偿献血工作】 2012年，区红十字会扎实做好无偿献血的宣传、发动、组织工作，开展多种形式的宣传活动，动员和组织红十字会基层组织和广大会员、志愿者带头参与，形成良好的社会氛围，全年共组织和自愿献血2645人次。

（陈榕锋）

编辑：许云峰

政法 武装

·公 安·

【概况】 2012年，莆田市公安局涵江分局（以下简称涵江公安分局）以综合警务改革为契机，以确保“两会”和党的十八大等重大活动安全为目标，开展严打整治斗争，强化社会治安管控，创新社会管理机制，维护涵江安定稳定。全年共破获各类刑事案件1317起，其中八类案件175起；刑拘691人，逮捕552人，移送起诉758人。刑拘“两抢一盗”犯罪嫌疑人311人，逮捕272人、移送起诉292人；打掉“两抢一盗”犯罪团伙38个，抓获团伙成员147人。

【综合警务改革】 2012年，按照省公安厅的统一部署，涵江公安分局结合涵江实际情况，围绕“三警合一、网格布警、综合用警”的要求，率先在城区的涵东、涵西派出所共设立11支警务队22个警组。将城区划为两个巡区，每个巡

6月4日，涵江公安分局举行综合警务改革启动仪式

区由若干警务队负责，开展全天候的路面巡逻。警务队民警既管治安又管交通。同时，撤销4个交警中队，其警力全部并到派出所。通过改革有效整合基层公安机关路面执法执勤职能，科学规范勤务运行模式，使接处警更加快速、指挥更加顺畅，促进公安机关打击、防范、控制、管理水平的全面提升，辖区的路面犯罪活动明显下降。全年“两抢”预警基数为152起，110统计发案仅76起。

【刑侦队伍专业化改革】 2012年，涵江公安分局开展刑侦队伍专业化改革，设置综合队、情报信息队、重案侦查队、盗窃犯罪侦查队、盗抢机动车侦查队、两抢案件侦查队、诈骗犯罪侦查队、技术一队、技术二队。刑侦专业化改革后，分工明确、配合密切，打击效能明显提升。抢夺案件破案绝对数同比上升278.3%，盗窃机动车案件破案绝对数同比上升93.3%，诈骗案件破案数同比上升128.6%。

【网格化巡防机制改革】 2012年，涵江区推进网格化巡防机制改革，加大对“网格化”巡防的人、财、物投入。由区政法委牵头成立区治安防控指挥中心，下设二室二队，即办公室、视频监控室、治安联防队、武装巡逻队，全区共建立54个网格，每个网格建立1个执勤岗亭，配齐载有GPS全球定位设备的警务小车、专用巡防摩托车，每个网格还分别配备1名民警、6-8名专职巡逻队员，做到24小时“门开、人在、灯亮”。建立15支专职联防中队，配备专职巡防队员599名。建立警情信息第一时间传达、打击堵控第一时间到位、巡逻防控第一时间跟进、指挥调度全天候畅通、反应快速灵敏的巡逻防控打击指挥机制，实现城区、郊区“网格化”警务的全覆盖，在网格巡防中实现快速预警、出警、处警。各专职巡逻队伍在全面履行网格管理服务职责的同时，加强主要干道、路面、街面巡逻以及次干道、背街里弄、小区的巡查盘查，形成上下贯通、左右衔接、配合联动的巡防、联动、防控相统一的无缝化体系，确保“两抢一盗”在第一时间得到及时有效的发现、防控和处置。全年区治安防控指挥中心在巡逻中共抓获“两抢一盗”犯罪嫌疑人155名，为历年来最多。

【执法规范化建设】 2012年，涵江公安分局注重提高民警的业务素质和执法质量，狠抓网上规范执法办案工作。撤销法制科成立法制大队、下设一、二中队和信访中队，配备民警15人，负责执法监督、案件审核和信访工作。全面建立实体法制室和网上法制室，各执法办案单位分别配全A、B岗法制员各1名；健全法制员培训和考核体系，坚持落实每季度法制员例会、法制员业务培训会、法制员岗位绩效考评及绩效考评末位跟班学习制度，每半年组织法制员进行法制业务知识测试1次。规范办案中心管理使用，成立涵江公安分局执法办案中心管理小组，并安排2名民警、3名职工专职负责执法办案中心的使用管理、登记、硬件维护及相关台账的规范整理；由刑侦部门负责日常管理，法制部门负责日常执法监督，并出台“涵江分局执法办案中心应急处置预案”，实现对办案中心“封闭管理、实时监控、全程录像、电子巡查”的日常使用管理模式。执法规范化建设取得阶段性成效，全局共办理各类案件8457起，网上录入8457起，录入率达100%；应考评案件5828起，考评5828起，考评率为100%；发现执法问题数10888个，整改10562个，整改率达97%。

【信访维稳】 2012年，涵江公安分局继续坚持领导信访接待日及领导回访、下访等制度，有效预防和减少信访案件的发生，同时积极采取措施化解一批信访积案。全年共登记接待来访来信361件，其中来信208件，来访153批273人次；局长信访接待日接待76批156人次。针对辖区内经济、医疗、征地拆迁等因素引发的群体性事件、纠纷增多的情况，坚持教育引导与依法打击并重的原则，严格按照处置预案，先后处置10起群体性事件，对证据确凿、带头挑起事端的违法人员依法打击，共行政拘留21人。

【命案侦破】 2012年，涵江公安分局严格落实领导包案责任制，强化工作措施，强力推进命案侦破工作。全区共立现行命案6起，破6起，破案率100%；破获命案积案2起；协破外省市命案2起，抓获命案逃犯8人。10月26日晚，涵江辖区发生1起抢劫杀人案件，案发后分局局长靠前指挥，刑侦大队、治安防控中心等单位团结协作，经过2天2夜的侦查，破获"2012.10.26"抢劫杀人案件，切实维护社会安定稳定。

【开展专项打击行动】 2012年，涵江公安分局开展打黑除恶专项行动，坚持"打早打小，露头就打"的工作方针和"有恶必除，除恶务尽"的工作原则，加强对黑恶犯罪信息和人员的调查摸排。全年共上报恶势力团伙4个，被省厅认定3个16人；群体举报件2件，办结2件。持续开展"清网"专项行动，继续强化追逃工作机制，综合运用各种追逃手段，使一大批在逃人员归案，全年共抓获抓获各类逃犯222名，其中外省逃犯25名，外地市7名，本市逃犯190名。开展打击经济犯罪"破案会战"行动，实行全警动员、全力以赴，向各类经济犯罪发出凌厉攻势，取得初步成效。共立经济犯罪案件154起，同比上升305%；破案125起，与上年同比上升331%；移送起诉153人，打击处理率180%。开展禁毒专项行动，全区共查处毒品刑事案件38起，完成涉毒治安行政案件121起，抓获毒品犯罪嫌疑人28人，强制隔离戒毒21人，缴获海洛因9.2克、麻古25粒、冰毒153.9克。

【治安整治】 2012年，涵江公安分局通过开展缉枪治爆、打四黑除四害、禁赌禁娼、消防安全等行动推进社会治安整治。全区共受理治安案件4892起，查处4616起，查处率94.36%，其中赌博案件561起，卖淫嫖娼12起，处罚违法人员5262人；查获涉枪涉爆案件12起，其中刑事案件4起，抓获违法犯罪人员15人，收缴各类炸药87.4公斤、电雷管640发、仿真枪12支、导爆索660米，烟花1005件；下发火灾隐患整改通知书1258份，下发行政处罚决定117份，责令"三停"63家，下发临时查封决定书70份，拘留19人，有效遏制较大和重特大火灾事故的发生，年内共发生火灾131起，同比下降2.23%。

【出入境管理】 9月16日，涵江公安分局举行出入境管理科揭牌仪式。出入境管理科的全体

9月16日，涵江公安分局举行出入境管理科揭牌仪式

民警和工作人员牢固树立“出入有境、便民无境”的理念。为方便群众咨询相关业务，接待大厅的工作人员对群众的现场咨询和电话咨询实行“一次告知制”，对办证申请材料逐一检查，核对填写的申请表格和其它办证所需的材料，确保手续齐全的申请人员能够警迅速办理好所需证件，有效避免申请人因材料准备不全导致退办的情形发生。

【交通综合整治】 2012年，涵江公安分局严格按照省公安厅道路交通安全综合整治“三年行动”的部署要求，精心组织，联动整治，取得初步成效。共查处各类道路交通违法行为113670起，扣留机动车2552辆，扣留驾驶证432本。其中酒后驾驶155起，醉酒驾驶26起，无证驾驶1593起；客运车辆超载87起，货运车辆超载735起；疲劳驾驶9656起，超速2110起；涉牌涉证3964起。全年全区共接处警4071起，其中现场简易调解2995起，简易立案675起，一般立案135起；死亡19人，受伤194人，经济损失11.32万元。事故“四项指数”（即事故的发生起数、死亡人数、受伤人数、直接财产损失）与上年同期相比，事故起数上升0.75%，死亡人数下降9.52%，受伤人数上升22.01%，经济损失上升18.30%。受理重大交通逃逸案件9起，侦破8起，侦破率为88.89%。

（黄福星）

·检　察·

【概况】 2012年，涵江区人民检察院（以下简称区检察院）围绕经济社会发展大局，以强化法律监督、强化自身监督、强化队伍建设为总要求，以执法办案为中心，以检察改革和机制创新为动力，全面履行法律监督职责，为推进涵江经济社会发展提供有力的司法保障和法律服务。是年，共受理提请批准逮捕各类刑事案件367件601人；受理移送审查起诉各类刑事案件580件835人；共受理职务犯罪案件线索29件，立案侦查16件16人。

【刑事检察】 2012年，区检察院注重发挥审查批捕和审查起诉职能，深入开展打黑除恶、打击“两抢一盗”专项斗争，密切配合有关部门集中开展打击非法传销、毒品犯罪、危害食品安全犯罪等专项行动，共受理提请批准逮捕各类刑事案件367件601人，审查后批准逮捕306件536人，不批准或不予批准逮捕42件61人，报请市检察院审查决定逮捕职务犯罪案件14件14人；受理移送审查起诉各类刑事案件580件

835人，审查后提起公诉404件603人，决定不起诉50件66人，移送市检察院审查起诉52件83人；批准逮捕抢劫、抢夺、盗窃等多发性刑事犯罪嫌疑人268人，提起公诉215人。在办案工作中，根据案件具体情况，该严则严，当宽则宽，区别对待，注重效果；对罪行轻微的老年犯、初犯、偶犯等，依法决定不予批准逮捕20人，相对不起诉49人，最大限度地减少不和谐因素，全力维护社会安定稳定。

【职务犯罪查办和预防】 2012年，区检察院始终把社会关注、群众反映强烈、损害人民群众切身利益的职务犯罪案件作为查办工作重点之一，全年共受理职务犯罪案件线索29件，立案侦查16件16人，其中贪污贿赂案件15件15人，渎职侵权案件1件1人；涉案科级干部8人，涉案总金额520余万元。在加大办案力度的同时，加强与纪检监察、行政执法部门的协作，建立健全信息共享机制，推动预防职务犯罪工作的制度化和规范化建设，形成党政齐抓共管、各方积极参与的预防工作新局面。注重加强系统预防、行业和个案预防，深入工商、税务、卫生、消防等部门，有针对性地举办法制讲座6场次，开展警示宣传教育78次，受教育500多人次，典型案例剖析教育17次，提出预防建议17件，帮助相关单位堵漏建制，努力从源头上预防职务犯罪的发生。

【诉讼监督】 2012年，区检察院针对群众反映强烈的执法违法、司法不公、徇私枉法等问题，加大监督力度，改进监督方式，增强监督实效。对应当立案而不立案的，监督立案6件12人；不应当立案而立案的，监督撤案11件13人；改变侦查机关不当定性被法院采纳18件，纠正侦查机关不当执法行为20次，纠正审判机关不当司法行为7次；积极推进量刑建议、简易程序案件出庭等司法改革，提出量刑建议被法院采纳247件，采纳率为91.2%，对114件适用简易程序审理的案件全部派员出庭支持公诉，促进刑事诉讼监督工作全面开展。坚持把维护当事人合法权益与维护司法权威相结合，不断增强监督实效。共受理民事申诉案件56件，审查后建议提请抗诉或提请抗诉的民事申诉案件，被上级院采纳支持并提出抗诉5件，发出再审检察建议被法院采纳并启动再审程序3件，历年提出抗诉或建议再审的案件被法院再审改判或作调解结案7件；向法院发出执行检察建议被采纳7件，促进执行款到位37万元；积极引导和促使当事人达成检察和解9件，服判息诉4件，有效化解矛盾纠纷。针对监管执行不到位的情况发出检察建议7份，均得到反馈和纠正。

【服务项目建设】 2012年，区检察院针对区重点项目多、投资规模大、征迁范围广的特点，发挥检察机关打击、监督、预防、保护的职能作用，多角度、全方位提供服务。主动深入项目一线开展法律服务56场次，为国电龙源风力电场等重点项目建设提供职务犯罪预防咨询35场次，开展工程招投标行贿犯罪档案查询386次。深入开展“违法用地和违法建设”背后职务犯罪专项整治工作，立案侦查职务犯罪案件2件2人，其中科级干部1人。做好因征地拆迁引发刑事犯罪的预防和处置工作，针对在塘北片区西坡改造工程中发生的妨碍公务案件，及时派员介入引导侦查机关取证，依法对围攻征迁人员的犯罪嫌疑人快捕快诉，配合有关部门妥善化解征地拆迁中的矛盾纠纷，保障重点项目建设的顺利推进。

【服务企业健康发展】 2012年，区检察院继续探索检察机关服务企业发展的新途径新方式，开通办理涉企刑事案件的快速通道，依法打击侵害企业利益、危害企业生产经营的盗窃、合同诈骗、职务侵占、挪用资金以及假冒注册商标等犯罪，共批准逮捕犯罪嫌疑人34人、提起公诉29人；在依法打击的同时，坚持对企业经营者、技术骨干涉嫌的轻微犯罪案件慎用逮捕措施，依法从宽从快处理；组织开展“想实招、办实事、出实效”系列联系企业走访活动，联合工商、税务等部门开展法律进企业活动，并就检察机关如何更好地服务企业征求意见和建议，深入企业开展法制宣传36场次，向企业提供法律咨询120多次，帮助企业建章立制30多项，为促进企业健康发展提供良好的法律服务。

【参与社会管理创新】 2012年，区检察院注重发挥检察建议的作用，结合执法办案，针对社会治安、安全生产、医疗卫生、食品安全、林区综合治理等领域存在的问题，及时向监管部门和发案单位发出检察建议37件，督促相关单位完善制度、堵塞漏洞。在办理侵害未成年人的刑事案件中，发现辖区内有多家工厂存在雇佣童工的现象，即向监管部门发出检察建议，督促相关部门纠正非法用工5起；在办理多起抢劫游戏机店的案件中，发现犯罪团伙专门抢劫不敢报案的无证经营者，先后作案40多起，即建议公安部门及时取缔非法经营的游戏机店12家，治安处罚23家。加强对社区矫正人员的教育和帮扶，主动与矫正对象进行个别谈话48人次，积极帮助3名刑满释放人员重新就业、回归社会。

（刘金明）

·审　判·

【概况】 2012年，涵江区人民法院（以下简称区法院）发挥审判执行职能，继续深入开展“人民法官为人民”主题实践和政法干警核心价值观教育，坚持“团结、拼搏、廉洁、正义”涵江法院精神，围绕“基础建设年”工作思路，突出服务发展大局，坚持能动司法理念，履行审判职能，着力规范司法行为，全面夯实基层基础，各项工作取得新的进展。重视人才引进和培养，共招录公务员2名、选调生3名、军转干部1名，调入公务员1名。截至年底，有35岁以下干警49人，占55.68%，其中“80后”干警44名。推进学习型法院建设，组织学术研讨、专题调研、青年讲坛、周末法官讲座、岗位练兵等活动，其中6篇论文在全市法院系统第十四届学术讨论会上获奖，区法院获市级优秀组织奖，7篇论文在全市法院“社会管理创新与能动司法”专题调研报告评比中获奖。开展“支部建在庭上、先锋亮在岗上、党旗红在院上”活动，完成党总支专职副书记以及江口法庭、梧塘法庭、白沙法庭、执行局、立案庭等8个支部书记的改选工作，任命各支部所在部门负责人为支部书记，选好配强党组织带头人，切实加强支部党建工作的指导。是年，共受理各类案件8538件，办结8420件，结案率为98.62%；法定期限内立案率100%，正常审限内结案率99.99%，当庭裁判率65.68%，一审

10月19日，中学生应邀参加“成长路上，与法同行”法院开放日活动

陪审率98.71%，调解率49.51%，一线法官办案数185.1，半数以上指标居全市前列。是年，区法院共有12个（次）集体、36人次获市级以上表彰，并被授予市级文明单位称号。

【刑事审判】 2012年，区法院贯彻宽严相济的刑事政策，把推进“平安涵江”建设，维护社会稳定作为首要任务。全年共受理各类刑事案件416件631人，审结405件613人。其中，审结交通肇事、危险驾驶等危害公共安全案件72件76人；审结非法经营、合同诈骗、信用卡诈骗、生产销售有毒有害食品等破坏社会主义市场经济秩序案件18件32人；审结故意伤害、非法拘禁、强奸、绑架等侵犯公民人身权利案件99件155人；审结盗窃、抢劫、抢夺、诈骗、敲诈勒索等侵犯财产案件163件254人；审结开设赌场、贩卖毒品、寻衅滋事、妨碍公务、隐瞒掩饰犯罪所得、犯罪所得收益、组织他人偷越国境等妨碍社会管理秩序案件36件78人；审结贪污、挪用公款、受贿等贪污贿赂案件17件18人。依法从宽处理具有从轻、减轻、免除处罚情节的罪犯以及初犯、偶犯、过失犯和积极赔偿者，有101名案犯适用缓刑、免刑等非监禁刑。大力推行刑事案件简易审和普通程序简化审工作，有114件适用简易程序审理，比率达28.15%，203件适用普通程序简化审，简化率72.24%。与区检察院、区公安分局联合发文《关于刑事案件和解工作的规定（试行）》，进一步规范刑事案件和解程序，促进刑事附带民事赔偿的妥善解决，化解被告人与被害人的对立情绪，共调解32件，调撤率69.57%。规范量刑幅度，准确把握基准刑和法定、酌定量刑情节，有302件461人适用量刑规范审结。

【民事审判】 2012年，区法院围绕促进经济协调发展、服务改善民生开展民商事审判工作。全年共受理一审民商事案件6649件，审结6573件，诉讼标的总金额为2.84亿元。维护社会主义市场秩序，审结民间借贷、买卖合同、承揽合同、服务合同纠纷等案件2048件。保障重点建设项目顺利进行，妥善调处涉及重大项目、重点工程、重大产业落地建设等纠纷案件12件。保护房地产正当权益，审结建设用地、房屋买卖、拆迁安置补偿等纠纷案件33件。加强对公民人身权和财产权的保护，审结人格权纠纷、物权保护、侵权责任纠纷等案件743件，其中审结道路交通事故人身损害赔偿案件481件，赔偿到位3355.4万余元。注重对妇女儿童老人合法权益的保护，审结婚姻家庭和继承案件575件，其中审结离婚案件499件，有166件判决或调解维持婚姻关系，251件判决或调解解除婚姻关系，76件经调解后原告主动撤诉，6件驳回起诉。着力加强对劳动者合法权益的保护，审结劳动争议、社会保险等案件576件。维护金融秩序，支持农商行改制，开展金融案件专项执行活动，审结金融借款案件3207件，标的额1.03亿元。

【健全审理机制】 2012年，区法院认真总结类型化纠纷裁判经验，建立健全以民事案件分类化、主审法官专业化、裁判尺度统一化为内容的专业化审理机制。结合侨区实际，在江口法庭设立“四涉”（即涉外和涉港澳台）民事审判合议庭，集中审理涉港澳台侨民事案件，统一办理涉外司法协助事务。在交通事故调处中心设立交通审判庭，构建立案、保全、鉴定、调解、理赔等一站式服务平台。在民营企业较为集中的梧塘法庭设立劳动争议审判合议庭，完善劳动争议“诉调裁”一体化工作机制。在民一庭设立维护军人军属合法权益合议庭，与驻涵武警部队签订涉军维权共建协议。在立案庭设立反家暴合议庭，联合妇联、公安、检察等部门，向涉暴当事人签发“人身保护令”，推动“零家暴社区”创建工作，倡导文明和睦的婚姻家庭关系。

【行政审判】 2012年，区法院发挥司法监督职能，推进依法治区进程。坚持行政行为合法性审查，严格执行法律法规，依法审查被诉具体行政行为，保护行政管理相对人的合法权益。共受理行政诉讼案件70件，审结70件，其中原告主动撤诉40件，驳回起诉8件，维持5件，驳回诉讼请求6件，撤销具体行政行为3件，确认违法1件，被告改变原具体行政行为原告撤诉1件。通过主动上门走访、在拆迁工地驻点协调等多种形式，强化与政府有关部门的对接，积极探索、不断完善行政争议多元化解机制，实行诉前沟通、诉中协调、判后疏导等制度，绝大多数行政争议在诉外被化解，58.57%的行政案件被成功协调。坚持合法性审查，保障行政机关依法行使管理职能和行政相对人的合法权益，是年共依法审查非诉行政案件137件。其中，裁定准予执行116件，不准予执行21件。

【审判监督】 2012年，区法院通过进一步强化司法管理信息录入、强化系统运用、强化审判监控，将审判流程管理、审判质量管理与干部绩效考评管理有效衔接，管理效能显著提高。加强审执工作动态分析，编发《审判管理通报》《清案电子周报》，对每月审判质效、司法管理信息系统录入与应用、审判态势分析等情况进行通报，促进审判质量与效率的提高。进一步规范办案程序，从严掌握再审案件改判标准，维护生效判决的既判力和权威。全年共受理再审案件9件，审结9件，其中维持2件，改判4件、调解1件。扎实开展庭审评查、裁判文书评查和规范调查笔录、规范庭审笔录、规范审理报告制作等“两评查、三规范”活动，被市法院推报为全省法院“两评查”活动先进集体。

【案件执行】 2012年，区法院继续加大执行力度，提高执行效率，缓解执行难问题。全年共受理执行案件1259件，执结1228件，执结率97.54%，执行标的额1.48亿元。其中，自动履行、和解1178件，比率达95.93%。不断健全分段集约执行机制，完善执行内部制约，深入推进内部分权，合理分配工作职责，有力监督工作衔接，有效整合执行力量，实现执行工作统一指挥、统一调度。深化执行外部联动，与公安、金融、证券、市场监管等部门召开联席会议3次，向国土、房管、车管等部门查询被执行人可供执行财产2105件，与建行、工行等8家银行建立“点对点”集中查询被执行人银行账户信息1295条。强化执行威慑措施，曝光被执行人235人次，司法拘留被执行人45名，移送公安追究被执行人刑事责任2名，限制被执行人出境5人，限制被执行人贷款23人次，查封划拨存款802万元，拍卖变卖不动产31处。加强执行基础建设，吸收村主干、村乡老等18名担任执行联络员，完善基层协助执行工作网络；培训新任基层调解主任，着力解决执行文书送达难、被执行人和执行财产查找难等问题。

【调解衔接】 2012年，区法院不断巩固和发展“调解衔接”莆田法治品牌，继续做好诉前调解、委托调解、协助调解、效力确认、调解指导等基础性工作，不断完善特邀调解组织和示范站点建设。同时，大胆探索法院专职调解、律师调解、无异议调解方案认可、无争议事实记载和民商事纠纷中立评估等开拓性工作，培育诉调对接工作新亮点。共有大调解工作站40个，“多村合一”调解衔接工作站4个，选配300余名特邀调解员，包括人大代表、政协委员特邀调解员12名、律师调解员9名。4月份，最高法院确定莆田等42家法院为诉调衔接机制改革试点法院，区法院被确定为试点重点单位。是年，民商事案件共调解2481件，撤诉2140件，调解撤诉率为70.38%。其中，诉前调解案件2506件，调解成功1694件，成功率67.6%；委托调解869件，调解成功662件，成功率76.18%；协助调解1521件，调解成功1138件，成功率74.82%；调解协议效力确认88件。与区司法局联合发文《关于深入推进诉调对接机制改革试点工作的若干意见》，健全诉调对接工作机制，促进诉讼与非诉讼矛盾纠纷解决机制的良性互动。积极争取区委支持，召开全区诉调对接工作推进会。与司法局联合举办调解主任业务培训班，切实加强基层诉调对接工作实务。帮助完善交通事故、劳资纠纷、征地拆迁、医患矛盾、消费者权益等调处中心建设，进一步提升基层调处矛盾纠纷的工作能力。

【诉讼服务】 2012年，区法院大力推进立案信访窗口建设，完善诉讼服务中心诉讼引导、立案审查、立案调解、查询咨询、材料收转、判后答疑、信访接待等“一站式”服务。5月，立案庭被市创建青年文明号活动组委会授予“青年文明号”。强力推进以3个人民法庭为中心、8个法官工作室为主干、17个无讼创建点为支撑、52名诉讼联络员为桥梁的便民诉讼网络建设，完善“院村”、“院军”、“院企”、“院校”共建机制，开展定点讲课18次、不定期宣传35场次、解答法律咨询1200余人次。重视信访工作，注重平时接访，实行立案庭领导日接待、执行局领导周接待、院领导月接待制度，严格落实涉诉信访10项制度，实施好“信访路线图”，严格落实首问接待、预约接访、主动下访、院长接待日、判后答疑等制度，最大限度地化解信访难题。是年，共接待来访群众311人次，疑难答复87人次，信访案件量同比下降56%，办结中政委交办的10件，办结率达100%。不断完善司法救助工作，为1257件案件的当事人减缓免交诉讼费39.55万元，为刑事被害人、特困申请执行人和涉诉信访人发放司法救助款19.5万元，为12名刑事被告人指定辩护人。

【服务项目建设】 2012年，区法院坚持服务关口前移，主动服务片区改造和项目建设。成立和谐征迁服务队，以挂钩包户的方式提前参与征迁化解，促成32个征迁老户最终签订安置协议。此外，成立强拆案件化解指导小组，加强与征迁指挥部的沟通协调，规范征迁行为，审慎处理涉及征拆的行政案件，严把风险评估关，及时排查可能引起群体性、突发性事件的矛盾因素，防止因强制执行引发极端事件，确保区征地拆迁工作平稳推进。

（邱益鹏）

·司　法·

【概况】 2012年，涵江区司法局（以下简称区司法局）以推动城乡一体化综合改革试点工作为契机，以深入开展“法律服务到一线，司法行政促发展”主题实践活动为载体，以开展政法干警核心价值观教育实践活动为保障，坚持改革创新，狠抓工作落实，为建设富裕涵江、和谐涵江、文化涵江、生态涵江创造良好法治环境。全年共排查各类人民调解案件1573件，调处1573件，成功1527件，成功率97.1%；防止群体性械斗6件225人，防止民转刑事案件4件18人，防止群体性上访14件306人；实现“四无”（无群体性械斗、无民转刑案件、无群体性上访、无非正常死亡）村居194个，占村（社区）总数98%；开展法律咨询28场次；举办各类培训班20场次；法律援助360件。是年，受省、市表彰的单位和个人12人次。区司法局、三江口镇人民调解委员会分别被评为“福建省人民调解先进区”、“福建省人民调解先进乡镇”；涵东街道人民调解委员会1人被评为“福建省人民调解能手”；江口镇海星村、石西村、三江口镇美尾村等12个人民调解委员会被评为“福建省人民调解先进村居”。

【法治文化建设】 2012年，区司法局根据“六五”普法工作规划，在全区开展法治文化建设。采取讲师团巡回讲座、普法宣讲员进村入户、“法治涵江”法律咨询等方式，扩大法治文化宣传力度。为每个乡镇举行一场法制报告会、举行一场法制文艺宣传演出、赠送一整套法制丛书、制作一个普法宣传栏，区、镇、村三级“四个一”普法网络进一步形成。制定《“法治涵江”创建工作标准》和《关于开展法治试点单位创建活动的实施方案》，深入开展“法治机关”、“法治乡（镇）”、法治村居（社区）”、“法治学校”等创建活动。推进“法治涵江”15个单位试点工作创建工作。普法讲师团为区直单位和各乡镇主要领导举办法律知识专题讲座6场次。法制文艺宣传队深入乡镇巡回演出12场次。组织青年干部举办法律法规的教育培训，培训干部约300

多人次。组织近1000名公务员参加《行政强制法》普法考试。为在校学生上法制课计45场次，受教育人数达1.5万多人次。投资25万元，完成宫下"法治文化"一条街建设。开展"法律服务进一线，司法行政促发展"主题活动，组织局机关干部结对帮扶群英社区做好征迁法律法规宣传工作。围绕村级换届选举、"平安涵江"创建开展阶段性法制宣传教育。5户法律服务基点户被授予"全市先进农村法律服务基点户"，培育"农村法律明白人"6500人，江口镇石西村、三江口镇美尾村、国欢镇林柄村被推荐为第三批省级"民主法治示范村"。涵东、涵西社区，建立法制阅览室、法律援助工作站、村民法制学校、法治图书角等法制文化传播阵地；涵东街道办卓坡社区在新涵大街休闲广场设立法律夜市，丰富法治文化夜生活。发挥全区400多名法制宣传员、社区志愿者作用，开展法治文化系列活动。开展青少年法制讲解宣传、法制小故事讲演、法制漫画创作比赛、法制影视观摩、模拟法庭、青少年维权岗等活动。组织中小学生到闽中司令部纪念馆、闽中革命史诗碑园、红军207团旧址，以及莆田监狱等地，开展青少年法制教育实践活动。加强校园周边环境整治，依法取缔学校周边200米内的赌博性游戏厅、录像厅、歌舞厅、网吧等影响学生身心健康的场所，为中小学生创造良好学法空间。深化"未成年人零犯罪学校"创建活动，为青少年健康成长提供良好的法制教育环境。在新涵大街、惠民商场、凤凰超市等公共场所，利用电子显示屏、广告灯箱、公交候车亭、宣传画廊、宣传横幅等开展法治文化宣传。以外来工集中地江口镇、梧塘镇、国欢镇为重点，建立法律援助外来工联系点制度，为农村群众提供便捷的法律援助服务。在新县等镇举办"法律服务进乡村"巡回活动。组织江口镇、梧塘镇、国欢镇等近1500多名农民工开展劳动技能、法律知识等实用知识培训。

【社区矫正】 2012年，根据福建省司法厅、市司法局对社区矫正工作的全面部署，涵江成立区社区矫正工作领导小组，区委常委、区政法委书记担任组长，成员由区司法局、检察院、法院、公安分局、财政局、民政局、劳动保障局、工会、共青团、妇联等部门负责同志组成。明确各单位各部门之间的分工协作关系。领导小组下设办公室（设在区司法局），具体负责社区矫正工作的日常开展。各乡镇、街道相应组建社区矫正工作领导小组。建立社区矫正对象接收、管理、教育制度、考核及奖惩制度、例会制度、矫正工作人员培训制度，规范日常管理、档案和台账工作，保障社区矫正工作依法、规范运作。针对每位社区矫正人员的不同情况，制定不同的矫正方案，督促每位社区矫正对象每月交一份思想汇报，每月举行集中教育和公益劳动等活动。定期找矫正对象谈话教育，了解掌握其思想动态，对长期在外务工的矫正人员，在严格履行请销假手续的同时，定期进行联系，并委托其所在地社区矫正工作机构对其跟踪考察。实行矫正对象计分考核，对违反规定、不履行义务的矫正对象，给予必要的惩处；对严格遵守规定、有立功表现的矫正人员，予以适当减刑。严格执行社区矫正人员考察期规定，及时充实完善社区矫正人员的档案资料，按时办理矫正手续和转为安置帮教对象的后续帮教工作。对主观恶性较深的矫正人员，除各项监管措施严格落实外，列为教育矫正重点对象。是年，累计接收社区矫正人员374人，其中在册人员237人，顺利解除137人。作出审前调查评估142份。口头警告40人次，书面警告25人次。录入信息339条，核实成功332条。

【安置帮教】 2012年，区司法局调整充实区、12个乡镇（街道）、199个村（居）安置帮教工作领导小组，建立一支350人的安置帮教队伍，形成完善的“区、乡（镇）、村”三级帮教网络。把安置帮教工作列入年度考评内容，并与司法所签订责任状，明确帮教责任。区司法局收到监所寄发的通知书后，对帮教对象进行登记造册，防止人员脱管、漏管，把好衔接关。采取结对帮教（一名帮教干部对一名回归人员进行帮教）、重点帮教（向回归人员宣讲国家有关法律法规，开展法制教育）、亲情帮教（用爱心去感化他们，用真情去打动他们，用道理去说服他们）等办法，鼓励他们积极改造，早日回归社会。帮教人员对不同帮教对象制定不同帮教措施、方法、制度，把好帮教关。对回家后无依无靠、无生活条件的人员，在政策范围内，将其划入低保救济的范围，把好安置关。对吸毒、抢劫、未成年等重点管理对象，组织开展6场次排查专项管理和4场次回访排查专项活动，全面掌握辖区内回归人员的情况，把好排查关。分别与恒昌鞋材有限公司、涵江华侨职业中专学校共建“社区矫正和刑释解教人员安置帮教实体”基地和“安置帮教与社区矫正人员劳动技能教育培训中心”基地。与区劳动和社会保障局联合组织162名刑释解教人员参加鞋革缝纫工、鞋革成型工、涂装工、装配钳工、车床、洗床、磨工、维修电工等技术工种培训，为安置帮教、社区矫正人员拓宽教育、培训、就业、创业渠道。是年，接收刑释解教人员195人，组织帮教195人，帮教率100%。安置刑释解教人员195人，安置率100%。其中，落实责任田176人，从事个体经营6人，社会企业安置6人，原单位安置1人，社会救济6人。

【规范化管理年活动】 2012年，区司法局贯彻落实市司法局《关于在全市开展社区矫正和安置帮教工作“规范化管理年”活动》的实施意见。规范社区矫正人员交付衔接工作，健全完善与法院、监狱、看守所的交付衔接机制，有效减少脱管、漏管；落实刑释解教人员无缝衔接、分类帮教制度，加强与各监所之间的联系，完善安置帮教衔接机制，重点帮教对象、一般帮教对象必接必送率分别达到100%、70%。规范制度建设。建立健全完善评估、接收、管理、教育、考核、奖惩、解除等环节的规章制度，实现社区矫正工作制度化、规范化、法制化。建立刑释解教人员无缝衔接、分类帮教、文书档案管理等工作制度，提升安置帮教工作规范化水平。对拟适用社区矫正的被告人、罪犯进行社会调查评估的，在规定的时限内，做出真实、客观、准确的调查评估意见并提交委托机关。规范入矫、解矫程序，做到登记有表格、谈话有记录、期满有鉴定、宣告有文书。规范工作程序，严格按照《社区矫正实施办法》的规定开展工作，维护程序公正。规范考核奖惩，明确考核内容、标准、程序、要求，依法惩处违反法律法规和社区矫正监管规定的社区矫正人员。规范执法监督，完善监督机制，落实公示制度，增强执法透明度，及时处理举报、投诉和申诉等案件，主动接受检察机关法律监督，严格廉洁执法。规范监管机制，落实“日定位、周听声、月见面、季评议、年考评”措施，严格执行报到、报告、请假、变更居住地等制度以及人民法院禁止令。规范排查分析，做到每月自查、法定节日必查、敏感时段和重要时期严查，及时掌握社区矫正人员和刑释解教人员动态。规范风险评估，对请假外出、异地托管以及有其他异常动向的社区矫正人员科学测评其人身危险性、社会危害性和再犯可能性，实施有针对性管控措施。规范应急处置，建立突发事件处置机制，完善应急处置预案，加强应急预案演练，落实应急管理措施。规范教育矫正，加强对社区矫正人员的思想、法律、道德以及心理健康教育，落实社区服务，实施个案矫正，对未成年人采取适合其特点的矫正措施。规范帮困扶助，全面落实社区矫正人员和刑释解教人员就业、就学、低保、临时性救助等政策，努力解决其生活、工作、学习中面临的困难问题，帮助其顺利融入社会。规范信息管理，使用好司法行政基层工作信息管理平台、福建省社区矫正和安置帮教信息管理系统，落实《福建省社区矫正信息管理系统管理办法（试行)》，发挥信息技术在监管上的独特作用。规范基地管理，加快社区矫正和安置帮教管理教育服务中心建设，发挥教育矫正、技术培训、就业指导、救助安置等方面的功能作用。规范工作场所，建立健全司法所宣告室、谈话室、心理咨询室、学习活动室等，做到社区矫正和安置帮教工作流程清晰、职责明确、制度上墙。规范档案管理，建立执行档案和工作档案，做到一人一档，分级管理，确保档案内容真实完整、管理严格规范。规范机构建设，完成机构设立,配备专职人员 2 人，做到有专门机构、有专职人员负责组织实施社区矫正工作。规范队伍建设，每个司法所有司法助理员承担社区矫正和安置帮教日常工作。规范专职社会工作者的招聘、使用和管理，按照规定比例配备专职社工 15 人，开展业务培训，提高队伍的政治和业务水平。

【人民调解】 2012 年，区司法局不断加大人民调解工作力度，开展 5 场次《人民调解法》专题宣传教育活动。采取短期培训、以会代训、邀请专家授课、开展经验交流座谈等形式，举办二期调委会主任、特邀调解员和人民陪审员业务培训班，受训对象 1100 多人次。利用电视、广播、报刊、网络等新闻媒体对“争当人民调解能手”活动进行宣传报道，表彰 27 名人民调解能手。积极推动与区法院建立诉调对接机制，减少当事人诉讼成本。完善矛盾排查例

10 月 11 日，涵江区召开大调解暨诉调对接工作推进会

会机制和巡回调解机制。在党的十八大召开前，先后集中开展5场次矛盾纠纷排查专项活动。开展“千人万件大调解千乡万村‘创‘四无’”专项活动。继续实行人民调解员以奖代补制度，兑现补助经费近4万元。建立区人民调解中心，设有调解室、调解员办公室，配备专职调解员2名，为化解矛盾纠纷起指导、协调作用，参与梧塘镇10多名村民因医疗赔偿和乌溪水库工程施工过程中引发纠纷等6件跨乡镇的矛盾纠纷调处。开展基层人民调解委员会换届选举的指导工作，顺利完成全区199个村居调委会换届选举，共选出新一届调委会成员915人。其中，调解主任199名，首席人民调解员199名；妇女调解员199名，占比例的21.7%；成员平均年龄不足46岁；高中、中专及以上文化程度的283名，占比例的30.9%。慰问村级人民调解员200人次、社区矫正对象8人次。规范人民调解工作程序和调解文书，对镇村两级调委会制作的调解案卷进行经常性检查、指导，按月及时做好人民调解基础数据录入工作。

【司法所建设】 2012年，区司法局根据省委办公厅、省政府办公厅转发《省司法厅关于加强全省司法所建设》的实施意见，着力加强规范化司法所建设。全区12个司法所达到“五个一”要求：配备一部摩托车，一部电脑、一部电话机，一部打印机，一部照相机。规范使用标识、规范上墙制度、规范簿册使用、规范调解室用房、规范调解书制作。配备11个副科级司法所所长，配备率92.6%。司法助理员专项编制27名，配备司法助理员23名，编制使用率达95.8%。大专以上文化程度19名，占82.6%。从事基层司法行政工作5年以上12名。35岁以下2名，占8.6%，35—49岁11名，占47.9%，49岁以上10名，占43.5%。投资310万元，完成萩芦、梧塘、白塘、涵东、江口等5个司法所业务用房建设，并添置办公设施，通过莆田市司法局验收并投入使用。

【法律援助】 2012年，涵江区调整充实全区12个乡镇、199个村居及9个区直单位法律援助联络站联络员，组建一支236人的法律援助联络员队伍，为基层群众和外来务工人员就近获得相应法律援助服务。对老、弱、病、残受援人，实行电话预约，上门办理法律援助案件。在江口镇、梧塘镇、国欢镇等地，开辟农民工和困难职工维权“绿色通道”，对农民工申请工伤赔偿的案件采取先受理、后补交材料的做法，保证案件的及时受理、及时办理。重视因交通事故、重大疾病等突发事件致贫的外来工人员法律援助申请，努力做到应援尽援。将征地拆迁、社会保险、婚姻家庭、劳动就业等方面纳入法律援助受理范围，最大限度地维护弱势群体的合法权益。与15个村组签订法律援助协议，开展送法活动8场次，发放法律援助卡和法律援助服务指南等小册子3000多份。组织8名机关干部与辖区内群英社区结成对子，在做好该社区法律援助的同时，协助社区抓好征迁前期工作。对所办理的法律援助案件从立案、审批、委托、取证、庭审、案卷等方面加强质量评估，组织人员定期对受援助的当事人进行回访，提高法律援助办案质量。在区法律援助中心设立公示栏，公开收费标准和援助流程，明示法律援助咨询接待制度、权利义务告知制度等，接受社会监督。全年共办理法律援助案件360件，办件数居全市第一。

【公证业务】 2012年，区司法局组织公证员到区老年人大学举办《公证法》《继承法》专题讲座，并召开座谈会，发放宣传材料300多份。招考公证员1名。组织公证员参加市司法局举办公证业务培训，加强岗位练兵。以精神文明创建为主线，开展公证处“文明窗口”创建活动，设立党员“示范岗”，完善便民措施，规范执业行为。建立公证件严格审批制度，完善公证员绩效考核和奖励等机制。从法律适用、办理程序及公证书制作等方面，开展一年两次的公证卷宗自查自纠工作。设立电子监控视频，实行“阳光收费”，完善公证执业监督体系。主动与区投标中心联系，拓展招标业务，为涵江区重点项目建设服务。与江口镇五星村、石狮村挂钩，设立公证知识宣传栏，定期上门办理公证业务。全年共办理各类公证8517件，其中涉外6442件，民事2030件，法律援助41件，经济类4件。公证收费152.4万元，实现办证件数和收费数持续增长10%以上。

【律师服务】 2012年，区司法局树立“做强做大律师业，引导、扶持律师事务所专业化、规范化发展”理念，拓宽法律服务领域。选派大涵律师所律师5名、余云律师所律师4名，组建“律师参与涉法信访法律顾问团”，每月陪同区主要领导接访一次，处理群体性突发事件，依法解决群众诉求问题。建立区级普法讲师团，在12个乡镇巡回开展法制宣传。介入塘北片区、铺尾片区、苍然片区、群英社区等征迁项目，为实现顺利征迁提供法律服务。参与乌溪水库前期建设、新县镇风力发电站征地过程中所引发重大矛盾纠纷化解活动。每年两次到涵江六中、区第二实验小学开展以《预防未成年人犯罪》《道路交通安全法》为主要内容的普法教育。组织每月不少于两次的法律、法规、职业道德学习，引导律师正确处理竞争和协作、效率和公平、经济效益和社会效益的关系。举行“执业为民送温暖、法律服务献爱心”活动和“党员律师为民服务”百日活动，为基层群众排忧解难。规范律师所文字资料、台账、票据，内部管理制度、办案流程和律师的卷宗质量、归档情况及收费情况。与涵东社区、新区居委会、大福鞋业、兴业银行签订《法律服务协议》，组织律师定员、定岗、定期无偿提供法律讲座、法律咨询、指导调解等法律服务。与12名社区矫正对象开展结对帮扶活动。参与依法治区办组织的“12·4法制日”宣传、区人大常委会法律咨询活动。全年共代理各类案件637件，担任法律顾问34家，撰写论文7篇，提供法律援助67件，义务提供法律咨询2098人次，代书121份，义务法律咨询15场次，法律讲座5场次，业务总收入225.63万元。

(吴兆梨)

·综合治理·

【概况】 2012年，中共涵江区委政法委员会与涵江区社会治安综合治理委员会办公室（以下简称区政法委）建立健全治安防控体系，加强社会治安综合治理，全面落实综治各项措施，扎实推进“平安涵江”建设，切实把维护全区社会安定稳定作为首要任务。是年，共有刑释解教人员691人，其中新增41人，发生重新违法犯罪1人，重新违法犯罪率0.14%，落实帮教人数690人，安置690人，安置率100%；累计接收社区矫正对象188名（剥夺政治权利25

“网格化”治安巡逻

名、假释 13 名、缓刑 145 名、暂予监外执行 5 名），解除 10 名矫正对象并转入刑释解教安置帮教，未出现社区矫正对象脱管、漏管现象，未发现重新犯罪及其他严重违法行为。

【区治安防控指挥中心成立】 为有效防范、打击、遏制“两抢一盗”（“两抢”即抢劫、抢夺，“一盗”即盗窃）等侵财性、多发性违法犯罪行为的发生，进一步提高驾驭社会治安局势的能力，增强群众的安全感和满意度，实现“两升一降”（综治“四率”上升，刑事案件破案率上升，刑事案件发案率下降），2 月 15 日，涵江区成立治安防控指挥中心，下设二室二队，即办公室、监控室、治安联防队、武装巡逻队。中心设主任 1 名，由涵西派出所教导员郭建清（挂职区政法委副书记）担任，配专职民警 2 名。监控室配协警 15 名，设组长 3 名，每天分成三组，实行 24 小时三班制，不间断跟踪巡查全区治安视频探头，治安联防队设 2 个便衣中队和 1 个应急机动中队，每个中队配协警 7 名、设中队长 1 名。区治安防控指挥中心的联防队员由指挥中心负责招收，镇街治安防控指挥分中心的联防队员由所在镇街和派出所负责招收，所有装备购置及日常管理使用费用和联防队员各项工资及奖励经费由区财政保障。

【排查调处矛盾纠纷】 2012 年，区政法委始终筑牢安定稳定第一道防线，确保涉稳问题早发现、早化解、早处置，为打好维稳主动仗发挥基础性重要作用。发挥“三大调解”（即人民调解、行政调解和司法调解）作用，全年全区三大调解调处率均达 100%。其中，人民调解成功 1527 件，成功率 97.08%；行政纠纷调处成功 2823 件，成功率93.60%；民商事案件受理 6632 件，调撤率 71.58%。在重点领域和行业建立的“六大专业性调处中心”，及时化解一大批重大、疑难的专业性难题和群体性纠纷。其中，交通事故调处中心共受理 1163 件，调处成功 1053 件；劳资纠纷调处中心共受理 95 件，调解成功 72 件；征地拆迁纠纷调处中心共受理各类纠纷 25 件，调解成功 16 件；医患纠纷调处中心共受理 15 件，调解成功 13 件；消费者权益纠纷调处中心共受理 243 件，调处成功 193 件；环境污染纠纷调处中心共受理 322 件，调处成功 313 件。

【严打整治】 2012年，全区共立刑事案件4056起，同比下降17.4%。其中，“两抢一盗”案件立3037起，同比下降25.8%，特别是“抢劫”发案135起，同比下降幅度达53.1%。市下达涵江区“两抢”预警基数152起，实际仅发案76起，占预警数的45.3%；发案下降率居全市各县区之首。集中开展“命案侦破”、“破案会战”、“清网行动”、“打黑除恶”等专项行动，重点打击“两抢一盗”、命案要案和团伙犯罪，现行命案发6起，破6起，破案率100%。破命案积案2起，协破外省市命案2起，抓获命案逃犯8名；打掉恶势力团伙3个、成员16名。

【综治“四率”测评】 2012年，结合涵江区实际情况，区政法委深入开展“进村入户送平安”宣传活动，对入户干部实行“捆绑责任制”，加大问责力度，真正做到全面入户、宣传到人，确保活动取得实效。自第三季度起，全区加大宣传力度，创新宣传形式，丰富宣传内容，利用中国电信自动语音电话提示系统，向广大用户宣传平安涵江建设与综治“四率”（即社会治安满意率、党政重视认同率、平安建设知晓率、治安巡逻率）电话测评的重要意义，鼓励广大用户参与电话测评活动。并与区电信局联合印发平安建设宣传单和“四率测评有奖问答抽奖”8万多份，结合镇村干部“进村入户送平安”宣传活动，并发挥村居平协会及夕阳红老人文艺宣传队的作用，广泛宣传“平安涵江”建设、治安防范常识、“四率”测评要素，有效巩固和提升综治“四率”水平。前三季度“四率”指标良好，第四季度“四率”中涵江区有两率（党政领导重视率97.98%、治安巡逻率89.23%）居全市各县区第一，“四率”综合水平居全市五个县区第二。第四季度，在全市54个乡镇街道“四率”总分排名中，涵东排名全市第一，其他排名靠前的还有：萩芦（9名）、涵西（11名）、白塘（14名）。

（陈少雄）

·人民武装·

【概况】 2012年，涵江区人民武装部（以下简称区人武部）贯彻落实莆田军分区党委扩大会议精神，按照“打基础、把方向、正风气、谋发展、保稳定、创先进”的工作思路，注重抓好党委班子建设，突出抓实民兵预备役训练，搞好应急防卫作战准备为龙头的各项工作落实，民兵预备役和人武部的全面建设取得新成绩。全年共开展国防教育3场次，组织若干名民兵进行训练，征集新兵近若干名。是年，区人武部党委被省军区评为“创先争优先进旅团党委”；涵江区被省征兵办评为“征兵工作先进单位”。

【战备训练】 2012年，区人武部围绕遂行多样化军事任务的目标，着眼打牢基础，突出重点，在人力、物力和精力投向上予以重点保障，促进各项战备训练工作的落实。扎实抓好战备工作，结合作战任务和涵江区实际，修订完善8类方（预）案，进一步规范战备秩序；组织形势战备教育，指定战备值班分队，督导各类值班人员认真履职尽责，确保无错、漏、误情等问题发生；不断完善战备软硬件设施建设，依据《纲要》和省军区基层建设的要求，采取重点推进、分批建设、政策引导、资金扶持、定期督导等办法，狠抓基层基础设施建设和软件资料的完善，全区12个乡镇（街道）武装部的软硬件建设基本达到上级规范化建设的标准要求。扎实抓好军事训练落实，以“两个比武考核”活动为牵引，抓好首长机关训练，全年共完成训练60天480小时，干部的军事素质得到较大的提高；以担负重大演训任务和参与上级集训为契机，全面提高民兵预备役人员的军事素质。5月份，牵头组织全市现役干部和职工冲锋舟操作骨干集训，协调落实训练器材。7、8月份，区民兵“双25”高炮分队担负分区实弹射击任务，通过外请教员、内抓教学，狠抓参训人员的基本技能，在省军区组织的考核中取得“双25”高炮组第二名的成绩。是年，共组织各类基干民兵集训15期600多人次，训练时间达125天875小时。

【国防动员】 2012年，区委、区政府对党管武装工作高度重视，将武装工作纳入全区经济社会发展总体规划，统一部署，统一协调，有力地促进党管武装工作的落实，先后召开区委议军会，对年度武装工作进行研究部署，解决武装工作的重难点问题，组织区“五套”班子成员过“军事日”活动，进一步强化责任意识和使命意识。扎实开展好国防教育，采取各种宣传教育形式，利用民兵整组、军事训练和兵役登记等有利时机和中小学、社区等宣传教育阵地，开展国防教育。以“认清形势，牢记使命，不断加强我区国防后备力量”为主题，组织有关人员到地方企事业单位讲授国防课；以国际国内形势和世界军事变革为主要内容，在干部职工、专武干部和广大民兵预备役人员中深入开展战备形势和国防法规教育；以“铭记党恩、情系国防、共筑长城”为主题，开展以民兵预备役人员为主要对象的国防知识竞赛，进一步强化广大干部群众和民兵预备役人员的危机意识、责任意识和国防观念，全民国防教育取得实质性成果。抓好民兵整组工作，区人武部学习贯彻全省民兵预备役调整改革工作及军分区关于民兵整组工作一系列指示精神，紧扣新形势下整组工作的新特点新要求，开展民兵组织整顿工作。按照“平时应急，战时应战”和“一专多能、一队多用、平战结合”的要求，在过去民兵应急救援分队建设的基础上，积极探索合成模式，由涵江医院、国欢镇、区农业局、林业局和水利局共同组建集防化救援、抗震救灾、维稳处突、森林防火、抗洪抢险于一体的一支120人的合成救援分队，基本具备应对多种安全威胁、完成多样化军事任务的快速反应和应急救援能力。

7月26日，涵江区召开庆“八一”军地共建座谈会

【“双拥”工作】 2012年，区人武部开展双拥共建活动，先后与

区6个单位结成共建对子，互帮互助，比学赶帮，促进军地双方在思想、组织、作风建设和工作上取得新的成效，有力地推动辖区“三个文明”建设。协调地方政府帮助解决驻涵部队子女上学、家属就业、土地征用和信息化建设等问题，并在辖区驻军进行军事演习、海上训练或重大节日期间前往慰问。结合建军85周年，开展扶贫帮困和爱心献功臣活动，发动全区民兵以班为单位，结成帮困对子，帮助孤寡老人、残疾人解决生活中的困难，参加为“希望工程”、“莆田市助孤行动”捐款等活动。协调驻涵各部队和民兵预备役人员支援驻地建设。先后派出官兵和民兵预备役人员1.5万多人次，车辆800多台次，参加新农村建设、涵三路、旧城改造等10多个重点项目建设，平整路基10余千米，加固海堤2.3千米，搬运石头、砖块2000余方。

10月9日，涵江区召开征兵工作领导小组会议

【征兵工作】 2012年，区人武部按照“立足于早、抓实环节、突出重点”的基本思路，扎实抓好征兵宣传发动、体检检查和走访、政审工作。为实现征兵工作目标，及时召开动员部署会，进一步统一思想，明确分工，责任到人；协调有关部门出台提高义务兵优待金等政策，将义务兵优待金由2011年城镇籍每人每年8000元、农村籍每人每年1万元统一调整为每人每年1万元，对应征入伍的普通高等院校本科毕业生增发5000元、大专毕业生增发3000元；广泛利用现代传媒进行宣传鼓动，开设区国防教育网，开通固定电话和手机征兵彩铃80余部，发送征兵彩信8万余条，出动宣传车40余台次，印制发放征兵宣传材料1万余份。

（陈 炬）

·人民防空·

【概况】 2012年，涵江区国防动员委员会人民防空办公室（以下简称区人防办）坚持把深入宣传贯彻第五、六次全国人防会议和中共中央、国务院、中央军委下发的有关文件精神为工作主线，抓紧完成3项任务（即区指挥所建设、疏散基地建设、加强人防工程质量监督管理）。以推动解决制约人防建设和发展的重点问题作为突破口，加快人防的发展步伐，为人防事业的建设和发展奠定坚实的基础。

【人防组织指挥演练】 9月份，区人防办举行“9·18”防空警报试鸣暨组织涵江医院医疗救护专业队进行战时救护演练，成立以副区长邹荔平为组长的区演练指挥领导小组，在演练时各部门通力协作，精心组织。治安专业队分别对参演人员疏散路线实施道路封闭、管控，保证疏散道路通畅；人防医疗救护专业队（救护车1部，医护人员5名）按方案指定位置准时到位，做好参演人员医疗救护保障，确保演练的进行，确保参演人员安全无事故。

【人防工程建设】 2012年，区人防办根据涵江加快发展城市化建设进程实际，主动把人防业务工作前移，为业主办理人防手续，做到刚性审批，人防工程建设取得突破性进展，人防工程从无到有，城市防空抗毁能力明显增强。区人防办执行省有关文件规定，严把人防“结建”审批关，坚持“以建为主，以收促建”的原则，按章办事。对于应建的防空地下室，要求建设单位自建；应收的人防工程易地建设费，要求建设单位按规定缴纳。是年，共审批项目14宗，建筑面积54600平方米，收取人防工程易地建设费321358.4元。

【人防宣传教育】 2012年，结合国防教育日和“9·18”防空警报试鸣日，区人防办开展“9·18”人防宣传周活动。分别在涵江区医院和大地阳光城宣传橱窗张挂《福建省人民防空条例》宣传图片40份；印发《人民防空条例》宣传单2000份；在城区主要街道悬挂人防宣传标语30幅；组织人员深入房地产企业宣传《福建省人防条例》；在莆田六中、莆田华侨职业中学、国欢中学三所中学2000余名学生中开展人防教育，下发《中小学生人防教材》1200份；利用涵江区人民防空网站宣传人防知识，上传人防信息550余份，及时把人防信息上报省、市人防网站和《涵江要讯》。

（李伯扬）

编辑：陈伟庄

科技 教育

·科学技术·

【概况】 2012年，涵江区科学技术局（以下简称区科技局）坚持“自主创新、重点跨越、支撑发展、引领未来”的科技工作方针，贯彻落实中央和省、市科技工作会议精神，围绕“以港兴区、工业强区、商贸活区”的发展战略，实施科教兴区和知识产权强区战略，把提高自主创新能力放在科技工作的首位，通过实施科技项目，引导企业增加研发投入；建设企业创新平台，发挥企业创新主体作用；促进院地校企协作创新，转化科技成果；推进知识产权能力建设，打造知识产权强区；科普宣传进村入企，全民科学素质有效提高等措施，构建具有涵江特色的区域创新体系，努力推进科技创新型城区建设。是年，区科技局被评为“区级精神文明先进单位”，下属单位区生产力促进中心被评为“福建省重点生产力促进中心”。

【实施科技项目】 2012年，区科技局以科技项目为抓手，做好各级科技计划项目的调研、筛选工作，根据国家、省、市科技项目申报指南要求，以及涵江区产业发展实际情况，筛选一批技术含量高、产业化前景好的项目进行推荐申报。全年共推荐上报19个国家科技计划项目、35个省级科技计划项目、64个市级科技计划项目。是年，有42个项目列入国家、省、市科技计划项目，争取省、市科技补助资金1188万元。其中，3个项目分别列入国家星火计划、国家火炬计划、国家重点新产品计划；19个项目列入省科技计划项目，争取补助资金925万元；20个项目列入市科技计划项目，争取补助资金263万元。同时，加强对在研的国家、省、市科技项目的管理，发挥政府资金的引导作用，引导企业增加研发投入，开发新产品、新技术、新工艺，提升企业核心竞争力。省科技厅纪检监察处对涵江科技计划项目实施情况进行监督检查，对科技项目管理工作给予高度评价。

【企业创新平台建设】 2012年，区科技局把增强企业自主创新能力作为科技工作的重要任务，进一步推进企业创新平台建设，发挥企业在技术创新中的主体作用。是年，福建省金浦机械工业有限公司、全冠（福建）机械工业有限公司、莆田市中涵机动力有限公司、福建省威诺数控有限公司等4家企业通过两年一度的高新技术企业复评，被认定为高新技术企业。莆田市中涵机动力有限公司、莆田市华昌首饰有限公司、莆田市优利可农牧发展有限公司等3家公司获得省级创新型企业认定。福建省新威电子实业有限公司、福建省安特半导体有限公司、莆田市远泰工业科技有限公司等3家企业获得省级创新型试点企业认定。福建亿发集团有限公司、福建省水手食品有限公司、福建莆田市海一百食品有限公司、莆田市四君子古典家具有限公司等4家企业技术中心被认定为莆田市第七批市级企业技术中心。福建新世纪电子材料有限公司、福建省威诺数控有限公司、莆田市荣兴机械有限公司、莆田市东南香米业发展有限公司等4家企业被认定为省企业工程技术研究中心。福建正源饲料有限公司、莆田市中涵机动力有限公司等2家企业通过省企业工程技术研究中心复评认定。中科中涵激光设备（福建）股份有限公司与莆田市中涵机动力有限公司联合建设的“福建省高端激光装备企业重点实验室”列入首批福建省企业重点实验室名单。

【科技创新获奖】 2012年，福建省利邦环境工程有限公司蔡志煌完成的“喷涂漆有机废气净化回收治理方法及装置”获“2011年度福建省科学技术奖技术发明奖二等奖”；莆田市中涵机动力有限公司黄则理等人完成的“新型提前角控制分配泵的研制”获“2011年度福建省科学技术奖科技进步奖三等奖”；莆田市荣兴机械有限公司参与完成的“大型精密薄壁压铸件成型关键技术研究与应用”获“2011年度福建省科学技术奖科技进步奖三等奖”。

【院地校企合作】 2012年，区科技局以实施科技计划项目及“6·18”推介会等为契机，鼓励企业开展“校企合作”和“院地合作”，充分利用高等院校、科研院所的技术、人才、基础研究和设备优势，加快吸收和转化科研成果，提升企业自主创新能力。推动企业加强与中科院的联系，根据企业实际生产经营情况，组织企业填报《企业院地合作技术需求征集表》，组织7家企业参加“中科院—莆田市科技项目·人才（成都）对接会”，8个项目得到成功对接，有效推动院地校企协作创新。

【知识产权保护】 2012年，区科技局围绕“崇尚创新精神，尊重知识产权”的基本理念，组织开展“4·26保护知识产权宣传周”和“2012·第六届中国专利周”活动，通过张贴宣传标语、开辟专题宣传栏，发放宣传手册1813份，不断推进知识产权保护工作。与区委组织部联合举办“涵江区专利业务培训班”，各乡镇科技副镇长及企业知识产权联络员共100多人参加培训，进一步提高企业运用专利制度的能力和乡镇科技副职服务发展的水平。是年，全区专利申请量320件，居全市第一。其中，发明专利申请量43件，实用新型专利申请量127件，外观设计专利申请量150件。专利授权量295件，其中发明专利授权量13件，实用新型专利授权量126件，外观设计专利授权量156件。每万人口专利授权量为1.06件，每万人口发明专利拥有量为0.74件，均居全市第一。华昌珠宝有限公司的“吊坠”外观设计专利荣获“第十四届中国外观设计优秀奖”，为莆田市专利首次获此殊荣。中涵机动力有限公司、华昌珠宝有限公司、福建正源饲料有限公司的3个发明专利获2012年度福建省专利奖三等奖。华昌珠宝有限公司“金镶玉首饰黄金雕刻制作工艺专利技术产业化”列入2012年省专利技术实施与产业化计划项目，获补助资金30万元。莆田第十四中学和涵西中心小学被评为“2012年莆田市知识产权普及教育试点学校”。

【科普宣传】 2012年，区科技局坚持以科技三下乡、科技活动周等活动为载体，开展丰富多彩的科普宣传活动。1月份，深入江口镇开展“科技、文化、卫生”三下乡活动，发放科普宣传资料3000多份，科技咨询200多人次，提高农民科学技术知识水平。5月份在涵东街道铺尾社区举办“科技·人才活动周”活动，展出展板、挂图50多幅，发放宣传资料2000多份，科技咨询300多人次。9月的“科普活动日”，组织人员深入莆田十七中、涵西社区、霞徐社区、顶铺社区开展以“食品安全知识”为主要内容的讲座、知识竞答等系列活动。开展科技培训，围绕“农业科技年”科普活动，依托科普示范基地进行技术推广培训，分别在东盛现代农业有限公司、华林蔬菜基地有限公司、桂花香农果开发有限公司进行高新蔬菜栽培技术、台湾特色水果种植技术等培训，受训农民达455人次。邀请相关专家来涵江区开展激励自主创新优惠政策讲座，广泛宣传相关科技自主创新政策，鼓励企业用活用足优惠政策，提高企业自主创新的积极性。

（陈寿聪）

·教育管理·

【概况】 2012年，涵江区有教师进修学校1所、中等职业学校1所、高级中学1所、完全中学7所、初级中学11所、九年一贯制学校3所、完全小学49所（教学点63个）、独立幼儿园53所，在校生69528人。在职教职工4426人，其中具有高级职称的713人，中级职称2358人。新招聘教师66人，其中研究生学历2人，本科学历36人；免费师范生2人。安排支挂教教师93人。

是年，涵江区教育局(以下简称区教育局)以“优化环境，创新管理，丰富内涵，提高质量”为主题，以创建全省教育强区为目标，以办人民满意教育为宗旨，立足实际，扎实推进城乡一体化综合改革试点工作，城乡教育进一步协调发展。截至年底，全区校安工程103个全部竣工，共完成投资2.72亿元，新建校舍19.9232万平方米。设立上海涵江商会奖教奖学基金，共发放奖金20万元，资助学生60人，全区有各类奖教奖学基金21个，年发放奖金200多万元，资助学生1000多人；解决外来工子女就学问题，共接收进城务工人员子女6786人。

【参加省市级教学竞赛获奖】 2012年，在参加莆田市第二届中小学教师教学技能大赛中，莆田六中的教师林隽、莆田侨中教师郑剑雄获高中组一等奖；青璜中学教师陈德金、林淑琼、王素军，锦江中学教师方樱获初中组一等奖；15位教师获得二等奖，20位教师获三等奖。在参加全市、全省小学优质课评选活动中，涵西中心小学教师陈义清获市一等奖、省二等奖，实验小学教师王爱明、涵西中心小学教师韦晶获市一等奖。

【城乡教育资源规划】 2012年，按照区委、区政府要求，区教育局对接莆田市城乡一体化综合改革试点工作，促进城乡教育协调发展，重新编制学校布局规划，通过细致调查摸底，投入7.2万元委托市规划设计院对涵江区规划区内教育布局重新规划设计，使全区教育布局更加合理、科学。同时，进一步优化教育资源配置，在春季完成大洋中学和大洋中心小学并校整合工作。推进义务教育标准化学校建设，多方筹措资金，在2011年投入598万元的基础上，再投入114万元，为城乡学校配置教学仪器设备、体育艺术器材和图书资料。

【"平安校园"建设】 2012年，区教育局在全区师生中开展各类安全主题教育活动，紧扣"平安校园"主题，以提高师生安全、法制意识为着眼点，集中开展防交通事故、防溺水、防踩踏、防食物中毒等系列宣传活动。全区各校共悬挂横幅1354条，刊出宣传栏、校刊490多期，结合"五一、十一"等重大节假日发出《关于学校安全工作致家长的公开一封信》12.6万多封，举行有关讲座83场次。区教育局编发内部月刊《平安校园》11期，及时交流全区各学校安全工作动态；全国《平安校园》杂志、省教育厅信息网、莆田市教育信息网、《湄洲日报》《莆田晚报》等媒体多次对该区学校安全工作的亮点与做法进行报道。5月20日，区教育局联合区安监局、消防大队在区实小举行全区应急避险演练现场会，参与师生3000多人。全区学校共组织各类演练192次，参与师生5.5万多人。同时，通过邀请选聘法制副校长、区关工委讲师团、心理学专家等到学校开展"强化安全意识，提高避险能力"、"珍爱生命，拒绝毒品"、法制知识、"感恩教育"心理健康宣传讲座等系列活动，共举行讲座125场次，受教育学生12500多人次。是年，全区师生意外伤亡事故1起；检查340多所次中小学、幼儿园（含注册民办幼儿园），出动检查人员1360多人次，共排查出校园安全隐患103项，当场责令整改，整改率100%。

【"百校帮百校"行动】 2012年，区教育局组织8所中学、26所小学参与全市"百校帮百校"三年行动计划，其中中学优质学校4所、薄弱学校4所；小学优质学校12所、薄弱学校14所。各优质校发挥龙头作用，采取既分工又合作的机制，统筹协调，扬长避短，指导薄弱校开展工作，促进共同发展。采用"互通有无，统一教学"的做法，畅通交流渠道，分享师资、管理硬件与软件资源。是年，帮扶双方学校共同研究管理工作和交流管理经验共计26次，其中中学校级领导班子交流11次，小学校级领导班子交流15次。帮扶学校校长或副校长到受帮扶学校指导管理工作共计19次，其中中学9次，小学10次。帮扶学校教学帮扶21次，安全、德育主任、团队干部每学期到帮扶学校指导相关工作共计17次。双方共派25名管理干部到对方学校挂职。组织中学开放日34天，参加人数1712人；组织小学开放日12天，参加人数779人。帮扶学校与受帮扶学校各种交流212次。帮扶学校组织学科优秀教师到受帮扶学校上示范课105节，听课评课315节。帮扶学校为受帮扶学校教师举行教育教学专题讲座18次，其中师德师风讲座6次。受帮扶学校本学期利用公开周集中参加听课，以及小片区教研等组织教师听课研修共计618人次。

【规范学校改制】 2012年，区教育局按照省市改制学校清理规范工作要求，组织制定《关于加快莆田青璜中学和私立紫璜小学改制规范工作的实施方案》，将2所学校原领导班子成员（公办学校教师）全部撤回原校，莆田六中校友会、涵江区鳌山村农民企业家陈国瑞分别组织对学校董事会进行换届选举，产生新一届董事会领导机构，新的领导班子成员全部为学校独立招聘的非公办教师。联合区财政局、区审计局对紫璜小学、青璜中学进行资产核查。经核查，私立紫璜小学除占有区进修学校闲置土地4000平方米和教学楼1000平方米外，其它国有固定资产为929986.00元；青璜中学除占有莆田六中校园土地面积21900平方米和青璜教学楼、青璜综合楼、办公楼、学生宿舍楼、食堂综合楼等建筑面积21785.32平方米外，其它国有固定资产为4494253.81元。青璜中学有公办教师73人，私立紫璜小学有公办教师11人。根据有关精神，私立紫璜小学11位公办教师于秋季开学前全部撤回。青璜中学秋季开学之前，初中公办教师56人和高中公办教师5人撤回原公办学校，剩下12位高中公办教师三年内分两期撤回原校。为应对撤回公办教师带来的后续问题，区教育局要求2所学校加大新教师的招聘力度，确保公办教师撤回后2所学校能自行开展教育教学工作。同时，压缩招生规模，青璜中学义务教育阶段起始年段班额由原来16个教学班缩减为12个教学班，招生600人；私立紫璜小学计划招生3个班，计150人。

（志平　陈敏）

·幼儿教育·

【概况】 2012年，全区有独立幼儿园53所，附属完全小学幼儿园（班）50个，民办幼儿园44所，其中城区3所、乡镇中心4所、部门办幼儿园2所。有省级示范性幼儿园3所，市级示范性幼儿园2所，区级示范性幼儿园16所；省级幼教学科带头人2人。有幼儿学生15085人；学前三年幼儿入园率95.2%。是年，组织参加莆田市第三届少儿故事大王比赛，共有38位选手获奖，其中涵西幼儿园的幼儿获全省故事大王比赛第一、二名。涵江二实幼参加第三届“小金星海西杯”全国少儿主题书画大赛（幼儿组）比赛，获一等奖9人，二等奖4人，三等奖10人，5位老师获优秀指导教师奖；参加莆田市第三届幼儿故事比赛获一等奖1人，二等奖2人，三等奖2人。涵江实幼组织参加莆田市“庆六一”幼儿故事比赛，获一等奖、二等奖各1人，三等奖3人。涵西幼儿园许林军获第四届莆田市十大杰出女性提名奖；11月，涵江第二实验幼儿园通过省示范性幼儿园的评估验收。开展与柘荣县幼儿园对口帮扶活动，6月，区教育局邀请柘荣县实验幼儿园副园长到涵进行业务管理培训交流，区3所省级示范园分别介绍办园经验，并为柘荣县学前教育的发展献言献策。同时帮助改善办学条件，3所示范园以庆“六一”为契机，向幼儿及家长发出“温暖助学，真情帮扶在涵江”捐资助学倡议，共筹集到爱心捐款56738.3元，用于帮助柘荣县幼儿园更新、充实教学设施设备。

【学前教育发展三年行动】 2012年，落实《涵江区学前教育发展三年行动计划》，加强乡镇中心幼儿园建设，缓解入园难问题。全区3个省级公办幼儿园项目和8个小学附属园项目全部完工并投入使用。并继续加强农村幼儿园建设，加大资金筹措力度，不断完善公办中心幼儿园、农村幼儿园办学条件。全区3个省级公办幼儿园项目完成投资754万元，其中涵江实幼投资70多万元，添置11台电脑和2部打印机，添置2个班级的电教设备，购置价值6万多元的教学玩具。涵西幼儿园争取省财政补助30万元、区财政补助5万元，对旧保教楼进行改造装修和资源整合利用，旧保教楼作为小托部教学楼，容纳8个班级，小班有4个班级实现单元化配套管理。新保教大楼作为中段部和大段部10个班级的保教场所并设立“科学体验馆”、“亲子书房”、“建构小天地”、“角色游戏室”等4个功能室。投入10多万元，改造厨房排烟系统，装修小托部教师办公室，配置保教学楼各班广播系统，班班配齐手提电脑、壁挂彩电、钢琴、打印机、消毒柜等保教设备，添置幼儿桌椅、教师培训桌椅、教玩具等。装修5间教师宿舍，添置教师床铺24张。接受捐赠多媒体投影机1部，电脑6部，价值3万元。除此之外，新县中心幼儿园竣工，梧塘、江口中心幼儿园正室内装修，7个小学附属园教学楼改设项目完工4个。

【“五个一”培养工程】 2012年，涵江实幼尝试实行骨干教师“五个一”培养工程（即带教一个青年教师，公开一个示范课，发表一篇经验文章，开设一个专题讲座，主持或参与一个课题研究）和新教师“四个一”（拜一个师傅，精读一本书，写好一个案例反思，开一个公开课）培养工程，完善骨干教师、新教师成长档案，搭建全方位、多途径的成长平台，促进青年骨干教师的迅速成长。如为区骨干教师陈杭搭建教研、培训平台，提供培训教师、参加市级以上教学技能竞赛和承担0–3岁早教研究活动、省课题研究具体负责工作的机会；省市级骨干、学科带头人则负责某领域的专长研究、培训和日常教学教研及片区帮扶指导；园级骨干教师则鼓励参加各级教学评比活动和参与教科研工作。是年，该园的方夏青、杨婷参加区幼儿园新教师汇报课评比活动分获一、二等奖；黄梅婷、江雪丹、郑莉莉、方玉玲等老师分别获得区幼儿园美术教育活动方案设计一、三等奖；黄梅婷组织的大班艺术活动“三只猴子”（节奏）在区幼儿园“送教下乡”活动和片区教研活动中成功示范教学。

【校车安全】 2012年，涵江区实施学生接送车安全工程，全部完成34辆幼儿接送车辆的GPS安装工作。同时，按照三年更换校车计划，有19所幼儿园购买24辆国标校车，国标校车的更换进度为全市第一。

（志平　陈敏）

·小学教育·

【概况】 2012年，全区省示范小学1所，省农村示范小学7所；有省级素质教育先进校1所，市级素质教育优秀校4所，区级素质教育优秀校35所。全区小学阶段适龄人口入学率100%。有市级以上学科带头人22人、小学高级教师职称1293人。有23所完小完成义务教育标准化建设任务，通过市级验收。15所小学共划分为3个小片区，第一片区以涵江实验小学为龙头，对接三江口中心小学、梧塘中心小学、新县中心小学、大洋中心小学；第二片区以涵江第二实小为龙头，对接国欢中心小学、江口中心小学、萩芦中心小学、白沙中心小学；第三片区以涵西中心小学为龙头，对接白塘中心小学、石庭中心小学、埔头学校、庄边中心小学。是年，全区学生参加各类比赛频频获奖。二实小10多位同学的习作在《读写天地》《素质教育博览》《海峡儿童》《快乐作文》等多家省级书报上刊登，另有10多位同学参加“海西”杯暨“海峡·冰心”杯全国青少年写作大赛分获一、二、三等奖；三江口中心小学“冰心全国青少年作文大赛”获得一等奖、二等奖各1人次；选派5所学校参加全市“党在我心中”歌咏比赛，其中实小、二实小荣获一等奖。举办涵江区第九届中小学生艺术比赛，全区共有1000多名学生参赛，并从中择优推荐268名参加市级各项目的比赛，共有160多人次获奖。免费接收附近的外来工子女到校就学，让他们享有与普及区孩子同样的待遇，是年，接收外来工子女就学5906人。

【教研教改】 2012年，涵江区举行形式多样的教师教学技能比赛、教学开放日、送教下乡、教学评优、片区教学开放周、教学观摩等活动，组织教师参加各级教研活动。继续对市区级课题进行跟踪检查，涵西中心小学陈义清的《unit5 lesson9》参加市小学英语优质课评选获一等奖，《unit3 lesson5》参加全省英语优质课评选，获二等奖；王爱明的《成长的烦恼》参加莆田市小学习作优质课评选获一等奖。涵西中心小学韦晶的品德课《创造文明的环境》获市级品德优质课评选一等奖。石庭中心小学陈金妹的《unit7 lesson14》参加省级小学英语视频优质课评选。

【完善办学设施】 2012年，涵江区继续完善各小学的办学环境和办学条件，全年投入资金140多万元为69所农村完小添置仪器设备。区第二实验小学投资1000万元翻建学校教学楼，同时翻建教学楼北面和综合楼东面的围墙，综合楼南面新铺设广场砖，建造2间管理房。民营企业家郭嘉洋捐资100万元，用于涵西中心小学浇筑塑胶操场跑道，购置钢木结构课桌椅，监控设备等。梧塘中心小学争取到省教育厅专项资金176万元，社会热心人士捐资50多万元，投资280万元建成1座2200多平方米的三层综合楼。白塘中心小学的洋尾小学、埭里小学、集奎小学、陈桥小学、周墩小学的校安工程通过竣工验收并投入使用。安仁小学、镇前小学各投入近20万元完成幼儿乐园等基础设施的建设。集奎、陈桥、埭里、周墩、洋尾等5所学校共筹措资金130多万元，添置学生电脑、图书、实验器材、课桌椅等。涵江区后洋小学综合楼投入使用，操场、篮球场、幼儿乐园等均硬化及塑胶化；中心校添置50台学生电脑，创建多媒体教室；码头、都邠等小学添购60台电脑；南林、塘西、都邠等小学的操场、篮球场等均实现硬化、美化。新县中心小学先后投资600多万元，新建综合教学楼投入使用；投入近16万元建设中心校、文笔校安附属工程；投入15万元实施对文笔小学幼儿教室改造工程。庄边中心小学投入近2万元购买电脑设备；完成中心小学、徐洋小学、吉云小学等3座教学综合楼的校安工程项目；投入30多万元完成3座校安工程防盗网的安装、黄龙小学围墙建造、徐洋小学校门及围墙的改造、中心小学2号教学楼和办公楼的外墙装修等。

【扶贫帮困】 2012年，市妇联资助新县中心小学16位贫困留守儿童，每人500元；广州天逸发品有限公司陈天来先生资助该校贫困儿童11人，每人500元；市、区政协，教育工会和学校共慰问该校生病困难教师（含退休教师）25位计10000多元，慰问困难学生3000多元；区政协为该校4位困难教师子女上大学，每人资助2000元；莆田市住建局为该校赠送图书、礼品，慰问10位贫困学生每人500元；区妇联慰问留守孩子20名，每人得到200元扶助金；区政协慰问2位困难学生，发放每人500元扶助金。

【莆仙戏进小学】 2012年，为将传统戏曲传承与校园文化相结合，弘扬莆仙传统文化艺术。涵江区在全区小学开展“莆仙戏进校园”试点工作，涵江实验小学、涵江第二实验小学作为该区首批试点学校，在四、五、六年级开设莆仙戏课程，每周一课，开设莆仙戏唱腔课，组建兴趣小组，聘请老艺术家到校授课，并编排小剧目。涵江实小的《春草闯堂》片段、涵江二实小的“可爱莆仙戏”节目在莆田市教育局举办的庆祝第二十八个教师节文艺晚会中亮相。

【绿色校园创建】 2012年，区教育局组织涵江实验小学、鲸山小学、江口中心小学、白塘中心小学等6所中小学校开展绿色校园创建活动，共投入资金69.4万元，新增绿化面积3.31公顷，绿化覆盖率30.31%。5月，塘头学校、荻芦中心小学通过市级绿色学校评估验收。

【区二实小教学楼竣工】 2012年，该校教学楼被列为“全国中小学校舍安全工程项目”，该楼由福建岩土工程勘察研究院监测检测，湖南省建筑工程集团设计研究院承担施工图设计，福建华丰建设工程有限公司施工，并于3月开工，12月竣工投入使用。该工程总造价959.8万元，建筑面积6102.49平方米，整栋楼沿东西向展开形成“一”型，采用全框架结构，建筑抗震等级7级，主入口在中部，东西各有两个次入口。该楼主体共5层，60间教室，可容纳近2800人进行教学活动。教学楼布局合理,学校内部道路交通、绿化布置考虑周到，设施配备齐全，大大地改善学校的办学条件，给学生们提供良好的学习环境。

【学校选介】

江口中心小学 该校位于江口镇锦华街。2012年，在校学生2300多人，其中幼儿园650人，41个教学班，有专任教师99人，其中本科学历41人，专科学历55人，学历达标率为100%；小学中学高级教师9人，小学高级教师48人。校园现占地23992平方米，拥有一幢H型综合教学楼，总建筑面积为8750

区二实小新教学楼

江口中心小学教学楼

平方米，建有36间普通教室，同时配有图书阅览室、电脑室、多功能教室、电化教室、语音室、科学实验室以及体、音、美、劳技等专用教室，各种实验器材和图书数量达到省标准化学校评估标准。有一个面积达4750平方米的运动场，建有200米环形塑胶跑道和3个塑胶篮球场，满足教育教学需要。该校先后获得“省农村示范小学”、“省文明单位”、“市交通安全文明单位”、“市军民共建先进单位”、“市先进教工小家”、“市实验室工作先进单位”、“省综治先进单位”等称号。

（志平　陈敏）

·中学教育·

【概况】 2012年，全区共有高级中学1所、完全中学7所、初级中学11所、九年一贯制学校3所。其中省一级达标学校2所、省三级达标学校2所。在校初中生13167人，高中生8288人。七年级招收4376人，初中毕业生5275人，上一级达标中学统招人数950人。高一招收新生2668人，高三毕业生2983人，共接收外来工子女就读初中1757人。是年，全区2715名考生参加高考，高考600分以上人数72人，理科最高分670分，文科最高分627分，本一上线人数263人，比率36.99%，本二批以上上线率56.8%。莆田六中应届考生711人，其中本一线以上263人，占总人数的36.99%，比上年提高2.71%。中考成绩全区达到一级达标校最低控制线的有1072人，比上年增加260人，等级学科A级比例均有上升。其中莆田青璜中学和莆田第十七中学投档分400分以上人数占全区60%以上。全区中考成绩前10名中，莆田第十七中学占5名，并包揽前三名。

2012年，莆田侨中在参加省、市各教学评选大赛中，获市教学技能大赛一等奖1名、二等奖和三等奖各2名，福建省新课程初中地理教学研讨课和课件评选一等奖1名，福建省高中化学新课程选修模块教学设计评选二等奖1名，其省级课题《网络环境下学生学习方式的转变研究》获全国一等奖；莆田七中1位老师代表莆田市参加福建省中小学教师教学技能大赛获二等奖。该校学生在莆田市中小学生群舞艺术比赛中获第1名；莆田市第九届中小学生书画比赛，获一等奖、二等奖各2名。1位学生在福建省中学生运动会100米、200米、400米比赛中均获第一名；1位学生参加全国越野跑锦标赛，获团体总分第三名。1位学生参加厦门第十届国际马拉松比赛，以40分57秒的佳绩获取10千米级冠军。莆田六中被评为“福建省2009-2011年度德育工作先进学校”，该校教师陈华被评为“莆田市优秀教师”；莆田侨中被评为“莆田市2009-2011年度德育工作先进学校”；莆田十四中获“福建省心理健康教育协作校”、“莆田市德育工作先进学校”等称号；国欢中学获“莆田市德育工作先进单位称号”。

【小片区管理】 2012年，为推动优质学校对一般校的辐射带动，加快薄弱校改造提升，区教育局根据各校实际，着眼于3个“有利”原则(有利于师资队伍的轮岗交流、有利于教育资源的重组整合、有利于校本教研的统筹安排)，将20所初中划分为5个小片区，第一片区以莆田十七中为龙头，对接莆田十四中、国欢中学和白塘中学、银河学校；第二片区以莆田锦中为龙头，对接莆田侨中、石庭侨校和蒲坂侨中；第三片区以青璜中学为龙头，对接塘头学校、三江口中学和涵江侨中；第四片区以庄边中学为龙头，对接白沙中学、新县中学和大洋中学；第五片区以莆田七中为龙头，对接萩芦中学和实验中学。要求初中校以片区年段备课组为单位，由片区教研组长负责统筹，每一学期举行4次教研活动，分别在期初、期中、期末和教研活动周内举行。期初主要针对上学期的考试情况以及本学期教学进度、难点、重点展开分析研讨；教研活动周分学科分年级举行教学观摩、同课异构、课例分析、骨干教师示范课等教学为主题的教研活动；期中分析本校成绩，及时跟踪、分析问题、查找原因，找出对策；期末总结本学期教学工作中得失，研讨期末复习内容，讨论期末质检方向及命题思路等，制定下学期的片区工作计划。是年，初中学校共组织片区教学质量分析研讨会60多场次，送教下乡15人次。

【锦江中学奖教助学】 3月28日，锦江中学举行2012年春季捐资助学暨颁奖大会。区教育局、区侨办、区侨联、巴西中华总商会、南美洲闽南同乡会等代表以及全体师生2000余人与会。学校董事长旅港校友李承光先生捐资4.5万元，向200名优秀学生和10名先进教师颁发奖学金、奖教金。福莆仙东岳观董事会捐资1万元，为15名贫困学生颁发“阳光”助学金。印尼侨领陈关美英女士的后裔捐资30万元用于校安工程附属设施建设。9月7日，该校举行庆祝第28个教师节暨奖教、奖学、助学颁发盛会。福建汇达时装有限公司董事长李国坤先生捐设“卡朱米”奖教金，每学期捐资1万元奖励20位优秀教师。旅居巴西侨领、中华总商会监事长许志煌先生率同乡许文华先生、汤建清先生、李志英女士捐资12万元用于学校附属设施建设。

【学校选介】

莆田华侨中学　该校位于江口镇锦华街新前村。该校校园面积13.33多公顷，有近5万平方米的校舍建筑面积和400米标准化塑胶运动场；20万册馆藏图书、15多万本电子图书；11间达国标的理化生实验室，43间多媒体教室以及教师电子备课室、师生电子阅览室。2012年，该校教学班54个，学生总数2668人，其中初中部18班，947位学生；高中部36班，1721位学生。教职工总数209人，教师总数196人，

6月5日，区委副书记、区长陈万东（前排中）到莆田华侨中学检查教育工作

其中高级教师69人，中级教师57人；本科以上学历182人，研究生学历3人。是年，该校先后获得获得莆田市2009—2011年度德育工作先进学校，省中学生联赛4×100米校队第一名，莆田市第九届艺术比赛高中组群舞第一名。

（志平 陈敏）

·职业教育·

【概况】 2012年，莆田华侨职业中专学校（以下简称莆田侨职）有教师148名，专任教师139名，专业教师70名，双师型教师30人；有国家级骨干教师13名，省级骨干教师9名，市级学科带头人、骨干教师6名，省职教学会各专业委员会成员8名，省市优秀教师、师德标兵等各类先进42名。该校数控实训示范基地成功创建国家示范专业项目和莆田市省级区域性公共实训基地后，带动机电一体化、模具制造、商贸等各个富有特色的专业全面快速发展，有省级重点专业3个、省级示范专业1个、市级重点专业3个，建成省级技能性紧缺人才专业培养培训基地1个、中央财政专项资金支持的国家级专业实训基地2个。在办学方式上，继续深化校企合作机制，与更多规模企业开展合作，并选择电子技术应用专业进行“工学结合”教育模式尝试。截至年底，该校扩建工程完成投资4392万元，建筑面积14284平方米。完成扩征8公顷的校园用地，新建教学楼、综合楼全面竣工。是年，该校全日制招生超过780名，非全日制招生突破1000人次，非全日制教学班在金浦机械公司、德信电子等企业实施“把课堂设在企业”的办学模式。该校组织参加莆田市中职技能大赛，获团体第一名；选派3个专业6个项目的14名学生代表莆田市参加福建省职业院校技能大赛，获11枚奖牌，获奖率79%；选派2名会计专业学生（全省4名）代表福建省参加全国职业院校技能大赛（中职组）竞赛，获得全国二等奖、三等奖各1名。在教育部、中央文明办、共青团中央、中华职业教育社四部门联合主办的第七届全国中等职业学校“文明风采”竞赛中，该校选送作品参赛，共有4件参赛作品获奖（二等奖、三等奖各2件）。蔡建华获福建省中华职教社主办的首届“清海杯——黄炎培职业教育奖”杰出校长奖。是年，莆田侨职被列入莆田市区域性公共实训基地。筹集“文兰奖”、“玉旗奖”、“日昌奖”、“瑞梅奖”、“富信奖”、“聚昌奖”、“文典奖”等华侨、社会奖励基金颁奖金 15.4 万元，用于该年度的奖教助学。

【校园扩建】 2012 年，莆田侨职有 3 个项目竣工并投入使用，分别是面积 4259.81 平方米的教学楼（4#）项目、面积 5631.6 平方米的办公楼（1#）项目、面积 4770.03 平方米的宿舍楼（10#）项目，总投入资金近 2000 万元。同时，投资 1900 多万元，用于基础设施建设。新征校园中的主干道路、围墙等基础设施，投资 460 万元；400 米标准田径场等基础设施建设；综合教学楼项目设计面积 5188 平方米，预计投资 800 万元；新建校门前通往省道 201 线的渠道拟采用“箱涵”方式施工，投入资金 20 万元；消防管道、泵房，投资 30 万元；电增容，投资 80 万元；校园绿化工程投资 20 万元。

【对口帮扶协作】 2012 年，按照涵江区与宁德市柘荣县对口帮扶协作工作实施方案要求，5 月起，区教育局开展与宁德市柘荣县教育项目对口帮扶工作，安排莆田侨职为对口帮扶柘荣县职业培训的任务学校，与宁德市柘荣县教育局商讨相关事宜，并制定《对口帮扶职业教育培训实施方案》。该校联系区内一批相关知名企业，如金埔机械公司、集友框业集团有限公司等，了解他们的用工需求；另一方面联系柘荣县劳动局、教育局，介绍涵江区企业用工需求和莆田侨职的专业设置情况，商请他们招收一批农民工到涵就业培训，提高他们的数控技术、计算机技术及应用和工艺品设计与制作等技能水平，后安排到区内相关知名企业工作。配合区人社局，继续加强与柘荣县教育局、劳动局的联系，力争在年内招收一批柘荣籍农民工，并开展培训，使他们能够在涵江就业。同时开展教研交流活动，加强两地职校之间的联系，邀请柘荣县职业学校每学期组织一些教师到涵江区侨职听课、评课，面对面交流，跟班学习，取长补短，共同提高。

【筹建市中等职业教育区域性公共实训基地】 2012 年，莆田侨职开始筹建莆田市中等职业教育区域性公共实训基地，基地规划建设 4 个公共实训中心，分别为数控技术、机械加工技术、物流、计算机技术等，覆盖莆田市域内数控、机械、物流、计算机等重点产业发展相关的专业领域，符合莆田市产业振兴计划。是年，省级中等职业教育区域性公共实训基地的配建资金 300 万元到位，基地建设的各项准备工作在实施中。

（志平　陈敏）

·社会办学·

【概况】 2012 年，涵江区鼓励社会力量办学，面向社会，鼓励和提倡企事业单位、社会团体、台港澳及海外侨胞等对教育事业提供资助和捐赠，使之成为政府办学的有力补充。是年，全区有各级各类民办教育机构 28 所，其中完中 1 所（莆田市私立实验中学），小学 1 所；综合学校 1 所（涵江私立银河学校），民办幼儿园 22 所，非学历培训机构 2 所（莆田市艾迪双语教育培训中心和涵江华达出国外语培训中心）。民办学校在校生总数近 5000 人，专任教师 300 多人，开设专业和培训科目 10 余种。

【爱心涵商奖教助学基金】 2012年，由上海市涵江商会捐款6万元，浙江省义乌市涵江商会捐款4万元，深圳市涵江商会陈玉荣捐款4万元，上海市长江医院陈鸿龙捐款2万元，上海皇贸实业公司蔡文盛捐款2万元，莆田初日化工公司翁建山捐款2万元，合计爱心涵商奖教助学基金每年捐款20万元，委托涵江区帮困助学协会筛选出60名品学兼优的贫困中小学毕业生，资助他们解决升学难问题。具体助学金标准及资助人数为：成绩优秀、家庭困难，录取在该区初中就学的小学毕业生20名，给予每人一次性资助2000元；成绩优秀、家庭困难，录取在该区一级达标校高中就学的初中毕业生20名，给予每人一次性资助3000元；成绩优秀、家庭贫困，高考上本二分数线以上的涵江区内高三应届毕业生20名，给予每人一次性资助5000元。

（志平　陈敏）

·教育督导·

【概况】 2011年，涵江区人民政府教育督导室（以下简称区督导室）坚持督政为重，督学为本，开展教育难点、热点的专项督查；坚持督政与督学并重，监督与指导并行，督导与服务并举的原则，提升督导内涵。全体督学根据各自分工，对全区所有完小实施素质教育进行区级评估。通过素质教育督导评估，发现并解决一批具体问题，促进学校的素质教育水平与质量的不断提高。

【建立乡镇（街）文化户口册】 2012年，区督导室把辖区内中小学、幼儿园就读学生相关信息分发乡镇，作为各乡镇街道基础数据，指导乡镇做好文化户口册滚动管理。以庄边镇为试点开展相关学生入学调查取证工作，组织人员深入庄边镇就文化户口册的滚动管理进行调研检查，并总结出经验在其它乡镇推广。

【乡镇（街道）教育工作督导评估】 2012年，区督导室以综合督政为载体，继续实施“乡镇政府教育工作督导评估”，对全区12个乡镇（街道）进行过程性工作检查。深入乡镇、中小学校、幼儿园实地察看、核对数据，查阅有关文件资料，了解各乡镇（街道）教育工作的总体情况，对照评估指标做出客观评价，提出整改意见。通过督导评估，达到发现问题、促进整改，落实职责的目的，促进乡镇政府履行教育职责，加快区域内教育改革发展。是年，涵东办和江口镇通过市级乡镇教育“两项督导”考核评估，获双优等级。

（志平　陈敏）

编辑：陈伟庄

文化

·文体·

【概况】 2012年，涵江区文化体育广播电视管理局（以下简称区文体局）贯彻区委、区政府和上级主管部门一系列重点工作部署，深入贯彻党的十八大精神，持续开展学习实践科学发展观活动，推进全区文体广电出版事业健康发展。是年，区文体局被省体育局授予“2012年福建省全民健身先进单位”称号，被省新闻出版局授予“福建省农家书屋工程建设先进单位”称号，被市委、市政府评为“莆田市第十二届（2010–2012年度）文明单位”。庄边镇被国家体育总局授予“2012年全国乡镇农民体育健身示范工程”称号。1人被省体育局评为“2012年福建省全民健身先进个人”；1人被评为“2010–2012年度全市查处无证无照经营工作先进个人”。

【参加市第三届运动会获佳绩】 8月8日至10月16日，涵江区代表团以“发扬体育精神，展示涵江风采”为宗旨，参加莆田市第三届运动会8个大项目的角逐。经参赛的运动员、教练员、工作人员的顽强拼搏和团队协作，取得66.17块金牌，74块银牌，77块铜牌的好成绩，名列奖牌榜第三名；总分2000分，名列总分榜第三名。实行奖牌、总分双历史性突破，同时获得体育道德风尚奖。特别是市运会田径项目共设80块金牌，其中涵江区代表团取得35块金牌，并在多个小项包揽前三名，其中打破3项市纪录，成绩特别突出。游泳、举重、跆拳道三项是区第一次组队参赛，也取得游泳12块金牌，举重9块金牌，跆拳道3块金牌的好成绩。

【实施“农家书屋”工程】 2012年，区文体局继续贯彻《福建省农家书屋工程实施意见》文件精神，发挥新闻出版工作在社会主义新农村建设中的重要作用，切实解决广大农民群众“买书难、借书难、看书难”的问题，从提高农民文化素质入手，促进新时期农村经济社会协调发展，继续实施农家书屋工程。截至年底，全区共建设农家书屋43家、8个社区图书室，其中省资助农家书屋20家，村图书室改造农家书屋23家，实现全区175个村农家书屋全覆盖。

【“农民体育健身点”建设】 2012年，涵江区根据国家体育总局《关于印发〈关于实施农民体育健身工程的意见〉的通知》的文件精神，开展“农民体育健身点”建设，全年51个行政村农民体育健身点计划总投资178.5万元，累计完成投资276.675万元，年底全部完成建设，实现全区“农民体育健身点”全覆盖。

【"非遗"传承】 2012年，涵江区新增5个市级非物质文化遗产名录项目，分别是传统医药"南少林拳医"、"药茶凉茶配方"；传统技艺"大洋林氏麦芽糖制作技艺"、闽中家居木作技艺；民俗"江口东岳观庙会习俗"。新增10个市级非物质文化遗产代表性传承人，分别是佘向群（莆田传统精细木作技艺）、林飞鹤、黄淑钦（黄氏木雕工艺）、张国勇、曾劲松、张新忠（"金镶玉、玉镶金"传统技艺）、林文富（江口林氏纸扎）、戴汉权、戴文欣（白沙戴氏白粿传统制作技艺）、郑建涵（豆腐乳制作技艺）。至此，涵江区的省级非物质文化遗产达7个，市级非物质文化遗产名录项目达35个；有省级非物质文化遗产代表性传承人2人，市级非物质文化遗产代表性传承人共有42人。

（石 敏）

·方 志·

【概况】 2012年，涵江区地方志编纂办公室（以下简称区方志办）贯彻落实党的十八大精神，以中国特色社会主义理论体系指导修志编鉴，不断提升创新和发展方志文化的能力。同时，抓好方志资料的建设，与省内外方志机构进行工作交流，并进行志鉴图书交换。是年，该办继续编写《涵江区志（1995—2005）》，组织编纂出版《涵江年鉴（2012）》。同时，开展读志用志活动，全年共向学校图书馆、乡村农家书屋、驻涵武警、部队等赠送年鉴和地情资料书计200多册。

【召开年鉴编纂工作会议】 2月16日，根据国务院颁布的《地方志工作条例》精神和涵江区年鉴编纂工作连续性的需要，区政府召开《涵

2月16日，区政府召开《涵江年鉴(2012)》编纂工作会议

江年鉴（2012）》编纂工作会议，全区120多个承编单位负责人和撰稿人参加会议。会议回顾总结历年《涵江年鉴》编纂工作的经验做法，动员部署《涵江年鉴（2012）》的编纂工作，并对撰稿人进行业务培训，要求重点编写2012年度涵江区各部门、各行业取得的丰硕成果以及经验教训，附上各承编单位当年度的大事记，当年度各承编单位获地厅级以上表彰的先进集体和先进个人等。同时，对《涵江年鉴（2011）》卷中的12名优秀撰稿人予以表彰。

【《涵江年鉴（2012）》出版】 10月底，区方志办组织编纂的《涵江年鉴（2012）》由福建省地图出版社正式出版发行。该年鉴全面、系统、翔实地记载2011年涵江区以经济建设为中心的社会主义现代化建设的新进展、新成就，是具有政府公报性质的大型资料工具书。全书分特载、大事记、区情概貌、建设/环保、交通/通信、农业、工业、金融、财税/经贸、经济综合管理、中共涵江区委、涵江区人民代表大会、涵江区人民政府、政协涵江区委员会、民主党派/工商联、社会团体、政法/武装、教育、文化、卫生、人事/编制、民政/社保、街道/乡镇、人物、附录、索引等26个栏目，139个分目，711个条目，为大16开精装本（全彩页），约50万字。

【续修《涵江区志（1995—2005）》】 2012年，区方志办继续抓紧组织编纂《涵江区志（1995—2005）》。该办组织外聘的专家学者先后到公安局、法院、检察院、司法局、农业局、林业局、水务局、江口镇、萩芦镇等单位召开评稿会，对志稿质量进行分析，并现场指导。

【读志用志】 2012年，区方志办为认真总结和研究历史的经验教训，切实做到历史与现实的结合，地方志工作与社会主义精神文明建设的结合，充分发挥地方志"存史"、"资治"、"教化"的作用，开展读志用志活动，向学校图书馆、乡村农家书屋、驻涵武警、部队等赠送年鉴和地情资料书。是年，共向全区30多个中小学图书馆和40多个社区、村居农家书屋分别赠送年鉴和地情资料书计90多册、110多册。

（许云峰）

·档 案·

【概况】 2012年，涵江区档案局与涵江区档案馆（以下简称区档案局）结合全区工作大局和年初制定的工作目标，进一步提高档案服务能力，各项工作均取得一定成效。是年，区档案馆接收区政府办文书档案和辖区内45个工程建设项目档案1353卷。区档案馆有馆藏档案87个全宗，档案资料数量92404卷（册）。案卷目录241册，全引目录416册，机读目录19.3672万条。

【档案执法检查】 5月8日—9日，区人大组织档案执法检查组对全区贯彻实施《中华人民共和国档案法》（以下简称《档案法》）情况进行检查。区档案局局长方明坚向检查组具体讲解《档案法》等法律法规，并向检查组汇报全区贯彻实施《档案法》情况。区发改局、区财政局也向检查组汇报贯彻实施《档案法》情况。检查组采取听汇报、看现场、查案卷的方式，对区固定资产投资中心、劳动局、林业局、涵东街道、新县镇的档案工作开展情况进行检查。

【项目征迁建档专项工作】 2012年，涵江区围绕"项目为纲、投资为要、征迁第一"的工作部署，大力加强征迁一线工作。随着征迁工作推进，产生大量的征地拆迁安置档案。为加强项目征迁档案的规范化管理，确保档案的完整、准确、系统和安全，使征迁档案更好地为涵江区建设服务，区档案局主动靠前，向区委区政府领导提建议，经区委区政府同意，区委办、区府办于8月份印发《关于加强项目征迁档案管理的通知》（涵委办〔2012〕52号）。9月3日，区档案局、区督查办召开全区项目征迁建档工作会议，对项目征迁建档工作进行布置。10月30日，召开涵江区项目征迁建档涵东、涵西街道业务培训会议，推动全区征迁建档工作的开展。

【珍贵历史文化资料征集】 2012年，在房屋征迁过程中，区档案局从征迁户手中发掘一批历史文化古籍。古籍数量近300册，大都成书于明清，一部分成书于民国，时间纵跨明、清、民国三个时期。这些古籍，内容丰富，经史子集，均有涉及，其中有莆田地方特色的约占四分之一，它们佐证了莆田"文献名邦"的历史，具有重大的文史价值、文献价值和文物价值，引起社会各方面的关注。10月，中国教育电视台派员来到区档案馆，对这些古籍，特别是对清代版本《郑氏通志》进行拍摄。随后在制作的纪录片中采用在区档案馆拍摄的多个镜头。《海峡都市报》《莆田乡讯》等新闻单位也到区档案馆拍摄古籍并作专题报道。

【档案日常监管】 2012年，区档案局指导辖区内26个单位整理各类案卷2753卷、866份；指导区林业局、大洋乡、新县镇、白沙镇、赤港农场原莆田县遗留档案资料的收集整理工作，为将档案移交市档案馆作好准备；指导区卫生局建立行政许可档案200多卷；帮助区水务局水普办收集整理第一次全国水利普查档案，并以92.6分通过省级验收。

【档案公共利用服务】 2012年，区档案局（馆）共为社会、机关团体、群众提供档案利用1075人次，提供各类档案1228卷次2403件次，复印13334张，为解决下岗职工办理社保、医保、退休、工龄认定，公民变更婚姻关系、办理出国公证，购房贷款、房产交易、调解民事纠纷等民生问题方面提供依据。

（元小宝）

·旅 游·

【概况】 2012年，涵江区旅游事业局（以下简称区旅游局）利用辖区内丰富的旅游资源，对景区景点设备设施进行全面的综合开发和规划，向市旅游局和区财政争取资金，不断完善景区景点旅游基础设施建设。是年，区内“笛韵森林人家”被评为福建省三星级乡村旅游经营单位，白塘湖风景区、坪盘山庄列入福建省第五批“水乡渔村”名录，白塘湖风景区还获得省级水利风景区、平安景区等称号。涵江区全年共接待游客158万人次，同比增长15.7%；旅游总收入12.66亿元，同比增长15%。

【旅游规划】 2012年，区旅游局挖掘涵江的文化价值和旅游价值，努力将涵江区打造成为具有知名品牌的旅游精品、中国知名的旅游目的地和中国特色的旅游新地标。区政府投入290多万元聘请国内知名的策划机构，高起点、大手笔对涵江区的旅游文化资源进行深度挖掘与整合，编制《涵江区旅游2012-2022年发展战略纲要》《涵江区旅游营销策划》和《涵江区旅游重点项目策划》。6月下旬召开评标会，确定中国创意研究院北京创意村营销策划有限公司为规划编制单位，作为业务部门，区旅游局做好旅游策划编制的各项对接工作，保障规划编制顺利进行。

【旅游宣传】 2012年，区旅游局向上级争取项目资金，组织区内星级饭店、主要景区负责人参加在山东青岛举行的2012年中国国内旅游交易会和厦门“9·8”旅游博览会，发放1000份涵江重大旅游项目推介手册，重点对策划包装的四大旅游项目白塘湖风景区、夹漈草堂、囊山风景区、瑞云山永兴岩景区等进行宣传展示，加强招商引资力度。

6月11日，副市长封丽霞（左二）到涵江调研旅游工作

【旅游管理】 2012年，区旅游局与区内主要景区、星级酒店、旅游车队的责任人签订安全生产责任书，明确各自责任。利用“安全生产月”宣传《安全生产法》《消防法》等法律法规，提高旅游从业人员的安全意识。在春节、“五一”、“十一”黄金周及重大节假日前夕深入各旅游经营单位进行安全、卫生检查，加大对旅游安全薄弱环节的检查力度，通过排查，

限期整改，完善健全“涵江区旅游突发公共事件应急预案”，消除各大安全隐患；开展消防“五大活动”（即大排查、大整治、大宣传、大培训、大练兵）以及“清剿火患”专项活动，联合消防大队和安监局，每月不定期进行安全生产检查，对发现存在消防隐患和其他不足之处的旅游企业，令其限期整改，并及时跟踪检查整改结果，确保整改到位。是年，共组织14个检查组72人，检查企业80家，主要涉及景区、星级酒店、旅行社、旅游车队等，发现隐患131处，整改131处，未发生旅游安全事故。

（张邦集）

·广 电·

【概况】 莆田市广播电视中心涵江网络管理站（以下简称涵江网络站）与莆田市广播电视中心涵江记者站（以下简称记者站）是莆田市广播电视中心的派出机构，为涵江唯一的电视新闻媒体单位。

2012年，涵江网络站按照“以经营发展为中心，以改革创新为动力，以服务质量为保证，以提高效益为目标”的经营方针，推进网络整合、加快发展有线数字电视，确保网络安全传输，切实提高服务质量。全年累计完成网络创收1150.74万元，发展有线数字电视用户2155户，数字整转4215户，付费节目收费98.15万元。是年，涵江记者站围绕建设“以港兴市、工业强市”的发展战略，根据构建“和谐、平安、文明、魅力”莆田新广电的部署要求，深入开展“创先争优”和“走基层、转作风、改文风”活动。连续16年保持省市台采用稿量居全市各县区第一名，全年共播出新闻1812条，其中有4条被中央电视台采用，127条被福建电视台采用，605条被市电视台采用。新闻评论《“新生代农民”谁来当》获福建省广播电视新闻奖一等奖，这是涵江记者站第四次获此殊荣，短消息《上万只麻雀带来的烦恼》获省级三等奖。涵江记者站被评为“第七届省文明行业创建工作示范点”和“涵江区基层党建工作示范点”。

【有线网络建设与运维】 2012年，涵江区累计投资159.75万元，完成13个数字电视通道网络改造项目，2个新村入网项目（庄边镇尚书桥村、黄龙村），新建81.35千米光缆，新增光节点178个。网络升级改造工程获批工程完成5个，分别是2011年涵江第一批176个行政村“村村响”工程；江口镇四通片区模转数网络改造工程；江口镇石西后村埕新区网络改造；江口镇石东村、顶旧厝模转数网络改造工程；江口镇东方红水库信号接入工程。网络建设与升级改造工作。涵江网络站建立部门分工合作机制，保持部门间的联系与沟通，使各部门既分工又合作，密切配合，及时处理各种网络故障；根据各部门线路整改上报情况，组织施工队对安全隐患较大、易发生故障的光电缆线路及时进行整改，对片区内老化、布局不合理的电缆支干线路作出统一安排，逐步整改；加强机房前端设备的检修、维护，对还在使用的1310nm系统升级改造为1550nm系统，有效地提高信号的传输质量，减少客户投诉。

【广播电视设施保护】 2012年，涵江网络站进一步落实国务院颁发的《广电设施保护条例》，加大相关法律法规的宣传力度，提高广大群众保护广电设施意识，并强化措施，加强对线路的巡查和维护，及时排除故障。在国庆、十八大召开前进行两次安全播出应急预案演练，提高视频监视和播出前端报警器第一时间应急反应和处置能力，异常情况实现“零秒切换”，关键部位专门配置指标高、性能好的进口设备，从科技管理上有效防止敌对、邪恶势力的攻击破坏，为全市广播电视安全优质播出提供强有力的技术和物质保障。

【安全传输监管】 2012年，涵江区在党的十八大宣传播出期间，要求各部门、镇站成立十八大广播电视安全播出领导小组，不惜代价、不讲条件、不留死角，全面提升广电网络运行水平，全力以赴做好安全传输工作，进一步加强安全传输责任体系建设。强化监管考核，加强安全传输应急指挥链，努力构建组织有力、职责明确、上下联动、互相配合的安全传输工作格局。进一步强化机房设施和技术装备保障。落实基层站灭火器材配备情况，做好机器设备、动力电源的检修、维护，以及备用电源的检测等工作，并定期进行系统性能安全测试、对广播、电视信号的重要播出环节进行安全监测等，切实加强对光缆传输干线的维护巡查，以保证广播电视信号不间断、高质量传输和播出。进一步落实值班制度和安全传输事故报告制度，坚持二十四小时值班值守，落实双人正负班值班制度，加强领导带班责任制，重要播出、传输时段领导靠前指挥、一线带班。坚持安全播出事故零报告制度，及时处置应对突发安全播出停播事故，确保不瞒报、早发现、早解决，及时恢复播出。

【广电服务与培训】 2012年，涵江网络站为方便用户办理业务，在延宁新增1个服务窗口，并对涵江综合营业厅和延宁营业厅采取以客户为中心的管理模式进行改造装修。强化服务意识，设立服务监督栏，让每位员工面对群众，接受监督；公开服务承诺，推行办事限时制、首问责任制；规范服务语言，从细节做起，不断塑造广电人良好形象。组织学习《涵江有线数字电视整转技术规范》《客户服务管理暂行规定》和《莆田市有线数字电视整转热点问题》等手册；按市公司要求，每周一晚上电视教育培训；选派技术人员参加市公司组织的各厂家网络新技术学习培训。操作技能学习培训，组织工程技术部进行上杆操作、光设备、测试设备的使用等技能培训，进一步增强职工操作技能，提高服务意识和服务水平。

【项目建设报道】 2012年，涵江记者站通过新闻分析会、学习会等形式，准确全面地传达区委的宣传报道要求；站领导多次主持召开新闻采编策划会。新闻部、节目部开展“走基层、转作风，打好新闻攻坚战”的劳动竞赛活动，派出记者深入到项目征迁第一线，采编大量优秀的新闻作品，做到超前谋划、制造声势，贴近报道、跟近宣传，营造“人人支持拆迁工作，个个参与项目建设”的浓厚氛围。同时，配合地方部门的主要工作，适时开设相应的栏目，主动地进行新闻宣传报道，促进地方各项工作的顺利开展。是年，配合国土部门整治两违工作，开设“惜土如金，整治‘两违’”栏目；配合计生部门推出“人口与健康”系列报道；配合创建卫生城市工作，开设“涵江是我家、美化靠大家”等栏目；配合综治平安建设，开设

“建设平安涵江、构建和谐社会”“平安家园”“涵江警务”等栏目；配合安全生产宣传月活动，开设“安全生产无小事”等栏目；为加大消防安全宣传力度，主动与消防部门合作，开设“消防进万家、平安你我他”专题栏目，报道消防安全工作动态，普及消防安全知识；为加大卫生与健康宣传，与涵江医院合作开设“健康与生活”栏目，每两周一期等。

【民生报道】 2012 年，涵江记者站以“让广大人民群众满意”为新闻宣传工作的落脚点，将“创先争优”与“走基层、转作风、改文风”活动紧密结合，进一步加强和改进舆论监督，关注百姓民生，促进社会和谐。选择两个挂钩村建立“基层联系点”，要求记者蹲点调研、宣讲、采访等。通过与山区贫困村结对、驻村入户等形式，进一步增进同群众的感情、拉近同群众的距离。开设“走基层、看发展”专栏，要求每晚至少播出一条有分量、有深度的基层新闻。结合涵江区项目征迁、大力推进旧城改造和新城建设的实际，推出一系列与民生紧密相关的重要新闻宣传报道活动。建立记者下基层同绩效挂钩制度，督促记者深入乡村街巷等一线采访，切实加大民生新闻的比重。多次组织记者深入大洋、庄边、新县、白沙等边远山区采访，引导全社会对“三农”问题的关注。开设新闻热线，对群众反映的环保、卫生、城建等热点问题，派出精干记者深入采访，及时报道、跟踪，深抓反面典型的曝光，同时做好后续反馈报道。在开展“走基层、转作风、改文风”活动中，站领导亲自策划调度，亲临一线采访，新闻部、节目部等骨干记者全部深入一线，采编各类有关民生的新闻作品。在拍摄新闻评论《“新生代农民”谁来当》时，采访组连续采访两个多月，足迹遍及莆田市各地。该作品获省级一等奖。

【规范广告经营】 2012 年，涵江记者站在开展广告经营工作中，及早部署、广泛动员、拓展业务。按照市广电中心的规定，鼓励全体干部职工积极参与广告业务联络洽谈工作，在不影响本职工作的前提下，尽可能增加广告经营创收。为确保规范发展，涵江记者站在广告经营中努力做到公开透明。将每一个广告的合同都送一份到市广电中心财务部备案，广告发票由中心财务部开出，广告费直接由客户打至中心账户。不断完善广告规章制度，使每一个广告都能做到“播前有监督、播时有责任、播后有反馈”。在涵江广电大楼的局域网内开设“广告公开网”，将广告业务的详细情况向整座大楼的全体同事公开，使广告业务更加透明，进一步防止暗箱操作甚至违纪行为。广泛动员各界力量，邀请 10 多位外部业务员，以市中心规定的业务提成作为报酬，扩展广告业务，在保证社会效益的基础上，努力争取更多的经济收益。

（陈晓珊 邹敏锋）

编辑：范 将

计生 卫生

·计划生育·

【概况】 2012年，涵江区人口和计划生育局（以下简称区计生局）主要负责全区贯彻执行有关人口计生工作政策法规，开展计生统计、宣传及技术服务等工作。是年，全区人口出生率为11.26‰，政策符合率95.29%，保持低生育水平持续稳定；已婚育妇孩次结构继续趋于合理，一孩育妇比52.27%，同比提高2.51个百分点，二女育妇占总人口比例21.25‰；出生人口总量性别比为105.26，人口计生各项指标进一步优化，计生工作成效进一步凸显。

【计生宣传】 2012年，区计生局通过主流媒体，编创特色刊物，制作宣传品、宣传画等形式，加大宣传、营造氛围，引导群众遵守计生政策。9月份起，与省计生委联合在福建日报群众版开辟“幸福家庭大家谈”专栏，倡导广大群众畅谈执行计划生育政策、建设幸福家庭的感受和建议。其间共收到省内外稿件167篇，在《福建日报》热线新闻版面连续刊登21期33篇。编创出版“生育文明·幸福家庭”漫画宣传册，进行计生政策宣传教育。印制购物袋、太空杯、围裙等入户计生宣传品，印发计生优惠政策、早期教育读物、优质服务指南等宣传手册。结合城乡建设发展，在324国道、省道中心地段以及人群集中、流量较大的场所，设置大型计生广告画18幅，图文并茂的计生漫画100余幅，打造人口文化宣传一条街；创建2个人口文化大院，1个人口文化休闲广场；发挥人口文化示范村、人口文化大院、休闲广场及示范中心户的作用，做到集中宣传与经常宣传结合，面上宣传与点上宣传结合，扩大宣传教育覆盖面。开展“婚育新风进万家”活动，通过“光荣母亲”评选，知识进校园、女性健康讲座、现代小戏进农家等，宣传政策法规、优生优育、生殖保健等知识，使群众在活动中受到教育，增长知识。

【计生服务网络建设】 2012年，区计生局紧抓服务站（所）改造，共投入专项资金200多万元，用于区、镇计生服务站（所）升级改造、设备添置和村计生服务室标准化建设。区计生服务站以创建全国计划生育服务示范站为契机，先后投入80多万元，实现服务环境温馨化、服务设施标准化。抓窗口服务质量。实行一次性告知等“一站式”服务制度，公开服务承诺、办证流程图、联系电话，切实提高服务态度和质量。抓部门信息共享。实行人口计生信息化规范化管理，落实出生及B超实名制，完善人口计生、公安、教育、卫生等部门间全员人口协同采集机制。

【优生检查】 2012年，区计生局开展免费孕前优生检查。把免费孕前优生健康检查项目作为提高出生人口素质、推进基本公共服务均等化、促进家庭幸福和谐的民生工程抓紧抓实。坚持精心组织、规范运作、分类管理，形成区、镇、村分级负责的“计划怀孕夫妇信息摸底—健康教育—优生检查—评估建档—高风险人群随访”免费优生健康检查模式。是年，全区共开展优生优育教育培训6846人次，覆盖率124.02%，孕前优生健康检查目标任务数5520人，完成检查6680人，完成率121%。

【开展健康促进活动】 2012年，区计生局出台免费开展妇科“两癌”普查方案，由计生、卫生部门牵头，对全区40周岁以上农村二女户育妇和社区低保户育妇进行全面普查，并建立健康档案，全区共普查育龄妇女1058名。区计生服务站设立不孕症服务中心，开展不孕不育咨询、指导，先后邀请省科研所等相关专家义诊。将三江口中学作为青春期教育试点，开展青春期保健知识宣传、问卷调查等活动，让青少年及时了解和掌握预防性病、艾滋病及生殖健康等方面知识。

【开展避孕全程服务】 2012年，区计生局坚持以人为本服务理念，推进避孕方法知情选择，区站、乡所技术服务人员在做好环情、孕情监测及查病的同时，采取物质奖励和关怀慰问形式，引导和鼓励育龄群众自愿选择安全、有效、适宜的长效避孕节育方法。同时，与知情选择药具的育龄群众签订《已婚育妇使用避孕药具服务协议》。全区351个药具免费发放网点统一制作药具柜，统一设置醒目标识，镇村两级统一制作《计划生育避孕药具管理员职责》，规范帐、表、册填报。

【落实计生奖扶】 2012年，区计生局坚持为民办实事，落实兑现提高计生奖扶、伤残、死亡扶助、法定奖励标准，构建人口计生利益导向长效机制。是年，全区共兑现奖励扶助1866人，发放金额291万元；独生子女伤残死亡特别扶助19人，发放金额12.96万元；贡献奖励1321人，发放金额79.26万元；独生子女和二女户奖励1668户，金额128.5万元。全年帮扶纯女户建房22户，对55户农村独生户、二女户搬迁安置，给予增加1人份额补助2500元；有852名农村纯女户女孩中考享受加分奖励，就读高中阶段减免30%学杂费。

【实施计生“特惠”】 2012年，区计生局在制定民生政策时，对计生家庭在“普惠”的基础上实施“特惠”。自2010年起给予全区1285名农村独女户父母每人每年600元连续10年的养老保险补助；在省定奖励3000元基础上，对生育二女后2个月内结扎的再给予奖励500元；农村独生子女户、二女户家庭免费参与新农合，计生家庭免费参保45041人，投入资金27.03万元；45—59周岁二女户夫妻9373人次，新农保和城居保每人每年增加补助50元，共投入资金46.9万元。

【服务计生困难户】 2012年，区计生局完善计生困难户求助救济办法，对因病、因灾等造成生活特别困难的计生家庭29户，落实紧急救助资金6.1万元；开展扶贫助学和奖学奖教活动，设立“优秀女孩成才奖”，对农村二女户女孩被本科院校录取的一次性奖励2000—5000元；当年投入15万元，为全区2000多户农村二女户及幸福家庭示范户赠送家庭意外伤害保险。

【规范社会抚养费征收】 2012年，涵江区建立行政处罚自由裁量公开、行政执法过错责任追究等制度，切实做到社会抚养费征收合法、主体合格、文书规范。坚持按高限征收，努力开展调查取证，不断提高社会抚养费征收率、扩大征收面，对有经济承受能力，经多次思想工作后仍拒不缴纳社会抚养费的，申请法院强制执行。是年，全区社会抚养费征收面91.54%，征收金额428.42万元，征收率80.85%。

【流动人口计生服务管理】 2012年，在建立健全渠道畅通的信息交换平台和提高流动人口"一站式"窗口服务水平的基础上，涵江区不断完善流动人口服务管理模式。对流入人口实行"三个依托"模式，即依托企业（单位）、依托出租房、依托物业小区，建立计生服务同待遇、合法权益同维护、奖励优质同享有、宣传教育同对待的服务格局，让流入人口共享免费孕前健康检查、妇科病普查等。组织B超机进厂服务，为流动人口提供"双查"服务、免费进行乳腺检查和妇科病治疗。对流出人口实行主动管理、互动服务，依托流动党支部、莆籍异地商会、人口驿站，建立流出人口区域协作平台，与省内外95个市、县（区）签订流动人口区域协作协议书，做到信息互通、个案互联、服务互动，落实均等化服务管理。此外，还把流动人口纳入计生补助范围，区财政预算安排专项经费10万元。对流入育龄妇女，在区计生服务站"双查"的每人补贴10元；政策内生育一孩后3个月内上环的奖励100元；生育两个女孩后2个月内结扎的，再奖励500元；对外来农村独女户、二女户对象，在涵务工经商1年以上，其子女上高中减免学费30%。

【计生服务实名制】 2012年，区计生局通过制作分发漫画册、《致"准妈妈"家庭一封信》等形式广泛宣传，增强育龄妇女对落实终止妊娠、住院分娩及超声检查实名登记制度的认知度、参与度和支持度。建章立制，堵塞源头。区计生、卫生、药监等部门建立健全各项工作制度，先后制定《B超机使用管理制度》《终止妊娠药品管理制度》《分娩管理制度》等11项制度，有效防止违法行为的发生。公开承诺，实名服务。计生、卫生等主要职能部门与从业单位、科室、从业人员层层签订抵制违法行为承诺书，并张贴公示，接受群众监督。区政府拨出专款50多万元，集中采购设备，做到"四统一"，即统一安装监控设备，统一安装实名软件，统一配置第二代身份证验证阅读器，统一使用全市规范的相关实名登记表册。自3月起全区各医疗机构、计生服务站所均实现实名制服务。自查自纠，行业自律。全区各医疗单位每月定期开展一次自查活动，区计生局、卫生局、药监局等部门不定期联合开展督查活动。全年共开展5次联合督查，对存在的问题督促限期整改到位。

【计生依法行政】 2012年，区计生局积极创建依法行政示范单位。严格实行计划生育行政执法，开展人口计生依法行政示范乡镇（街道）创建活动，规范计划生育行政许可、行政处罚、行政执法、行政审批，切实做到依法行政。处理群众信访事项，主动做好维稳隐患排查，对39户独生子女伤残、死亡、手术并发症等重点人群，通过精神慰藉、说服教育、上门走访、关怀服务等形式，切实做好思想稳控工作。健全人口计生信息网络和舆情分析系统，提高对紧急重大事件的快速反应能力。深入开展民主评议行风工作，着力推进行风建设，对推诿扯皮、执法侵权等问题进行自查自纠，要求各乡镇在规定时限内整改到位。是年，无发生因办证问题、违法行政问题引发的越级上访事件。

（林志军）

·卫生管理·

【概况】 2012年，涵江区卫生局（以下简称区卫生局）推进村卫生室实施基本药物制度等各项医改重点工作，突出抓好医疗机构内部建设，加强党风廉政和精神文明建设，统筹做好各项卫生常规服务工作。全区共有各级各类医疗卫生机构265家，其中综合性医院3家（涵江医院、平民医院、华侨医院），中医院、疾控中心、卫生监督所、妇幼保健院、新农合管理和社区卫生服务中心各1家，卫生院10家，卫生消杀站1家；村卫生所197家，社区卫生服务站2家；私立医院2家（骨科专科医院、涵江现代妇科医院），个体门诊部11家，诊所37家。开设床位1195张，平均千人口拥有2.7张。卫生系统共有干部职工1372名，其中医生636名（中医师130名），注册护士522名；另有乡村医生329名。

【新型农村合作医疗】 2012年，区卫生局制订《涵江区新型农村合作医疗定点医疗机构基金结算支付方式改革实施方案》，方案中特殊门诊病种由原来20种增加到25种。新增5种病种为脑卒中及后遗症、重症肌无力、慢性肾炎、心脏换瓣膜术后、血管支架植入术后。补偿标准为起付线为零，补偿比例最高提至80%，封顶线最高提至5万元；0—14周岁（含14周岁）农村参合儿童所患急性白血病和先天性心脏病两类6个病种，采取定点救治、定额付费的方式，儿童白血病定额支付标准为8万元，儿童先心病定额支付标准为2.5万元。2012年度全区补助儿童先天性心脏病患者5名，补偿金额8.75万元；农村医疗救助与新型农村合作医疗补偿相衔接，实行“一站式”服务，方便救助对象即时得到救助补偿。各定点医疗机构为医疗救助对象提供医疗费用的即时结算服务。截至11月30日，民政医疗救助“一站式”服务新农合共救助20301人，救助金额1389842元；与定点医疗机构签订医疗服务协议，进一步强化管理，要求定点医疗机构严格执行基本用药目录，严格控制目录范围外的药品，切实控制医药费用的不合理增长。截至年底，全区参合农民受益人数达36582人次，补偿金额9143.02万元，参合农民受益面为10.71%；全区新农合参合率达100%。

【爱国卫生运动】 2012年，涵江区开展爱国卫生活动月活动，共分发宣传单3万多份，制作宣传栏、墙报100多期，张贴标语300条，悬挂横幅50多条等。结合社会主义新农村建设，以村容整洁为突破口，以改水改厕为重点，结合“家园清洁行动”，动员广大农民搞好房前屋后卫生，实行畜禽圈养，重点解决农村地区“脏、乱、差”问题。同时，加强河道卫生保洁，对河岸垃圾进行清理，整治建筑工地、集贸市场环境卫生，治理生活、工业污水直接排放河道等问题。制定城乡除“四害”工作实施方案，完成三轮共计6次的除“四害”施药行动。全区投放鼠药12.8吨，投放灭蟑熏片8.5万包，城区外环境水沟投放消杀用药3.2吨，确保把“四害”密度控制在国家规定的标准范围内。

【实施国家基本药物制度】 2012年，涵江区全面实施国家基本药物制度，根据《福建省基层医疗卫生机构用药目录》，筛选基本药物230个品种690多个规格，实现基本药物统一采购、统一配送、统一定价，保障基本药物的质量和供应，基本药物制度覆盖率达100%。同时，将目录内药品全面纳入基本医疗保障报销目录，基本药物使用率达100%。全区乡镇卫生院、社区服务中心全部实施药品零差率销售制度，基本药物价格实际下降比例达15%。是年，基层医疗机构门诊量比上年同期增长13.95%，基层医疗卫生机构药品收入占基层医疗机构总收入比重从2011年的41.7%下降到38%，基层医疗卫生机构门诊次均费用从2011年的42.03元下降到40.25元，基层医疗卫生机构住院次均费用从2011年的812.58元下降到796.19元。

【医疗项目建设】 2012年，涵江区急救中心竣工并投入使用，该项目总投资225万元进行改建，项目改建总面积700平方米；涵江医院医技综合楼改建，总投资1900万元，总建筑面积6281平方米，正式启用；平民医院综合病房大楼建设，建筑总面积24269平方米，计划投资7672万元，截至年底投资550多万元。

（林兰娟）

·疾病防控·

【概况】 2012年，涵江区疾病预防控制中心（以下简称区疾控中心）落实“结核项目”工作，归口管理结核病人，做好结核病防治宣传工作，通过发放宣传单、宣传画、宣传小册子等进行图文并茂的宣传。是年，共设有9个科室，其中业务科室有7个，行政科室2个。职工45人，其中卫生技术人员31名，其他专业技术人员2人，工勤技术人员10人。其中，副主任医师4人，主管医师/技师7人，医师/技师20人；本科9人，大专17人，中专13人，其他6人。

【免疫规划】 2012年，全区卡介苗应种6098人，实种6095人，接种率为99.92%；脊髓灰质炎疫苗应种18967针次，实种18863针次，接种率为99.45%；百白破三联苗应种19120针次，实种19088针次，接种率为99.83%；麻风二联苗应种6045人，实种6040人，接种率为99.17%；乙肝疫苗应种18722针次，实种18680针次，接种率为99.78%，首针及时应种6317人，实种6304人，首针及时接种率为99.79%；流脑应种13425针次，实种13407针次，接种率为99.87 %；乙脑应种6789人，实种6778人，接种率为99.84 %。脊髓灰质炎疫苗加强应种5488人，实种5465人，接种率为99.58%；麻腮风三联苗应种6803人，实种6789人，接种率为99.79 %；无细胞百白破三联苗加强应种5573人，实种5554人，接种率为99.66 %；A+C群流脑苗加强应种9738针次，实种9718人，接种率为99.79%；乙脑加强应种6065针次，实种6055针次，接种率为99.84 %。白破二联苗加强应种4814人，实种4792人，接种率为99.54%；甲肝疫苗应种6410人，实种6395人，接种率为99.77%。根据《疫苗流通和预防接种管理条例》以及上级的指示，结合涵江区实际，4月23日—28日在全区范围内开展一轮国家免疫规划疫苗查漏补种月活动。此次活动，麻疹类疫苗应补种1179人，实际补种1165人，补种率达98.81 %；脊灰疫苗应补种2322人，实际补种2297人，补种率为98.92%。

【肺结核防治】 2012年，区疾控中心作为涵江区结核病法定管理单位，落实“结核项目”工作，归口管理结核病人。1—10月，门诊共接诊疑似肺结核病人518例，初诊就诊率1.1‰，其中查痰518例，查痰率100%。免费拍摄胸片220人（含初诊和随访），发现活动性肺结核病人196例，其中新发涂阳肺结核病人数103例，复治涂阳病人数13例，新涂阳任务数113例，新涂阳任务完成率91.15%。涂阴病人总数80例，其中重症涂阴病人16例，免费治疗涂阴病人数80例。涂阳病人登记满一年治疗管理情况：初治涂阳病人数116例，治愈113例，治愈率 97.41%。全区每个季度都按计划对娱乐场所开展高危人群干预工作，第一季度干预602人次，HIV检测人数7人次；第二季度完成602人次，HIV检测人数113人次；第三季度完成658人次，HIV检测人数6人次，第四季度完成653人次，HIV检测人数0人次，累计完成2515人次，HIV检测人数126人次。

【公共卫生监督】 2012年，区疾控中心配合卫生监督所做好各项卫生监督监测工作，共监测食品经营单位及餐饮服务单位263家，其中合格211家，合格率80.2%；对86个公共场所（美发美容、KTV、舞厅、网吧等）等公共场所进行卫生监测，合格75家，合格率87.2%；依据《食品卫生法》《公共场所卫生管理条例》《职业病防治法》等相关法律法规，对2772名食品、公共行业从业人员进行预防性健康体检，对体验合格者予发放从业人员健康体检合格证。

【职业病检查】 2012年，区疾控中心对12家制鞋企业的职工进行健康检查，共检查1181名工人，发现可疑苯类作业职业性因素损害52人，并及时对这52个员工进行复查以排除技术上的误差因素。同时将体检结果及时反馈给用人单位，并依据《职业病防治法》的规定，要求用人单位建立职工健康档案。

【农村饮水安全监测】 根据2012年福建农村饮水安全工程水质卫生监测项目技术方案，区疾控中心共完成41个监测点的现场调查、水样的采集检测、检测分析、检测数据录入和网络直报等工作。采样检测农村饮水安全工程水样164份，其中合格64份，合格率39%，不合格指标主要是微生物指标超标严重。

【地方病监测】 2012年，区疾控中心开展饮水型地方性氟中毒监测，共监测改水工程13个，覆盖自然村20个，覆盖人口2241人。其中，大型工程3个，占23%，小型工程10个，占77%；正常运转工程13个，占100%，水氟含量合格工程13个，合格率为100%。共监测3个自然村（田厝1队、东张7队、下社边），检查8—12岁学生13人，氟斑牙检出率为零，缺损型氟斑牙检出率为零，氟斑牙指数为零，氟斑牙流行强度为零。全年完成监测300份盐样的工作任务。对新县镇、三江口镇、江口镇、国欢镇、白沙镇计5个镇的20个村居民户碘盐监测300份，合格碘盐食用率91.7%，碘盐合格率98.9%,碘盐覆盖率92.7%，非碘盐22份，非碘盐率7.3%。“5.15”防治碘缺乏病宣传日，区疾病预防控制中心、盐业公司等部门联合到各镇宣传，发放宣传单3128份。

【疫情监测】 2012年，涵江区共报告甲、乙类传染病9种1699例(发病率为359.6/10万，按审核日期计，2012年涵江区人口数含流动人口约为47.25万，死亡0例)，其中艾滋病5例、HIV3例、肝炎1212例（甲肝7例、乙肝976例、丙肝63例、戊肝8例、肝炎<未分型>40例)、流行性出血热7例、登革热1例、肺结核241例、副伤寒1例、猩红热2例、淋病25例、梅毒205例。共报告丙类传染病6种688例，其中流行性感冒28例、流行性腮腺炎32例、风疹6例、急性出血性结膜炎37例、手足口病417例、其它感染性腹泻病168例。4月24日，区疾病防控中心领导召开2012年登革热防治工作会议，贯彻《关于加强登革热防治工作的通知》文件精神，布置2012年涵江区登革热监测点工作方案，会后对32名有关医务人员进行培训，学习登革热诊疗技术，以提高业务水平。5月4日，全区对流动人口较多的江口镇石庭村开展健康人群抗体水平调查。其中，1名被调查者登革热IgG抗体阳性；是年发现2例登革热病例，马上派员核实疫情并组织开展流行病学调查，同时采取日报告制度进行汇报，部署各项防控措施，阻止疫情蔓延。是年，涵江区仍列为霍乱省级监测点，区疾控中心贯彻执行省卫生厅《关于认真做好霍乱防治工作意见的通知》及有关文件精神，结合涵江区实际及2012年福建省监测点工作方案，制订落实涵江区霍乱防治措施。于5月1日起各医疗单位相应成立肠道门诊，每月完成可疑腹泻病人的采样份数。是年，共登记腹泻病人数464份，检索数313份，检索率67.46%。

（林兰娟）

·妇幼保健·

【概况】 2012年，涵江区妇幼保健院（以下简称区妇幼保健院）编制人员40人，床位20张。该院属区直全民所有制医疗保健机构，集临床医疗、保健、科研、教学为一体，是涵江区妇幼保健工作业务指导中心，也是莆田市职工基本医疗保险和涵江区新型农村合作医疗定点单位。全年，门诊数113311人次，业务总收入233.52万元。

【母婴保健】 2012年，全区产妇总人数4618人，活产数4654人，住院分娩率100％，高危孕妇住院分娩率24.19%,孕产妇系统管理率为90.63%，孕产妇死亡率零，儿童系统管理率94.8%，婴儿死亡率40.73‰，5岁以下儿童死亡率6.88‰，低于全国平均水平。是年为3380名符合条件的农村孕产妇，发放住院分娩补助135.20万元，为2741名目标人群免费增补叶酸；利用“三八”妇女节、“六一”国际儿童节、“母乳喂养周”等节假日，组织医疗人员上街开展义诊咨询宣传活动，共组织医务人员上街开展义诊咨询宣传活动30多人次，发放宣传资料3000份，义诊咨询300多人次；是年共对农村妇女3000人进行“两癌”普查项目，确诊乳腺癌1例 。

【幼儿保健】 2012年，区妇幼保健院对全区133所托幼机构进行卫生监督管理，卫生保健指导。举办涵江区幼儿园卫生保健员培训班，参加培训保健人员43人次。协助各园所保健人员做好膳食管理。组织体检队，下到各园所进行幼儿健康体检、生长监测，托幼机构卫生管理率100%，开展幼儿健康体检12308人次，幼教职工健康体检506人，合格发证496人，及时反馈体检结果，并提出相应的指导意见和干预措施，确保儿童健康成长。

【婚前保健】 2012年，区妇幼保健院依法规范开展婚前保健工作，安排5位具有婚检资质的医务人员从事婚检工作。全年实婚检7911人次，婚检率100%，检出各种疾病591人次，疾病检出率7.5%，其中指定传染病69例，肝炎52例，梅毒14例，艾滋病1例，尖锐湿疣1例，结核病1例，根据婚检结果情况提出相应医学意见：暂缓结婚82人，尊重受检者意见1235人，符合结婚医学条件6594人，婚前卫生指导7911人次，婚前卫生咨询7911人次。

（林兰娟）

·社区卫生·

【概况】 2012年，涵江区涵东、涵西街道社区卫生服务中心（以下简称社区卫生服务中心）主要开展为辖区居民的常见病、多发病的诊疗和救治工作。全年共接诊患者48298人次；业务收入32.03万元，其中医疗收入44.78万元，药品收入275.54万元。

【妇儿保健】 2012年，社区卫生服务中心为0—36个月婴幼儿建立儿童保健手册，开展新生儿访视及儿童保健系统管理。新生儿访视不少于2次，儿童保健1岁以内检查不少于4次，第2年和第3年每年检查不少于2次。进行体格检查和生长发育检测及评价，全年共为儿童进行健康检查4015人次。为辖区孕产妇建立保健手册，开展至少5次孕期保健服务和2次产后访视。进行一般体格检查及孕期营养、心理等健康指导，了解产后恢复情况并对产后常见疾病防治进行指导，全年进行产后访视420人次，开展育龄妇女增补叶酸212人次。

【免疫接种】 2012年，社区卫生服务中心坚持门诊化预防接种制度，全方位为辖区儿童做好预防接种工作，及时为儿童建卡、建证，按照国家规定的免疫规划程序，为适龄儿童进行乙肝疫苗、卡介苗、脊灰疫苗、百白破疫苗、麻疹疫苗、甲肝疫苗、流脑疫苗、乙脑疫苗、麻腮风疫苗的预防接种工作，9种疫苗接种率均达96%，各项指标达到卫生局制订的目标责任书要求，全年没有出现一例异常接种反应，相应的传染病得到有效控制。

【健康档案】 2012年，社区卫生服务中心辖区居民70819人，全年共建立健康档案人数28439人。对辖区65岁及以上老年人进行登记管理，建立老年人健康档案2382人；对确诊的高血压和糖尿病患者进行登记管理并定期进行电话随访，开展疾病咨询、指导用药和健康锻炼、饮食、运动、心理等健康指导，全年高血压患者管理人数为2611人；对辖区的重型精神疾病患者进行登记管理，管理人数为251例，为在家居住的重型精神疾病患者进行治疗随访和康复指导，全年共随访46人次；为126人进行健康危险因素调查和一般体格检查；向城乡居民提供健康教育宣传卫生防病知识，发放宣传单5000多份，举办健康知识讲座12场次，参加培训的居民人数为503人。

（林兰娟）

·农村卫生·

【概况】 2012年，省政府投入93万元，区政府投入78万元，用于涵江区104个村卫生室建设，每个村卫生室投入1.6万元，实施标准化建设，进一步改善村卫生室服务条件。截至年底，涵江区有江口、三江口、白塘、国欢、梧塘、萩芦、白沙、新县、庄边、大洋等10家乡镇卫生院，其中中心卫生院1家，一般卫生院9家；乙类卫生院2家，丙类卫生院8家。共有病床195张，业务用房9711平方米，基本诊疗设备价值70.4万元。共有卫技人员311名，其中高级职称26名，中级职称91名。有村卫生所197个，乡村医生329人，年龄大于60岁的乡村医生有133名。

【基本公共卫生】 2012年，全年下拨到基层医疗机构经费1151.79万元，其中社区卫生服务中心到位173.2万元，乡镇卫生院到位978.59万元。在全区范围内全面实施11类国家基本公共卫生服务项目；全年全区免费建立居民电子健康档案359177份，建档率76.10%；建立老年人健康档案33949份，建档率91.16%；实行高血压规范管理24921人，糖尿病健康管理4269人；实行重性精神疾病规范管理1200人。组织基层医疗机构进行全员培训，系统学习《国家基本公共卫生服务规范（2011年版）》，加快电子档案建档进度。推行订立个人、家庭等保健合同，推行送医送药上门服务，不断完善基层医疗机构与区级医院的双向转诊制度，加强精神卫生预防体系建设，开展高危人群干预。

【卫生对口帮扶】 2012年，乡镇卫生院重点加强以全科医生为重点的基层医疗卫生队伍建设，选派14名临床医师接受莆田市第二批全科医师转岗培训。进一步加大乡村医生培训力度，选派346名乡村医生参加全市乡村医生能力提升培训班，完成每个乡村医生75学时的业务培训。同时，开展区级医院与基层医疗卫生机构对口帮扶工作，采取下派人员、业务指导、免费培训等多种方式，带动提升基层服务能力和水平，将大医院的优质医疗资源延伸辐射到基层，让群众在家门口享受到优质高效的医疗卫生服务。

（林兰娟）

·医疗技术·

【概况】 2012年，全区有综合医院3家（涵江医院、平民医院、华侨医院），中医院1家。涵江医院开展检验新项目——粪便轮状病毒（A群）抗原检测，应用核磁共振弥散加权成像技术超早期诊断脑梗塞，消化内镜室引进窄带成像技术为消化道早期癌患者医治带来福音，开展首例球内异物取出术联合人工晶体植入手术。成功救治高渗性非酮症糖尿病昏迷、脑出血、脑梗死、重性颅脑损伤等。平民医院开展胸腔镜食管癌根治术，首例腹腔镜微创卵巢巧克力囊肿剥除术。为300多名留守儿童进行免费健康体检，为400多名40周岁以上农村计生二女户母亲免费进行常见妇女病检查，为1200多名35—64岁的农村妇女免费进行宫颈癌和乳腺癌检查。是年，涵江医院门诊量440906人次，开放床位505张，收住院病人22621人次，病床使用率为110.5%，总收入1.745亿元，药品收入占医药收入的45.40%，门诊平均费用129.61元，住院病人人均费用4618元。平民医院门诊量113849人次，开放床位200张，收住院病人9449人次，病床使用率为96.3%，总收入4600多万元，药品收入占医药收入的43%，门诊平均费用118.03元，住院病人均费用3136.44元。华侨医院门诊量61707人，开放床位150张，收住院病人2513人次，病床使用率51.055%，总收入1390万元，药品收入占医药收入的53.95%，门诊平均费用90.65元，住院病人均费用3548.54元。中医院门诊量为83424人次，开放床位50张，收住院病人1745人次，病床使用率42%，总收入1183万元，药品收入占医药收入的51%，门诊平均费用71.2元，住院病人人均费用2712元。

【典型病例】

首例球内异物取出术联合人工晶体植入手术　2012年，涵江医院五官科首例球内异物取出术后同时联合人工晶体植入的手术。该名患者在就诊前一个多月用钢钎打石头过程中，感觉右眼似有东西溅入，当时仅略感不适未引起重视，之后右眼视力逐渐下降，眼前似有一“膜状物”遮盖，因此到院就诊。眼科主任医师陈荣健详细检查患者眼部后，发现患者右眼视力仅剩眼前指数，角膜上有一丝不易察觉的细条状瘢痕，虹膜面见一小裂口，晶状体完全混浊，眼后节情况无法窥及。考虑为右眼球内异物可能，行右眼眶拍片，证实为右眼球内一磁性异物,收住入院。入院后给予行右眼外伤性白内障超声乳化术+晶状体内异物取出术+人工晶体植入术,取出一铁质异物约2.5mm×1mm大小，并植入人工晶体。术后次日患者右眼视力即恢复至0.6，之后恢复至0.8，痊愈出院。

救治高渗性非酮症糖尿病昏迷患者　2012年，涵江医院内分泌科成功救治一例血钠高达187mmol/L（正常值为135-145 mmol/L）的高渗性非酮症糖尿病昏迷患者，这是该院迄今为止成功救治的第一个血钠超过180mmol/L的病例。患者为女性，74岁，以“口干、多饮10年，意识不清半天”为主诉入院。入院时呈浅昏迷状态，精神极度萎靡，全身皮肤弹性极差，尿量少，肺部闻及湿性啰音，测随机指尖血糖，显示为Hi（太高了无法显示数据），生化示血钠187mmol/L，肌酐192.9umol/L，血浆渗透压达417mmol/L。因患者高龄，严重脱水，并出现意识障碍、急性肾功能不全、肺部炎症等并发症，病情危重，科主任林国勇第一时间到科室亲自组织抢救。期间，患者渗透压和肌酐不降反升，情况十分危急。第三天下午，患者情况有所改善，但渗透压仍高达389 mmol/L，血钠172 mmol/L，再次加大补液量，当天液体总入量达8851.5ml。第四天，患者血钠155.2mmol/L，渗透压降至340mmol/L。十天后，患者痊愈出院。

救治右后交通动脉瘤患者　2012年，患者，女性，64岁，因患“右后交通动脉瘤”在福州某医院行“右后交通动脉瘤夹闭+去骨瓣减压术”，术后出现持续昏迷、脑积水、肺部感染、肢体偏瘫、褥疮等并发症。医院告知患者家属，患者病情危重，愈后差，让患者家属办理出院，回家准备后事。出院后，患者家属又不忍心放弃，将病人转入涵江医院继续治疗。入院时患者意识昏迷，消瘦外观，全身凹陷性浮肿，呼吸急促，生命征不稳定，头部皮瓣压力高，右枕部头皮破溃感染，肺部闻及大量湿啰音，腰部、骶尾部皮肤破溃、糜烂，腹部及双大腿见水泡，肢体偏瘫。查颅脑 CT 提示脑挫裂伤、脑积水，肺部 CT 提示双肺炎性病变并双侧胸腔积液，痰细菌培养+药敏提示多重耐药菌感染，病情复杂和严重。涵江医院神经外科医生给予一系列积极的治疗，ICU 护士给予精心的护理，十几天后，患者肺部感染及褥疮逐渐好转、痊愈。之后，患者因“脑积水”行“脑室—腹腔分流术”。术后患者意识逐渐清楚，智能恢复正常，四肢活动自如，生活部分能自理，痊愈出院。

【医院选介】

莆田涵江医院　医院占地面积约 1.6 公顷，建筑面积近 4.3 万平方米，固定资产达 1.78 亿元。拥有内科大楼、外科大楼、门诊大楼、医技综合楼、行政综合楼及精神分院。拥有飞利浦核磁共振、西门子螺旋 CT、DR 和 CR 拍片机、数字 X 光机、日本奥林巴斯胃肠镜、美国产彩超、全自动生化分析仪、德国产全高清宫腹腔镜、德国产肺功能仪、日本产胆道镜、全自动细菌药敏检测仪、全自动尿液分析工作站、病理快速诊断仪等一大批现代化的医疗仪器设备，能为患者提供高质量的医疗诊断和治疗。医院编制床位 550 张，设 13 个职能科室、22 个临床科室、13 个医技科室，其中康复理疗科为全市唯一一家国家级特色专科。2012 年，医院年门诊量 46 万多人次，住院病人 2.3 万多人次。有职工 680 人，有研究生 7 名，中级以上职称的技术人员占卫技人员总数的 50%以上。

（林兰娟）

·卫生执法监督·

【概况】 2012 年，涵江区卫生局卫生监督所（以下简称区卫生监督所）加强卫生监督体系建设,努力争取办公业务大楼建设项目,添置监督检验设备,完善卫生监督制度,开展宣传教育,严格行政许可程序，强化监督执法活动，各项卫生监督工作成效显著。是年，新办理餐饮服务许可证 219 家，新办理公共卫生许可证 58 家，新办理生活饮用水卫生许可证 2 家。

【餐饮卫生监督】 2012 年，区卫生监督所以市人大《食品安全法》督查、全省文明城区测评为契机，开展小餐饮、餐桌污染、餐饮示范街、集中式消毒餐具等各类专项整治工作。共出动卫生监督员 836 人次，检查餐饮单位 963 家次，集中式消毒餐具监测 246 批次，合格率 93.09%，散装餐具监测 1290 批次，合格率 90.85%，立案行政处罚 12 起，罚款 4 万元。全年未发生食物中毒事故。

【职业卫生监督】 2012 年，区卫生监督所为建立有效的职业卫生监督管理机制，坚持以人为本、教育为主、处罚为辅的理念，不断加大职业卫生宣传力度和监督执法力度。组织开展职业卫生宣传周活动，共发放各类宣传单 8 种 600 多份，解答群众疑问 40 多人次。积极开展所辖用人单位的职业卫生监督检查工作，督促辖区内各工矿企业定期进行职业病危害因素监测，并组织危害因素接触者进行健康体检，共出动卫生监督员74人次，检查用人单位32家次。

【公共场所卫生监督】 2012年，区卫生监督所开展游泳场所、公共示范街、集中式供水、水质监测抽检等专项整治工作。是年，共出动卫生监督员296人次，检查公共场所228家次、游泳池6家次、集中式供水单位12家次，水质监督抽检54点次，合格率98.15%。

【医疗卫生监督】 2012年，区卫生监督所组织召开全区民营医疗机构卫生工作会议，严厉打击非法行医，联合计生等部门打击“两非”。共出动卫生监督员183人次，检查医疗机构117户次，取缔无证行医点25个，查处聘用非卫生技术人员开展诊疗活动4户；清除非法医疗广告47处；立案行政处罚15起，罚款10.291万元；没收医疗器械28件，没收药品25箱，未发现违法采供血行为。

【传染病防治卫生监督】 2012年，区卫生监督所以医疗机构传染病疫情报告系统运转情况、院感工作开展情况及医疗废物处置情况等为重点，开展传染病防治卫生监督，共出动卫生执法人员45人次，监督车辆14辆次，共检查各级各类医疗卫生机构69家。

（郑吴芃）

·食品药品监管·

【概况】 2012年，涵江区食品药品监督管理局(以下简称区药监局)开展药品、保健食品、化妆品、医疗器械（以下简称“三品一械”）市场的整治；加强药械市场日常监管，继续推行药品分类管理机制、企业信用分类管理机制建设，继续开展GSP认证及跟踪指导工作，开展基本药物质量监管，规范药械企业经营行为；推进农村药品“两网”（即监督网络和供应网络）建设，开展打击农村市场假劣药品工作，推进城乡药品监管一体化建设；加强药品不良反应监测报告工作，完善药品不良反应监测报告网络。全年共开展药械各类专项检查10余次，办理案件16个，案值共计0.53万元，罚没款2.1万元。共抽验单位68家次，抽验药品263批次，快检药品500批次；完成保健食品抽验20批次，化妆品抽验11批次；全区共上报药品不良反应病例报告584份。

【药品监管】 2012年，区药监局结合宣传《福建省药品和医疗器械流通监督管理办法》，加强对药品经营和使用单位的日常巡查。印发《关于进一步规范中药经营行为的通知》《关于进一步加强药品零售企业抗菌药物销售管理的通知》《关于加强含麻黄碱类复方制剂管理的通知》《开展“保体锦赛、用安全药”活动实施方案的通知》，加强对含麻黄碱复方制剂、中药饮片、米非司酮等药品销售管理有关规定执行的监督检查；开展查处无证无照经营专项行动，规范药品购销活动中票据管理，打击药品经营中挂靠经营、超方式经营、超范围经营、出租柜台或转让柜台等违法行为。是年，共出动执法人员300多人次，检查药品经营使用单位200多家次。

【企业办证认证】 2012年，全区完成零售企业的GSP认证跟踪检查40家，新开办药品零售企业GSP认证6家；新办药品经营许可证10个，变更药品经营许可证项目15个，药品经营许可证到期换证9个，注销药品经营许可证1张；办理保健食品经营企业卫生条件审核证明23家，变更许可7项。

【药械市场整顿】 2012年，区药监局组织开展节日药械市场安全检查、打击农村市场假劣药品专项检查、违法销售终止妊娠药品行为清查、铬超标胶囊剂药品专项清查、含麻黄碱复方制剂专项检查、保健食品安全专项清查等10多次专项整治，共出动人员650多人次，检查药械经营使用单位300多家次，办理案件16个，结案16个，案值共计0.53万元，罚没款2.1万元，入库2.1万元。

【药品专项清查】 4月，按照莆田市食品药品监管局《关于暂停销售使用媒体曝光的13个铬超标产品的通知》要求，于4月23日成立药用空心胶囊查控工作领导小组，制定《涵江区药用空心胶囊查控工作方案》。4月24日，涵江区召开辖区内药品经营企业负责人会议、农村药品监督协管员会议，对清查工作进行动员布置，并启动药品“两网”协管工作机制，组织发动全区药品协管员通知各自辖区内的使用单位，落实暂停使用有关药品的要求，并立即上报发现铬超标胶囊药品的库存情况。对辖区内药品批发公司、大型药店、医疗卫生单位铬超标胶囊药品的经营、使用情况和暂停销售使用的执行情况进行巡查，检查覆盖面达100%。是年，共出动人员90人次，检查涉药单位130家次，发现铬超标胶囊剂产品74种次，约3400盒，并责令相关单位下架召回。

【终止妊娠药品查处】 2012年，按照区计生领导小组《关于开展综合治理出生人口性别比偏高问题重点专项整治行动实施意见》，区药监局深入开展“生育文明，幸福家庭”活动，履行计生履职部门职责，加强终止妊娠药品的规范管理工作。是年，共查处终止妊娠药品案件4件，案值528元，罚没款2518元。

【保健食品清查行动】 2012年，涵江区开展保健食品违法添加化学药物成分专项整治，清查《2011年第二批保健食品抽验不符合规定产品汇总表》中的84个品种165批次产品。是年，共抽查单位40家，出动执法人员46人次，发现不符合规定保健食品69个批次，责令企业下架停止销售。

【农村药品“两网”建设】 2012年，区药监局召开农村药品“两网”建设工作会议，确定农村药品“两网”建设“持续、提升、规范”的工作思路；印发《涵江区2012年农村药品“两网”建设工作要点》，对全年的药品协管工作、ADR监测报告等工作任务作具体安排。完善药品监管城乡一体化体系，从药品经营企业增聘药品监管信息员19名，全区有信息员181名。加强协管员、信息员的学习培训，全年组织协管员业务培训4次，共培训80多人次；各乡镇卫生院分别组织协管员培训2次，培训协管员100多人次；各乡镇卫生院分别组织信息员培训2多次，共300多人次。

【“全国安全用药月”科普宣传活动】 9月26日，根据全国食品药品安全科普行动计划，全市“全国安全用药月”科普宣传活动在涵江区大地香港城举办。活动以“谨慎使用抗生素”为主题，全市食品药品监管系统工作人员及涵江区药品零售企业代表60多人参加现场活动。现场共发放宣传材料近2000份，接受群众咨询50多人次，义诊群众30多人次。近40多家药品经营企业现场签订诚信经营承诺书。

【药品监管城乡一体化】 10月，根据省食品药品监管局、省经贸委和省卫生厅《关于推进药品监管城乡一体化建设的实施意见》，区药监局制定并以涵江区政府办公室的名义印发《涵江区推进药品监督管理城乡一体化建设工作的意见》，逐步推进城乡药品安全、监管网络、供应网络、药品检验、不良反应监测、远程电子监管一体化，完善药品安全责任体系，全面提高药品安全保障和供应服务城乡一体化水平。

（张　伟）

编辑：陈伟庄

人事编制

·人事管理·

【概况】 2012年，根据区委、区政府印发《关于莆田市涵江区人民政府机构改革的实施意见》，涵江区人事局正式更名为涵江区公务员局（以下简称区公务员局）。是年，区公务员局贯彻实施《中华人民共和国公务员法》，实行公务员登记制度，全区参照公务员管理人员登记11人；严格执行国家工资政策，完成各项调资任务；做好事业单位公开招聘工作；全面推行事业单位全员聘用制，完成岗位设置工作，推行评聘分开、竞聘上岗制度，打破专业技术职务“终身制”，全区共上报参评的专业技术职务高级38人，中级16人，为非公企业评审229人；做好人才交流、服务工作，牢固树立抓服务就是抓发展的理念，引进高层次人才；重视落实好企业军转干部的相关待遇等工作。

【规范津贴补贴】 2012年，区公务员局严格执行国家的工资、退休政策，积极稳妥完成各项调资任务。对涵江区公务员及参公单位在职1019人，事业单位7764人进行晋升级别、档次及薪级工资的审批工作；对调动、提拔、新进人员及时核定工资；对岗位设置管理完成的单位涉及的人员进行工资审核。12月25日及时批转《莆田市人民政府关于批转莆田市市直行政机关津贴补贴和事业单位绩效工资第三步实施意见的通知》（莆政综〔2012〕152号）文件，于12月27日审批完成全区近14000人的津贴补贴的调整。

【事业单位公开招聘】 根据《事业单位公开招聘人员暂行规定》和《关于印发莆田市事业单位公开招聘工作人员规则》等文件精神。涵江区2012年春季事业单位招考委托莆田市公务员局面向社会公开统一招考，共有104个岗位，计划招收202人，其中区直单位17人、计生系统8人、卫生系统177人，由市公务员局统一组织笔试、面试，59名考生经过体检、政审、公示，符合招考的相关要求，并办理聘用手续；秋季委托莆田市公务员局招考155人。

【岗位设置】 2012年，涵江区事业单位岗位设置管理工作全面展开。推进事业单位人员全员聘任制度。事业单位岗位设置管理工作涉及全区312个事业单位，9387个岗位，设定高级岗位628个，中级岗位2748个，完成岗位核定100%，认定单位278个，占89.1%，认定岗位数7890个，完成84.1%。年内全面完成全区事业单位的岗位设置工作。在事业单位设置中，对农村教育系统小学的给予5%的照顾，就中级职称一项就增加200多人。

【服务项目一线工作】 2012年，按照全区五大战役的部署，区公务员局做好服务项目一线抽调人员的抽调工作。全年共办理468人次的借调手续，响应区委、区政府“项目为纲、投资为要、征迁第一”的发展战略，主动作为，拓宽人事服务领域，挂钩铺尾片区项目征迁工作，在人员紧缺的情况下，实行“一岗双责”的要求，发挥“白加黑”、“5+2”的精神，全体干部职工参加项目一线工作，做到征迁和业务工作两不误。铺尾片区项目共涉及征迁户460户，基本完成签约拆除工作。

【军转干部安置】 2012年，区公务员局把军转安置工作纳入目标管理，在坚持指令性计划分配的前提下，结合军转干部本人意愿和专业特长，合理配置人才，使其各得其所、人尽其用，实现军转干部、接收单位和部队“三满意”。全区共接收9名军转干部和随调家属，其中军转干部正营级3人，副营级1人，连级4人，随调家属1人。根据上级军转干部安置的相关规定和涵江区实际，实行“功绩量化、公开挑选”办法择岗。经过择岗，8名军转干部都挑选到满意的岗位。做好企业军转干部的维稳工作，按照属地管理、谁主管、谁负责的原则，落实防控措施。同时，筹措资金解决全区115名企业军转干部的基本养老、医疗保险。对部分困难企业的军转干部每月给予生活困难补助，标准为：连排职190元；营职240元；副团职330元；正团职380元。7月，生活困难补助标准调整为：连排职250元；营职320元；副团职450元；正团职520元。

【退休管理】 2012年，区公务员局认真审核审批退休手续，进一步加强机关事业单位退休人员的审核审批管理工作，保持政策的连续性。全年共审核机关事业单位退休人员143名，保证机关事业单位工资福利与退休管理工作的平稳进行，同时根据区委、区政府关于加快消化党政机关超编人员的意见，政府口科级以下干部办理提前退休30人；关心困难退休干部，中秋节、春节对生活困难的退休人员都进行慰问走访。

【工勤人员技术岗位升级】 2012年，区公务员局做好工勤人员技术岗位升级考核及继续教育培训工作。宣传有关工考政策，指定专人做好相关组织工作，严格把关报名程序，审核报考对象的相关材料原件，核对有关信息，充分利用省里教学培训优势及全省教育资源，方便广大工勤人员的岗位继续教育学习，妥善解决工学矛盾。是年，工人升级考试报名人数达112人，继续教育培训报名人数750人。

【档案管理】 2012年，区公务员局实现档案管理工作制度化，制定《涵江区人事档案查询办法的规定》，对档案查询工作进行统一规范程序流程。着手档案室标准化建设，按照档案管理设施建设的有关要求，经协调区档案馆，上报区政府研究通过，将人事档案存放在档案馆内，同时配备标准的档案用品及设备，使干部档案管理实现现代化，档案室的相关用品及设备完成采购。

（吕桐樱）

·机构编制·

【概况】 中共涵江区委机构编制委员会办公室与涵江区人民政府机构编制管理办公室合署办

公（以下简称区编办），两块牌子一套人马。2012年，全区共设置行政、事业机构设置20个，人员编制82名；调整编制机构14个，增加人员编制19名；更名机构2个；挂牌机构24个；改变经费渠道机构5个；撤销机构1个；事业单位法人登记9家，变更26家，年检312家。

【政府机构改革】 2月，区委、区政府印发《关于莆田市涵江区人民政府机构改革的实施意见》，区政府不再保留区物价局，其职责划入区发展和改革局；区发展和改革局加挂区物价局牌子，区国防动员委员会经济动员办公室设在区发展和改革局。组建区人力资源和社会保障局，将区劳动和社会保障局的职责、区人事局的人才市场管理等职责，整合划入区人力资源和社会保障局。组建区公务员局，与区人力资源和社会保障局合署办公；将区人事局的政府系统公务员管理、政府奖励表彰等职责，划入区公务员局；不再保留区人事局、区劳动和社会保障局。组建区住房和城乡建设局，将区建设局除指导城市客运以外的职责和区政府办公室的住房体制改革工作，划入区住房和城乡建设局；不再保留区建设局。组建区交通运输局，加挂区国防动员委员会交通战备办公室牌子，同时承担区国防动员委员会交通战备的日常工作。将区交通局的职责、区建设局指导城市客运的职责，整合划入区交通运输局，不再保留区交通局。组建区文体广电出版局，承担文化、体育、广电、新闻出版等职能，不再保留区文化体育局。区统计局由部门管理机构调整为区政府工作部门。调整规范议事协调机构的办事机构，将区人民防空办公室调整为区政府办公室管理机构，同时承担区国防动员委员会人民防空的日常工作，加挂区民防局牌子；不再保留区海洋与渔业办公室，其职责划入区农业局。调整规范合署办公机构，不再保留与区经济贸易局合署的区对外贸易经济合作局，其职责划入区经济贸易局；不再保留与区农业局合署的区林业局，其职责划入区农业局。区经济贸易局对外加挂区对外贸易经济合作局、区食品安全工作办公室、区国防动员委员会支前办公室牌子。区农业局加挂区林业局、区海洋与渔业局牌子。不再保留区政府办公室管理的区外事侨务办公室，其职责划入区政府办公室；区政府办公室对外加挂区外事侨务办公室、区人民政府法制办公室牌子。保留区安全生产监督管理局，为区政府管理机构，加挂区安全生产委员会办公室牌子。区科技局加挂区知识产权局牌子。区民政局加挂区革命老根据地建设办公室牌子。区民族与宗教事务局与区委统战部合署办公。区政府机构改革后，区政府设置工作部门20个（区监察局列入区政府工作部门，不计入政府机构数），政府管理机构1个,部门管理机构1个。具体是：工作部门20个即区人民政府办公室（加挂区人民政府法制办公室、区外事侨务办公室牌子）、区发展与改革局（加挂区物价局牌子、区国防动员委员会经济动员办公室设在区发展和改革局）、区经济贸易局（加挂区对外经济贸易合作局、区食品安全工作办公室、区国防动员委员会支援前线办公室牌子）、区教育局、区科学技术局（加挂区知识产权局牌子）、区监察局（与区纪委机关合署办公）、区民政局（加挂区革命老根据地建设办公室牌子）、区司法局、区财政局、区公务员局（与区人力资源和社会保障局合署办公）、区人力资源和社会保障局、区住房与城乡建设局、区交通运输局（加挂区国防动员委员会交通战备办公室牌子）、区水务局、区农业局（加挂区林业局、区海洋与渔业局牌子）、区卫生局、区人口和计划生育局、区审计局、区环境保护局、区文体广电出版局（加挂区版权局牌子）、区统计局。政府管理机构1个即区安全生产监督管理局（加挂区安全生产委员会办公室牌子），由区政府管理。部门管理机构1个即区人民防空办公室（加挂区民防局牌子），由区政府办公室管理。根据市委编办《关于开展县（区）政府机构改革评估工作的通知》，开展机构改革评估工作，区政府行政许可事项151项，非行政许可事项41项，服务类理行政许可事项59项，理顺政府与社会组织的关系，创新社会组织参与社会公共管理和提供公共服务的运行机制。加强政务服务，强化“窗口”机构直接服务，农业、环境保护、住建局、民政局等16个工作部门共增加和加强社会管理和公共服务方面的职责41项。理顺职责关系，坚持依法行政，合理界定部门权限，对交叉的事情，坚持一件事情由一个部门负责的原则，理顺部门间职责关系23项。

【行政机构编制设置】 2012年，根据省委编办《关于增加全省法院系统政法专项编制的通知》增加区人民法院政法专项编制8名。省委编办《关于增加全省检察院系统政法专项编制的通知》增加区检察院政法专项编制5名。省委编办《关于增加全省司法系统政法专项编制的通知》增加政法专项编制3名，分配给江口、三江口、白塘镇司法所各1名。人民法院增设“交通审判庭”。根据市委组织部、市委编办、市民政局、市财政局、市人保局、市公务员局、市残联关于进一步加强和规范基层残疾人组织建设的实施意见，区残疾人联合会人员编制由4名调整至5名，增加副理事长1名。区监察局局长由区纪委副书记兼、不计领导职数，副局长3名（其中非党人士1名）；区委编办增加副主任1名，区委老干部局增加副局长1名；区委机要局设置专职密码督查员1名，按副科级配备；区直机关党工委增设组织委员、宣传委员各1名，按副科级配备；根据莆委编办〔2012〕72号《关于县区计生协会机关人员编制问题的通知》，区计生协会人员编制由3名调整至5名，设常务副会长1名（正科级，兼区人口计划生育局副局长，不占区人口计划生育局领导职数）、专职副会长1名（副科级）。设立“中共莆田市涵江区委非公有制企业党的工作委员会”，为区委派出机构，委托区委组织部管理；中共莆田市涵江区委非公有制企业党的工作委员会实行委员制，设书记1名，由区委常委、组织部长兼任；常务副书记1名，由正科级干部担任；副书记1名，由副科级干部担任；委员由纪检、组织、宣传、统战、台办、工商联、财政、经贸、外经、工会、公青团和妇联等相关部门党员负责人兼任。党群、宣传、政法、农办、政府直属、经贸、财政、交通、建设等9个系统设立党委，系统党委分别设在区委办公室、区委宣传部、区委政法委、区委农办、政府办公室、经贸局、财政局、交通运输局、住建局，书记由所在部门的主要领导干部担任，设置系统党委专职副书记1名，按副科级配备，并作为所在部门党组（部、委、室、局务会）成员，设置党委办公室、与本单位有关职能股室合署办公。

【事业机构设置】 2012年，设立区金融工作办公室、莆田青璜中学、项目督查中心、文化影视服务中心、中共莆田市涵江区委非公有制企业党的工作委员会办公室、区城乡一体化办公室、区交通综合行政执法大队事业机构7个，事业编制82名；区环境监察大队、区环境监测站、区机关效能建设领导小组办公室、固定资产投资服务中心、妇女儿童维权中心、军休所、社会经济调查队、计划生育技术服务站增编事业机构8个，增加事业编制24名；运输管理所减编事业机构1个，减少事业编制23名。多元调解衔接办公室、统计局计算站更名机构2个；区委党史研究室、地方志编纂办公室各增加副主任1名，区金融工作办公室、区重点项目管理办公室主任按正科级配备、副主任按副科级配备；各乡镇畜牧兽医站加挂“动物卫生监督分所”牌子，“劳动和社会保障事务所”加挂“敬老院”牌子；军休所新配备人员所需经费按照《莆委编办关于增加涵江区军休所人员的通知》和财政厅、民政厅《关于进一步加强军队移交政府离退休人员安置经费使用管理工作的通知》执行；撤销福建省莆田市涵江区影剧院事业机构1名，收回事业编制25名；区价格认证中心经费渠道由财政核拨补助改为财政核拨，区机关事业单位社会保险中心、区建设工程质量监督站、莆田市涵江区建筑施工安全监督站经费渠道由经费自给改为财政核拨，区农村社会保险中心编制内人员经费由经费自给改为财政核拨。莆田青璜学校由私立改为公办，莆田大洋中学和涵江区大洋中心小学整合组建涵江区大洋学校，下设瑞云、兔洋、车口、崇兴、琼峰教学点，其他各教学点予以撤销；三江口、白塘、国欢、江口、梧塘、萩芦、白沙、新县、庄边、大洋等乡镇设立中心幼儿园，江口镇增设石庭中心幼儿园；2012-2013年度中小学、职业学校、幼儿园教职工编制核定工作，核定人员编制：中学1888名、小学1798名、幼儿园841名、生管服务人员56名（不列编）。根据省委办公厅、省政府厅《转发省委宣传部等六部门〈关于加快推进全省文化市场综合执法改革工作实施意见〉的通知》，“莆田市涵江区文化市场稽查队”更名为“莆田市涵江区文化市场综合执法大队”，机构规格相当副科级，事业编制16名，其中领导职数3名，设大队长1名（副科）、副大队长2名（正股）。根据莆田市人民政府《关于印发莆田市交通综合行政执法改革方案的通知》和莆田市涵江区人民政府《关于印发莆田市涵江区交通综合行政执法改革方案的通知》文件，设立“莆田市涵江区交通综合行政执法大队”，下设国道324线莆田江口石亭超限运输检测站，事业编制28名（含石亭检测站12名），所需编制数按照莆政综〔2011〕185号文划转，其中领导职数3名，设大队长1名（副科级）、副队长2名（股级）。经费由省级财政下划的2011年省级交通部门预算支出基数、从成品油价格和税费改革返还资金中下达地市基数及增量、由市财政按公路稽征、路政、运输管理（地方海事）划转人数切块下达区财政，不足部分由同级财政安排其他资金。

【机构编制核查】 2012年，根据省委编办《关于开展机构编制核查工作的通知》和《关于对机构编制核查工作情况进行检查评估的预通知》的要求，区委编办结合当前机构编制实名制网络化管理和地方政府机构改革、事业单位清理规范等工作要求，印制《涵江区行政、事业单位机构编制情况核查表》等多个表格，对全区行政、事业单位的机构编制信息，依托省机构编制网络信息系统，对涉及机构编制的事项及信息数据的真实性、完整性、准确性进行核查。经核查区级党政、人大、政协、群团机关机构数42个，行政编制数302名、在编人员256人；工勤编制数43名、在编人员39人。10个乡镇行政编制285名，在编人员253人；行政工勤编制15名，在编人员9人；2个街道行政编制48名，在编人员35人；行政工勤编制2名，在编人员1人。政法专项编制249名，在编人员210人；工勤编制20名、在编人员13人。区直事业单位（不含教育、卫生系统）机构数221个，事业编制总数1757名，在编总人数1473人。乡镇财政核拨经费事业单位58个，事业编制总数301名，在编人员222人。街道财政核拨经费事业单位16个，事业编制总数59名，在编人员46人。经费自给事业单位2个，事业编制总数46名，在编人员462名。教育事业单位机构数49个，财政核拨事业编制数4518名，在编人员4434人。卫生系统事业机构数18个，事业编制总数1863名，在编人员总数1451人。区直机关科级领导职数173名,配备科级领导职数138名；乡镇科级领导职数128名（其中正科级36名,副科级92名），配备科级领导职数122名（其中正科级32名,副科级90名）。

【消化超编人员工作】 2012年，根据《中央编办关于进一步做好地方党政机关消化超编人员工作的通知》和《省委编办关于认真学习贯彻省领导重要批示精神，加大消化党政机关超编人员工作力度的通知》以及《市委办、市府办关于加快消化我市各县区党政机关超编人员的意见》精神，涵江区委、区政府出台《关于加快消化党政机关超编人员的意见》等文件，制定保留工资待遇加奖励的政策，鼓励工作年限满三十年的或距国家规定的退休年龄不足五年，且工作年限满二十年的公务员提前退休，办理提前退休人员122人，其中参公的群团及事业单位20人。

【公立医院法人治理结构】 根据《省政府办公厅转发省卫生厅关于福建省县级公立医院综合改革试点工作方案的通知》文件，涵江医院列为福建省县级公立医院综合改革试点单位之一，2012年9月印发《区委办、区政府办关于印发涵江区公立医院改革试点工作方案的通知》，涵江医院建立以理事会为主要形式的公立医院法人治理机构，理事会成员包括区编办、卫生局、发改局、财政局、公务员局、物价局、人力资源和社会保障局的代表和区人大代表、医院职工代表、服务对象代表，区政府分管副区长作为政府办医机构的代表担任理事会理事长。

(林海青)

编辑：许云峰

民政 社保

·民 政·

【概况】 2012年，涵江区民政局（以下简称区民政局）负责全区的最低生活保障、医疗救助、双拥、优抚、复退安置、军队离退休干部管理、助孤、救济、五保供养、敬老院建设、救灾、农房统保、基层政权、社区服务、地名勘界、殡葬管理、公墓管理、民间组织管理、婚姻登记、收养登记、老区工作、福利院、福利企业、发放“精简退职”人员补助等20多项工作任务。4月份，与区人保财险公司签订自然灾害公众责任险，共支付经费32万元。三江口镇有一人遭雷电击死亡，赔偿到位10万元。是年，涵江区因灾农房损失共计31户，区民政局牵头组织到灾害现场查灾、核灾、慰问灾民，协调保险公司查勘理赔，区人保财险公司共支付农房统保保险费88200元。关爱特殊困难群体，是年实施城乡低保对象数字电视收视减免，低保妇女基本医疗免费体检，并开展永辉超市卡慈善发放活动。地名公共服务体系建设，从3月1日起，全区全部取消门牌、幢牌工本费收费。是年，全区共有福利企业6家，安置残疾人和民政对象218人，换发“社会福利企业证书”，福利企业安全生产无事故。

全年共受理行政许可事项40项，其中社会团体成立登记25项，民办非企业单位成立登记15项。截至年底，涵江区只有“涵江区农业生产资料流通行业协会”1个行业协会，经清查合格。

【退役铁道兵普查及优抚工作】 2012年，根据市民政局通知，区民政局对全区铁道兵及铀矿开采退役人员进行第二次普查登记，此次普查登记退役铁道兵共117人，皆在铁道建筑总公司提供的证明名单内，全部上报市民政局，并完成带病回乡、因公牺牲家属、铀矿退役人员、伤残军人换证的审核上报工作。对于新增优抚对象的审核和上报，严格按照有关文件的要求，对报送的材料进行把关。是年，共上报带病回乡7人、因公牺牲家属2人、铀矿退役人员1人、伤残军人换证1人。经上级审批，该批新增优抚对象由2013年1月起发放优抚补助金。从2012年10月1日起，重点优抚对象的抚恤补助金在2011年市执行标准和2012年省提高标准的基础上，按3%自然增长。

【城乡低保】 自1月起根据上级文件精神，全区农村低保标准由原先的100元/人、月提高至150元/人、月，月人均补助水平由原先74元/人、月提高至102元/人、月；同时自7月起农村五保户由原先192元/人、月提高至320元/

人、月。是年，全区共有城市低保对象699户1512人，累计发放保障金（含各类补贴）470.36万元；共有农村低保对象3488户8031人，累计发放保障金（含各类补贴）1204.29万元；共有农村五保户611人，累计发放保障金（含各类补贴）221.3万元。低保资金全部实行社会化发放，由区级直接委托农村信用社发放至低保户存折，减少中间环节，避免挪用克扣现象的发生。根据福建省民政厅《城乡低保工作两个规范》，制定《涵江区城乡居民最低生活保障实施细则》，明确低保工作的对象、标准、申请审批流程、监督督查机制等。9月份全面布置开展农村低保动态核查调整工作，取消脱贫对象和死亡对象的低保待遇享受，及时为新增困难群众办理低保。截至12月底，全区共计调整城市低保对象485户1648人，形成“低保对象有进有出，补助水平有升有降”的良性运行机制。

【临时补贴发放】 为应对2012年CPI高涨不落的情况，缓解物价上涨给困难群众生活造成的冲击。4—7月，涵江区及时启动社会保障标准与物价上涨挂钩联动机制，当CPI同比涨幅达到或超过3%时，即启动联动机制，发放临时生活补贴。是年，累计发放城市低保对象临时价格补贴52元/人，发放金额7.5万元；发放农村低保、五保临时价格补贴46元/人，发放金额39.8万元。

【民政资金监管】 2012年，区民政局会同财政、审计、纪检等部门制定方案，成立惠农资金监管领导小组，对各乡镇（街道、管委会）低保金管理发放情况进行督查，发现问题及时整改落实，并在全区民政系统进行通报。由于措施得力，涵江区的低保资金监管工作在全市7个县（区）单位的评比中位列第一。同时，结合民主评议政风行风工作，对低保工作进行明查暗访，通过设立举报电话、发放征求意见表、召开座谈会、社会舆论监督等，多形式、多渠道地进行监督，对群众反映的问题，及时进村入户调查核实，做到即访即查，查实即纠，切实维护低保对象的合法权益。

【医疗救助】 2012年，本着方便群众、服务群众的原则，涵江区农村医疗救助“一站式”服务系统开通，改变原先救助对象出院后持报销凭证至区民政局救助方式，简化为依托新农合管理信息平台，在救助对象出院结算时一并将民政救助金额予以报销，减少环节，缩短周期，方便群众，也提高医疗救助的实效。是年，全区累计医疗救助城乡困难群众2493人，救助金额248.8万元。

【应急救助】 涵江区地处东南沿海，每逢汛期台风暴雨等自然灾害频发，暴雨灾害给全区造成重大损失。2012年，区民政局在灾害来临时，根据气象信息，对灾害防范应急工作进行安排部署；严格执行汛期和特殊时期24小时救灾值班制度，第一时间收集、汇总、上报灾情，及时深入灾区核查灾情，督促落实应急救助措施。同时，重点做好紧急转移群众应急救助工作。是年，全区共转移安置受灾群众4500人，下拨应急救灾资金共计180万元，在灾情发生后第一时间内发放到位。同时，区民政局组织人员深入调查、了解灾害损失情况，准确掌握受灾困难人员的家庭基本情况、自救能力及口粮、饮水、衣被、取暖、医疗等方面存在的困难，特别是重点掌握那些不救助不能保障正常生活户的基本情况，做到底数清、情况明，登记造册，为及时救助做好准备。

【"5·12"防灾减灾日】 2012年，区民政局联合区地震办、人保财险涵江分公司、涵东办、涵东霞徐社区在涵东街道宫下路大地香港城门口举办"5·12全国防灾减灾日"宣传活动。摆出多幅宣传展板，悬挂横幅标语，举行有奖知识问答，现场发放防灾减灾知识介绍宣传单。很多群众前来咨询救灾知识，宣传人员一一作详细解答。同日，区民政局还携手涵东办、涵东街道霞徐社区在大地香港城，组织一场小型救灾物资发放演练。通过此次演练，社区干部对应急救灾以及应对突发事件等方面的知识有进一步的了解，同时通过演练有效提高应急救灾的实际操作能力，达到预期的目的。是年，涵东街道霞徐社区获"全国综合减灾示范社区"称号。

【村（居）委会换届选举】 2012年，涵江区重视村级组织换届选举工作，成立以区委书记沈伯麟为组长的村级组织换届选举工作领导小组，并于5月29日召集区五套班子领导、区直各相关部门、工作督查指导组成员，各乡镇（街道）党（工）委书记、副书记、组织委员、分管民政的副镇长（副主任）、社事办主任共130人，专题就换届选举工作进行部署。5月31日—6月1日，组织各乡镇（街道）的分管民政的领导和社事办主任参加全市村（居）委会换届选举业务培训，在培训期间，通过各兄弟县区的业务交流、互相探讨，进一步掌握有关法规政策、基本知识和操作规程，强化具体操作能力，提高业务水平。确定江口镇官庄村和大洋乡车口村为该年村（居）委会换届选举试点，并明确选举日为7月14日。在试点村选举中，通过采取妇女村民代表专职专选、村委会妇女成员专职专选、委托投票等方式进行选举，并从中吸取经验，总结推广。建立健全换届选举责任落实、信息反馈、跟踪督查等制度，在8月份村（居）委会换届选举开始后，实行换届进度一周一报制，对工作缓慢、进展不利的村（居）委会名单及时进行通报，以达到表彰先进、鞭策后进的作用，确保换届选举工作顺利进行。截至9月30日，全区199个村（居）委会换届选举工作全部完成，完成率100%，并没有出现越级上访事件。是年，全区共产生村（居）委会成员758人，其中男性526人，女性232人；平均年龄45.1岁，比上一届小2.2岁，35岁以下有108人；高中以上文化319人，占42.1%，小学文化2人，文化程度大幅度提高；党员603人，连任的有463人。

【城市社区综合服务站建设】 2012年，涵江区城市社区综合服务站建设按照实际、实用、实效以及一站多能、一室多用的原则，采取资源整合、分类指导、分类实施的办法，通过多种途径解决，确保每个综合服务站面积达到200平方米以上。在各街道等自身申报的基础上，对社区综合服务站拟建项目单位进行调查，按照先急后缓、合理规划、统筹安排的原则，筛选建设项目。截至年底，全区有10个社区面积没有达到200平方米，其中涵东街道4个，涵西街道6个。同时，协调区委组织部、区财政局确定涵西街道青年社区为2012年项目建设单位，向上申报、初步确定涵东街道涵中社区为2013年的社区综合服务站建设项目。区财政局、区民政局于7月9日联合下发文件，补助青年社区社区综合服务站建设资金30万元。

【社区信息网格建设】 4月26日，区民政局、电信涵江分公司组织全区24个社区的信息员在电信涵江分公司分会场集中培训，重点培训信息化平台应用基础常识、信息采集、信息更新维护等内容，通过培训，使社区信息员达到会收集信息、会传播信息、会服务居民的“三会”要求，并且能对其他社区工作人员进行转训指导，进一步提高社区工作者开展社区信息化工作的业务能力和综合素质。同时，在城区推行网格化管理，在建立基础信息数据库的基础上，把社区管理、社区服务和社区自治纳入网格，全面整合社区原有的计生协管员、治安巡防员等力量，组织社区综合服务管理队伍，与党建、卫生、治安、流动人口等一并纳入服务平台，明确网格责任人，实现网格服务管理力量的优化整合。落实网格责任，促进网格管理制度化、规范化、长效化。确定涵东街道的新区社区、霞徐社区，涵西街道的涵西社区和商城管委会的商城社区等4个社区为社区网格化管理服务的试点社区。10月17日，福建省召开“福建社区信息化平台”开通仪式暨“五星级信息化社区” 表彰大会，涵东街道苍然社区获得“五星级信息化社区”称号。

【社区志愿者队伍建设】 2012年，由区民政局主导，社区牵头，组建23支各种类型的志愿者队伍。其中有家政服务志愿者、医疗保健志愿者、社区工作志愿者、敬老服务志愿者、科普宣传志愿者等。这些志愿者队伍，活跃在单位小区、街巷、新村楼院、新开发的小区等地，开展健康知识咨询、综治巡逻、卫生督导、文明劝导等志愿服务。各社区规范做好志愿者招募、登记、注册工作，对内容填写及选择服务项目进行详细说明，为社区党员居民进行志愿者服务注册登记提供便利。同时，加强与高校的联系，鼓励莆田学院的大学生志愿者注册登记。截至年底，全区社区的志愿者达到1051人。

【“双拥”活动】 2012年，涵江区在元旦、春节、八一节等期间，组织区五套班子领导，深入驻莆、驻涵部队走访慰问，各级各部门共拨出慰问经费60万元；先后召开各种联欢晚会，座谈会18场次。配合文明城区考评工作，驻涵部队先后5次组织千余名官兵清理垃圾6吨余，打扫主要街路12条。截至年底，有军民共建对子数量65个，其中新农村的对子是58个，社区7个。各部队共参加山林、民房火灾、台风、出海任务等险情救灾288次，出动兵力2000多人，车辆88台，扑救森林火灾近666.67公顷，房屋335间，挽回经济损失千万元，转移群众300多人次。

【科技拥军】 2012年，涵江区落实省委、省政府办公厅关于广泛深入开展科技拥军活动的通知要求实行项目责任制，把科技拥军落实到具体承办单位、承办人。全区各部门发挥各自优势，从财力、物力、技术等方面，开展科技拥军和智力拥军活动，有效地提高支持部队建设的科技含量。组织协调市新华书店送图书1万余册到驻涵部队营区，丰富战士们的文化生活。建立各类科技拥军基地5个，为部队培训各类人才1762人，协助部队完成科研项目1个即涵江区三江口镇蔬菜种养技术。建立拥军书库2个，科技书籍2万册，建设部队健身房3个，赠送消防车2部，为部队举办菜篮子基地种养技术培训5期，260人参训。

【军转干部安置】 2012年，涵江区成立自主择业军转干部服务管理中心，为财政全额核拨事业单位，用于安置驻地随军家属，专门负责自主择业军转干部的管理和服务工作。安置工作，坚持做到“四个到位”，即：思想认识到位，领导工作到位，政策落实到位，措施办法到位。是年对57名尚未安置的营职以下随军家属，一方面通过劳动部门的技能培训，使部分军嫂走上就业岗位，另一方面区政府拨出专款，对随军前无工作的每人每月由财政部门发给500元生活补贴；对部队子女的入学、入托问题，区教育部门给予特别照顾，让他们自由选择重点学校或其他学校就读，每年仅免收增生费、择校费就达40余万元，解除官兵的后顾之忧。是年，涵江区共接收军转干部3名，其中团职军转干部1名。

【推进安置就业制度改革】 2012年，涵江区把安置退伍义务兵工作排在各类社会就业工作的首位，探索新形势下安置军转干部的新途径，合理、妥善安置军转干部和退伍军人。是年，共接收2011年冬季退伍军人共165人，其中农村籍130人，城镇籍35人。另接收转业士官10人。对自谋职业者组织开展就业培训，从生产经营、工商办证、贷款等各方面，给予优惠政策鼓励和扶持。

【军休干部管理】 2012年，涵江区军休所接收军队离休干部2人、退休干部13人，无军籍职工24人、遗属6人、工作人员4人，共49人。为切实保障军休干部幸福安度晚年，坚持从政治上和生活上关心、照顾老干部，区军休所干部坚持每月两次组织老干部开展政治学习；全面兑现老干部的所需经费，办理医疗保险，全部兑现医疗费报销事宜，做到历年无欠费，每年还拨出2万元用于开展各种文化娱乐活动。

【散葬烈士墓普查】 2012年，涵江区开展散葬烈士墓普查。零散烈士纪念设施在内的各种纪念设施，既是安葬、缅怀和褒扬革命先烈的重要场所，又是开展爱国主义教育和革命传统教育的有效载体。为告慰先烈教育后人，切实发挥好烈士纪念设施的教育功能，经普查，涵江区共有8个乡镇辖区内有烈士纪念设施，分别为江口镇、三江口镇、梧塘镇、萩芦镇、白沙镇、新县镇、庄边镇、大洋乡，共有40个烈士纪念设施，其中有1个烈士纪念馆、2个烈士纪念亭和37个散葬烈士墓。

【地名普查】 2012年，根据国务院办公厅《关于开展第二次全国地名普查试点的通知》的文件精神，涵江区作为全省第二次全国地名普查32个试点县（市、区）之一，在6月14日召开“涵江区第二次地名普查工作动员会议”，成立以区政府副区长为组长，区政府办公室副主任、区民政局局长、区海洋与渔业局局长为副组长，区直有关部门领导为成员的涵江区第二次全国地名普查试点领导小组。领导小组下设办公室，挂靠在区民政局，负责涵江区第二次全国地名普查试点工作日常业务指导、督促检查等工作。

涵江区地普办先后召开2场会议，分平原片和山区片，组织各镇（街道）、村（居）委会普查员开展专项业务培训，从地名普查的内容、方法、步骤，普查表填写、地图标注等各方面，都进行细致的讲解，并强调在人员分工上要明确责任，在工作安排上理顺次序，在工作要求上符合规定。从6月份开始，全区普查人员对区域范围内的地名及相关属性信息进行全面的调查、补充、更新、完善，基本摸清全区20年地名变化情况，建立完善地名数据库。截至10月底，全面完成第二次全国地名普查试点工作的各项任务。全区共收录涉及10大类35个子类的陆域地名信息5682条，其中地名基础信息5595条、历史信息87条；地名标志信息498条，拍摄照片5316张，编印地名表册28本，全面收集整理地名历史沿革、地理实体概况、多媒体等信息资料，实现图文并茂；完成279条地名标准化处理；形成覆盖全区的1:50000比例尺的地名普查成果图；在国家地名数据库的基础上建成本级地名基础数据库。

【界线管理】 2012年，在创建平安边界活动中，涵江区按照与兄弟县区签订的平安边界共建协议书、界线管理协议书、界线及其界桩委托管理协议，建立界线联合检查等制度。是年，对乡界线管理特别是界线联检工作情况进行一次“回头看”，对界线、界桩的维护情况进行认真的自查自纠，对2008—2011年完成的联检工作进行汇总：涵江—福清、涵江—永泰两条县级界线联检任务，界线总长度125.59千米，界桩8个，各乡镇之间共23条乡级界线的联检任务，界线总长度178.027千米，界桩50个。通过开展行政区域界线联检，实现依法管理边界，妥善调处边界管理纠纷，推进平安边界创建活动。

【革命“五老”人员管理】 2012年，区民政局落实和完善革命“五老”医疗补助政策，争取在新型农村合作医疗的基础上，把医疗补助资金用于革命“五老”的救助上，让他们更大程度地享受优惠待遇，全年医疗救助8400元。定期慰问革命“五老”人员和“五老”遗偶，落实从政治上关心他们，生活上照顾他们的措施。元旦春节期间慰问“五老”人员36人，发放慰问金、实物，共15000元。是年，涵江区按时足额发放革命“五老”人员65人和80周岁以上革命“五老”遗偶120人的定期生活补助费，10月份起补助标准提至每人每月590元，全年共发放补助429000元。

【老区扶建】 2012年，按照“老区优先、适当倾斜”的原则，涵江区加大老区扶建力度，老区村基础设施建设列入年度实施计划，水、电、路等基础设施向老区农村延伸，架设路灯、科技项目等建设资金优先向老区村倾斜。2012年省级共下拨两批老区扶贫建设资金，计20万元，有8个项目实施，其中老区革命遗址维修1个，架设路灯1个，村道建设1个，饮水工程2个，水利设施1个，村部修缮1个，科技示范项目1个。通过基础设施建设和科技项目的示范带动，给老区群众的生产、生活提供方便，也给他们增加更多的经济收入，改善老区村生产生活条件。

【婚姻登记档案管理与服务】 新《婚姻登记档案管理办法》公布施行后，2012年，区民政局结合规范化创建的要求，邀请档案馆人员进行指导，及时按新办法进行档案整理，共整理档案6082卷。为做好档案整理工作，购买档案制作缝纫机、档案盒，安装档案治理软件，实现电子档案“双套制”保管，规范档案的管理，确保档案资料万无一失，维护当事人的合法权益。是年，全体工作人员加强计算机技能培训，都取得合格证书。在原有制度的基础上制定并完善《岗位责任制度》《印章治理和使用制度》《证件治理制度》《档案治理和保密制度》、《学习制度》《应急预案》等各项规章制度。同时，制作4块牌子，对工作人员的照片、工作守则、服务承诺、办公时间、办理时限、办公地点、办事依据、收费标准、咨询电话、监督电话等内容进行公开，进一步提高依法行政的水平和婚姻、收养登记质量，并接受社会监督。全年来电咨询达3000多人次，办理结婚登记3783对，离婚登记789对，补发婚姻证件340份，出具无婚姻情况证明1170份，收养登记7件。

【殡葬改革】 2012年，区民政局对2011年度建成投入使用的5座骨灰楼（堂）及时下拨市级每座1万元的资金补助；省厅还对涵江区建设规范的2座骨灰楼（堂）给予每座3万元的资金补助。区民政局在涵江广电中心发布清明、冬至二节期间的祭祀宣传，印发宣传单2万余张，出动宣传车下乡巡回宣传150余车次，悬挂横幅标语120多幅，监察中队每周上山进行例行巡查和宣传，同时配合区旅游局每周3次对囊山片区进行旅游巡查，在全区进行不间断的大范围、全方位、高密度的殡改宣传，做到家喻户晓，为殡改工作的顺利开展打下良好的基础。全年共火化遗体2610具，火化率100%，强制起尸执行火化2具，在各经济开发区的建设和征地中共清理各类坟墓2100余座，公益性公墓、骨灰楼（堂）建成投入使用5座。

（黄荔琛）

·社会保障·

【概况】 2012年，涵江区劳动和社会保障局（以下简称区社保局）围绕“保民生、保稳定、保增长”民生工程重点，以促进就业为中心，实施积极就业政策，推进专项就业援助活动，帮助高校毕业生、就业困难人员、被征地失业农民、返乡农民工就业。是年，全区城镇居民医疗保险参保人数17764人，基金收入629.43万元，基金支出620.26万元，当期结余9.17万元；机关事业单位养老保险参保单位196个，参保人数3840人，离退休人员861人，社保基金收入3814.24万元，基金支出2963.26万元，历年社保基金滚存结余6952.60万元；城乡居民社会养老保险新增参保人数5640人，组织缴费126465人，基金收入6720.36万元，社保基金支出3598.33万元，追回多领与冒领金额8.96万元，对符合被征地农民社保保障条件的226位失地农民发放保障金11.31万元；企业职工基本养老保险参保单位2133家，参保人数56564人，年基金征缴收入19522万元，累计退休人员达5601人，年支出养老金8760万元；工伤保险参保单位1027家，参保人数54498人，年基金收入1251万元，基金支出690万元；生育保险参保人数40275人，年基金收入505万元，有176人享受生育待遇，支出基金97万元。失业保险共参保单位1265家，参保职工48355

人，基金收入 1733.24 万元，基金支出 773.27 万元，全年领取失业金人数 7907 人次。

2012 年，涵江区仲裁委员会共受理案件 66 件，其中裁决 14 件，调解 45 件，不予受理 3 件，撤诉 4 起；未结案 0 起。工伤认定共受理 357 起，有参加保险的 326 起，未参加保险的 31 起。是年，共接待来信来访 180 余人次，接到信访件 40 件，办结 40 件，办结率达 100%。

【机关事业社会保险】 2012 年，涵江区机关事业单位社会保险中心积极促进各参保单位应保尽保，按月上缴社保费，做实缴费基数，防止“跑、滴、漏”，确保基金应收尽收。同时，采取社保欠费单位新退休人员不能享受退休费等措施，促进清欠工作进展。清理平民医院等单位的社保欠费约 200 万元，财政还款 360 万元，占全年的养老保险基金收入 14.68%。同时，做好执行企业养老保险制度 27 名离退休人员的调资工作，月调资金额 6045.5 元。是年，涵江区机关事业单位养老保险参保单位 195 个，参保人数 3840 人（其中机关事业在职 3143 人，执行企业在职 697 人）；社会保险基金收入 3814.24 万元（其中机关事业养老保险基金收入 3544.57 万元，执行企业制度养老保险基金收入 269.67 万元），比上年同期下降 289 万元，降幅 7.04%（下降幅度原因是 2011 年度执行涵政综 [2010] 227 号文件，补收 2010 年度的奖励性绩效工资纳入社保缴费基数）；离退休人员 861 人（其中机关事业退休人员 816 人，执行企业制度退休人员 45 人），比上年同期增加 51 人，比增 6.30%；社会保险基金支出 2963.26 万元（其中机关事业社会保险基金支付 2920.44 万元，执行企业制社会保险基金支付 42.82 万元），比上年同期下降 142.12 万元，降幅 0.04%（降幅原因是 2011 年执行涵政综〔2010〕227 号文件初发离退休人员增资）；社会化发放人员 738 人，比上年同期增加 67 人，比增 9.98%。基金历年滚存结余 6952.60 万元（其中机关事业基金历年滚存结余 6097.33 万元，执行企业社保基金历年滚存结余 855.27 万元），比上年同期增加 850.97 万元，增幅 13.95%。

【职工基本医疗保险】 2012 年，全区职工医保参保单位 949 个，参保职工 77927 人，完成年度任务 78.91%。其中，在职职工 66702 人，退休职工 11125 人。离休、“5·12”人员 49 人，二等乙级伤残军人 40 人。生育保险参保职工 11370 人，完成年度任务 108.28%。工伤保险参保职工 11396 人，完成年度任务 112.83%。全区医保基金总收入 12816.3 万元，其中统筹账户收入 4107.36 万元，个人账户收入 7872.10 万元，特殊人群基金收入 203.81 万元，公务员补助收入 277.27 万元，补充保险基金收入 355.76 万元。基金总支出 10266.51 万元，其中统筹账户支出 4651.53 万元，个人账户支出 4271.25 万元，特殊人群支出 268.29 万元，公务员补助支出 550.28 万元，商业补充保险支出 525.16 万元；基金节余 2549.79 万元。实现职工医疗基金收支平衡，略有节余。

【劳动保障监察】 2012 年，区社保局开展“解决企业工资拖欠问题专项检查”、“清理整顿人力资源市场秩序专项行动”、“‘查处无证无照经营八闽出击’专项行动”、“用人单位遵守劳动用工和社会保险法律法规情况专项检查”等多次专项检查活动。是年，检查各类用工单位

364家，涉及员工2.06万人，其中农民工1.93万人，补签、续签劳动合同0.4万人；受理投诉举报案件62起，结案62件，结案率达100%，追回工资金额186.7123万元，涉及员工546名；处理集体停工事件6件，涉及员工301名，处理工资金额116.3465万元；发出劳动保障监察询问通知书24份，劳动保障监察整改书13份。

【就业再就业】 2012年，区社保局发挥部门职能，牵头做好服务工作，定期和不定期发布企业招工信息，采取网上招工、委托中介招工、举办专场招聘会，以搭建的招工平台促成校企对接、村企对接等形式创新招工举措。是年，全区城镇新增就业岗位4287人，完成市下达指标102.1%；帮助下岗失业人员再就业434人，完成市下达指标100.9%，其中就业困难人员再就业92人，完成市下达指标102.2%。全区城镇登记失业率为1.84%，达到市政府下达失业率控制在2.4%以内的目标。共为26名下岗失业人员办理小额担保贷款，发放金额175万元。

（许雪清）

编辑：陈伟庄

街道 乡镇

·涵东街道·

【概况】 2012年，涵东街道办事处（以下简称涵东办）积极响应区委、区政府“项目为纲、投资为要、征迁第一”的号召，按照“争先跨越，宜居涵东”的总体目标，着力推进城市建设，提升城市管理，解放思想、攻坚克难，街道社会各项事业建设都取得明显成效。是年，街道经济实现地区生产总值189212万元，全社会固定资产完成投资144610万元，财政总收入完成19103万元，实现工业总产值229519万元；有限额以上商贸企业20家，规模以上工业企业13家。辖有10个社区居委会；共有常住人口13224户，39257人。

【塘北社区一期改造】 该项目列为市、区“五大战役”重点项目之一，东至下洋新村路，西至塘北路，南至福厦路，北至六一路。项目用地总面积18.87公顷，拆迁房屋总建筑面积约23.1万平方米，总征收户数约1099户，涉及莆田二轻机械厂、冷冻厂以及粮食分局等企事业单位12家。改造项目规划新建商住楼20幢，总建筑面积约43万平方米。项目总投资约15亿元，是涵江区规模最大的旧城片区改造项目，也是莆田市首个组织实施国有土地上房屋征收与补偿新条例项目。2012年，进行征迁法律法规、片区征收方案等征迁业务培训，印发涵江区塘北社区一期改造项目《国有土地上房屋征收补偿方案实施细则》《告居民书》和规划总平图等宣传材料，进行政策宣传解释。为响应区委、区政府提出“决战456，项目大提速”要求，录制《塘北社区一期项目国有土地上房屋征收补偿方案实施细则》《告居民书》等广播，在不影响居民群众休息的时段进行循环连续不间断的播放，并召集具有丰富经验的征迁工作小组研究，依法办理征收手续，详细制定征收方案，周密组织实施，率先突破，取得成效，超时间节点于5月2日正式组织报到抽签签约活动。截至12月底，完成签约1081户，签约率达98%以上，被列入福建省2012年创建和谐征迁示范项目之一。

【铺尾片区一期改造】 该项目是市、区“五大战役”重点项目之一。片区改造范围东至湖滨路南街，西至新涵街南伸，南至铺尾路，北至福厦路。项目占地面积5.27公顷，总征收户数约460户，拆除旧房建筑面积约7万平方米。规划新建8栋商住楼，建筑面积约15万平方米，总投资约4.2亿元。4月30日，涵东街道召开动员大会，把安置房宣传手册、户型汇总、签约须知等宣传材料及时发放到每个征迁户手中，工作组干部多次深入到征迁群众家中，与群众亲近接触，了解和掌握群众的意愿和思想动态，加大片区改造征迁好处的宣传，做足按时丈量评估、内业资料复核的动员。给群众讲透、讲清、讲明征迁补偿安置优惠政策；帮助群众算好“三账”：拆迁安置的补偿账、政策优惠的经济账、改善居住的环境账。6月组织进行签约。截至12月底，完成丈量评估458户，完成签约453户，签约率达98%以上。完成安置房建设总平面图设计、建筑方案报批、安置房2#–5#楼施工图图审、6#–9#楼的地质勘察。

【旧车站片区项目】 涵江区旧车站片区项目东至后度改造片区，西至苍然路，南至苍然后度改造片区，北至福厦路和顶铺街。拆迁改造总用地面积约4.13公顷，涉及涵江汽车站及顶铺、后度两个社区，拆迁户约535户，拆迁总建筑面积约5.6万平方米，其中住宅面积5.3万平方米，商业面积3000平方米。5月26日，涵东办召开动员大会，从区直机关、街道抽调干部和顶铺、后度部分社区干部共80多人，由科级领导干部带队入户宣传发动、丈量评估。截至年底，该项目前期工作基本完成。

【南环城路建设工程】 涵港大道配套路网工程南环城路位于涵江区南部，东起高新区涵庭路，西至在建的涵港大道，途经涵江区三江口镇、白塘镇和涵东街道办事处等镇（街），全长6.475千米。涵东段征地面积5.87公顷，涉及1家拆迁企业及拆迁户378户，拆迁建筑面积约5.5万平方米。通过明确分工，全力以赴，分3个工作小组，深入到拆迁户家中，一户一户讲政策，讲形势。截至12月底，完成签约355户，签约率93.9%，拆除房屋352户，总面积5.08万平方米，完成房屋拆除92.4%。

【铺尾社区党建示范】 1月，铺尾社区被评为福建省首届社区未成年人思想道德建设工作先进单位；6月，被评为福建省创先争优先进单位。铺尾社区党总支提出以“创先争优做表率、推进精品社区建设”为主题，通过建立两委成员项目挂钩、一线攻坚、群众工作、维稳化解等10项工作制度，用制度规范工作上的“人、财、物、事”。党总支和党员服务实现“三个一线”，即：服务到项目一线、服务到社区一线、服务到困难一线。所有两委成员每人挂钩2户—5户拆迁重点户，做好思想动员和服务工作，关心群众，帮助解决实际困难。优化“创先争优”示范平台，主动拓宽社区党员队伍参与项目攻坚主渠道，分解任务，强调进度，营造“人人为项目、重项目、干项目”的浓厚氛围。以党员为主体，开展社区志愿者服务，社区35名党员与23户困难户结对子，为困难群众送慰问品、慰问金5000多元，解决实际问题37个。组建60家服务网点和以党员为主体的志愿者服务队伍，倡导“社区为我、我为社区”的志愿服务新观念。不断丰富群众文化生活，深化平安建设，促进社会和谐，利用四元殿旧址，争取专项资金260万元，建设集未成年人教育基地、国防建设教育基地等为一体的全区首家社区多功能文化活动中心。

【社区组织换届选举】 2012年是换届选举年，涵东办组织做好10个社区党组织换届选举工作，10个社区党组织换届选举中共产生40名社区党组织委员，其中男性25名，女性15名；高中以上学历30名，初中学历10名；30周岁以上50周岁以下30名，50周岁以上10人。共调整充实社区主干6名、社区干部13名，体现大稳定小调整的原则，通过换届，社区党支部班子得到进一步优化和充实，为构建平安、和谐新涵东奠定良好的组织基础。

【社会事业】 2012年，涵东办以创建“生育文明、幸福家庭”为契机，开展婚育新风进万家活动，不断创新宣传和服务载体，推进诚信计生。是年，全街道出生人口共245人，政策符合率95.51%，出生人口性别比89.12。深入推进城乡清洁工程，城区面貌和环境卫生得到显著改善，在市文明路考评中获得7面红旗,名列全市第一；在区城市管理考评中共获得19面红旗，名列全区第一。综治维稳工作，整个辖区分成5个网格化小区，第四季度综治测评名列全市第一，年度综治考评位居全区第一。全年共排解矛盾纠纷103件，调解率达100%，调解成功率100%。安全生产监管，共出动安全检查人员300多人次，出动检查组46次，检查生产经营单位235个，排查隐患267条，整改245条。为及时消除事故隐患，共组织20多次大规模的联合执法行动，清理整治违规违章建筑面积约1万多平方米。同时，健全社会保障体系，推行新型农村合作医疗和城镇居民医疗保险，全街道共有9713人参加新型农村合作医疗，参保率达100%；城镇居民医疗保险参保人员6767人，街道享受低保对象192户455人，实现应保尽保。

（许智娴）

·涵西街道·

【概况】 2012年，涵西街道办事处（以下简称涵西办）深入落实科学发展观，按照区委、区政府提出的目标要求，围绕“中心商贸城区率先崛起”的发展定位，实施“项目带动、城建带动、商贸带动、工业带动”发展战略，努力在破解难题中寻求突破，在攻坚克难中推进发展。是年，实现生产总值20.05亿元，比增6.50%；农业总产值完成833万元，比增17.8%；工业总产值完成22.75亿元，比增31%，其中规模以上工业企业产值完成19.01亿元，比增2.21%；全社会固定资产完成投资15.79亿元，比增35.15%；财政总收入完成15509万元，其中国税完成6466万元，地税完成9043万元；人口总数为21539人，6975户。

【塘北片区项目】 涵江区塘北片区，东至工业路，西至西环城路，南至福厦路，北至北环城路，呈“口”字形环绕，其西南部与小商品批发城接壤，南临旧城商务核心区，东濒涵江行政中心，是城市“一核四翼”布局中的“核”心部分，处于涵江城区商住服务业的中心位置，区位条件优越。该片区规划总用地面积306公顷，涉及6个村（居），总拆迁面积约150万平方米，涉迁户数约7000户。涵江区塘北片区改造工程（一期）涉及荐林社区下林、西林自然村，福建海燕集团、荔城区商业集团（原莆田县百货公司）、涵江区五金交电化工有限公司及涵江拘留所等4家企事业单位，占地总面积约13.07公顷；涉迁户数596户、建筑面积10.2万平方米。投资3.3亿元建设安置房12幢18层，占地4.78公顷，建筑面积16.8万平方米。2012年5月，通过BT招标，由福建东方建筑工程有限公司中标。是年，涵江区塘北片区改造工程指挥部开展对西坡片区、苍口片区和群英片区三大片区改造，涉及拆迁户1890户，涉及人口

7000多人，规划建筑面积约50万平方米，其中西坡小区涉及拆迁户331户，丈量286户，6月27日正式签约，抽签280户，签约260户；苍口小区完成征收红线审批（下达规划条件）、项目批准文件等土地勘查报告书，总平面图上报市规划局；群英片区完成调查摸底、地形图购买、确定安置区位置、委托总平面图设计、委托项目建议书编制，上报征收红线、社会风险评估、国有性质证明、规划征收红线、总平面图初稿、确定设计招标代理、完成项目建设书批复、选定单价评估机构、上报建设局征收、张贴征收告知书、告知相关部门暂停办理手续、评估综合单价、征收方案初稿、委托起草工程可行性研究报告、安置区社会风险评估报告、排水预审意见、收集同意收回国有土地意见函等工作。

【增强治安综治保障工作】 2012年，涵西办坚持以创建“平安涵西”为主线，深入排查调处矛盾纠纷，深化“严打”整治斗争，不断提高治安综合保障水平，先后投入100多万元，用于全街道9个社区建立警务室，在涵西派出所建设“全球眼”视频监控平台，辖区80多处主要路口、重点路段和重点部位安装“全球眼”视频监控设施，城区关键位置设置的5个网格化警务岗亭和10个电子小区等，招聘社区治安巡防队员43人。

【健全社会保障体系】 2012年，涵西办健全社会保障体系，推行新型农村合作医疗和城镇居民医疗保险，全街共有4730人参加新型农村合作医疗保险，5800人参加城镇居民医疗保险，参保率均达95%；另5300人参加社会基本养老保险，参保率89.3%；辖区内享受低保的总户数为193户共432人，共发低保金1058220元，实现应保尽保。

【社区组织换届选举】 6月，涵西办按照上级制定的换届选举有关方案要求，严格程序，分类指导，抓好换届选举前任期审计和考核工作，深入宣传换届选举工作的法律法规和政策，培训村级换届工作人员180多人次，营造村级组织换届良好氛围。7月，9个社区党支部换届选举工作全部完成，共选出党支部书记9名（含下派书记1名，女性3名），挂职第一书记1名，支部副书记3名，支部委员36名（其中男性委员25名，占69.4%，女性委员11名，占30.6%；35周岁以下6名，占17%）；9月，社区居委会换届选举工作完成，共选出社区居委会主任9名（其中1名由支部书记兼任），副主任3名，居委会委员23名（其中男性委员13名，占56.5%，女性委员10名，占43.5%；35周岁以下5名，占21.8%）。此次换届选举，大专以上文化程度3名，占8.3%；高中或中专文化程度29名，占80.6%，初中及以下文化程度4名，占11.1%；连选连任的书记6名，连选连任的支部委员25名。换届选举呈现四个特点：年龄“一刀切”，实现两个“凡是”：凡是年龄超过60岁的社区干部不再推荐进入新一届社区组织，凡是新进社区班子的年龄不得超过50岁；实现社区主干“一肩挑”零的突破。

（刘玖兵）

·江口镇·

【概况】 2012年，江口镇进一步加大小城镇综合改革建设试点工作力度，着力打造宜居宜业精品小城镇。是年，该镇地区生产总值达98亿元；农林牧渔业产值5.7亿元；工业总产值达249.8亿元，其中规模以上企业产值232亿元；全社会固定资产投资25亿元；合同利用外资4945万美元，实际利用外资8500万美元；财政总收入31868万元，其中国税收入24717万元，地税收入4534万元；农民人均年纯收入9465元。全年全镇共发放种粮补贴347.93公顷、318520元，良种补贴355.47公顷、79480元；全镇新农保参保登记人数42110人，参保率90.52%；新农合参保人数59166人，参合率100%；城镇低保、农村低保、五保户实现应保尽保。

【项目建设】 2012年，江口镇共实施69个小城镇项目，共完成投资41.8亿元，完成年度计划的132.7%。其中，基础设施类项目有16个，年度计划投资11亿元，完成投资18.8亿元，完成170.9%；产业类项目24个，年度计划投资12亿元，完成投资15.5亿元，完成129.2%；城建类项目29个，年度计划投资8亿元，完成投资7.5亿元，完成93.8%。

【征地征迁】 2012年，江口镇列入区级重点征迁项目的17个，完成征地64公顷，其中省道201线江口段征地26.67公顷、火车站站前广场征地8.67公顷、涵江港港区开发征地4公顷、江口海景地块征地2.8公顷、威诺数控征地9.13公顷、中科院海西研究院征地4公顷。全年共完成拆迁面积11.22万平方米，其中省道201线江口段拆除面积7.2万平方米、火车站站前广场拆除面积2.15万平方米、海峡纺织城拆除面积1.2万平方米。

【兴化湾南岸涵江港港区建设】 2012年，江口镇共完成涵江港1.2千米多的便道及停车场工程建设，拆除房屋面积780平方米；完成江口40米路与福厦高速路交叉下穿道路改造工程建设；基本完成原江口盐场113.33公顷内涉及的养殖场、冷冻厂、养鸭场、清洁剂加工厂等设施实形测量及评估外业工作，江口盐场测绘成果及评估初稿、第二稿（含图片）完成核对；涵江港开发规划展示厅和观礼台完成建设；100公顷的国悦场完成实形测量，形成成果；完成开工剪彩点征地0.96公顷，并完成场地施工；与后坂及嘉兴养殖场业主签订回购协议。莆田兴化港区涵江作业区港前路建设工程：发布收海补偿公告，完成江口2249.03公顷的普查测量和航拍工作，摸清镇村界址、滩涂养殖面积、养殖品种和养殖设施，并与涉海5个村签订滩涂面积确认书。

【江口片区污水管网建设】 江口片区污水处理厂位于涵江区江口镇前面村，占地2.81公顷，日处理污水能力2万吨，远期处理能力为每日4万吨。2012年，江口镇共完成镇区通应路、锦华路、火车站进站公路及高新区江口污水厂收集范围内7.1千米的污水管网建设；完成江口赤港污水泵站建设并投入使用；15千米污水管网正在建设中。其中：福厦路北侧6千米正在扫尾，福厦路南侧9千米在建设中。该污水管网主要采用管径300—1200毫米的中空缠绕管。项目总投资2300万元。

【江滨路景观建设】 9月，江口镇实施江滨路街道景观综合整治，该项目南起324国道，北至211县道，全长800米，涉及住宅20幢，店面

103间，建筑立面5680平方米，总投资900余万元。工程在尊重建筑现有立面前提下，进行高标准整治。以欧式的灰仿真石漆色作为立面改造的主色调，辅以白、黑色映衬，展现侨乡的清新与优雅、多元和包容。同时，在建筑轮廓上配以夜景照明，凸显墙体质感与山水的融合。利用萩芦溪畔狭长的荒滩修建成面积约10000平方米集休闲、健身、娱乐为一体的综合性公园，为当地居民、侨民搭建一个舒适的沟通交流平台。该工程于年底全部竣工。

【小城镇综合改革建设】 2012年，作为省小城镇综合改革建设试点之一，江口镇继续完善规划设计，完成201省道石东安置区工程设计、石庭片区改造规划设计、火车站站前安置区工程设计、旧城片区“退二进三”工程设计、201省道景观提升工程设计、大旺湖公园的园林景观设计以及石东安置区和东大院里土地整治等安置房区改造提升。完善公用服务配套，莆田江口风电场48MW升压站完成建设，厚峰变电站、圆顶500kV变电站实现开工建设，江口中心小学项目竣工；莆田平民医院新综合大楼完成6层主体施工，江口片区污水处理厂及配套管网建设工程于5月份竣工并投入使用。加强环境综合整治，投资550多万元完成3.04千米沈海高速森林通道江口示范段绿化；投资1930万元的新前、农山农民公园正在加紧建设。完成7.5千米的污水管网建设，年投资300多万元将江口生活垃圾处理、清扫保洁全面推向市场化运作。实施旧镇区改造提升工程，其中：投资1亿元的华侨飞旋家园建设工程完成1座商品房主体6层建设、2座商品房正在基础施工；投资1亿元总建筑面积2.05万平方米的美新豪庭商业住房完成总平设计；同时启动位于华富纺织企业厂房“三旧改造”前期工作。加快示范区建设，城北工业园区内的海峡纺织工业城、中科院海西研究院莆田中心、百利电子综合楼、福建沐星机械生产和福建利邦有机废气回收设备等建设项目共投资1.7亿元，海峡纺织和福建沐星机械项目完成厂房建设。是年，江口镇荣获福建省第一批试点小城镇建设三等奖。

【村级组织换届选举】 6月，江口镇按照“严格程序，严肃纪律，严密推进”的工作要求，抓好换届选举前任期审计和考核工作，深入宣传换届选举工作的法律法规和政策，培训村级换届工作人员131人次，营造村级组织换届良好氛围。8月，27个村（社区）党支部换届选举工作全部完成，共选出党支部书记27名（含下派书记1名），挂职第一书记3名，支部委员128名（其中女性支委18名，占14.1%，35周岁以下支委5名，占3.9%）；9月，各村（社区）委员会换届选举工作完成，共选出村委主任27名，副主任27名，村委委员118名（其中女性村委29名，占24.6%，35周岁以下村委14名，占11.9%）。

【环境卫生与景观建设】 2012年，江口镇共投资580多万元，完成福厦路江口段（一期）约2千米的临街立面改造；投资700万元，完成高速公路出口迎宾路两旁景观改造及沈海高速（江口段）两旁绿化；建设新墩、园下、上后等村的公园及配套设施。投入5.4万元，新增福厦路、集镇区垃圾桶300个；投入30万元，建设石东铁灶公厕；环境卫生整治推向市场化运作，投入350多万元用于福厦路、荔涵大道和集镇区的路面保洁、垃圾清运工作；集中开展占道摆摊、户外广告、滴撒漏等专项整治，镇域生态环境得到进一步优化。

（林行云）

·三江口镇·

【概况】 2012年，三江口镇按照区委、区政府年初既定工作目标，以推进项目征迁建设年为主抓手，围绕主题主线，实施“以港兴镇、工业强镇、商贸活镇”的发展战略，推动海峡西岸经济区新兴工贸港口城镇建设，全镇经济和社会各项事业稳步健康发展。是年，全镇实现生产总值达29.15亿元，比增9.22%；工业总产值达68.03亿元，比增8.04%，其中规模工业产值达61.69亿元，比增8.47%，规模以上工业企业新增8家；农业总产值达4.49亿元，比增13.46%；全社会固定资产投资总额15.17亿元，比增19.57%；实际利用外资1200万美元；外贸出口总额2643万美元，比增5.46%；财政总收入1.0617亿元；农民人均年纯收入6723元，比增7%。经济结构进一步优化，第一、二、三产业比例分别为7.7:86.42:5.88。

【基础设施建设】 2012年，三江口镇改造6个行政村96公顷农田渠道，总长14380米，以及渠系建筑物4处；巩固和发展东盛区级“菜篮子”基地，新建高效微喷示范田20公顷，埋设管道总长度22541米，安装微喷头4720个；实施河道望江河护坡工程河岸砌坡工作，进入施工阶段；有效实施鳌山、后郭海堤2千米除险加固扫尾工程。

【社会事业】 2012年，三江口镇着力实施校安工程，完成涵江华侨中学、三江口中心小学、芳山小学和三江小学共5座8100平方米、总投资1400万元的综合楼危房改造重建工作。不断丰富农村文化体育活动，完成13个村农家书屋建设，高美村通过省文化系统验收，新增8个行政村全民健身点建设，集镇全民健身活动中心完成篮球场建设。新型农村合作医疗保险百分百完成区定参合率任务，农村养老保险工作全面铺开，民政的优抚、弱势群体的低保及扶助政策都得到落实。加大辖区治理“两违”抢建和监察执法工作力度，出动大型18批次、小型126批次、组织人员2600多人次进行执法，依法整治“两违”抢建168宗，拆除“两违”抢建11宗。

【农村生态环境保护】 2012年，完成沈海高速公路三江口段两侧隔离栏外30米的森林通道13.33公顷的绿化建设任务；加大畜禽养殖污染整治力度，努力完成255处11545平方米畜禽场关闭和拆除任务；创建农村生态镇、生态村取得成效，后郭村等14个村被市环保局命名为第六批“市级生态村”，三江口镇被省环保局命名为“省级生态镇”。

【南环城路三江口段征迁】 2012年，南环城路三江口段涉及征地面积21.67公顷，征迁户325户，签约310户，签约率95.38%；拆除房屋195户，完成房屋拆除60%，拆除建筑面积28470平方米；涉及征迁企业单位22家，签约5家，其他17家完成评估复核；涉及塔山、芳山、洋顶安置区建设，完成选址、地灾评估、土地预审、立项、建设用地许可等前期工作。

绿洲豪庭东侧地块、人民街地块一、三等三幅经营性用地项目完成征地面积丈量核实、收取部分身份证、发放部分征地补偿款等工作。

【涵江港开发项目】 兴化湾南岸涵江港港区开发项目堤内土地面积约692.67公顷。2012年，完成制作土地现状示意图，并对土地地形地貌及土地性质进行录像保存和航拍。完成哆头盐场内养殖品种，华兴建材厂、新世纪建材厂等地上构筑物及附属设施丈量评估，并签订补偿协议，36个养殖池清场，共45.1公顷，发放部分补偿金。完成三江口段全长1040米，路幅8米的施工便道工程，总投资68万元，涉及三江口盐场跳跳鱼、螃蟹养殖池9.07公顷和原海上威尼斯简易竹房2间，预征新兴村土地0.08公顷。堤外海域面积约3133.33公顷，在涉及的9个行政村张贴收海通告及收海红线规划图，并组织座谈会，就实施细则及补偿标准达成共识。完成养殖品种面积实地测量和航拍工作，并组织涉海各村完成海域面积界址和养殖品种面积确认。

【赤港至三江口疏港道路建设】 赤港至三江口疏港公路分两期建设，第一期道路全长2.205千米，涉及征迁户100户，建筑面积2.2万平方米。2012年，在完成丈量评估、复核确认的基础上，签约83户，签约率83%。同时，切实做好第一期道路主线预征11.4公顷和征地款发放工作，安置区所有手续完成并上报市政府审批，安置区开始填土。

【高速路扩宽工程征迁安置区建设】 2012年，杨芳东坊安置区建成并投入使用；鳌山安置区安置征迁户28户，征地0.95公顷，建筑面积12873.8平方米；鲸山安置区安置征迁户90户，征地2.47公顷，建筑面积42842.9平方米；鳌山安置区、鲸山安置区均为连体式自建区，基本完成安置房主体建设；杨芳西林安置区完成“三通一平”前期工作。

【村级组织换届选举】 6月，三江口镇按照“坚持党的领导、充分发扬民主、严格依法办事”的原则，抓好村级组织换届选举的各项工作，广泛宣传相关法律法规和政策，培训村级换届工作人员130多人次，营造换届选举良好氛围。8月，17个村党支部换届选举工作全部完成，共选出党支部书记17名，挂职第一书记2名，支部副书记10名，支部委员41名（其中女性支委14名，占20.6%，35周岁以下支委4名，占0.59%）；9月，镇村委会换届选举工作完成，共选出村委主任17名，副主任19名，村委委员31名（其中女性村委17名，占25.4%，35周岁以下村委7名，占10.4%）。

（林晓丹）

·白塘镇·

【概况】 2012年，白塘镇继续围绕“大旅游、大商贸、大交通”的奋斗目标，深入实施“工业大提速、项目大突破、城镇大变样、社会大和谐”发展战略，不断推进宜居白塘建设。是年，共完成地区生产总值25.0616亿元；农林牧渔业总产值3.36亿元；全社会固定资产投资达18.5亿元；财政总收入9771万元，其中国税收入6066万元，地税收入3705万元；农民年人均可支配收入7310元。加强治安建设，建设警务室8个，配备巡逻车24部，组建55人专职巡逻队伍。计生工作有效开展，是年全镇平均出生率 12.14‰，政策符合率 95.89%，出生人口性别比为 107.04。

【工业经济】 2012 年，白塘镇共完成工业总产值 49.1 亿元；规模以上企业工业总产值达 44.1 亿元。有规模企业 18 家，其中华昌珠宝有限公司荣获“中国金镶玉第一品牌”，华林蔬菜有限公司被授予“农业产业化国家重点龙头企业”称号，国家级高新企业威诺数控研发的“七轴龙门式复合加工中心”成功填补国内工程机械、大型车桥、军工坦克、汽车车桥等高端装备制造业领域空白，达到国际先进水平，打破该领域国外进口产品的垄断局面。

【便民服务中心投入使用】 2012 年，白塘镇加快整合资源，建成集“便民服务、行政审批、政务公开”三位一体的现代化综合便民服务中心。该中心占地面积 1270 平方米，建筑面积 6120 平方米，于 5 月 5 日投入使用。该中心建成后，进一步方便群众办事，全面提高政府公共服务能力。

【村级组织换届选举】 2012 年正值换届选举年，白塘镇对全镇 16 个村级领导班子及其成员进行考核，全面掌握各村基本情况，顺利完成村级组织换届工作。按照分期分批、稳扎稳打的原则，选优配强村级领导班子。8 月，16 个村均采用两推一选的方式选出党支部书记 16 名，挂职第一书记 2 名，支部委员 73 名（其中女性支委 15 名，占 20.5%，35 周岁以下支委 10 名，占 13.7%）；9 月，镇村委会换届选举工作完成，共选出村委主任 16 名，村委委员 62 名（其中女性村委 19 名，占 30.6%，35 周岁以下村委 9 名，占 14.5%），班子成员结构不断优化。

【木兰溪下游三期荔涵段防洪工程（白塘段）建设】 木兰溪下游三期荔涵段工程列入中央扩大内需项目，该镇主要涉及陈桥涵坝水闸重建及堤防、安置房建设，总投资 0.897 亿元。工程实施后，防洪标准左岸为五十年一遇。2012 年，该项目完成拆迁各类建筑物总面积 2.3 万平方米，工程建设征地 3.93 公顷；完成涵坝水闸重建，主体工程通过验收通水；安置房于 9 月份动工建设，完成地下基础建设。

【涵港大道东侧（白塘段）建设】 涵港大道（东侧）与 324 国道及南环城路相交，跟向莆铁路相叠而建，是莆田市五条疏港大道之一。白塘段全长 3 千米，路幅 32 米，涉及该镇安仁、周墩、双福、显应、陈桥、江尾等 6 个村 259 户。2012 年，该项目建成通车，显应、下汀、双福安置区全部回迁，周墩安置区部分回迁。

【110KV 涵东输变电站工程】 2012 年，该变电站选址于白塘镇后宫村，占地 3.39 公顷，建设 50MVA/110KV 变压器 3 台，110KV 出线 2 回，10KV 出线 24 回，总投资 4765.91 万元，年底建成投入使用。

（黄　琛）

·国欢镇·

【概况】 2012 年，国欢镇在区委、区政府的正确领导下，按照“区域工贸繁荣、服务功能完备、生活环境优美、人民生活幸福的海西新兴城区”的要求，深入贯彻落实科学发展观，圆满完成镇的各项目标任务。截至2012年底，全镇总人口38665人，178个村民小组，8813户。旅居海外华人华侨及港澳台同胞25000余人，为莆田市著名侨乡之一。耕地总面积370.67公顷，其中水田240公顷，旱地130.67公顷；粮食播种总面积357.33公顷；全镇实现地区生产总值36.5亿元，比增18.4%；农林牧渔业总产值1.18亿元，比增11.3%；工业总产值73.5亿元，比增5.98%；2000万元规模以上工业企业达26家，实现产值70.8亿元；全社会固定资产投资19.5亿元，比增33.98%，特别是引税收入取得新突破，完成引税收入1560万元，比增50%。

【项目建设】 2012年，国欢镇共实施市、区重点基础设施类项目50个，累计完成投资26.7亿多元，完成房屋征迁15万多平方米。特别是工作难度较大的人民街北伸、省道201线（国欢段）顺利完成全线征迁并交付建设，黄霞澄峰小区及自然村全部完成动迁工作，完成国欢地块一、塘北地块（五、八、九、十、十一）的收储工作，完成兴涵水都一期启动区20公顷征地工作。凯旋国际、凯旋城、骏乘名门等一批房地产项目动工建设，进展良好。同时，安置区建设进度加快，后郑安置区完成130幢的建设、人民街安置区、黄霞片区一期改造安置区实现开工建设，林柄安置区实现回迁。城镇休闲设施建设不断推进，国欢寺公园完成广场绿化，寺院主体修缮有序进行中。

【社会事业】 2012年，全镇的养殖场整治工作推进有力，完成60多家畜禽养殖场的关闭（拆除）工作，基本完成全年目标任务。城镇低保、农村低保实现应保尽保，五保户供养得到基本保障，全镇落实低保对象377户、798人，月保障金额6.17万元。社保覆盖面不断扩大，城镇居民参保率达90%；新型农村合作医疗参合率达99%。民政助残事业有效推进，全年共发放各类救灾救济款、抚恤金、优抚费300多万元。切实做好征兵和双拥共建工作，严把质量关，向部队输送16名优秀青年，全面完成征兵任务。

【村级组织换届选举】 6月，在村级组织换届选举工作中，国欢镇派出30个工作指导组深入宣传换届选举工作的法律法规和政策，培训村级换届选举工作人员200多人次，营造村级组织换届选举良好氛围。8月，15个村党支部换届选举工作全部完成，共选出党支部书记15名（含下派书记1名），挂职第一书记3名，支部副书记10名，支部委员74名（其中女性支委10名，占13.5%，35周岁以下支委2名，占2.7%）；9月，村委会换届选举工作完成，共选出村委主任15名，副主任12名，村委委员56名（其中女性村委16名，占28.6%，35周岁以下村委2名，占3.6%）。

（陈　楠）

·梧塘镇·

【概况】 2012年，梧塘镇深入贯彻落实科学发展观，积极融入涵江发展大局，依靠和带领全镇人民，顽强拼搏、开拓进取，以实际行动和优异成绩迎接党的十八大胜利召开。全镇全年实现地方生产总值51.34亿元，农林牧渔业产值

24470万元，工业总产值119.77亿元，其中规模以上工业企业完成产值116.2亿元，新增规模以上工业企业4家，新增产值3.2亿元；全社会固定资产投资完成15.6亿元，对外贸易出口16362万美元，对外贸易进口4500万美元，限上商贸业销售额7675万元，财政总收入完成1.61亿元，农民人均年纯收入7153元。9月，梧塘镇被市委、市政府授予“平安乡镇”称号。

【项目征迁】 2012年，梧塘镇共完成征地69.93公顷，拆迁面积26060平方米。英博雪津、德和鞋业、凯昕塑胶、兴创沥青、荣达鞋业、信益纸品、大益鞋业等一批扩建或新建项目相继投产；总投资3.2亿元的市级重点项目亿发工贸园项目、卧龙达家具完成征地并动工兴建。省道202线梧塘段完成建设，新涵大街东南段完成扩征及沥青化建设，人民街北伸东南段基本完成征迁及安置区动工兴建，涵北路郊河路完成土地丈量，涵港大道东侧安置区完成全部建设，群众按期回迁，西侧签约、交房、拆除等征迁工作顺利推进，路网建设不断完善，初步形成“两横四纵”的路网框架。

【社会事业】 2012年，梧塘镇深入开展创建平安村（居）、平安家庭、平安校园活动，坚决打击各类违法行为。投入50多万元新建东南、梧梓、霞楼、松东、西庄、前东等6个农村警务室，新建霞楼、枫林、东南、松东、溪游等5个电子警察小区，进一步增强治安防控能力，提高治安防范整体水平。全镇563家企业的安全生产标准化认定工作全面完成，英博雪津、荔丰鞋业等7家企业被评定为A级。全镇落实农村低保对象387户、814人，月保障金额92384元；城市低保18户37人，月保障金额7175元。新型农村养老保险和城镇居民养老保险工作全面铺开，梧梓村的被征地农民保险试点工作率先启动。开展“生育文明·幸福家庭”促进计划活动。加大计生经费投入，投入20万元，完善计生服务所及设备建设；创建“生育文明·幸福家庭”促进计划示范村，重点探索和培育沁后村流动人口“一站式管理”和“均等化服务”新模式。全年全镇共出生502人，出生率13.36‰，出生总性别比110.04；政策内出生485人，政策符合率96.61%；人口自然增长率4.89‰。九莲岩景区和尖山寨森林公园建设日趋完善，电影《金刚王》外景摄制顺利在尖山寨森林公园内完成拍摄。

【村级组织换届选举】 2012年是村级组织换届选举年，梧塘镇党委组织做好16个村（社区）两委换届选举工作，全部成功选举产生16个村（社区）109名两委成员，其中支委72名、村委59名，交叉任职22名，女性委员21名；实现前东、松西等2个村党支部书记、村委会主任“一肩挑”；班子成员中，高中文化程度68人，大专以上学历7人，高中以上学历占68.8%，比上一届提高16.5%；村（社区）两委成员中均有女性委员，女性委员比例比上届增长16.7%；新当选的干部34人，占31.2%；40岁以下的51人，占46.8%，比上届提高9.2%；农村致富带头人79人，占72.5%，比上一届提高14.7%。

【涵江区梧梓河西庄沟段治理工程竣工】 涵江区梧梓河（西庄沟段）工程为梧梓河的支河道，河道集雨面积3.6平方千米，设计洪峰流量为45.4立方米/秒。主要建设内容为：新开挖建设西庄沟复式堤岸1.028千米、河道清淤210米。河道设计宽度为16米，为满足兴涵工业园区用地规划，河道岸线沿规划道路布置，河道设计堤顶高程按30年一遇（P=3.33%）设计洪水位加上风浪爬高和安全超高确定，护岸采用浆砌石重力式挡土墙，挡土墙迎水侧3.3米高程以上采用浆砌条石护面。工程中标价为737.5399万元，10月25日开工，于12月31日完工。

（郑繁华）

·萩芦镇·

【概况】 2012年，萩芦镇围绕跨越式发展，建设宜居萩芦这一工作主线，立足于项目带动，加大重点项目征迁工作力度，着力保障和改善民生，全面推进，提速发展，镇域经济发展取得明显成效。是年，完成地区生产总值4.83亿元，农林牧渔业总产值2.38亿元，工业总产值4.24亿元，其中规模以上企业产值3.82亿元，全社会固定资产13.44亿元；财政收入历史性突破2000万元大关，达2426万元，农民人均年纯收入6809元。有区级重点项目8个，年度投资达13.01亿元。省道202线萩芦段、萩芦生态旅游、净水站管道扩建、洪里、顶坑水库除险加固工程已全面完工。省道202线崇圣宫后安置区完成4层楼面施工；萩芦49.8MW风电场项目进行工程扫尾；土地整治项目拆除旧房523户，拆迁面积6.71公顷；小城镇基础设施建设项目完成崇联黄店安置区征地工作；“三旧改造”完成56户丈量评估、1公顷安置区总评、建筑方案设计及土地征迁前期工作。

是年，该镇被省计生委评为福建省人口和计划生育依法行政示范镇；镇计生服务所被省计生委评为省级示范所。获得“涵江区创先争优先进基层党组织”、“涵江区综治平安建设先进集体”等多项称号。

【社会事业】 2012年，全镇新型农村合作医疗的参合率达100%，新型农村合作养老保险参保率达98%以上，683名60岁以上的农民领取每月55元的基础养老金。“农家书屋”覆盖率达80%；19个村配备健身设备。开展为期3个月的综治平安集中宣传，开展“三访三评”、缉枪治爆、流动人口清查等严打整治专项行动，不断强化打防管控措施。新建扩建南坛、双亭、崇圣等3个警务室，组建3支专职巡逻队，新建崇圣、萩芦、深固、官林等4个村电子警察小区，综治“四率”居全区前列。

【萩芦风电场】 由福建龙源风力发电有限责任公司投资，总投资30亿元，其中萩芦境内投资10亿元，2010年5月开工建设，计划三年内全部建成投产发电。拟安装24台V90-2MW和1台V90-1.8MW的风力发电机位，规模49.8MW，位于洪里、利东、友谊等村。2012年，完成风机基础浇筑、场内道路和升压站施工，主设备吊装；11万伏输出线路架设及3.5万地缆沟等附属设施建设。

【村级组织换届选举】 6月，萩芦镇按照“严把标准、选好配强”的工作要求，严肃换届选举纪律，抓好换届选举前任期审计和考核工作，营造风清气正的选举环境。7月，20个村党支部换届选举工作全部完成，共选出党支部书记22名（含下派书记2名），其中“一肩挑”的村支部书记3人，挂职副书记5名，支部副书记7

名，支部委员75名（其中女性支委17名，占22.7%，35周岁以下支委7名，占9.3%）；8月，村委会换届选举工作完成，共选出村委主任20名，副主任20名，村委委员72名（其中女性村委20名，占27.8%，35周岁以下村委9名，占12.5%）。

（余月萍）

·白沙镇·

【概况】 2012年，白沙镇按照项目攻坚年的工作思路，全力以赴，攻坚克难，奋力工作，全面完成第十七届镇人大会议确定的各项任务。是年，该镇完成地区生产总值3.8亿元，完成年计划的108.2%；农林牧渔业总产值2.5亿元，完成年计划的106%；工业总产值3000万元，全社会固定资产投资9.68亿元，招商引税60万元，农民人均收入5813元，总户数4580户，人口共计23568人。落实农资综合直补政策，全年综合直补计126万元，良种直补15万元。落实“家电下乡”政策，全年为1050户农民办理家电下乡产品补贴50万元。

【湄渝高速白沙段】 湄渝高速白沙段自西北向的长兴村隔坪头组至东南向的龙东村，途经6个村，共计10千米。2012年，湄渝高速白沙先行段项目共征用集体土地80.8公顷。龙东村征地17.34公顷，其中水田6.63公顷，园地7.24公顷；龙西村征地19.68公顷，其中水田9.46公顷，园地6.2公顷；狮亭村征地8.6公顷，其中水田3.26公顷，园地3.25公顷；白沙居委会征地12.64公顷，其中水田3.8公顷，园地5.58公顷；田厝村征地5.81公顷，其中水田4.98公顷，园地0.42公顷；长兴村征地14.98公顷，其中水田9.88公顷，园地2.73公顷；涉及195户征迁户，征迁面积7.8万平方米 。完成征迁房屋丈量、评估，果树、田地、坟墓等地面物的丈量和清点工作，以及部分果树、田地、坟墓的补偿款发放工作。

【村级组织换届选举】 2012年，白沙镇镇党委按照“严格程序，严肃纪律，严密推进”的工作要求，抓好换届选举调查摸底工作，深入宣传换届选举工作的法律法规和政策，培训村级换届选举工作人员200多人次，营造村级组织换届良好氛围。7月，13个村社区党支部换届选举工作全部完成，共选出党支部书记13名（含书记主任一肩挑2名），挂职第一书记3名，支部委员50名（其中女性支委13名，占21.7%，35周岁以下支委5名，占10%）；9月，全镇村委会换届选举工作完成，共选出村委主任13名，副主任18名，村委委员58名（其中女性村委13名，占22%，35周岁以下村委6名，占10.3%）。

（姚建新）

·新县镇·

【概况】 2012年，新县镇以科学发展观统领全局、紧抓发展第一要务，奋力拼搏，实现经济平稳发展和社会全面进步，完成镇第十七届人大一次会议确定的各项任务。是年，全镇完成地区生产总值2.5343亿元，比上年增加0.9%；农林牧渔业生产总值2.1557亿元，比上年增加1.2%；工业总产值2550万元，比上年增加2%；社会固定资产投资5.5152亿元，比上年增加23%；财政收入115万元。

【风电场项目】 福建莆田荻芦49.8MW风电场项目 2012年，该项目在新县境内共完成水田征用约1.33公顷，果地征迁3.93公顷，山地征迁约23.33公顷；拆迁房子4户计238平方米；自来水蓄水池11个；自来水管道6000多米；农村房子围墙300多米；埕头地1000多平方米；农村简易石头挡墙230多米；农村化粪池5个；迁移坟墓15座；停车站台1个；土地庙1座；三杆迁移110多根（电信、有线、联通、移动）。截至12月底，建成升压站，安装电气设备、风机安装全部完成20座、输出线路完成底座浇灌。

福建莆田白鹤风电场项目 该项目位于新县镇白鹤村、泗洋村一带，平均海拔高度约700米，70米高测风塔年平均风速7.2米/秒，项目估算总投资约5亿元，拟安装24台2MW风力发电机组。2012年，完成全场道路13.33公顷面积的征用及全场23.33公顷林地的树木砍伐工作，完成进场道路1#、7#主干道8千米全线贯通，8—19#、21-24#道路完成路基开挖，12月20日第一台机位开始浇灌，年底完成底座基础浇灌12个。

【乌溪水库工程项目建设】 乌溪水库建设项目是省级重点水利项目，位于新县镇垅顶村、大洋乡昆山村一带，于2012年7月开工。该项目投资3亿多元，拟新建综合性中型水库1座，总库容2005万立方米，工程由拦河坝、引水系统、发电厂房及供水系统等组成。水库坝型为浆砌石拱坝，最大坝高84.30米，引水隧洞长18千米，电站装机2×2000千瓦。

【农林业生产】 2012年，新县镇调整农业结构，以水果、粮食、食用菌为主导产业的农业产业化格局不断优化。是年，全镇粮食种植面积1000公顷，产量4780吨，比增6%，新培养枇杷大户55户，发展标准化菇房100多座，切实增加农民收入。围绕创建“全国绿化示范镇”目标，加快林业发展方式转变，全力开展绿色通道补植、林果基地建设、绿色示范村建设、水系绿化带建设等四大工程建设，坚持依法治林，强化林业生态资源保护等重点工程，全年全镇新造林面积1000公顷，其中丰产林180公顷，防护林26.67公顷，经济林733.33公顷，花卉60公顷。发放绿化造林补贴资金18万多元，加强森林资源保护管理，林业有害生物成灾率控制在0.1‰以内，生物防治率达98%以上，全镇森林资源得到有效保护。

【惠农政策】 2012年，新县镇继续贯彻落实上级惠农政策，加大对“三农”的扶持力度，全年共落实低保户481户、五保户58户，完成大病救助6例，完成农合参保1.9万人、农村养老保险1.5万人。发放种粮补贴70多万元，发放粮种补贴17多万元，发放农村低保资金100多万元。

【新农村建设】 2012年，新县镇邀请省建设厅编制的新县镇新村建设总规及以新县、张洋等两个村为试点编制的新村建设详规均通过专家论证。市领导挂钩新县村帮扶项目进展顺利，争取资金140万元，完成自然村村道硬化3条800米，仁里跨溪桥梁及道路、后郑拦水坝正在施工。旧村复垦总整治规模达4.27公顷，获得省国土厅先行核定增减挂钩指标3.33公顷，均实现复垦，新测绘的3.33公顷正上报省厅核定指标。大江线、新白线主干公路两边道路实现亮化。泗洋、白云、外坑等村建成通村水泥路20余千米。15个村委会办公楼和农家书屋改造成功均投入使用。整合资金30多万元实施城乡清洁工程，对农村环境进行综合整治，村镇环境卫生面貌得到明显改观。

【村级组织换届选举】 2012年，新县镇先后调整软弱涣散村党支部书记3名、村主任3名，60周岁以上村党支部书记3名，2个村实现“一肩挑”，15个行政村均按序时和上级配备的职数完成选举，共选举产生村两委班子成员81人，新一届班子成员的文化程度、年龄结构均有较大的改善，其中支部委员55名，平均年龄为47岁，比上一届下降2岁，高中及以上文化程度33名，占60%；村委会成员46人，平均年龄为45岁，比上一届下降3岁，高中及以上文化24名，占52%。

（吴清平）

·庄边镇·

【概况】 2012年，庄边镇党委、政府坚持以经济建设为中心，全力推动项目攻坚，有效整合特色资源，狠抓现代产业升级，打响生态文明品牌，推动全镇经济社会又好又快发展。是年，全镇地区生产总值2.7427亿元，农林牧渔业总产值2.2677亿元，工业总产值6110万元，全社会固定资产投资5.5429亿元，财政总收入914.21万元。是年，庄边镇获莆田市“教育强乡镇”称号；被省环保厅评为省级生态乡镇。

【农业发展】 2012年，庄边镇巩固蘑菇、枇杷传统产业生产，发动群众加大超级稻、再生稻种植规模，种植优质水稻1000公顷，花生166.67公顷、蔬菜113.33公顷、大豆100公顷、油菜66.67公顷。发展闽台特色、高效农业，在西音村台湾柳基地扩大规模种植26.67公顷，汉鼎（福建）有限公司、莆田市望江农业种植有限公司在上院村新种植香椿13.33公顷多、铁观音茶苗20公顷、油茶20多公顷，洋洋村发展泥鳅养殖20多公顷。开展造林绿化工作，全镇新造山林110公顷。

【基础设施建设】 2012年，庄边镇加强水库安保建设，投资160多万元，坑口水库除险加固项目主体工程基本完成。扎实推进小型农田水利建设项目，投资300万元，新修尚书桥村、西音村等村水渠9千米；农村饮水安全工程，投资400多万元，铺设集镇区周边20个村自来水管网。推进自然村道路水泥硬化项目，投资200多万元，新建松岭天山、吉云塔中、前埔南岭等6个村7千米的自然村水泥道路。徐洋村11万伏变电站建设项目，全面征迁到位。

【社会事业】 2012年教师节期间，庄边镇举行庆祝第28个教师节暨“商会教育基金·生育关怀基金奖教助学活动”，奖励资助优秀、贫困师生139人，发放奖助基金13.7万元。完成市级教育强镇创建工作，新建溪西、黄洋等12个农民体育健身点，增设标准篮球场、体育健身路径，改善群众健身条件。深入推行新型农村合作医疗，全镇参合率达100%。重新组建专职联防队12人，新建黄龙村警务室以及黄龙、尚书桥、庄边、洋洋等4个村的社会管理服务中心和电子警察小区。

【村级组织换届选举】 6月，庄边镇按照“严格程序，严肃纪律，严密推进”的工作要求，抓好换届选举前任期审计和考核工作，深入宣传换届选举工作的法律法规和政策，培训村级换届工作人员200多人次，营造村级组织换届选举良好氛围。7月，22个村党支部换届选举工作全部完成，共选出党支部书记22名（含下派书记2名），挂职第一书记3名，支部委员71名（其中女性支委9名，占12.7%，35周岁以下支委2名，占2.8%）；9月，村委会换届选举工作完成，共选出村委主任22名，副主任22名，村委委员73名（其中女性村委24名，占32.8%，35周岁以下村委3名，占4.1%）。

【宁里革命老区建设项目】 2012年，闽中特委旧址修复项目第二次列入市领导挂钩帮扶项目，由市人大常委会副主任林国庆挂钩，多次牵头召集现场会、协调会、推进会，共筹集市区帮扶资金135万元。总投资300万元，全线完成长9千米，宽8米的路基建设，并浇灌水泥路面2.5千米，促进宁里革命老区建设。

【省校舍安全工程建设项目】 2012年，吉云小学、徐洋小学、庄边中心小学综合教学楼改造均列入省校舍安全工程建设项目，建筑面积分别为796、1312、1981平方米，总投资603万元，其中省级资金327万元，区级资金276万元。教学楼主体分别为三、四、五层框架结构。吉云小学、徐洋小学校舍于6月竣工并通过验收为合格工程，庄边中心小学校舍8月竣工并通过验收为合格工程，各校舍均于9月份投入使用。通过校舍改造，彻底消除校舍危房，改善村办学条件。庄边中学教学楼列入全省校舍安全工程建设项目，建筑面积1744平方米，总投资212万元，主体为五层框架结构建设，于6月竣工并通过验收为合格工程，投入使用。

【小型农田水利重点县2011年建设项目】 该项目总投资284.5万元，于3月动工，10月竣工并通过验收，完成恢复有效灌溉面积19.2公顷，新增节水灌溉面积95.8公顷，改善灌溉面积307.47公顷。项目的实施，有效改善水利灌排条件，优化农作物的种植结构，防止水土流失，同时大大减少灌溉用水量及时间，降低劳动强度，农业机械化程度大幅度提高。

（吴　延）

·大洋乡·

【概况】 2012年，大洋乡围绕“全面推进全国红色旅游经典景区建设”的奋斗目标，深入实施“红色之乡，生态大洋”发展战略，谋长远、打基础，全力推进项目攻坚、产业转型、旅游开发和民生改善。是年，全乡完成地区生产总值2.49亿元，同比增长16.9%；其中农林牧渔总产值2.11亿元；工业总产值2500万元，同比增长13.6%；全社会固定资产投资5.5亿元，同比增长37.5%；财政收入完成241万元；农民人均纯收入5697元，同比增长18.6%。

【农业生产】 2012年，全年完成农林牧渔业总产值2.11亿元，同比增长30.2%。以涵江区高优农业科技示范场为依托，加大优质稻、蔬菜多个新品种的试验、试种，获得成功，全乡农业生产取得丰收。推广水稻杂交良种和优质米台农67，引进30多个杂优组合水稻品种，推广种植面积覆盖100%。全年完成水稻种植面积1200公顷，油菜133.33公顷，大力发展无公害、绿色蔬菜种植，引导群众种植反季节蔬菜，年种植蔬菜面积达400多公顷。增加新美蔬菜种植基地面积13.33多公顷，引进国圣酱菜现代农业有限公司，投资2000多万元，打造3.05公顷精品农业生产示范基地。巩固枇杷生产800公顷，总产量6000吨，年产值达4200多万元。鼓励发展莴苣、蘑菇、枇杷、油菜花以及优质茶叶等特色农业，培植车口村优质稻种植、兔洋村银杏种植、瑶山村莴苣种植、院埔村蜜蜂养殖，以及昆山、霞洋村茶叶种植基地等。以生态农业产业为基础，发展集生态养殖、观光体验、休闲旅游为一体的绿色生态园。如建立瑞云村福建农林大学生态农业示范点和南岭、兔洋生态农业观光园。

【惠农政策】 2012年，大洋乡落实中央农资综合直补政策，全年共发放农资综合直补、粮种补贴资金计100.9万元。开展“一事一议”财政奖补工作，争取到奖补资金51万元，在霞洋等5个村实施道路硬化、水利设施、绿化亮化等项目建设。是年，共落实“造福工程”搬迁105户484人，为2276位移民发放补贴资金136.4万元。落实“家电下乡”政策，共为906户农民办理家电下乡产品补贴，资金达30.3万元，有效扩大农村消费。

【基础设施建设】 2012年，涵江区投资3亿多元的省级重点水利项目乌溪水库工程开工；加大投资，重点建设灯炉寨、三层漈、钟悬岭水库除险加固工程；投入360万元完成小型农田水利工程，改造灌溉渠系23.4千米，高效节水面积28.67公顷；投入303万元建设安全饮水二期工程，推进集镇供水工程，完成1260米管道铺设和后仑蓄水池建设，投入52万元完成车口、满长山塘除险工程。改造草湖桥，水泥硬化琼峰、大洋、崇兴、南岭、坂洋等村5条8千米通自然村公路。

【社会事业】 2012年，大洋乡继续完善农村社会保障体系，做好低保对象、各类优抚定补对象的生活补助发放工作。是年，全乡共筹集新农合资金近80万元，参合户数和参合人数均达到100%，基本解决群众看病难的问题。征收社会抚养费力度加强，全年征收社会抚养费10.2万元，征收面为100%，征收率为96%。“平安大洋”建设，开展大接访活动，矛盾纠纷得到有效化解。在车口、霞洋、院埔和大洋4个村设立摄像头16个，建设车口警务室，组建治安巡逻队配备专用车辆。同时，开展道路交通安全整治大会战，推进“清剿火患”战役和“三合一”专项整治行动，共出动执法人员78次，检查单位472家，排查隐患46条，是年没有发生重大安全事故。争取实施大洋中小学合并工程，工程总投资450万元，新建宿舍楼1800平方米，食堂800平方米，并逐渐完成操场、篮球场等配套设施；筹建爱心助教基金会约220万元，用于助教兴学。组建综合巡逻队，加大对萩芦溪流域9个村畜禽养殖巡逻力度，防止反弹回潮，巩固整治成果；完成龙江流域9个村约10万平方米的畜禽养殖场拆除工作。

【新农村建设】 2012年，在霞洋一期新村建设基础上，年初征迁农户32户，拆除旧房面积15000平方米；启动二期新村建设规划，新建别

1 月 20 日，市委常委、组织部部长林承通（中）到大洋乡指导党员教育基地建设工作

墅 44 幢，完成绿化池，休闲公园及道路配套设施建设，至年底投资达 300 多万元完成整地、砌坡、排污渠建设等基础设施。以点带面，推动兔洋、车口等村掀起新农村建设热潮，瑞云村作为全市第一个非小城镇改革的试点项目，新建别墅 32 幢，并率先开始土地整治工作，可新增耕地面积 2.27 公顷。

【村级组织换届选举】 6 月，大洋乡按照“严格程序，严肃纪律，严密推进”的工作要求，抓好换届选举前任期审计和考核工作，深入宣传换届选举工作的法律法规和政策，培训村级换届选举工作人员 200 多人次，营造村级组织换届选举良好氛围。7 月，18 个村党支部换届选举工作全部完成，共选出党支部书记 18 名(含下派书记 1 名)，挂职第一书记 3 名，支部副书记 1 名，支部委员 60 名（其中女性支委 13 名，占 21.7%，35 周岁以下支委 5 名，占 8.3%）；9 月，村委会换届选举工作完成，共选出村委主任 18 名，副主任 18 名，村委委员 58 名（其中女性村委 18 名，占 31%，35 周岁以下村委 2 名，占 3.4%）。

【特色旅游项目开发】 2012 年，大洋乡以打造闽中司令部红色教育基地为龙头，整合提升红色旅游资源，带动永兴岩景区、灯炉寨瀑布景区、三层漈水利风景区绿色生态旅游发展。闽中红色教育基地建设完成项目立项报批、规划设计和 3.33 公顷土地的征用工作。完成停车场铺设、水景建设、夜景绿化、宿舍楼装修等配套设施，红色文化休闲广场完成招投标并进入施工阶段；引进上市公司众和股份开发永兴岩景区，对景区进行总体规划、设计，斥资 3000 多万元用于景区道路、停车场、拦水坝及广场等配套设施建设；发展生态民俗休闲旅游建设，完成省级水利风景区三层漈申报及“森林人家”三星级的评定，推动南岭农业观光园山塘及绿化配套建设，带动乡村生态文化旅游产业的发展；整合提升坝头民族风情旅游项目，修缮大洋民俗馆及省级文物保护单位张公庙，提升文化品位，打造大洋民俗文化特色旅游。开展造林绿化，新增造林面积 333.33 公顷多，完成国家级生态乡的申报和预验收工作。通过举办大洋风光全国诗联大奖赛、制作“闽中纪录片·大洋风光”系列专题片、举办艺术摄影展、出版《闽中瑞云山》专辑等宣传手段，扩大新闻媒体对大洋乡旅游的宣传力度，全面提高大洋旅游的知名度。

（魏李琛）

编辑：范 将

人物

·副科级以上领导干部·

【中共涵江区委员会】

表 2　区委书记、副书记、常委名录

职　务	姓　名	任职时间
书　记	沈伯麟	2012-01—
副书记	陈万东	2012-01—
副书记	陈玉鹏	2012-01—2012-03
副书记	李文福	2012-12—
常　委	邱玉良	2012-01—
常　委	陈凤珠	2012-01—
常　委	李文福	2012-01—2012-12
常　委	吴文恩	2012-01—
常　委	蔡律山	2012-01—
常　委	邹荔平	2012-01—
常　委	姚冰珊	2012-01—
常　委	吴志林	2012-01—

表 3　区委工作机构领导名录

机构名称	职　务	姓　名	任职时间
区委办	主　任	黄志国	2012-01—
	副主任	郑荔明	2012-01—
	副主任	姚恩开	2012-01—
	副主任	陈天章	2012 01—
政研室	主　任	郑荔明	2012-01—
机要局	局　长	林　銮	2012-01—

续表

机构名称	职　务	姓　名	任职时间
组织部	部　长	陈凤珠	2012-01—
	副部长	姚玉章	2012-01—
	副部长	吴卫东	2012-01—
宣传部	部　长	李文福	2012-01—
	副部长	翁金度	2012-01—
	副部长	卢丽萍	2012-01—
	副部长	黄国忠	2012-01—
教工委	书　记	李文福	2012-01—
	副书记	姚志钦	2012-01—
统战部	部　长	吴志林	2012-01—
	副部长	黄志雄	2012-01—2012-08
	副部长	王美妹	2012-01—
文明办	主　任	翁金度	2012-01—
	副主任	许晓军	2012-01—
政法委	书　记	吴文恩	2012-01—
	副书记	姚冰珊	2012-01　2012　02
	副书记	林建中	2012-01—
	副书记	梁庆龙	2012-01—
	副书记	卓金聪	2012-01—
	副书记	林东平	2012-02—
	副书记（挂职）	郭建清	2012-02—
综治办	主　任	梁庆龙	2012-01—
台　办	主　任	梁　军	2012-01—2012-12
	副主任	李文光	2012-01—
老干部局	局　长	肖瑞华	2012-01—
关工委办	主　任	朱振华	2012-01—
区直机关党工委	书　记	陈胜兰	2012-01—2012-02

续表

机构名称	职务	姓名	任职时间
区直机关党工委	书记	陈凤珠	2012-02—
	常务副书记	方春锋	2012-01—
	副书记纪委书记	陈瑜玲	2012-01—2012-12
农办	主任	黄祖清	2012-01—
	副主任	沈智群	2012-01—
党校	校长	陈胜兰	2012-01—2012-02
	校长	陈凤珠	2012-02—
	常务副校长	郑玉细	2012-01—2012-12
	副校长	郭国良	2012-01—
	副校长	方杭	2012-01—
档案局	局长	方明坚	2012-01—
	副局长	元小宝	2012-01—
区委党史研究室	主任（挂职）	林祖泉	2012-03—2012-12

表4 各乡镇(街道)党(工)委书记、副书记、委员名录

机构名称	职务	姓名	任职时间
江口镇	党委书记	姚景耀	2012-01—
	副书记	苏玉庆	2012-01—
	副书记	连敬慰	2012-01—2012-12
	副书记（挂职）	方国忠	2012-01—
	副书记（挂职）	连敬慰	2012-12—
	委员	佘荔琴	2012-01—
	委员	杨志鹏	2012-01—
	委员	吴敢劲	2012-01—
	委员	蔡志尧	2012-01—
	委员	林怀芳	2012-01—
	委员	连文煌	2012-01—
三江口镇	党委书记	林思清	2012-01—2012-02
	书记	陈金祥	2012-02—
	副书记	曾昭伟	2012-01—
	副书记	林晖	2012-01—2012-12

续表

机构名称	职务	姓名	任职时间
三江口镇	副书记（挂职）	林杰	2012-01—
	副书记（挂职）	谢爱华	2012-03—
	委员	陈龙伟	2012-01—
	委员	李萍	2012-01—
	委员	林志华	2012-01—
	委员	郑屹峰	2012-01—
	委员	姚清峰	2012-01—2012-12
	委员	陈庆洪	2012-01—
	委员（挂职）	李泉	2012-01—
白塘镇	党委书记	曾曙光	2012-01—
	副书记	郭健明	2012-01—
	副书记	姚祖兴	2012-01—
	副书记（挂职）	张平山	2012-01—
	委员	陈红霞	2012-01—
	委员	柯逸峰	2012-01—
	委员	钱凯	2012-01—2012-02
	委员	陈志强	2012-01—
	委员	刘德华	2012-01—
	委员	刘志军	2012-01—2012-12
	委员	陈金涛	2012-12—
	委员	蔡德聪	2012-12—
国欢镇	党委书记	许建国	2012-01—
	副书记	张国顺	2012-01—
	副书记	唐国熙	2012-01—2012-12
	副书记（挂职）	黄舜仁	2012-01—
	副书记（挂职）	姚子钦	2012-01—2012-12
	委员	柯元元	2012-01—
	委员	张希萍	2012-01—
	委员	肖汉林	2012-01—
	委员	龚玉奇	2012-01—
	委员	吴光华	2012-01—
	委员	李建	2012-01—
	委员（挂职）	张国林	2012-12—

续表

机构名称	职　务	姓　名	任职时间
梧塘镇	党委书记	刘一心	2012-01—
	副书记	李向群	2012-01—
	副书记	陈棋聪	2012-01—
	委　员	蔡丽英	2012-01—
	委　员	林　晶	2012-01—2012-09
	委　员	黄天彬	2012-01—
	委　员	陈金华	2012-01—
	委　员	苏冈川	2012-01—
	委　员	林元通	2012-01—
萩芦镇	党委书记	曾剑伟	2012-01—
	副书记	何文庆	2012-01—
	副书记	严国章	2012-01—
	副书记（挂职）	张丽霞	2012-01—
	委　员	钟东武	2012-01—
	委　员	陈金加	2012-01—
	委　员	吴锦暖	2012-01—
	委　员	陈素华	2012-01—2012-12
	委　员	林春元	2012-01—
	委　员	江新萍	2012-01—
	委　员	林家声	2012-12—
白沙镇	党委书记	吴彩萍	2012-01—
	副书记	蔡雄强	2012-01—
	副书记	黄金勇	2012-01—
	副书记（挂　职）	柯国钦	2012-01—2012-12
	委　员	陈丽琼	2012-01—
	委　员	姚建新	2012-01—
	委　员	陈志强	2012-01—
	委　员	郑梅国	2012-01—
新县镇	党委书记	范启亮	2012-01—
	副书记	陈海防	2012-01—
	副书记	黄金煌	2012-01—
	副书记（挂职）	姚子钦	2012-01—2012-12
	委　员	黄金聪	2012-01—
	委　员	姚庆春	2012-01—
	委　员	陈社青	2012-01—2012-12

续表

机构名称	职　务	姓　名	任职时间
新县镇	委　员	翁梅娟	2012-01—
	委　员	李金煌	2012-01—
	委　员	林飞龙	2012-01—
庄边镇	党委书记	陈瑞发	2012-01—
	副书记	李黎阳	2012-01—
	副书记	刘少斌	2012-01—
	副书记（挂　职）	陈　珊	2012-01—
	委　员	黄志龙	2012-01—
	委　员	廖元国	2012-01—
	委　员	张煌忠	2012-01—
	委　员	黄丽萍	2012-01—
	委　员	陈秀强	2012-01—
	委　员	林建业	2012-01—
大洋乡	党委书记	龚承恕	2012-01—
	副书记	官国应	2012-01—
	副书记	钱庆灿	2012-01—
	副书记（挂　职）	李心忠	2012-01—2012-12
	委　员	陈美娟	2012-01—
	委　员	欧仲磊	2012-01—
	委　员	郑焜敏	2012-01—
	委　员	蔡祖朝	2012-01—
涵东街道党工委	书　记	姚天平	2012-01—
	副书记	王世娓	2012-01—2012-12
	副书记	许　磊	2012-12—
	副书记	陈　力	2012-01—2012-12
	副书记（挂　职）	陈炳庆	2012-01—
	副书记（挂职）	周顺国	2012-01—
	副书记（挂职）	官国应	2012-01—
	副书记（挂职）	林祖荣	2012-03—
	副书记（挂职）	方　杭	2012-03
	副书记（挂职）	陈　力	2012-12—

续表

机构名称	职　务	姓　名	任职时间
涵东街道党工委	副书记（挂　职）	陈炳庆	2012-01—
	副书记（挂职）	周顺国	2012-01—
	副书记（挂职）	官国应	2012-01—
	副书记（挂职）	林祖荣	2012-03—
	副书记（挂职）	方　杭	2012-03—
	副书记（挂职）	陈　力	2012-12—
	委　员	林劲松	2012-01—
	委　员	陈荔华	2012-01—
	委　员	李斐陈	2012-01—
	委　员	翁金莺	2012-01—
	委　员	林　锦	2012-01—
	委　员	姚怡青	2012-01—
涵西街道党工委	书　记	翁素美	2012-12—
	副书记	郭孙涵	2012-01—2012-12
	副书记	林梓雄	2012-12—
	副书记	林玉钗	2012-01—2012-12
	副书记（挂　职）	姚铭忠	2012-01—
	副书记（挂　职）	林志贤	2012-01—
	副书记（挂　职）	刘少斌	2012-01—
	副书记（挂　职）	陈锦森	2012-03—
	委　员	郑　望	2012-01—
	委　员	方永华	2012-01—
	委　员	陈国英	2012-01—
	委　员	陈益涵	2012-01—
	委　员	陈金洪	2012-01—2012-12
	委　员	柯武夷	2012-01—
莆田高新技术产业开发区工作委员会	书　记	吴建华	2012-01—
	副书记	谢金东	2012-01—
	副书记	陈金祥	2012-01—
	委　员	施晨峰	2012-01—

续表

机构名称	职　务	姓　名	任职时间
莆田高新技术产业开发区工作委员会	委　员	姚景耀	2012-01—
	委　员	黄天富	2012-01—2012-06
	委　员	林思清	2012-01—2012-02
	委　员	许建国	2012-01—
商城党工委	书　记	李　滨	2012-12—
	副书记	黄超峰	2012-01—
	副书记	王建华	2012-01—
	委　员	李　泉	2012-01—
赤港开发区（赤港华侨农场）	书　记	吴建华	2012-01—
	副书记	李　勇	2012-01—
	副书记	何润生	2012-01—
	委　员	陈　瑢	2012-01—
新涵工业集中区党工委	书　记	张亚林	2012-01—
	副书记	李跃腾	2012-01—

【中共涵江区纪委】

表5　区纪委书记、副书记、常委名录

机构名称	职　务	姓　名	任职时间
区纪委	书　记	邱玉良	2012-01—
	副书记	刘效忠	2012-01—2012-12
	副书记	吴备军	2012-01—
	副书记	陈天喜	2012-12—
	常　委	林志贤	2012-01—
	常　委	张辉亮	2012-01—
	常　委	吴　云	2012-01—
	常　委	许国兴	2012-01—

表6　区纪委工作机构领导名录

机构名称	职　务	姓　名	任职时间
纪委办	主　任	黄伟青	2012-01—2012-12
纪检室	主　任	黄世聪	2012-01—
审理室	主　任	陈东升	2012-01—
信访室	主　任	陈志升	2012-01—
效能室	主　任	许　磊	2012-01—2012-12

续表

机构名称	职　务	姓　名	任职时间
宣教室	主　任	黄建忠	2012-01—
党风室	主　任	陈泽阳	2012-01—
监综室	主　任	陈建滨	2012-01—
执法室	主　任	郭仁俤	2012-01—
纠风室	主　任	张超琴	2012-01—

表7　各乡镇(街道)纪(工)委书记名录

机构名称	职　务	姓　名	任职时间
江口镇纪　委	书　记	佘荔琴	2012-01—
三江口镇纪　委	书　记	陈龙伟	2012-01—
白塘镇纪　委	书　记	陈志强	2012-01—
国欢镇纪　委	书　记	肖汉林	2012-01—
梧塘镇纪　委	书　记	苏冈川	2012-01—
萩芦镇纪　委	书　记	钟东武	2012-01—
白沙镇纪　委	书　记	陈丽琼	2012-01—
新县镇纪　委	书　记	黄金聪	2012-01—
庄边镇纪　委	书　记	黄志龙	2012-01—
大洋乡纪　委	书　记	陈美娟	2012-01—
涵东街道纪工委	书　记	林　锦	2012-01—
涵西街道纪工委	书　记	柯武夷	2012-01—
赤港开发区纪委	书　记	何润生	2012-01—

表8　区直机关纪工委书记、纪检组长名录

机构名称	职　务	姓　名	任职时间
区纪委第一纪工委、监察分局	副书记	陈　征	2012-01—
区纪委第二纪工委、监察分局	书　记	黄国铭	2012-12—
	副书记	林少凡	2012-12—
区纪委第三纪工委、监察分局	书　记	陈　清	2012-12—
	副书记	佘　隽	2012-12—
区纪委第四纪工委、监察分局	书　记	林志煌	2012-12—
	副书记	王国富	2012-01—
区纪委第五纪工委、监察分局	书　记	陈瑜玲	2012-12—
	副书记	吴玉琴	2012-01—
机　关党工委	纪工委书　记	陈瑜玲	2012-01—2012-12
区府办	纪检组组　长	佘　隽	2012-01—2012-12
经贸局	纪检组组　长	林志煌	2012-01—2012-12
建设局	纪检组组　长	陈国富	2012-01—
财政局	纪检组组　长	蔡爱芬	2012-01—2012-12
交通局	纪检组组　长	林少凡	2012-01—2012-12
农业局	纪检组组　长	胡成美	2012-01—2012-09
卫生局	纪检组组　长	郑金太	2012-01—2012-09
法　院	纪检组组　长	翁奇任	2012-01—
检察院	纪检组组　长	陈　桓	2012-01—

【涵江区人大常委会】

表9　区人大常委会主任、副主任名录

机构名称	职　务	姓　名	任职时间
区人大常委会	主　任	肖云敏	2012-01—

续表

机构名称	职　务	姓　名	任职时间
区人大常委会	副主任	邹文波	2012-01—
	副主任	陈志华	2012-01—
	副主任	周如敏	2012-01—
	副书记	方国民	2012-01—

表 10　区人大常委会工作机构领导名录

机构名称	职　务	姓　名	任职时间
人大办	主　任	杨延河	2012-01—
法制工作委员会	主　任	胡　翔	2012-12—
财政经济委员会	主　任	郑秀梅	2012-01—
科教文卫工作委员会	主　任	洪凤麟	2012-01—2012-10
农村经济工作委员会	主　任	许文川	2012-01—
华侨事务委员会	主　任	姚清峰	2012-12—
人事代表工作室	主　任	张琦珊	2012-01—
环境保护和城市建设委员会	主　任	李志敏	2012-01—
信访室	主　任	胡　翔	2012-01—2012-12
	主　任	杨平英	2012-12—

表 11　各乡镇(街道)人大领导名录

机构名称	职　务	姓　名	任职时间
江口镇人大主席团	主　席	林　峰	2012-01—
三江口镇人大主席团	主　席	姚清峰	2012-01—2012-12
	主　席	林　晖	2012-12—
白塘镇人大主席团	主　席	阮建银	2012-01—
国欢镇人大主席团	主　席	许建国	2012-01—
梧塘镇人大主席团	主　席	陈　洪	2012-01—

续表

机构名称	职　务	姓　名	任职时间
萩芦镇人大主席团	主　席	陈　清	2012-01—2012-12
	主　席	姚建立	2012-12—
白沙镇人大主席团	主　席	郑玉枝	2012-01—2012-12
	主　席	柯国钦	2012-12—
新县镇人大主席团	主　席	林梓雄	2012-01—2012-12
	主　席	姚子钦	2012-12—
大洋乡人大主席团	主　席	姚建立	2012-01—2012-12
	主　席	李心忠	2012-12—
涵东街道人大办	主　任	郑峰松	2012-01—
涵西街道人大办	主　任	陈金洪	2012-01—2012-12
	主　任	林玉钗	2012-12—

【涵江区人民政府】

表 12　区政府区长、副区长名录

机构名称	职　务	姓　名	任职时间
区政府	区　长	陈万东	2012-01—
	副区长	邹荔平	2012-01—
	副区长	吴健明	2012-01—2012-04
	副区长	李文玉	2012-01—
	副区长	罗恩李	2012-01—
	科技副区长(挂职)	杨小君	2012-01—
	副区长	姚景耀	2012-01—
	副区长	林东平	2012-01—
	副区长	李　晶	2012-01—
	副区长	陈清泉	2012-04—
	副区长(挂职)	黄　予	2012-06—
	副区长(挂职)	向子明	2012-06—
	区长助理(挂职)	郝效冬	2012-02—2012-05

表 13　区政府工作机构领导名录

机构名称	职　务	姓　名	任职时间
政府办	主　任	黄志国	2012-01—2012-02

续表

机构名称	职　务	姓　名	任职时间
政府办	副主任	姚明龙	2012-01—
	副主任	陈　静	2012-01—
	副主任	林天喜	2012-01—
招商局	局　长	许腾镖	2012-01—
	副局长	郭玉霖	2012-01—
	副局长	姚　健	2012-01—
	副局长	李　建	2012-01—
	副局长（挂职）	许妩贬	2012-02—
信访局	局　长	陈天章	2012-01—
	副局长	肖文藩	2012-01—
发改局	局　长	欧　虹	2012-01—
	副局长	连捷珍	2012-01—
	副局长	郑志洪	2012-01—2012-08
	副局长	郑玉枝	2012-12—
经贸局	局　长	施晨峰	2012-01—2012-02
	局　长	林光海	2012-02—
	副局长	陈剑峰	2012-01—
	副局长	黄天富	2012-06—
外经局	局　长	苏文龙	2012-01—
	副局长	蔡清福	2012-01—
	副局长	黄金宝	2012-01—
建设局	局　长	刘光荣	2012-01—2012-12
	局　长（挂职）	凌文东	2012-12—
	副局长	钱金存	2012-01—
	副局长	卞凯欣	2012-01—2012-12
	副局长	陈金洪	2012-12—
	总工程师	卢志宇	2012-01—
财政局	局　长	朱永恒	2012-01—2012-12
	局　长	施晨峰	2012-12—
	副局长	郭钗珍	2012-01—
	副局长	谢长华	2012-01—
物价局	局　长	苏元政	2012-01—
	副局长	胡美兰	2012-01—
监察局	局　长	吴备军	2012-01—
	副局长	陈天喜	2012-01—2012-12

续表

机构名称	职　务	姓　名	任职时间
监察局	副局长	黄国铭	2012-01—2012-12
	副局长	黄　凌	2012-01—
	副局长	黄伟青	2012-12—
	第二分局局　长	黄国铭	2012-12—
	第二分局副局长	林少凡	2012-12—
	第三分局局　长	陈　清	2012-12—
	第三分局副局长	佘　隽	2012-12—
	第四分局局　长	林志煌	2012-12—
	第五分局局　长	陈瑜玲	2012-12—
司法局	局　长	蔡黎凡	2012-01—
	副局长	林元忠	2012-01—
	副局长	高　敏	2012-01—
政工科	科　长	郑少友	2012-01—
环保局	局　长	翁嘉勋	2012-01—2012-04
	局　长	郭孙涵	2012-12—
	副局长	曾　芳	2012-01—
外侨办	主　任	肖国灿	2012-01—
	副主任	陈社青	2012-12—
公务员局	局　长	黄志新	2012-01—
	副局长	吴剑峰	2012-01—
	副局长	许金焕	2012-01—
编　办	主　任	翁素美	2012-01—2012-12
民宗局	副局长	钟燕飞	2012-01—
人力资源和社会保障局	局　长	郑天和	2012-01—2012-12
	局　长	刘效忠	2012-12—
	副局长	张伟海	2012-01—
	副局长	王加武	2012-01—2012-12
安监局	局　长	陈凤潘	2012-01—
	副局长	陈炳寿	2012-01—
民政局	局　长	姚文瑞	2012-01—
	副局长	陈　武	2012-01—
	副局长	林国清	2012-01—

续表

机构名称	职务	姓名	任职时间
科技局	局长	潘淑贞	2012-01—
	副局长	林建涵	2012-01—2012-08
统计局	局长	方国民	2012-01—2012-02
	副局长	郑金富	2012-01—2012-10
审计局	局长	杨锦水	2012-01—
	副局长	蔡宗耀	2012-01—
经济责任审计分局	局长	朱永胜	2012-01—
教育局	局长	姚志钦	2012-01—
	副局长	李瑞芳	2012-01—
	副局长	郭少武	2012-01—
	副局长	杨国忠	2012-01—
文体局	局长	曾德洪	2012-01—
	副局长	郭德芳	2012-01—2012-08
	副局长	苏崖风	2012-01—
计生局	局长	郑丽萍	2012-01—2012-04
	局长	王世娓	2012-04—
	副局长	林少琼	2012-01—
水务局	局长	林玉辉	2012-01—
	副局长	唐亚来	2012-01—2012-05
	总工程师	李继东	2012-12—
交通运输局	局长	许春煌	2012-01—
	副局长	许榕兴	2012-01—
	副局长	谢爱华	2012-01—
	总工程师	唐国栋	2012-01—
农业局	局长	刘少强	2012-01—
	副局长	朱国庆	2012-01—
	副局长	陈文添	2012-01—2012-12
畜牧兽医局	局长	曾丽萍	2012-01—
海洋与渔业局	局长	陈文火	2012-01—
	副局长	姚毅彬	2012-01—
渔业执法大队	大队长	林德兴	2012-01—2012-12
	教导员	蔡敏	2012-01—
卫生局	局长	许建国	2012-01—2012-02
	局长	林思清	2012-02—
	副局长	陈国清	2012-01—

续表

机构名称	职务	姓名	任职时间
卫生局	副局长	林建辉	2012-01—
卫生监督所	所长	郑志国	2012-01—
	教导员	郑雪榕	2012-01—
旅游局	局长	林海勇	2012-01—
	副局长	肖爱国	2012-01—
林业局	局长	吴银山	2012-01—
	副局长	陈飞雄	2012-01—
	副局长	黄金高	2012-01—
人防办	主任	李伯扬	2012-01—
	副主任	林晓莹	2012-12—
区志办	主任	林祖泉	2012-01—2012-12
	副主任	方燕萍	2012-12—
供销社	主任	陈宜中	2012-01—
	副主任	陈榕晖	2012-01—
	副主任	蔡扬清	2012-01—
地震办	主任	谢鹤飞	2012-01—

表14　区各乡镇(街道)政府领导名录

机构名称	职务	姓名	任职时间
江口镇	镇长	苏玉庆	2012-01—
	副镇长	杨志鹏	2012-01—
	副镇长	连文煌	2012-01—
	副镇长	蔡志尧	2012-01—
	副镇长	关元福	2012-01—
	副镇长(挂职)	陈米思	2012-05—
三江口镇	镇长	曾昭伟	2012-01—
	副镇长	李萍	2012-01—
	副镇长	肖娴	2012-01—
	副镇长	陈庆洪	2012-01—
	副镇长	何鹏金	2012-01—
	科技副镇长(挂职)	郑秀凤	2012-12—
白塘镇	镇长	郭健明	2012-01—
	副镇长	柯逸峰	2012-01—
	副镇长	刘志军	2012-01—2012-12
	副镇长	钱凯	2012-01—2012-02

续表

机构名称	职　务	姓　名	任职时间
白塘镇	副镇长	姚春棋	2012-01—
	副镇长	蔡德聪	2012-12—
	副镇长	陈金涛	2012-12—
	科技副镇长（挂职）	姚　娟	2012-12—
国欢镇	镇　长	张国顺	2012-01—
	副镇长	张希萍	2012-01—
	副镇长	龚玉奇	2012-01—
	副镇长	吴光华	2012-01—
	副镇长	李韦拉	2012-01—
	副镇长（挂职）	黄振强	2012-12—
梧塘镇	镇　长	李向群	2012-01—
	副镇长	林　晶	2012-01—2012-09
	副镇长	陈金华	2012-01—
	副镇长	林元通	2012-01—
	副镇长	陈征波	2012-01—
	副镇长	王启彪	2012-12—
	科技副镇长（挂职）	肖　涵	2012-12—
萩芦镇	镇　长	何文庆	2012-01—
	副镇长	陈素华	2012-01—2012-12
	副镇长	吴锦暖	2012-01—
	副镇长	江新萍	2012-01—
	副镇长	蔡慰函	2012-01—
	副镇长	林家声	2012-12—
	科技副镇长（挂职）	姚建峰	2012-12—
白沙镇	镇　长	蔡雄强	2012-01—
	副镇长	陈志强	2012-01—
	副镇长	沈纯鹏	2012-01—
新县镇	镇　长	陈海防	2012-01—
	副镇长	姚庆春	2012-01—
	副镇长	林飞龙	2012-01—
	副镇长	李金煌	2012-01—
	副镇长	吴清平	2012-01—
庄边镇	镇　长	李黎阳	2012-01—
	副镇长	黄丽萍	2012-01—

续表

机构名称	职　务	姓　名	任职时间
庄边镇	副镇长	陈秀强	2012-01—
	副镇长	林建业	2012-01—
	副镇长	吴素红	2012-01—
大洋乡	乡　长	钱庆灿	2012-01—
	副乡长	蔡祖朝	2012-01—
	副乡长	黄　飞	2012-01—
涵东办	主　任	王世娓	2012-01—2012-12
	主　任	许　磊	2012-12—
	副主任	陈荔华	2012-01—
	副主任	李斐陈	2012-01—
	副主任	姚怡青	2012-01—
	副主任	康　宇	2012-01—
	副主任（挂职）	陈光泷	2012-02—
	副主任（挂职）	朱振华	2012-03—
	副主任（挂职）	陈玉明	2012-03—
	副主任（挂职）	施葳展	2012-06—
	科技副主任（挂职）	方满雄	2012-12—
涵西办	主　任	郭孙涵	2012-01—2012-12
	主　任	林梓雄	2012-12—
	副主任	蔡立群	2012-01—
	副主任	陈益涵	2012-01—
	副主任	方永华	2012-01—
	副主任	余竞军	2012-01—
	科技副主任（挂　职）	黄志雄	2012-01—2012-12
	副主任（挂职）	黄志雄	2012-12—
	科技副主任（挂职）	陈剑峰	2012-08—
	科技副主任（挂职）	游金阳	2012-12—
高新园区管委会	副主任	施晨峰	2012-01—
	副主任	黄天富	2012-01—2012-06
	副主任（挂职）	刘四光	2012-06—

续表

机构名称	职务	姓名	任职时间
建设处	主任	林栩	2012-01—
办公室	副主任	郑直	2012-01—
招商处	主任	程立国	2012-01—
	财务处主任	姚建英	2012-12—
	财务处副主任	姚建英	2012-01—2012-12
招商处	副主任	陈琦	2012-01—
赤港开发区(农场)	主任(场长)	李勇	2012-01—
	副主任(副场长)	何鹏飞	2012-01—
	副主任(副场长)	郑琼姐	2012-01—
	副主任(副场长)	陈瑢	2012-01—
商城管委会	主任	黄超峰	2012-01—
	副主任	李泉	2012-01—
	副主任	刘鹏坚	2012-01—
新涵工业集中区管委会	主任	李跃腾	2012-01—
	副主任	陈光泷	2012-01—
	副主任	蔡荔婷	2012-01—
	副主任	郑奇罕	2012-01—2012-10
物流园区管委会	主任	蔡鸿飞	2012-01—
	副主任	姚祖武	2012-01—
	副主任	黄振强	2012-12—
临港工业集中区管委会	主任	林涵	2012-01—
	副主任	林国珍	2012-01—
	副主任	李滨	2012-01—2012-12
	副主任	林凤文	2012-12

表 15　各乡镇(街道)综治办领导名录

机构名称	职务	姓名	任职时间
江口镇综治办	专职副主任	朱丽辉	2012-12—
三江口镇综治办	专职副主任	李清峰	2012-12—
白塘镇综治办	专职副主任	蔡春松	2012-12—
国欢镇综治办	专职副主任	林建忠	2012-12—

续表

机构名称	职务	姓名	任职时间
梧塘镇综治办	专职副主任	郑繁华	2012-12—
萩芦镇综治办	专职副主任	许汝止	2012-12—
白沙镇综治办	专职副主任	陈世强	2012-12—
新县镇综治办	专职副主任	沈国珍	2012-12—
庄边镇综治办	专职副主任	陈志亮	2012-12—
大洋乡综治办	专职副主任	唐国飞	2012-12—
涵东街道综治办	专职副主任	蔡毅鑫	2012-12—
涵西街道综治办	专职副主任	陈炫	2012-12—

【政协涵江区委员会】

表 16　区政协主席、副主席名录

机构名称	职务	姓名	任职时间
区政协	主席	戴培树	2012-01—
	副主席	郑明磊	2012-01—
	副主席	王金炼	2012-01—
	副主席	范元铨	2012-01—
	副主席	林震辉	2012-01—

表 17　区政协各科室领导名录

机构名称	职务	姓名	任职时间
办公室	主任	李杜植	2012-12—
提案委员会	主任	张凤莺	2012-12—
文教卫体和学习宣传文史资料委员会	副主任	张国太	2012-12—
经济科技和人口资源环境委员会	主任	陈志伟	2012-12—
社会法制民族宗教和港澳台外事委	主任	苏振宇	2012-01—

【涵江审判与检察机关】

表 18 区法院及下属部门领导名录

机构名称	职 务	姓 名	任职时间
法 院	院 长	陈思容	2012-01—
	副院长	陈志权	2012-01—
	副院长	王 诺	2012-01—
	副院长	方季萍	2012-01—
政治处	主 任	丁向农	2012-01—
研究室	主 任	黄志强	2012-01—
民事审判第一庭	庭 长	章文贤	2012-01—
民事审判第二庭	庭 长	黄 晖	2012-01—
行 政审判庭	庭 长	黄健美	2012-01—
立案庭	庭 长	王德辉	2012-01—
装 备管理科	科 长	吴 强	2012-01—
刑 事审判庭	庭 长	程益新	2012-01—
法警大队	大队长	周 忠	2012-01—
江口法庭	副庭长	李莹桓	2012-01—
梧塘法庭	庭 长	郭玉华	2012-01—
白沙法庭	庭 长	周 庆	2012-01—

表 19 区检察院及下属部门领导名录

机构名称	职 务	姓 名	任职时间
检察院	检察长	刘天星	2012-01—
	副检察长	陈朝海	2012-01—
	副检察长	黄志军	2012-01—
	副检察长	游朝新	2012-01—
政治处	主 任	邱景松	2012-01—
反渎职侵权局	局 长	冯志明	2012-01—2012-03
	局 长	刘珍九	2012-03—
办公室	主 任	卢小玲	2012-03—
政研室	主 任	郑洪海	2012-01—
林业检察科	科 长	吴春沂	2012-01—

续表

机构名称	职 务	姓 名	任职时间
公诉科	科 长	张金柏	2012-01—
职务犯罪预防科	科 长	刘珍九	2012-01—2012-03
监察科	科 长	冯志明	2012-03—
反贪局	局 长	游朝新	2012-01—2012-03
	教导员	卢小玲	2012-01—2012-03

【涵江区社会团体】

表 20 区社会团体领导名录

机构名称	职 务	姓 名	任职时间
总工会	主 席	陈文海	2012-01—
	副主席	陈丽琴	2012-01—
团区委	书 记	陈 敏	2012-01—
	副书记	陈清林	2012-01—
	副书记（挂职）	林 杭	2012-04—
	副书记（挂职）	宋凌鹏	2012-06—2012-11
	副书记（挂职）	阮开森	2012-06—2012-11
区妇联	主 席	高智英	2012-01—
	副主席	陈 华	2012-01—
工商联	会 长	陈志华	2012-01—
	常 务副会长	陈文金	2012-01—
	专 职副会长	林悦琦	2012-01—
区侨联	主 席	郑伯祥	2012-01—
	专 职副主席	郭立红	2012-01—2012-12
计生协	会 长	潘春玉	2012-01—
	常 务副会长	林光亮	2012-01—
	副会长	蔡良最	2012-01—
区台联	主 席	林震辉	2012-01—
	副会长	黄清华	2012-01—
区残联	理事长	阮素琼	2012-01—
	副理事长	邱凤梅	2012-01—

续表

机构名称	职　务	姓　名	任职时间
区科协	主　席	王元铸	2012-01—
	副主席	林祖荣	2012-01—2012-12
老龄办	副主任	郑朝阳	2011-01—2012-12
文　联	主　席	黄黎晗	2012-01—
	副主席	黄义福	2012-01—
社科联	主　席	李金贤	2012-01—2012-12
	副主席	潘晓明	2012-01—
红十字会	常　务 副会长	苏志彬	2012-01—

【涵江区事业单位】

表 21　区事业单位领导名录

机构名称	职　务	姓　名	任职时间
区委报道组	组　长	林亦霞	2012-01—
事业单位登记管理局	局　长	黄　华	2012-12—
教育督导室	主　任	李瑞芳	2012-01—
	副主任	吴冠玲	2012-01—
	副主任	陈　艳	2012-01—
疾病预防控制中心	主　任	许泰山	2012-01—
库区移民办	主　任	郑后洪	2012-01—
供水管理处	主　任	陈　勇	2012-01—
	副主任	陈洪宇	2012-01—
	副主任	许妩贬	2012-01—
	副主任	肖春贵	2012-01—
	党委书记	林亦霞	2012-01—
	纪委书记	李　智	2012-01—
闽中司令部纪念园管理处	主　任	龚承恕	2012-07—
	副主任	李　度	2012-12—
火车站广场管理处	副主任	黄志雄	2012-12—
老鹰尖省级自然保护区管理处	副主任	王　芳	2012-12—
涵江港建设管理委员会	副主任	郑美金	2012-12—

续表

机构名称	职　务	姓　名	任职时间
城乡一体化办公室	副主任	陈丽丹	2012-12—
金融办	副主任	翁榕钦	2012-12—
运输管理所	所　长	王　斌	2012-01—
商业总公司	总经理	蚁晨煌	2012-12—
	支部书记	蚁晨煌	2010-01—2012-12
	支部书记	张国林	2012-12—
经济开发总公司	总经理	凌文东	2012-01—
	副总经理	陈碧娥	2012-01—
	副总经理	陈玉明	2012-01—
	副总经理	郑　斌	2012-12—
	支部书记	凌文东	2012-01—
机关社保中心	主　任	邹加棣	2012-01—
涵江医院	院　长	林秀云	2012-01—
	副院长	梁爱军	2012-01—
	副院长	李正全	2012-01—
	副院长	郭建明	2012-01—
	党委书记	林秀云	2012-01—
	副书记	李正全	2012-01—
	纪委书记	梁爱军	2012-01—
教师进修学校	校　长	孙家荣	2012-01—
	副校长	严丽媛	2012-01—
	副校长	陈金荣	2012-01—
	工会主席	朱国荣	2012-01—
	支部书记	任仙明	2012-01—
	支　部 副书记	詹荣培	2012-01—
	支　部 副书记	陈金荣	2012-01—
莆田六中	校　长	黄武强	2012-01—
	副校长	徐启明	2012-01—
	副校长	陈开中	2012-01—
	书　记	黄武强	2012-01—
	支　部 副书记	郑伟山	2012-01—
莆田侨中	校　长	吴玉荣	2012-01—

机构名称	职　务	姓　名	任职时间
莆田侨中	副校长	林永谆	2012-01—
	副校长	陈国裕	2012-01—
	支部书记	吴玉荣	2012-01—
	支　部 副书记	李文栋	2012-01—
	工会主席	陈天佑	2012-01—
锦江中学	校　长	黄景树	2012-01—
	支部书记	李冰峰	2012-01—
莆田七中	校　长	黄学军	2012-01—
	支部书记	翁炳辉	2012-01—
莆田十四中	校　长	邓建聪	2012-01—
	支部书记	刘建美	2012-01—
莆田十七中	校　长	张杏本	2012-01—
	支部书记	黄国荣	2012-01—
涵江 职业中专	校　长	陈征宇	2012-01—
莆田华侨 职业中专	校　长	蔡建华	2012-01—
	支部书记	林国钦	2012-01—

（区委组织部）

·专业技术职务人员·

表 22　2012 年评定高级职称人员名录

姓名	工作单位	专业技术职务
洪一鸣	涵江医院	主任医师
黄木兰	涵江医院	主任医师
吴振华	涵江医院	主任药师
方东进	莆田平民医院	主任医师
陈玉瑞	莆田平民医院	主任中医师
杨桂兰	区会计管理中心	高级会计师
陈梅青	涵东街道办事处	高级会计师
翁俊涵	区审计局	高级会计师

表 23　2012 年评定中级职称人员名录

姓　名	工作单位	专业技术职务
段　君	区动物疫病 预防控制中心	兽医师
傅丹丹	区动物疫病 预防控制中心	兽医师
黄青芬	区动物卫生监督所	兽医师
黄　煌	区动物卫生监督所	兽医师
陈　涵	区动物卫生监督所	兽医师
李　琴	区动物卫生监督所	兽医师
郑国庆	萩芦畜牧兽医站	兽医师
黄荔琛	区城乡居民最低 生活保障线管理 服务中心	工商管理
蚁晨煌	涵江中小企业 服务中心	工商管理
唐荔民	高新园区	工商管理
陈海英	三江口镇政府	农　业
戴荔红	三江口镇政府	农　业
吴丽琼	区重点项目管理办	农　业
周平芳	江口镇卫生院	财政税收
何志华	区国资营运中心	财政税收
傅松高	区经济开发总公司	财政税收
方志伟	萩芦镇政府	财政税收
俞炳钦	萩芦镇财政所	财政税收
陈雅妮	涵江医院	财政税收
林细锋	高新园区	人力资源
蔡涓娟	区人事局	人力资源
林雪玉	高新园区	人力资源
李志勇	区机关后勤 服务中心	人力资源
陈　威	区发展新型 建筑材料办	建　筑
陈淑钦	区建筑施工 安全监督站	施工技术与管理 工程师
陈金焰	区发展新型 建筑材料办	城乡建设管理 工程师

续表

姓　名	工作单位	专业技术职务
郑健鑫	区市政工程维护管理处	村镇建设工程师
蔡建贵	区村镇规划建设管理站	村镇建设工程师
吴瑛琳	区村镇规划建设管理站	村镇建设工程师
李　育	区村镇规划建设管理站	村镇建设工程师
方　芳	区建设工程质量监督站	工程质量监督工程师
姚志伟	区建设工程质量监督站	工程检测工程师
陈建珊	区建设工程质量监督站	工程检测工程师
曾王真	区建设工程质量监督站	工程检测工程师

续表

姓　名	工作单位	专业技术职务
陈武强	区环境监测站	环境监测工程师
王丽卿	莆田华侨职专	讲　师
林　晨	莆田华侨职专	讲　师
关振霞	莆田华侨职专	讲　师
徐　环	莆田华侨职专	讲　师
姚雪珠	莆田华侨职专	讲　师
陈文成	莆田华侨职专	讲　师
洪凌琳	莆田华侨职专	讲　师
方向阳	莆田华侨职专	讲　师
方晓萍	莆田华侨职专	讲　师

（区公务员局）

·荣誉榜·

2012年获市级以上先进集体一览表

表24

获奖单位	荣誉称号	颁奖单位
江口镇官庄村党支部	全国创先争优先进基层党组织	中央组织部
涵东街道霞徐社区	2012年度全国综合减灾示范社区	国家减灾委、民政部
区审计局	AO应用实例鼓励奖	审计署办公厅
江口镇官庄村党支部	全省创先争优先进基层党组织	省　委
涵东街道铺尾社区党总支	全省创先争优先进基层党组织	省　委
福建亿发集团有限公司党支部	全省创先争优先进基层党组织	省　委
涵江区	福建省2009-2011年度人口和计划生育工作先进单位	省政府
区动物疫病预防控制中心	2008-2011年度全省农业系统先进集体	省公务员局、省农业厅
区工商局	2008-2011年度全省工商行政管理系统先进集体	省公务员局、省工商局
区侨联	2008—2012年度福建省侨联系统先进集体	省公务员局、省侨联等
区委宣传部	全省党的十八大网上宣传和防控工作先进单位	省委宣传部
区委统战部	2012年度全省县级统战信息工作一等奖	省委统战部
涵江公安分局	全省公安机关执法质量优秀单位	省公安厅
涵江公安分局	全省公安机关执法示范单位	省公安厅
涵江公安分局治安大队	全省公安机关执法示范单位	省公安厅
涵江公安分局刑侦大队	全省公安机关和谐警民关系建设先进集体	省公安厅
涵江公安分局治安大队	全省公安机关爱民先进集体	省公安厅
涵东派出所	全省公安机关执法示范单位	省公安厅
涵东派出所	全省公安机关综合警务改革创新工作先进集体	省公安厅
涵西派出所	全省公安机关执法示范单位	省公安厅
江口派出所	全省创新流动人口管理专项活动成绩突出集体	省公安厅
区检察院	2008-2011年度全省检察机关保密密码工作先进单位	省检察院
区人武部党委	创先争优先进旅团党委	省军区
区物价局	全省价格系统政务信息工作先进单位	省物价局

续表

获奖单位	荣誉称号	颁奖单位
区审计局	AO 应用实例应用奖	省审计厅
涵江区	2011-2012 年度冬春水利建设及水利工程水毁修复先进集体	省水利厅
白塘湖风景区	省级水利风景区	省水利厅
大洋乡三层漈水利风景区	省级水利风景区	省水利厅
区残联	2011 年全省残联教就工作先进单位	省残联
区残联	2011 年全省残联体育工作先进单位	省残联
区残疾人劳动就业服务管理所	福建省残疾人就业服务机构规范化建设达标单位	省残联
东盛现代农业有限公司	2012 年福建省科普惠农兴村先进单位	省科技协会、省财政厅
区检察院侦查监督科	福建青年五四奖章集体	团省委、省青年联合会
涵东街道铺尾社区	福建省未成年人思想道德建设工作先进单位	省精神文明建设指导委员会
涵江记者站	省第七届文明行业创建工作示范点	省精神文明建设指导委员会
区财政局	2011 年度平安单位	市委、市政府
区纪委	2011 年度平安单位	市委、市政府
区监察局	2011 年度平安单位	市委、市政府
区审计局	2011 年度平安单位	市委、市政府
区民政局	2011 年度平安单位	市委、市政府
三江口镇塔山村党支部	创先争优先进基层党组织	市　委
梧塘镇枫林村党支部	创先争优先进基层党组织	市　委
萩芦镇崇圣村党支部	创先争优先进基层党组织	市　委
白沙镇狮亭村党支部	创先争优先进基层党组织	市　委
大洋乡党总支	创先争优先进基层党组织	市　委
区物价局党支部	创先争优先进基层党组织	市　委
区建设系统党总支	创先争优先进基层党组织	市　委
涵西街道延宁社区党支部	创先争优先进基层党组织	市　委
白塘派出所党支部	创先争优先进基层党组织	市　委

2012年获市级以上先进个人一览表

表25

姓　名	工作单位	荣誉称号	颁奖单位
彭丽萍	涵东派出所	全国优秀人民警察	公安部
吴银山	林业局	全省造林绿化工作先进个人	省委、省政府
张丽霞	萩芦镇	福建省2009-2011年度人口和计划生育先进工作者	省政府
柯少玉	白沙镇	福建省2009-2011年度人口和计划生育先进工作者	省政府
姚玉章	区委组织部	全省组织系统嘉奖	省委组织部、省公务员局
李文福	区委宣传部	全省调研工作先进个人	省委宣传部
陈俊亮	区委统战部	2012年度全省统战信息工作先进个人	省委统战部
姚文瑞	区民政局	2006—2011年度福建省民政系统先进工作者	省公务员局、省民政厅等
游金阳	涵东街道	2008—2012年度福建省侨联系统先进工作者	省公务员局、省侨联等
苏　微	区旅游局	全省旅游系统先进工作者	省公务员局、省旅游局
吴琼英	区农产品质量检测站	2008-2011年度全省农业系统先进工作者	省公务员局、省农业厅
宁　勇	区工商局	2008-2011年度全省工商行政管理系统先进工作者	省公务员局、省工商局
陈文金	区工商联	2007-2011年度福建省工商联系统先进集体	省公务员局
陈　宇	涵江公安分局	2011年全省电力电信广播电视设施安全保护工作先进个人	省综治办、省公安厅
李爱玉	涵江公安分局	流动人口服务管理工作优秀专职干部	省综治委
唐百胜	涵江公安分局	全省公安执法质量考评工作成绩突出个人	省公安厅
李爱玉	涵江公安分局	全省创新流动人口管理专项活动成绩突出个人	省公安厅
陈佳聪	涵江公安分局	全省创新流动人口管理专项活动成绩突出个人	省公安厅
郭建清	涵江公安分局	全省公安机关开展“三访三评”深化大走访活动成绩突出个人	省公安厅
潘智方	涵江公安分局	全省公安指挥情报信息工作“情报研判工作”成绩突出个人	省公安厅
许韶晖	涵江公安分局	全省公安机关道路交通安全集中整治大会战先进个人	省公安厅
罗云峰	涵江公安分局	全省公安机关综合警务改革创新工作先进个人	省公安厅
阮清辉	涵江公安分局	全省公安机关综合警务改革创新工作先进个人	省公安厅
李海东	涵江公安分局	全省公安机关综合警务改革创新工作先进个人	省公安厅
郑志伟	涵江公安分局	2012年度全省公安刑侦系统侦查破案能手	省公安厅
林笔煌	涵江公安分局	2012年度全省公安刑侦系统执法办案能手	省公安厅

续表

姓　名	工作单位	荣誉称号	颁奖单位
郭建清	涵西派出所	全省公安机关爱民先进个人	省公安厅
吴秉林	涵东派出所	全省公安机关爱民先进个人	省公安厅
罗云峰	涵江公安分局	全省公安机关爱民先进个人	省公安厅
刘天星	区检察院	全省优秀基层检察院检察长	省检察院
刘珍九	区检察院	全省检察机关工程建设领域专项预防工作先进个人	省检察院
游潮新	区检察院	全省检察机关办案用房和专业技术用房建设先进个人	省检察院
姚　丹	区法院	全省法院创先争优优秀共产党员	省法院
翁建明	区法院	全省法院系统先进工作者	省法院
徐剑武	区法院	全省法院系统先进工作者	省法院
林艳艳	区法院	全省法院系统先进工作者	省法院
周　庆	区法院	全省法院基层法官办案标兵	省法院
吴　强	区法院	全省法院优秀服务保障工作者	省法院
余铮清	区法院	全省法院优秀书记员	省法院
林晓莹	区物价局	全省价格系统政务信息先进工作者	省物价局
肖　涵	区审计局	福建省五一劳动奖章	省总工会
吴超敏	区残联	2011 年全省残联宣传文化工作先进个人	省残联
黄亦丽	区残联	2011 年全省残联教就工作先进个人	省残联
翁素美	区编办	创先争优优秀共产党员	市　委
姚天平	涵东街道	创先争优优秀共产党员	市　委
刘文连	区直机关党工委	创先争优优秀共产党员	市　委
王加武	区人社局	创先争优优秀共产党员	市　委
陈俊卿	涵江公安分局	创先争优优秀共产党员	市　委
朱丽辉	江口镇	创先争优优秀共产党员	市　委
林建忠	国欢镇	创先争优优秀共产党员	市　委
连金环	庄边镇凤际村	创先争优优秀共产党员	市　委
谢国油	新县镇仙安村	创先争优优秀共产党员	市　委

附 录

·涵江区国民经济统计资料·

表 26　　2012 年涵江区国民经济主要指标统计表

项目	单位	2012 年	2011 年	2012 年比上年增长(%)
1.年末总户数	户	113299	112877	0.4
年末总人口	人	437095	434207	0.7
# 男	人	216795	215238	0.7
女	人	220300	218969	0.6
# 城镇人口	人	105239	104921	0.3
农村人口	人	331856	329286	0.8
人口密度	人/平方千米	544	540	0.7
2 单位从业人员人数	人	114291	119556	-4.4
3.国民总收入	万元	3212617	2987420	10.2
地区生产总值	万元	3207465	2983404	10.2
# 第一产业增加值	万元	165979	154719	4.5
第二产业增加值	万元	2262575	2181449	10.9
第三产业增加值	万元	778911	647236	9.1
4.工农业总产值	万元	7212802	7050075	12.8
5.农、林、牧、渔业总产值	万元	278076	259141	4.6
# 农业产值	万元	103824	91305	9.0
林业产值	万元	4745	4597	0.0
牧业产值	万元	62376	62226	3.1

续表

渔业产值	万元	64028	60602	0.1
农林牧渔服务业	万元	43103	40411	4.2
主要农产品产量				
粮　食	吨	34635	35093	-1.3
花　生	吨	2752	2569	7.1
蔬菜、瓜果类	吨	180924	175529	3.1
水　果	吨	62454	53256	17.3
生猪出栏数	头	242923	224822	8.1
肉类总产量	吨	21849	20274	7.8
猪　肉	吨	17995	16653	8.1
禽　肉	吨	3340	3137	6.5
水产品	吨	55194	54568	1.1
# 海水产品	吨	36955	36921	0.1
淡水产品	吨	18239	17647	3.4
耕地面积	亩	106128	104408	1.6
农作物总播种面积	亩	199961	195129	2.5
# 粮食作物	亩	85572	86851	-1.5
6.工业总产值	万元	6934726	6790934	13.1
# 年主营业务收入在 2000 万元以上工业产值	万元	6183666	6059742	4.1
# 年主营业务收入在 500 万元以上工业产值	万元	6571491	6433834	13.4
年主营业务收入在 500 万元以下工业产值	万元	363235	357100	9
7.全社会固定资产投资总额	万元	1688459	1272493	32.7
8.社会消费品零售总额	万元	756958	677300	11.7
9.居民消费价格总指数	%	102.5	105.4	-2.8
10.外贸进出口创汇总额	万美元	63729	64948	-1.9
外贸出口创汇总额	万美元	51302	51106	0.4
11.利用外资新签合同数	个	10	16	-37.5
利用外资合同总投资额	万美元	13845	12356	12.1
实际利用外资	万美元	18805	18168	3.5

续表

12.财政总收入	万元	260629	222246	17.3
地方财政收入	万元	129033	106570	21.1
财政总支出	万元	157310	134446	17.0
13.金融各项存款余额	万元	△	△	△
# 城乡居民储蓄存款余额	万元	△	△	△
14.金融各项贷款余额	万元	△	△	△
15.各类学校教职工数(不含幼儿园、职业中学)	人	4311	4382	-1.6
# 专任教师	人	3908	3966	-1.5
各类学校在校学生数(不含幼儿园、职业中学)	人	51294	52180	-1.7
# 普通中学	人	22740	23227	-2.1
小学	人	28554	28953	-1.4
16.卫生机构数	个	266	270	0.7
卫生技术人员	人	1762	1162	51.6
卫生机构床位数	张	1188	1195	-0.6
17.职工工资总额	万元	389611	329272	18.3
# 国有单位	万元	54682	46137	18.5
城镇集体单位	万元	3430	3238	5.9
其他各种经济类型	万元	331500	279897	18.4

注:1.表中价值量指标均按当年价计算，地区生产总值，工农业总产值增长速度按可比价格计算。

2.地区生产总值历史数据按第二次经济普查数据进行相应调整。

3.卫生机构含卫生所及私人诊所。

·报告选录·

政府工作报告

——在涵江区第八届人民代表大会第二次会议上

陈万东

2012年12月31日

各位代表：

现在，我代表涵江区人民政府向大会报告工作，请予审议，并请政协委员和其他列席人员提出意见。

一、2012年政府工作回顾

过去的一年，在市委、市政府和中共涵江区委的坚强领导下，在区人大、区政协的支持监督下，区政府紧紧团结依靠全区人民，牢牢把握稳中求进的总基调，大力实施“以港兴区、工业强区、商贸活区”发展战略，持续打好“五大战役”，加快推进海西新兴工贸港口城市建设，基本实现区八届人大一次会议确定的奋斗目标。

（一）产业结构优化调整，经济实力持续增强。全年预计实现地区生产总值323.2亿元，比增11.3%。财政总收入26亿元，比增17.1%；其中，地方级收入12.85亿元，比增20.6%。固定资产投资168.5亿元，比增32.4%，增速位居全市前列。工业经济稳步增长。预计实现工业总产值665亿元，比增12%，其中230家规模以上工业企业实现产值617亿元，比增12.2%。电子信息、机械制造、鞋革服装、食品加工四大产业支撑有力，累计完成产值525亿元，占规模以上工业产值的85%。莆田高新区升格为国家级高新园区，中科中涵、威诺数控、荣兴机械和越特新材料等企业4项技术取得突破，达到了国际国内先进水平。第三产业加快提升。预计实现社会消费品零售总额75.1亿元，比增10.8%。传统商贸市场改造提升加快，房地产市场健康发展，全区销售商品房面积24.7万平方米，比增181%。红色游、休闲游、生态游等旅游经济持续升温，闽中司令部旧址被中宣部等十四家部委列入全国红色旅游经典景区，成为全省十家党员干部教育培训示范基地之一。农业基础继续夯实。农林牧渔业预计实现产值30.3亿元，比增3.8%。24家农业产业化龙头企业，实现销售收入45亿元。各类专业合作组织发展到85个，标准化生产基地达3500亩。

（二）项目工作亮点纷呈，发展后劲显著提升。实施“五大战役”项目235个，新开工建设149个，建成、投产62个，完成投资154.9亿元。一批项目取得突破性进展。涵江港海洋功能区划调整通过国务院审批，总投资150亿元的临港产业园陆域形成工程完成招标工作。三江口3000吨级陆岛交通码头、湄渝高速涵江段、乌溪水库等重大项目顺利开工。24个水利项目全部竣工，圆满完成了小型农田水利重点县三年建设任务。81个工业项目预计完成投资42.6亿元，中涵机、德信电子等21个项目竣工，海峡纺织工业城、亿发工贸园等33个项目开工建设，英博雪津、荣龙机械等18个增资项目投产达产。融资渠道多元发展。组建八大政府性融资平台，全年财政融资9亿元，经营性土地出让金收入6.8亿元。宏峰集团、涵城建筑等5家企业，参与9个公共项目BT建设。“三维”对接有力推进。对接民企项目20个，总投资176亿元。对接外资项目13个，注册合同外资3.1亿美元。中信集团总投资500亿元的海西文化创意产业城、华融集团总投资15亿元的兴涵水都一期等项目正式签定投资协议。“五大战役”的全力推进和“三维”项目的深度对接，进一步夯实了我区跨越发展的基础。

（三）征迁建设同步推进，城乡面貌较为改观。坚持“项目为纲、投资为要、征迁第一”，以征迁推动建设，以征迁改变城市面貌。全区50个重点征迁项目提速推进，累计完成拆迁124万平方米，塘北、铺尾、黄霞、苍口、西坡等5个片区取得突破，福厦路沿线改造格局逐步形成。全力加快安置房建设，向莆铁路、福厦铁路等11个安置区实现回迁，苍然后度、人民街北伸等18个安置区动工建设。市政设施日益完善，新建、改扩建道路20条，总里程15.7千米；“白改黑”道路2条，面积约15.5万平方米；涵港大道东侧等3条道路建成通车。国欢寺公园、荔涵大道涵江入口广场、新涵大街示范街等重要节点的形象大幅提升。率先完成沈海高速涵江段13.2千米的森林通道建设，典型经验在全省推广。完成河道修复保护和开发性规划编制，首批启动梧梓河、塘头河等清淤疏浚、引水冲污和景观建设工程。加强生态环境建设，拆除关闭养殖场60万平方米，新增污水管网25.3千米，新建垃圾收集转运设施403个，生活垃圾无害化处理率达98%以上。出台城乡一体化综合配套改革贯彻实施意见，启动以土地整理和村庄整治为主要内容的“幸福家园”试点工作。完成省道202线35千米路面铺设、880千米的乡村公路养护和120千米的农村公路安保工程。46个村庄规划编制完成，江口、萩芦小城镇建设扎实推进，村庄环境综合整治和农村家园清洁行动深入开展。

（四）惠民政策全面落实，群众生活明显改善。民生领域的相关支出占一般预算支出的比重达80%。10件为民办实事项目全面完成。社会保障工作全面推进。累计发放和支付社保资金1.3亿元。城乡居民养老保险登记参保总人数22.2万人，60岁以上的农民全部领到了每月55元的基础养老金，9000多名失地农民领取养老金460万元。低保提标扩面成果显著，新增城乡低保对象691人，发放低保金1870.2万元。累计发放家电下乡财政补贴资金2520.6万元，销量居全市第一。投入财政性住房保障专项资金5578万元，新增各类保障性住房774套5.5万平方米，卓坡经济适用房配建廉租住房一期被评为全国保障性安居“优秀工程项目”。完成2182人的“造福工程”搬迁任务，7802位移民享受了后扶直补政策。建成农村安全饮水工程2处，解决了6.8万人的饮水安全问题。

（五）社会事业协调发展，公共服务有效供给。科技创新逐步深化，累计上报47个科技计划项目，申请专利262项，申请量居全市首位。教育基础设施投入加大，义务教育阶段学校标准化建设全部通过市级验收，在全市首家完成103个校安工程重建任务和24辆国标校车更换工作。文化体育事业进一步繁荣，完善乡镇综合文化站9个，新建农家书屋43家，新增“农民体育健身点”51个，送电影下乡2376场次。医药卫生体制改革不断深化，涵江医院作为全市唯一省级公立医院改革试点，率先实行药品零差率销售。新型农村合作医疗参合率达100%。人口计生利益导向提标扩面，技术服务站所全面改造升级，获评省级人口和计划生育工作先进单位。精神文明创建成效明显，通过全省公共文明指数和未成年人思想道德建设工作测评。加强国防动员、民兵预备役和双拥工作，人民防空、地震应急、民族宗教、老龄老区、档案史志、外事侨务、广播电视、红十字等工作，都得到全面协调发展。

（六）民主法治逐步健全，政府管理全面加强。深入开展道路交通安全整治大会战和三年行动，新设交通隔离栏2.8万米、红绿灯和警示标志103处。持续推进“清剿火患”战役和“三合一”专项整治行动，完成7188家企事业单位安标化建设。加快“平安涵江”建设，“网格化”巡防实现全覆盖，20个村居警务室、65个电子警察小区、29个流动人口管理站全部建成并投入使用。建立健全重大项目社会稳定风险评估机制，有效化解信访积案。大力推进行政审批服务改革，12个乡镇（街道）全部建立便民服务中心，受理各类重点项目办件760件,实现提速1641个工作日。试行重大财政性征迁补偿资金复核审核制度，稳步推进新一轮政府机构改革和事业单位分类改革，全面实施事业单位岗位设置和人员聘用制度。继续开展规范“两权”工作，清理规范性文件116件。落实纠风工作责任制，开通“阳光网”、“纠风之窗”、“惠民阳光村”等投诉处理网络，办结各类案件352件。坚持重大事项通报制度，自觉接受人大及其常委会的法律监督、工作监督和政协的民主监督，办理人大代表建议103件、政协提案116件。

各位代表，过去一年的成绩，是全区上下同心同德、克难求进、团结拼搏的结果。在此，我代表区人民政府，向辛勤工作在各个领域的全区人民，向区人大代表、政协委员，向各民主党派、工商联、各人民团体和离退休老同志，向驻涵部队、武警官兵、政法干警和驻涵机构，向所有关心、支持、参与涵江建设和发展的港澳台同胞、广大侨胞和海内外朋友，致以衷心的感谢和崇高的敬意!

在总结成绩的同时，我们也清醒认识到，全区经济社会发展中还存在不少困难和问题：经济总量不大、结构不优、质量不高，转方式调结构任重道远；资金、土地、人才“瓶颈”制约依然明显，部分项目进展不尽理想；财政收支矛盾仍较突出，保重点、保民生的压力较大；城乡面貌改变不大，城市管理效果还不明显；投融资主体市场运作经验欠缺，中小企业融资仍然困难，等等。对于这些问题，我们一定要高度重视，认真加以解决。

二、2013年政府工作主要任务

2013年，是贯彻落实党的十八大精神的第一年，也是实现“十二五”和区八次党代会奋斗目标的重要一年。做好今年的政府工作，意义重大，影响深远。我们务必要增强忧患意识，坚定发展信心，抢抓机遇持续运作，确保经济社会再上新台阶。

政府工作的总体要求是：全面贯彻党的十八大精神，高举中国特色社会主义伟大旗帜，以邓小平理论、“三个代表”重要思想、科学发展观为指导，以加快转变经济发展方式为主线，深入实施“以港兴区、工业强区、商贸活区”发展战略，着力培新创优拓宽增长空间，着力转型升级提高增长质量，着力民生优先共享发展成果，着力城乡一体建设美丽涵江，促进经济平稳较快增长，保持社会和谐稳定，为实现经济社会新跨越、再铸港城崛起新辉煌而努力奋斗。

经济社会发展的主要预期目标是：地区生产总值372亿元，比增13%；财政总收入30亿元，比增15.3%，其中地方级收入14.45亿元，比增12.5%；工业总产值773亿元，比增16.2%，其中规模以上工业产值715亿元，比增16%；全社会固定资产投资202亿元，比增20%；农林牧渔业总产值31.5亿元，比增2.5%；社会消费品零售总额84亿元，比增12%；合同利用外资1亿美元，实际利用外资1亿美元，外贸进出口总额6.6亿美元；城镇居民人均可支配收入和农民人均纯收入分别比增12%以上。

围绕以上目标，要突出抓好以下八项工作：

（一）突出培新育优，增创跨越发展新优势

推动港口开发。加快滨海产业新区53平方千米的城市总体规划编制、论证和审批工作。深化与保利、中建的投资合作，启动涵江临港产业园陆域形成工程、港前路等项目，建设一期隔堤14.5千米，造地7平方千米。开工人民街南伸工程，推动涵三路改造，完成赤港至三江口2.2千米的道路建设，打通中心城区通往涵江港区的交通动脉。续建三江口作业区3000吨级陆岛交通码头，跟进5万吨级进港航道疏浚、5000吨级码头和兴化湾南岸铁路支线建设等前期工作，提高港口承载能力。推动堤外海域收回和堤内土地征收工作，收回海域使用权6.8万亩，征地1.5万亩。开工莆田市装备制造产业园，首期启动3000亩建设，努力打造莆田东北翼新经济增长极。

促进投资增长。继续打好“五大战役”，安排区重点项目238个，总投资1712亿元，年度计划投资191.8亿元。加快海峡纺织城、国电龙源风力电场等149个在建重点项目建设进度，力争开工131个、建成或基本建成60个。推进方家铺子、西气东输等40个预备重点项目建设，力争完成投资22.1亿元。加快中科中涵激光数控、瑞盛纺织等40个重点项目前期工作，争取早日开工建设。进一步完善项目推进机制，健全督查落实制度，以项目来保投资、促增长、增实力。

增强引资实效。充分利用各类招商平台和上海、北京等异地商会，立体式宣传涵江，深度对接港口开发、临港产业和城市建设等项目，力争全年新签约项目30个，投资超百亿元。突出加强与央企、外企和民企的洽谈，密切跟踪已签约的29个民企外企项目，促进项目早落地、早开工。继续紧盯中建、中航、国机、海尔、碧桂园等大型企业、上市公司，争取北汽集团总投资70亿元的汽车生产基地、保利集团总投资100亿元的兴涵水都城市综合体二期等一批重大项目落地。

（二）突出结构调整，构筑产业发展新体系

巩固农村经济基础。完善农田水利等设施，投资2亿元，加快乌溪水库和枫山、梅洋等16座小（2）型水库建设，启动西音水库、南浦水库等项目前期工作，增强农业抗灾保丰能力。大力发展多种形式规模经营，支持产业化龙头企业和农村集体经济发展，开工天下农庄粮油深加工、新美食用菌等一批农业产业化项目。积极调整农业经济结构，在稳定粮食生产的基础上，大力发展无公害蔬菜、食用菌、林果等高效经济作物。落实各项惠农强农政策，鼓励农民自主创业，引导农村富余劳动力向二、三产业转移，增加农民收入。

加快工业转型升级。进一步完善莆田高新

区和新涵工业集中区的基础设施，提高入园企业标准，集中清理闲置工业用地，增加项目投资强度。加快74个重点工业项目建设，力争实现顺欣工贸、德信电子增资等35个项目开工，利邦环保、卧龙达家具等21个项目竣工，沐星机械、华昌珠宝工业园等10个项目投产。做大做强骨干企业，重点扶持鼎盛五金、中科中涵等28家高成长型企业发展。培植中小企业，继续落实小微企业扶持、技改十二条等惠企政策，发展一批配套能力强的小精尖企业。加快科技创新，推动中科院海西研究院莆田中心、西安光机所莆田分所建设，培育5家以上科技小巨人企业，实现英博雪津、新世纪电子等29个技改项目竣工、投产，新增产值超10亿元。积极培育发展新材料、新能源等战略性新兴产业，促进安特半导体6英寸集成电路、威诺数控七轴龙门式复合加工中心等项目尽快实现产业化、规模化。

提升第三产业水平。加快集贸市场升级改造步伐，推进国际商贸城建设，开工电子商务大楼、闽中农产品专业批发市场等项目。积极发展现代物流业，推进炜远物流、盛辉物流等项目建设，引进总投资10亿元的普洛斯物流项目，打造区域物流中心。深入挖掘旅游资源，保护和开发萩芦溪沿岸生态环境，打好夹漈草堂、白塘秋月等五大旅游品牌，构建"一轴、二心、三组团"的旅游空间布局。在山区干道沿线种植油菜花、薰衣草等植物6230亩，营造四季有花、四季常绿的生态景观长廊，发展生态、休闲、红色和乡村等特色旅游。

（三）突出改革创新，构建城乡一体新格局

坚持规划引领。加快编制城乡一体化总体规划，着力构建"一核四翼、若干中心镇和中心村"的新型城乡发展格局。大力开展土地整治、道路交通、市政管线等专项规划，确保规划衔接良好。推动重点片区控规修编和江口、萩芦小城镇规划完善工作，提高城乡控制性详细规划覆盖率。按照引导"三个集中"的要求，认真做好沁后、官庄等9个市区镇级试点村规划和详细设计。

推进试点改革。以"幸福家园"试点村建设为突破口，全面推进城乡一体综合配套改革试验工作。在试点村内建设新型社区，推动确权发证、土地综合整治等重点工作，引导农民向社区集中。建立区级产权交易中心和试点村产权交易服务站，促进土地承包经营权、集体土地使用权等权属交易流转。以试点村建设为典型，带动城中村、城边村综合改造，重点推进土地整理、开发和集中安置建设。继续推动小城镇试点建设，力争在江口火车站站前广场、石庭圆圈改造、锦江山庄和萩芦山庄等项目建设上取得突破。

创新体制机制。建立城乡统一保障制度，在全区范围内推进新农合与城镇居民医保制度、新农保与城镇居民养老保险的并轨统一，力争用三年时间实现城乡低保水平均等。调整现行户口迁移政策，将让出宅基地并进城的农村居民纳入保障性住房政策体系，稳步推进务工人员市民化。实施"三通"、"四绿"和"十配套"工程，推动农村污水并入城市管网工作，先行在试点村建设社区卫生服务站、综合文化站、社区服务中心、标准化小学和幼儿园，逐步实现基本公共服务均等化。

（四）突出城市建设，提升宜居港城新形象

着力完善市政设施。投资40.6亿元，加快25条路网建设，实现道路通港口、通园区、通城市。实施城区路网提升工程，完成新涵大街示范街提升改造，荔涵大道、涵黄路和福厦路“白改黑”等工程，新开工涵北路、白塘路、香林路、荔城路一期等5条道路，续建涵港大道西侧、南环路东伸、涵三路改造等5个项目，启动工业路北伸、东环城路北伸等项目前期工作。实施片区路网提升工程，全线贯通塘北路，推进湖园路西伸、纵一街、苍霞路等5条路网建设，优化塘北片区交通组织结构。实施园区路网提升工程，建成新涵工业集中区郊河路、梧梓路、南18米路等3条道路，推进莆田高新区东港路、综合服务区支路建设。继续推动电力走廊优化整合工程，完成南环城路、涵黄路、涵华小区等5个缆线进管项目，新建厚峰、圆顶等3个变电站。着力完善公交、路灯、自来水等基础设施，合理规划停车场和停车位，新建公交亭12座、路灯595盏，垃圾处理设施200个。

着力改变城区面貌。立足提升福厦路沿线城市形象，全面完成塘北社区、旧车站、下洋、铺尾、苍口、西坡、枫林、黄霞等8个片区征迁，推动群英社区、电影院片区、涵华小区等旧城改造项目，力争拆迁再超100万平方米。立足以建促拆，把安置房建设当作最重大、最紧迫的民生工程，力争实现涵港大道东侧、塘北西坡等7个安置区回迁，涵港西侧、省道201线等26个安置区开工建设，全年新开工安置房面积150万平方米，确保“当年度拆迁、当年度安置房开工建设”。立足打造区域商业中心，开工兴涵水都华融一期、永盛和新天地等3个城市综合体项目，加快国际商贸城和电子商务城建设，启动新区政中心选址报批等前期工作，推动红星美凯龙、东盛、中体奥星、海峡诗城等商业综合体项目落地。立足强化地块开发，突出塘北新区建设，推进13幅经营性土地出让，加快凯旋国际、武夷嘉园等32个房地产项目建设，提高城市建设水平。

着力改善生态环境。落实节能减排目标责任制，大力推进“两型”社会建设。建成江口污水处理厂，新建污水主干管、支管11千米，争取市政污水管网实现全覆盖。推进梧梓河整治和塘头河防洪工程，整治卡口河段，综合治理河道10.3千米，结合园林景观新建堤岸3.2千米。大力实施城乡环境综合整治“点线面”攻坚计划，提升公路、铁路沿线村庄形象。继续推进“四绿”工程，开工囊山公园、西河公园和海岑河滨水景观带，改造提升人民公园，实施9条道路绿化提升工程，造林绿化2万亩。严格城市综合执法，以“六改四化二整治”为载体，加强“两违”清理整治，推进城乡清洁工程和农村家园清洁行动，提升城市形象。

（五）突出资金保障，提升财税工作新水平

培植优质税源。充分发挥重点行业、150家重点税源企业的增收主体作用，鼓励现有存量工业二次创业，实现小企业增资扩产、大企业改制上市，力争税收超千万企业达35家，促进财力的稳步增长。逐步推进城市综合体、商业房地产的建设，扶持涵城建、佳特市政等15家在涵建筑企业发展，促进房地产税收增长。加大招商引资力度，增强全泰商贸、锦秋建筑等总部经济体量，引导更多的企业落地我区，不断拓宽财源渠道。

创新融资机制。科学运用市场办法筹措资金，保障重点项目和各项事业的发展。促进投资主体多元化，通过高新区发行企业债券、整合城投公司等投融资平台，确保信贷融资超20

亿元。强化城市经营理念，积极探索BT、BOT等资金运作模式，吸引更多的社会资金参与公用设施建设。最大限度地盘活国有资产，出让经营性土地800亩以上，实现收入超20亿元，努力突破城市建设资金瓶颈。

强化财税管理。加大清欠评估力度，做到应收尽收。加强重点税源监控，抓好房地产、私房出租税收管征等工作。积极落实各项财政扶持政策，涵养税源，夯实基础。加强行政事业单位资产监管，提高资产的配置和使用效益。规范政府债务管理，防范和化解政府债务风险。

（六）突出民生民本，满足群众发展新期待

认真办好为民惠民实事。投入8000万元，办好9项实事。开展畜牧业、种植业、加工食品等七大行业食品安全专项检查。完成6个乡镇的农村饮水安全二期工程建设，解决10.2万人的安全饮水问题。完成囊山休闲广场及旅游步道建设，满足群众休闲健身需要。大力开展城乡环境卫生整治，新建、改造公厕6座，更新添置垃圾箱120个。大力完善城乡交通安全设施，完成50千米农村公路安全工程，完善荔涵大道、福厦路等道路的交通标识、标线和隔离护栏。继续实施残疾人康复扶贫就业助学安居工程，加快残疾人综合服务中心设施建设。

不断提高社会保障工作。落实就业再就业政策，城镇新增就业岗位2.5万个，城镇登记失业率控制在2‰以内。继续做好跨区域劳务合作，有效缓解辖区内工业企业缺工问题。深化“千企扶千村”就业工程，全区培训农村劳动力8000人，转移农村劳动力就业2.3万人。加大保障性住房建设力度，新建保障性住房762套，续建800套，解决1560户低收入家庭住房困难问题。完善城乡低保制度，积极发展社会福利和慈善事业，确保困难群众及时得到救助。

解决公共医疗卫生问题。认真实施重大和基本公共卫生服务项目，完成涵江医院新生儿重症监护病房改建项目，推进平民医院新综合大楼建设工程，启动涵江医院新院址和疾控中心综合大楼建设前期工作。着力攻克医改难题，继续推进县级公立医院改革试点和村卫生所药品零差率销售等重点工作。新农合参保率保持100%，探索重大疾病保障机制，深化门诊付费制改革，提高基金使用效率，减轻群众就医负担。

（七）突出统筹协调，实现各项事业新发展

坚持教育优先发展。实施中小学校舍安全加固和扩容工程，提高义务教育学校标准化建设水平。加快普及学前教育，改扩建农村幼儿园7所，完成国标校车更换工作。继续实施莆田侨职扩建工程，推动职业教育向产学研纵深发展。关爱“留守儿童”，解决进城务工人员随迁子女就学问题。鼓励引导社会力量兴办教育，完善终身教育体系，实现城乡教育基本均衡发展。

推动文化涵江建设。加大文明城区、文明村镇和文明行业“三大创建”力度，巩固省级文明城区创建成果。保护性修缮国欢寺、东方二十五坎、萝苜田等古建筑。加快文化设施建设，开工文化馆、数字影院，启动海西文化创意产业城、体育中心、集友画廊一条街等项目前期工作。继续实施文化惠民工程，发展群众性体育活动。扶持集友艺术框业、丹桂工艺等龙头企业，发展新型文化业态。

努力办好各项事业。坚持男女平等、计划生育等基本国策，保障妇女儿童、残疾人合法权益，深入实施“生育文明·幸福家庭”促进计划。全面推进食品安全检验检测体系建设。加强国防教育、国防动员、人民防空和双拥工作，支持工会、共青团等人民团体工作，进一步加强外事侨务、台湾事务、保密档案、民族宗教、防灾减灾、老龄老区等工作。

（八）突出管理创新，凝聚和谐发展新合力

探索社会管理创新。完善社区建设，健全12个乡镇（街道）便民服务中心设施，新建147个村居社会管理服务中心，提高社会管理效能。突出人文关怀，创新方式方法，全面推进网络舆情引导、流动人口管理平台等43个社会管理创新项目建设，基本实现社会服务管理网格化、社区建设规范化、村庄管理社区化。

强化平安涵江建设。建立安全生产长效机制，推进安全生产标准化创建工作，坚决遏制较大以上事故发生。建立健全覆盖城乡的公共应急处置体系，提高应对突发事件能力。健全完善治安防控体系，提高“三防”协同作战水平，巩固平安和谐社区和民主法治村（居）创建成果，力争创建达标率达90%以上。加快国欢林柄、江口边防等4个片区的“电子网格”建设，新建视频监控探头300个，建设65个电子警察小区。

维护社会安定稳定。健全完善重大项目社会稳定风险评估机制，推行信访“路线图”，落实领导干部定期接访、包案及“1+N”联合信访工作等制度，强化信访工作督查和责任追究，全力化解不稳定因素。着力构建大调解体系建设，继续发挥三大调解组织、大调解站点及“六大专业性调解中心”作用，完善源头化解和治理机制，构建和谐有序的社会环境。

三、加强政府自身建设

全面完成今年的各项任务，对政府工作提出了新的更高要求。我们要牢记重托、忠诚履职，努力建设敢担当、有作为的政府，以扎实的工作业绩，回报党和人民的期望与信任。

充分遵循规律、规则、规范。自觉尊重发展规律，清醒认识涵江经济社会发展的薄弱环节和制约因素，不提脱离实际的高指标，立足实际特色发展，融入全局突破发展，抢抓机遇跨越发展。认真遵守决策规则，完善重大问题集体决策、专家咨询、社会公示和听证制度，确保决策科学民主、依法依规。严格遵从工作规范，落实目标管理、绩效评估、责任追究等制度，深化“治庸治懒提速增效”活动，加大服务企业、两违执法、城乡清洁等重点工作的督查督办力度，坚决查处敷衍塞责、推诿扯皮等行为，确保事有专管之人、人有明确之责、责有限定之期。

高度重视民意、民智、民生。全面推进政务公开、政府信息公开，充分保障人民群众的知情权、参与权、表达权和监督权。坚持问政于民、问需于民、问计于民，真诚听取群众意见，真实反映群众愿望，真情关心群众疾苦。推进“一线工作法”，深入基层，深入群众，着力解决涉及百姓切身利益的就业、就医、就学、交通、住房、社会保障等方面的热点、难点问题，对百姓承诺的实事，说一项是一项，项项兑现，提高政府的公信力。

着力推进创优、创新、创业。始终保持昂扬向上的精神状态，树立强烈的争先创优意识，高标准、高效率、高质量地完成每一项工作。大力弘扬与时俱进的精神，主动融入海西建设和港城崛起大局，发挥港口、产业、侨乡、水乡等特色优势，在港口开发、产业提升、城市建设等方面先行先试，努力打造新的区域增长极。倡导敢于负责、敢于担当、敢于碰硬的良好作风，坚决破除只看优势不谈差距、只守摊子不思创业、只步后尘不为人先的思想，以昂扬的斗志，敢闯难关，赶超先进。

始终保持清醒、清正、清廉。以党的十八大精神武装头脑，深化“夜学夜访夜议”等制度，扎实推进学习型机关建设。敢于坚持真理，推进依法行政，切实做到严格规范公正文明执法。特别是在征地拆迁、安置回迁等重点工作中，不以私情废公事，不拿原则作交易，依法保护人民群众的合法权益，维护社会公平正义。坚持用制度管权、管事、管人，进一步加大对财政资金、重点项目、土地出让、政府采购等重点领域的行政监察和审计监督，从源头上防控廉政风险。严格控制“三公”支出，坚决制止铺张浪费，切实把有限的财力用在促发展、保重点、惠民生上，以实际行动彰显清正廉洁的政府形象。

各位代表！新的目标已经明确，新的征程已经开启。完成大会确定的工作任务，是时代的召唤、人民的期盼、历史的责任。让我们高举中国特色社会主义伟大旗帜，在中共涵江区委的坚强领导和区人大、区政协的监督支持下，深入贯彻落实党的十八大精神，坚定信心，抢抓机遇，凝心聚力，攻坚克难，为实现“港城崛起、再铸辉煌”而努力奋斗！

名词解释：

1.BT、BOT：指资本参与基础设施建设，向社会提供公共服务的两种特殊的投资方式。BT即建设-转让，BOT即建设-管理-移交。

2.三维：央企、民企、外企。

3.“幸福家园”试点工作：加快推进城乡一体化综合配套改革试验的先行工程，全市首批共启动16个村的“幸福家园”试点建设，梧塘镇沁后村被纳入全市试点建设。

4.“网格化”巡防：依托统一的城市管理和数字化平台，将辖区按照一定的标准划分成为单元网格，通过加强对单元网格的部件和事件巡查，提高管理能力和处理速度，将问题解决在群众投诉之前。

5.规范“两权”：即规范行政权力运行和规范行政自由裁量权。

6.一轴、二心、三组团：一轴：即以湄渝高速涵江段为轴，以高速出口周边旅游区为主体。二心：即以涵江主城区和新县镇旅游小镇为旅游集散中心和副集散中心。三组团：即以望江山、瑞云山为主体的北部生态组团、以夹漈草堂和江春霖故居为主体的中部历史组团、以囊山为主体的宗教组团。

7.三个集中：即农业向规模经营集中、工业向园区集中、农民居住向城镇及规划中心村集中。

8.“三通”、“四绿”和“十配套”工程：“三通”即道路通、污水通、电讯通；“四绿”即绿色乡村、绿色屏障、绿色河岸、绿色通道；“十配套”即配套建设公园、中心小学、幼儿园、农家书屋、医疗卫生所、社区超市、银行网点、村道路灯、公交停靠站、社区服务中心。

9.“点线面”整治：“点”就是抓好城乡社区的规划、整治和建设，打造完整社区；“线”就是抓好高速公路、过境公路和铁路沿线两侧的绿化和整治，自行车和步行道系统的建设，打造人居环境走廊；“面”就是加强小流域治理，打造青山绿水的田园风光。

10.六改四化二整治：“六改”即主次干道“白改黑”工程、老旧小区和背街小巷改造工程、人行道板改造工程、架空电力通信缆线入地进管工程、主干道临街建筑物立面改造工程、污水收集并网改造工程；“四化”即美化、绿化、亮化、数字化；“二整治”即交通秩序大整治、市容市貌环境卫生整治。

11.三防：人防、物防、技防。

12.1+N：依托区信访局的信访窗口平台，整合信访、公安、国土、住建、人社、环保、卫生、计生、民政、交通、农业等政府部门进行联合办公，接待群众来访、处理群众诉求的信访工作机制。

13.三大调解组织：指人民调解、行政调解和司法调解。

14.六大专业性调解中心：指交通事故损害赔偿、劳资纠纷、征地拆迁纠纷、医患纠纷、消费者权益纠纷和环境污染纠纷等六大调处中心。

15.夜学夜访夜议：是我区为推动项目建设、征地拆迁和各项工作配套实施的一项制度，利用晚上时间，上门走访拆迁户、信访户，讨论研究解决重难点问题。

关于莆田市涵江区2012年国民经济和社会发展计划执行情况及2013年国民经济和社会发展计划草案的报告

——在涵江区第八届人民代表大会第二次会议上

欧 虹

2012年12月30日

各位代表：

受区人民政府委托，现将莆田市涵江区2012年国民经济和社会发展计划执行情况及2013年国民经济和社会发展计划草案提请会议审议，并请区政协委员和其他列席人员提出意见。

一、2012年国民经济和社会发展计划执行情况

过去的一年，在区委的坚强领导下，在区人大、区政协的监督支持下，全区各级各部门紧紧围绕“项目为纲、投资为要、征迁第一”的工作要求，持续打好“五大战役”，创新各项工作举措，全区经济社会保持了平稳健康的发展态势，基本完成了区八届人大一次会议确定的目标任务。

（一）经济综合实力平稳较快发展。初步核算，2012年地区生产总值达323.2亿元，增长11.3%；财政总收入26亿元，增长17.1%，其中地方级财政收入12.85亿元，增长20.6%。城乡居民收入持续增长，城镇居民人均可支配收入和农民人均纯收入实际增长14.9%、12%。

（二）三次产业结构进一步优化。农村经济稳步发展。全年实现农林牧渔业总产值30.3亿元，增长3.8%；粮食总产量、各类蔬菜、特色水果等农产品产量均比上年有不同程度增长。“造福工程”全面启动，完成2182人的搬迁任务。农业基础设施建设得到加强，乌溪水库顺利开工，24个水利项目全部竣工，圆满完成了小型农田水利重点县三年建设任务。造林绿化工作成效明显，大力推进城乡绿化一体化“四绿”工程项目，全区森林覆盖率达66.8%。农业产业化水平不断提高，24家市级以上农业龙头企业实现产值45亿元；各类专业合作组织发展到85个，标准化生产基地达3500亩。工业经济加快发展。全年实现工业总产值665亿元，增长12%，其中规模以上工业产值617亿元，增长12.2%。电子信息、机械制造、鞋革服装、食品加工四大主导产业支撑作用明显，累计完成工业产值525亿元，占全区规模以上工业产值总量的85%。工业企业培育力度加大，规模以上工业企业总数达到230家。载体建设扎实推进，加快建设新涵工业集中区、海西文化创意产业园等一批工业园区，稳步推进兴化湾南岸涵江港区域建设用海规划等各项前期工作。现代服务经济平稳发展。实现社会消费品零售总额75.1亿元，增长10.8%；旅游经济不断增强，以红色游、休闲游、生态游为特色的旅游经济持续升温，闽中司令部旧址被中宣部等十四家部委列入中国红色旅游经典景区，成为全省十家党员干部教育培训示范基地之一。

（三）投资持续快速增长。2012年全社会固定资产投资完成168.5亿元，增长32.4%。其中，38个市级在建重点项目预计完成投资73.75亿元，完成年度投资计划的128.5%。28个市级预备重点项目，预计完成投资33亿元，完成年度投资计划的108.25%。11个省级在建重点项目预计完成投资45.99亿元，完成年度投资计划的242.7%。8个省级预备重点项目预计完成投资7.5亿元，完成年度投资计划的144.97%。重大项目建设稳步推进。兴化湾南岸涵江港区域建设用海规划通过国家级专家评审，3000吨级陆岛交通码头实现开工，湄重高速公路涵江段在全市率先开工。“三维”项目对接有效推进，全年共对接民营项目20个，总投资176亿元。对接外资项目13个，注册合同外资3.1亿美元。

（四）城乡一体化建设有序推进。先后实施了涵港大道、人民街北伸等10多条市政道路建设；实施了新涵大街、东环城路2条道路沥青砼“白改黑”工程。积极推进旧城改造，棚户区改造加快实施，新增各类保障性住房774套5.5万平方米，改造城市棚户区1600户，卓坡经济适用房廉租房一期荣获全国保障性安居“优秀工程”项目。片区改造建设力度进一步加大，全区50个重点征迁项目，累计拆迁124万平方米，塘北社区、下洋片区、西林下林等5个片区改造项目加快推进。村镇建设有序开展。全区已完成46个村庄的规划编制，2个“点线面”整治项目、9个“幸福家园”试点村建设扎实推进，江口镇、萩芦镇省市级小城镇建设步伐加快。

（五）外经外贸持续稳定。在第十一届9·8投洽会上，全区共签约项目13个，签约金额达3.1亿美元。全年新批外商投资项目15个（其中增资7个）。实现合同利用外资1.43亿美元；实际利用外资1.6亿美元。外贸进出口总额6.3亿美元，其中外贸出口总额5.04亿美元。

（六）环境保护力度加大。新（改）建城区、平原片区垃圾压缩转运站、山区片垃圾转运焚烧炉及城区旧公厕提升改造。加大环卫设施投入，新建垃圾处理设施403个，江口片区污水处理厂项目、白沙镇污水生态处理等项目各项前期工作加快推进，城市生活污水处理率和生活垃圾无害化处理率分别达到80%和98%。积极创建全国绿色模范城市，城区绿化率达45.85%，人均绿地12.89平方米。生态建设稳步开展。认真落实节能减排目标责任制，COD减排量、SO2排放量控制在上级下达的年度减排任务以内。

（七）社会事业协调发展。莆田高新技术产业园区正式升格为国家级高新技术产业园区，中科院海西研究院、西安光机所莆田分所等科技创新合作平台逐步建立。全区70所义务教育阶段学校全部通过标准化市级验收，在全市率先完成103所校安工程建设任务。医药卫生体制改革进一步深化，积极推进涵江医院公立医院改革工作，涵江区急救中心、涵江医院医技综合楼竣工并投入使用。文体事业稳步发展。乡镇综合文化站设施完善工程、“农家书屋”、“农民体育健身点”建设投入使用。人口和计划生育工作继续加强，荣获省级人口和计划生育先进单位，全区人口自然增长率控制在4‰以内。社会保障水平不断提高。养老、失业、医疗、工伤和生育五项社会保险扩面进展顺利，基本养老保险覆盖人数达22.2万人，全区新型农村合作医疗参合率100%。档案、地震、“六五”普法、人民防空、妇女儿童、民政福利、残疾人工作等各项社会事业扎实推进。

在肯定成绩的同时，也要清醒地认识到发

展还面临着不少困难和问题：一是受整体宏观经济形势影响，部分主要指标增幅趋缓；二是产业层次还较低、关联度不高，优势产业带动作用不强，服务业发展与我区工业化、城镇化水平不相符；三是征地拆迁、融资难等问题影响部分重点项目建设进度，重大工业生产性项目落地投产进度偏慢，等等。我们要不断通过深化改革和加快发展，来努力化解发展过程中存在的这些困难和问题。

二、2013 年全区主要经济指标预期安排

2013 年是贯彻落实党的十八大精神的第一年，也是“十二五”发展承上启下之年，综合考虑 2013 年经济形势与涵江“十二五”的奋斗目标，经过调研，并多次召集会议讨论研究，初步提出我区 2013 年经济发展预期目标为：

——地区生产总值 372 亿元，比增 13%。

——农林牧渔业总产值 31.5 亿元，比增 2.5%。

——工业总产值 773 亿元，比增 16.2%，其中规模以上工业企业产值 715 亿元，比增 16%。

——全社会固定资产投资 202 亿元，比增 20%。

——财政总收入 30 亿元，比增 15.3%；其中地方级财政收入 14.45 亿元，比增 12.5%。

——合同利用外资 1 亿美元；实际利用外资 1 亿美元；外贸进出口总额 6.6 亿美元，比增 4.8%，其中外贸出口总额 5.3 亿美元，比增 5.2%。

——社会消费品零售总额 84 亿元，比增 12%。

——城镇居民人均可支配收入 29500 元，比增 12%，农民人均纯收入 11540 元，比增 12%。

2013 年主要经济指标预安排依据分析：

（一）地区生产总值。根据我区经济发展的实际和项目支撑能力，对照“十二五”规划纲要提出的目标要求，2013 年我区 GDP 增速初步按 13%安排。

1.第一产业：2013 年受流域整治影响，畜牧业产值下降，但考虑林果、蔬菜及食用菌等农产品价格因素、产量的增长及复种指数的增加，产值将略有增长，但幅度较低。主要依据：一是大洋新美蔬菜、大洋药材、新县、庄边、萩芦等种植业新增产值 0.5 亿元。二是随着工业原料林基地进入轮伐期，预计 2013 年林业新增产值 0.4 亿元。三是服务业新增产值 0.3 亿元。以上合计预期农林牧渔业新增产值 1.2 亿元，总产值可达 31.5 亿元，增长 2.5%。第一产业增加值为 19 亿元，净增 0.8 亿元，增长 2.5%，拉动 GDP 增长 0.2 个百分点左右。

2.第二产业：工业。考虑国内外经济环境因素，我区工业增长将会受到影响，但总体仍将保持平稳。初步分析，2013 年全区将净增规模以上工业产值 98 亿元，增长 16%。增量主要来自：一是预计全区 230 家规模以上工业企业按自然增长 10%预计可新增产值 62 亿元。二是预计 2013 年海峡纺织、亿发集团、英博雪津、荣兴机械、华昌珠宝、新世纪电子等 20 家工业企业增资扩产项目新增产值 30 亿元。三是 2013 年规模以下可望进入规模以上的企业近 30 家，预计可新增产值 6 亿元。以上合计规模以上工业产值可达 98 亿元，加上规模以下工业产值预期 58 亿元左右，全区工业总产值可达 773 亿元，增长 16.2%。工业增加值为 252 亿元，净增 31 亿元。建筑业方面。随着全区重点项目的持续攻坚及“五大战役”的深入实施，2013 年建筑业将持续快速增长。预期2013年建筑业总产值可达35亿元左右，建筑业增加值达到20亿元左右，净增3.5亿元，增长20%。以上两项合计，预期第二产业增加值达到272亿元，净增34.5亿元，增长14%，拉动GDP增长10个百分点左右。

3.第三产业。一是我区将加大推动第三产业发展的扶持力度，物流、仓储、旅游、运输行业将加快发展，其它服务业也将保持一定幅度增长，房地产营售也将在城市建设的拉动下持续保持平稳态势。二是我区还将对工业企业“前店后厂”中零售业加大统计力度，通过培育“限下”转“限上”、发展金融服务业，来促进社会消费品零售业及第三产业的增长。三是行政事业单位工作人员加薪等等。综上所述预计第三产业增加值可达81亿元，净增11亿元，增长13.5%，拉动GDP增长3个百分点左右。

综合三次产业分析，预期明年全区生产总值净增48.8亿元左右，总量可达372亿元，增长13%。

（二）全社会固定资产投资方面。2013年我区将加大项目建设力度，初步计划全年实现202亿元，增长20%。主要依据有：一是拟列入2013年区级在建重点建设项目149个，年度计划投资161.9亿元；拟列入区级预备重点建设项目40个，年度计划投资22.1亿元；拟列入重点前期项目40个，年度计划投资7亿元。二是投资在50万元以上未列入区级重点建设项目预期投资3亿元以上。9个为民办实事项目年度计划投资0.8亿元。三是投资在50万元以下以及农村个人建房投资（包括农户抽样调查）预期可达5亿多元。四是市级安排的一批重点建设项目，如向莆铁路涵江段等省级重点建设项目2013年预期投资可达3亿元。

（三）外经贸指标方面。1.合同利用外资计划安排1亿美元，主要来自2013年在谈、待批的外资项目有5个。包括：晋谱（福建）光电科技有限公司二期增资1000万美元，佳美集团增资600万美元，佳通纸品增资500万美元，卡朱米总部项目600万美元，集友总部项目600万美元，其他增资扩产项目预计可达2000万美元。2.实际利用外资计划安排1亿美元，主要有：晋谱（福建）光电科技有限公司二期到资600万美元，佳美集团到资300万美元，佳通纸品到资300万美元，萩芦山庄300万美元，樱花文具到资300万美元，其他增资扩产项目到资400万美元。3.外贸进出口计划安排6.6亿美元，增长4.8%。主要依据有：预计2013年年出口500万美元以上的大户有15家，主要有东源水产、荔丰鞋业、启星商贸、百利电子、百威科技、樱花文具、新威电子、安特半导体、启明鞋业、金星鞋业、维琪鞋业、大吉利鞋业、德信电子、大福鞋业、立丰鞋业、锦华贸易、万信贸易等15家企业，累计年出口可达3亿美元；其他90家自营出口企业预计可出口2亿美元。预计2013年年进口500万美元以上的企业有8家，即安特半导体、正源饲料、金星鞋业、大通鞋业、大通鞋材、佳通纸品、新盈液晶、百威科技等8家，累计年进口可达6000万美元，其他企业预计可进口1亿美元。

三、2013年经济社会发展计划的主要任务和措施

（一）加快推进兴化湾南岸涵江港建设，努力打造城乡一体化发展的新引擎。围绕“滨海产业宜居新城”的目标定位，主攻堤内1.5万亩的土地收储和堤外填海造地，启动5000吨码头建设前期工作。加快建设涵三路改造和人民街南伸工程，开通港前路，完成赤港至三江口2.2千米疏港公路，打通中心城区通往涵江港区的交通动脉。加快推进兴化湾南岸涵江港区临港产业的各项前期工作，加强工业项目招商和落地建设，力促总投资150亿元的保利集团涵江港围海造地项目尽快开工建设，扎实抓好莆田市装备制造产业园、CPL、普洛斯物流等一批重大产业项目的协谈合作，争取尽快签约落地。

（二）提速推进城市建设，展现城乡一体化发展新面貌。一是提高城市规划水平。以莆田市城乡一体化综合配套改革试验为契机，按照城市总体规划要求，加快城市总体设计、主城区控规、专项规划、村镇规划编制进度。二是提升城市品质。围绕区八次党代会提出的“一核四翼”城市发展格局，以福厦路两侧为重点，继续推进城市旧城改造与新区建设。力争完成塘北社区、铺尾小区、西坡小区、苍口片区、旧车站、下洋等6个片区改造工程，推进群英社区、电影院片区、涵华小区征迁力度，促进福厦路沿线成片改造。启动海西文化创意产业城基础设施建设。加快兴涵水都华融一期、红星美凯龙白塘湖城市综合体、塘北东盛城市综合体、人民公园深圳华侨城和中体奥星城市综合体等项目的前期工作，确保实现部分项目开工建设。全力配合推进向莆铁路涵江段、湄洲湾至重庆高速公路涵江段的建设。加快建设和完善城区路网结构，完成新涵大街示范街提升改造，荔涵大道、涵黄路和福厦路“白改黑”等工程，新开工涵北路、白塘路、香林路、荔城路一期等5条道路，续建涵港大道西侧、南环路东伸、涵三路改造等5个项目，启动工业路北伸、东环城路北伸等项目前期工作。实施片区路网提升工程，全线贯通塘北路，推进湖园路西伸、纵一街、苍霞路等5条路网建设，优化塘北片区交通组织结构。实施园区路网提升工程，建成新涵工业集中区郊河路、梧梓路、南18米路等3条道路，推进莆田高新区东港路、综合服务区支路建设。积极推进城乡客运运输，逐步实现农村交通公交化。三是推进城镇化和新农村建设。继续加快推进江口省级试点小城镇和萩芦市级小城镇试点工作，以土地流转为重点，在国家土地政策允许的范围内，进一步探索“村庄集并、迁村腾地、以地生财”，提升中心镇建设发展水平。扎实推动新农村建设，重点抓好沁后、官庄等9个市区镇试点村规划和详细设计。扎实开展村容村貌整治，推进农村家园清洁行动，切实改善农村人居环境。

（三）着力攻坚克难，保持固定资产投资增长。一是继续打好“五大战役”。安排区级重点项目238个，总投资1712亿元，年度计划投资191.8亿元。其中：在建重点项目149个，年度计划投资161.9亿元；预备重点项目40个，年度计划投资22.1亿元；前期重点项目40个，年度计划投资7亿元。二是抓紧项目储备和开工。全力抓好2013年重大项目推进，对列入2013年开工计划的投资项目，务必要增加前期投入，推动项目早开工、多开工、快推进、早见效。切实做好项目储备动态管理，加强与国家、省上项目规划衔接和对接，力争更多重大项目挤入国家、省级计划盘子。三是拓展项目融资渠道。加强项目策划生成、申报，努力争取中央和省更多的项目资金投入。加强直接融资力度，积极推进企业改制上市。加大政银企合作力度，争取银行信贷支持。积极探索BOT、BT等项目融资方式，吸引社会资金参与兴化湾南岸涵江港的所有项目建设。充分发挥我区区位、资源、政策等优势，在推进央企、民企、外企“三维”项目对接的同时进行社会资金投入同步对接。

（四）着力优化经济结构，加快构筑现代产业体系。大力发展现代工业。紧抓莆田高新区晋升为国家级开发区的机遇，加快中科院海西研究院莆田中心、西安光机所和西安电子科技大学国家级科技园莆田分园等科技平台建设，提升园区产业发展水平。积极鼓励符合条件的企业申报高新技术企业，力争今年新增福建品牌企业3家，福建著名商标2家。加快推进卧龙达、亿力电器等一批重点项目建设，促进园区的整合提升。用好、用活、用足省、市、区各项扶持工业发展政策，鼓励和引导英博雪津、亿发工贸等一批重点企业做强做大，力争年内新增规模以上企业30家。要进一步优化外贸结构。鼓励企业开拓国际市场，鼓励高新技术产品和机电产品出口，推进科技兴贸出口创新基地和省级重点商品出口基地建设；鼓励中小企业“走出去”，通过合资、合作、并购等方式，开展以出口带动、资源开发、产业集聚、技术寻求为主的对外直接投资。提升现代服务业。加快编制商贸服务业和物流业发展专项规划，不断提升以小商品批发城为主、九大专业市场为辅的传统商贸业态发展水平。大力发展现代物流业，引进和培育一批集运输、仓储、配送、信息为一体竞争力强的大型物流项目。鼓励发展总部经济、楼宇经济，加快打造一批城市综合体和现代服务业集聚区。加快建设海西文化创意产业园等一批文化创意产业集聚区。编制全区旅游业发展专项规划，推进闽中革命司令部省级革命传统教育基地、夹漈草堂等一批景区建设，大力发展集红色旅游、绿色观光、生态体验、养生休憩四位一体的特色旅游，推动旅游业的发展。加快发展现代农业。坚持以工业化理念谋划农业发展，巩固壮大水产、水果、蔬菜、食用菌、林业等传统产业，发展无公害、绿色食品。大力培育花卉、茶叶、油茶等产业，发展农产品精深加工，延伸农业产业链。实施农业名牌战略，引导农业龙头企业争创国家级、省级名牌等。大力完善以现代水利为重点的农村基础设施建设，加快乌溪水库、梅洋等16座小（2）型水库等项目建设。积极发展海洋经济。大力培育海洋新兴产业、高端临海产业、现代海洋服务业和现代海洋渔业，扶持和培育省级海洋与渔业水产龙头企业。积极有序推进海洋功能区划调整，促进临港产业与海洋渔业协调发展。

（五）着力扩大消费需求，增强消费拉动作用。一是提高消费能力。着力提高广大中低收入者的工资薪酬水平，提高中等收入者的比重，加大财政支出对民生和社会领域的倾斜力度，完善社会保障制度。二是扩大消费领域。培育消费热点，大力发展电子信息、通信产品、教育培训、家政服务、文化娱乐、体育健身、休闲旅游等消费。拓展农村消费市场，继续开展“家电下乡”工作，重点做好“万村千乡”市场工程农家店、配送中心建设及城乡集贸市场升级改造工作。三是拓展消费业态。支持发展电子商务，鼓励发展信贷消费，积极发展网络购物，大力扶持物流网络服务中心和现代物流公共信息平台建设。

（六）着力保障民生，推进社会事业的全面进步。实施中小学校舍安全加固工程和扩容工程，全面加快义务教育标准化学校和学前教育建设，发展中等职业教育，促进各类教育均衡发展。进一步健全医疗卫生服务体系，促进涵江医院县级公立医院改革试点工作，扎实推进平民医院综合楼和村（社区）卫生所建设等工程。进一步落实各项人口计生政策措施，切实加大统筹人口问题的力度，有效提升人口计生工作水平。扎实做好新型农村合作医疗、城镇居民基本医疗保险、城市和农村医疗救助等工作，新农合参合率保持在100%以上。加大保障性安居工程建设力度。新建各类保障性住房762套，续建800套。全面落实各项促进就业政策，城镇登记失业率控制在2%以内。深入贯彻妇女儿童发展纲要，依法保障妇女儿童合法权益，促进妇女儿童全面发展。

（七）着力节能减排，推进生态文明建设。一是加大节能减排力度。把好项目资源关和环境准入关，落实环境影响评价和“三同时”制度。二是建设生态城市。以创模复查和生态创建为抓手，加快推进国家生态区建设。到2013年我区80%的乡镇、街道要完成创建国家级生态乡镇，80%的行政村要完成创建市级以上生态村，全面达到创建国家级生态区的指标要求。以确保饮用水源安全为重点，扎实开展萩芦溪流域水环境综合整治，水环境质量萩芦溪流域水质达标率达95%以上。

各位代表，2013年全区经济社会发展的目标任务已经明确。我们要在区委、区政府的领导下，在区人大的工作监督、法律监督和区政协的民主监督下，紧扣科学发展的主题，围绕转变发展方式的主线，增强使命感、责任感、危机感、紧迫感，进一步解放思想，抢抓机遇，求真务实，开拓创新，努力推动全区经济社会快速、可持续发展，为全面完成2013年各项任务目标而努力奋斗。

关于涵江区2012年预算执行情况和2013年预算草案的报告

——在涵江区第八届人民代表大会第二次会议上

施晨峰

2012年12月31日

各位代表：

我受区人民政府委托，向大会报告涵江区2012年预算执行情况和2013年预算草案，请予审议，并请区政协各位委员和其他列席人员提出意见。

一、2012年预算执行情况

（一）全区财政收入执行情况

2012年全区代编预算总收入预计260232万元，完成调整后预算任务260000万元的100.09%，同比增收37986万元，增长17.09%，其中：上划中央级收入131749万元，完成调整预算的94.36%，同比增收16073万元，增长13.89%；地方级收入128483万元，完成调整预算的106.73%，同比增收21913万元，增长20.56%。在全区代编预算总收入中，区本级预算收入120200万元，完成调整预算的109.37%，其中：上划中央级收入59208万元，完成调整预算的95.91%；地方级收入60992万元，完成调整预算的126.62%。政府性基金收入6700万元，完成调整预算的108.06%，其中：国有土地使用权出让金收入5000万元，完成调整预算的111.11%。

（二）全区财政支出执行情况

2012年，全区代编预算总支出预计157170万元（含省、市专项及上年结转，下同），增支22724万元，增长16.90%，其中：区本级支出148620万元，增支23482万元，增长18.77%；乡镇（街）支出8550万元，减支760万元，下降8.16%。其区本级财力支出109100万元，增支11483万元，增长11.76%，其主要支出科目：科学技术支出2187万元，增长14.92%；农林水事务支出2370万元，同比增长5.56%；教育支出48500万元，增长12.83%；医疗卫生支出4503万元，同比增长12.35%；社会保障和就业支出23670万元，同比增长39.66%。政府性基金财力支出6700万元，下降64.64%。

（三）区本级财政收支平衡情况

2012年，区本级财政总计收入198010万元，其中：区本级地方级收入60992万元，地方债券收入1826万元，上级补助收入73270万元（含体制补助446万元，税收返还收入4597万元，燃油税费改革返还补助388万元，转移支付补助16368万元，省市专项补助44857万元，各项结算补助6614万元），下级净上解收入48749万元，上年结余收入8173万元，调入资金5000万元。财政总计支出195842万元，其中：本年支出148620万元，上解上级支出47222万元。收支对抵，年终滚存结余2168万元，减去结转下年支出4376万元，实际净结余-2208万元。

区本级基金收支平衡情况：当年基金收入6700万元，上级基金补助收入6601万元，上年基金结余1894万元，基金总计收入15195万元；当年基金支出13060万元，加上补助下级支出420万元，基金总计支出13480万元；收支对抵，年终滚存结余1715万元。

2012年的财政决算正在编制中，因财政收支及上级结算等因素变动，上述数据会有所变动，待决算编成后再报请区人大常委会审批。

（四）2012年预算执行和财政工作的主要特点

2012年以来，我区财政工作在区委、区政府的正确领导下，在上级财政部门的大力支持下，区财政部门紧紧围绕科学发展主题，贯彻落实区委、区政府的一系列决策部署，大力实施追赶战略，以投资促发展、以发展调结构、以发展惠民生，认真履行职责，奋力开拓进取，财政收入实现稳步增长，重点支出得到保障，预算执行情况较好，促进了全区经济建设和社会稳定。

1.征收与融资兼顾，聚财更扎实

——大力挖掘征收潜力。2012年，区财政部门始终把组织收入作为财政工作的重中之重，加强财税库之间的沟通联系，密切关注经济运行态势和政策影响效果，关注项目投资和新增税源的发展，提高税收征缴工作的针对性和有效性；加大税源监控力度，积极挖潜税源，规范非税收入管理，确保各项收入及时、足额、均衡入库。

——积极融资保障重点。积极协调转贷单位和贷款银行做好2012年8亿元多贷款的融资转贷工作；多渠道筹集资金7.4亿元，其中新增银行贷款5.6亿元。落实BT招投标工程项目9个，合同造价8.1亿元。全年重点项目共计支出14.38亿元，平均每月支出1.2亿元，确保我区重点项目建设顺利开展。

2.政策与资金统筹，保障更有力

——征迁项目稳步推进。2012年财政坚持“项目为纲、投资为要、征迁第一”的原则，全力支持项目及征迁工作，大大改善了城市形象，提升人居环境。一是投入22171万元大力推进塘北片区、苍然后度、铺尾片区和卓坡片区等老城区改造，做好拆迁补偿工作。二是投入76748万元用于疏港大道、南环城路、涵港大道、福厦铁路、新涵大街北伸等重点道路项目建设。三是投入2490万元用于涵江港开发建设。四是投入9384万元用于兴涵水都等城乡建设用地增减挂钩指标工作。五是投入17161万元用于海峡纺织城、亿发集团等工业用地征地拆迁补偿及基础建设。

——公共事业长足发展。一是2012年区财政教育投入50791万元，用于完善基础教育资助政策体系，改善中小学基础设施建设，扎实推进中小学校舍安全工程项目建设，推进职业教育发展。二是不断加大科技投入力度，认真落实各项科技创新优惠政策，鼓励企业增加研发投入，2012年区财政科技投入达2144万元。三是安排各类文化体育与传媒专项资金1265万元，进一步加大文化事业基础设施建设投入力度，实施有线广播“村村响”工程、文化信息资源共享工程，支持区体育场、青少年校外体育活动中心和农民体育健身工程建设，支持少体校发展。四是增强基本公共卫生服务能力，2012年拨付基本公共卫生资金1177.5万元为全体居民免费提供包括建立居民健康档案、健康教育、预防接种等9项公共卫生服务。五是2012年区财政安排投入计生经费2543万元，用于全面推进农村计划生育“三结合”工作的开展，逐步落实兑现“五项制度和六项工程”制度，认真做好计生国家优质服务区等各项工作，并按照人均计生经费51元的标准安排落实好计生经费。

——社会保障水平显著提高。2012年共统筹安排社保资金17495万元，一是进一步深化医药卫生体制改革。提高基本医疗保障能力，全区医疗保障资金支出10275万元；完善乡镇卫生院财政补偿机制，拨付我区10个乡镇卫生院财政补助资金776万元。二是做好社会救助和抚恤安置工作。完善城乡低保补助政策，拨付春节一次性补助和城乡低保资金1638万元；继续贯彻实施优抚对象抚恤补助标准自然增长机制，各类优抚对象补助支出899万元。三是提升养老服务水平。进一步做好城乡社会养老保险工作，发放城乡社会养老保险基础养老金3455万元；建设14个居家养老服务中心，已拨付财政补助资金154万元；下拨资金298万元确保了军队离退休干部移交地方政府安置管理。

——强农惠农富农投入加大。2012年，我区财政共安排各类支农资金11252万元。一是积极推进涉农资金拨付"一折通"，兑付粮食直补、农资综合直补和良种补贴、燃油补贴、生态公益林补贴和造福工程补贴等资金共计2615.62万元，惠及农户5.3万户。二是2012年涵江区启动水稻种植（制种）保险工作，具体补贴标准为：水稻按播种面积每亩保险400元，农民每亩只需缴纳2.4元，其余的全部由各级财政分别负担。三是大力落实家电下乡、摩托车下乡、家电以旧换新补贴政策，2012年，家电下乡共销售121000台，销售金额达2.76亿元，财政发放补贴资金3671.96万元；摩托车下乡共销售3289辆，销售金额达1325.09万元，财政发放补贴资金197.23万元；家电以旧换新全面完全清算工作。家电下乡销量仍居全市第一，家电、摩托车下乡工作继续稳步开展。四是加大水利基础设施建设，2012年病险水库除险加固共12座，初步设计书已顺利通过专家审查10座，其它2座待审查，完成投资400万元。

3.改革与创新并举，运作更高效

——预算管理科学精细。切实发挥好预算执行分析服务决策的参谋助手作用，把预算执行管理工作放在更加突出的位置，深入研究国家宏观调控政策对财政收入的影响，促进财政收入稳定增收，积极探索预算绩效管理办法，不断提高预算支出执行的有效性、及时性、均衡性。

——国库改革全面普及。制订关于规范和加强预算单位国库集中支付资金归垫管理制度，努力提高支付效率，及时受理单位支付申请，基本做到每日一付，确保全区纳入国库集中支付的257家单位经费支出正常，2012年，共通过系统下达指标20.99亿元，完成国库集中支付11429笔业务，实现支付金额18.12亿元，比上年同期增长13.32%，利用可调度资金2.87亿元；并且保证月均3600万元的工资，每月都在10日前直达个人账户。

——乡财管理继续深入。一是通过实行严格的资金申报审批制度，有效缓解乡镇财政资金紧张情况。2012年累计审核乡镇申报计划24360.89万元，批复用款24133.33万元，为乡镇调控留用资金227.56万元。二是树立全局意识，优化支出结构，审核拨付乡镇干部职工及离退休工资支出3545.18万元，拨付镇村运转经费4920.67万元，拨付拆迁、农业、交通、水利等专项资金18340.59万元。三是乡镇卫生院继续坚持"票款同行、以票管收"的办法对卫生院收入做到应收尽收，严禁转移及隐匿各项收入，2012年实现医疗收入608.46万元、药品收入1012.44万元；并在此基础上对乡镇卫生院执行“核定任务、核定收支、绩效考核，财政补助、增收分成、短收全赔”的原则，加强保障，2012年拨付工资性支出984.5万元、药品支出795.52万元，办公费及医疗耗材支出390.09万元，充分保障了卫生院的正常运转。

——票据管理水平提高。严把票据“使用、发放、核销”三关，2012年，通过电子化管理系统核销票据761549份，通过电子化管理系统的非税收入资金8.1亿元；并新增8家财政票据电子化管理改革试点单位，有力推动了财政票据电子化改革的顺利进行。

——“一事一议”有序开展。全面开展村级公益事业建设一事一议财政奖补项目，促进社会主义新农村建设，做到“三结合”，即与新农村建设相结合、与小农水建设相结合、与整合自然村道路建设省级补助资金相结合。2012年，共有8个乡镇56个自然村实施“一事一议”项目，目前已完工56个，兑现财政奖补资金625万元。

——国有资产保值增值。强化国有资产经营收益管理，积极盘活闲置国有资产，促进国有资产经营保值增值和收益最大化。进一步规范了行政事业性资产租赁行为，2012年，共审批区直单位7宗房产租赁及3宗残值竞价统一进入区人民政府发展服务中心进行公开投招标，租金收益比以前有了明显提高，保证了国有资产租金收入。

4.监督与治理并重，管理更规范

——严格收支审核，节约财政资金。一是创新资金监管方式；2012年涵江区继续推出在线平台实时追踪专项资金的拨付动向、落实情况，集信息公开、资金追踪、监管联动、状态监测、信访处理、决策支持等功能为一体，目前涵江区纳入监管范围的包括强农惠农、社会保障、文教卫生及经济建设类等20多项涉农项目资金。2012年，通过该平台已拨付资金1.75亿元，拨付率达100%。二是加强政府采购管理，建立网上采购和网上审批监督平台；共成功采购货物105次，总预算价为1280万元，总成交价为1095万元，共为政府节约资金185万元，节约率为14.45%。三是加强会计委派管理，突出监督时效性、针对性、制度的严厉性；建立健全事前事中事后全过程监督机制，既要保证资金及时足额拨付，又要严格履行各项审批程序，确保财政资金使用的规范、安全和有效。四是严把会计人员质量关；共办理完毕591本会计从业资格证书。

——加强专项检查，积极落实整改。一是实施“终端问效检查”，对各项惠农惠民资金落实情况进行检查。二是开展行评和纠风工作。建立健全狠抓落实的工作机制，着力解决群众和基层反映的突出问题，着力改善财政运转中的薄弱环节，着力落实党风廉政建设责任制，着力构建作风建设的长效机制。三是组织“三全一重”廉政风险防控工作。针对纪委要求的风险排查工作，认真开展排查工作，定期分析、督促整改、规范管理，从源头上堵塞产生违纪问题的漏洞。

在肯定成绩的同时，我们也应当清醒地认识到我区财政发展还存在许多困难和问题，主要有：一是经济体量仍然较小，财政增收难度较大，税性比重偏低；二是财政收支矛盾仍然突出，统筹平衡各方需求的能力有待提高；三是资金使用的监管、开源节流、提升绩效的机制还需进一步健全。对于这些问题，我们将增强紧迫感、使命感，加快公共财政体系建设，着力深化改革，不断提高财政管理能力和水平。

二、2013 年预算草案

2013 年财政工作将高举中国特色社会主义伟大旗帜，以邓小平理论和“三个代表”重要思想为指导，深入贯彻落实科学发展观，牢牢把握党的十八大精神，紧紧围绕区委、区政府提出的“以港兴区、工业强区、商贸活区”的发展战略，依法组织财政收入，优化财政支出结构，深化财政体制改革，严格财政监督管理，进一步健全公共财政体制，更好地发挥财政职能作用，为加快构建和谐社会做出积极贡献。

（一）财政收支预算安排

根据我区今年经济社会发展目标和量入为出、收支平衡的原则，2013 年全区及区级主要预算指标编列如下：

根据以上要求，现在提请区人民代表大会审议的 2013 年全区代编预算总收入为 300000 万元，增长 15.28%，其中：上划中央级收入 155475 万元，增长 18.01%；地方级收入 144525 万元，增长 12.49%。在全区代编预算总收入中，区本级预算收入 127900 万元，其中：上划中央级收入 64990 万元，地方级收入 62910 万元。政府性基金收入 7000 万元，其中：国有土地使用权出让金收入 5500 万元。

根据以上收入测算，2013 年全区代编预算财力 122800 万元，同比增长 8.35%。根据《预算法》关于“各级预算应当做到收支平衡”的要求，全区计划调入资金 2200 万元，用于补充可用财力，2013 年全区预算可用安排的财力计 125000 万元，相应安排全区预算总支出 125000 万元，同比增长 6.75%，其中：区本级预算内财力 114100 万元，区本级拟调入资金 2200 万元，区本级可用财力计 116300 万元，相应安排区本级支出 116300 万元，同比增长 6.60%，区本级支出主要科目：科学技术支出 2446 万元，增长 11.84%；农林水事务支出 2295 万元，同比增长 8.1%；教育支出 41265 万元，同比增长 3.62%；医疗卫生支出 6328 万元，增长 19.6%；社会保障和就业支出 28181 万元，同比增长 19.06%，预留增资 4000 万元。政府性基金支出 7000 万元，其中：城乡社区事务支出 5958 万元。

（二）扎实工作，确保圆满完成 2013 年预算任务

1.依法加强征管，努力促进经济平稳增长

发展才是硬道理，财政工作将紧紧抓住发展这个第一要务不放松，把做大财政收入“蛋糕”、促进经济发展作为首要任务，积极培植新的经济增长点。一是进一步加大收入目标考核力度。认真分解落实收入目标任务，不断完善目标管理考核机制，严格奖惩兑现，增强征收单位的责任意识，形成各部门齐抓共管的局面。二是充分发挥财政政策的导向作用。抓住海西发展环境相对宽松的有利时机，整合财政扶持企业经济政策，有效运用财政杠杆，继续完善以政府投资、贴息、补贴等多种形式为主体的财政政策体系，支持龙头企业做大做强，并帮助缓解中小企业融资困难，拓宽企业融资渠道。三是积极争取上级扶持力度。积极支持企业向上申报项目，努力向上争取各类项目发展资金，帮助其实现同产品经营向品牌经营转化，不断扩大影响，提高市场份额，使其更好地服务于经济发展，开辟新的财源税源增长点。

2.切实优化支出结构，有效保障民生支出

一是围绕服务“三农”，落实好各项强农惠农政策。继续落实好良种直补、农资综合补贴、新农村建设及燃油补贴等惠农资金的拨付和管理，保证资金及时足额到位，兑付到每个农户手中，并积极落实安排资金，继续大力支持农村道路、河道清淤、农村危桥修建等惠民工程，切实改善农民生产、生活、出行条件，让公共财政的阳光照耀到农村千家万户。二是加大对社会保障的投入。进一步完善基本养老保险、基本医疗保险制度，保证退休、下岗职工困难生活保障金及失业保险金及时发放；继续做好农村最低生活保障制度和就业资金发放工作，解决他们的实际生活困难。三是加大教育投入。继续完善义务教育经费保障机制，落实普通高中低保家庭及经济困难家庭学生助学金制度，推进校安工程建设，努力改善办学条件；落实贫困家庭寄宿生营养改善工程，建立健全对贫困学生的长效帮扶机制。四是大力支持城市重点项目工程建设。创新工作思路，创新融资办法，积极筹措和调度资金，确保基础设施、拆迁项目等建设的资金需要，不断完善城市功能、改善人居环境，使百姓充分享受发展成果。五是继续保工资、保运转。通过加强财政供给人员管理，规范津补贴管理制度，建立、完善工资统发制度，确保人员工资及时足额发放。

3.深化财政改革，努力提升依法理财水平

一是继续加强和完善部门预算管理。以规范财政预算指标管理系统为手段，进一步加强单位的预算指标管理，增强和维护部门预算执行的正确性和严肃性；继续倡导开展厉行节约，严控公务购车用车、会议活动、公务接待以及党政机关人员出国（境）经费等非生产性支出过快增长；加强项目支出管理，严格控制预算追加。二是深化财政国库集中支付改革。继续深化和完善财政国库管理制度改革，完善国库支付软件功能，强化代理银行责任，防止单位预算资金转移到国库单一帐户体系外，保证财政资金安全运行，简化操作程序，规范业务操作，进一步提高直接支付占比，发挥资金最大效益。三是完善乡财区管乡用制度改革。建立健全内部岗位责任制和内部稽核制度，使内部监督检查制度化、规范化，努力提高乡镇财政运行质量和资金使用效益，确保改革各项措施落到实处。四是加强政府采购管理。优化各种采购方式的实施，充分发挥政府采购规模效益，加快完善科学合理的“管采分离、机构分设、政事分开、相互制约”的集中采购运行机制。研究开发网上采购互动平台系统，逐步实施网上政府采购，提高政府采购工作效率和透明度。

4.加强财政监管，努力提高财政资金使用效益

一是加强政府性投资项目和国有资产管理。严格执行政府投资项目评审监督办法，实行政府性投资项目全过程监管制度，及时对完工项目进行决算；推行行政事业单位资产统一管理办法，按照“注重节约、优化配置、提高效率、调剂余缺”的原则，盘活存量，整合资源，确保国有资产物尽其用，减少闲置浪费。二是加强行政事业单位财务监督和专项资金管理。加强行政事业单位财务检查，强化会计信息质量监管和“小金库”治理，进一步规范财经纪律；强化对社会保障资金、农业专项资金、项目专项资金等专项经费的管理，提高专项资金的使用效益。

5.提高队伍素质，推动财政事业健康发展

面对新形势下对财政工作的要求，我们要继续加强对财政干部职工的教育工作，以全员学习培训为目标，努力建设人人学习、终生学习的学习型机关；要加强廉政建设，坚持警钟长鸣，互相监督，互相提醒，筑起牢固的思想防线，确保财政事业健康发展；要不断加强政治理论和业务知识学习，努力提高财政干部队伍的政治理论水平和业务能力，从而推动我区财政工作又快又好地发展。

各位代表，2013年是执行“十二五”规划的承上启下的关键年，财政工作任务艰巨而光荣。我们要在区委、区政府的坚强领导下，自觉接受区人大及其常委会的依法监督和政协的民主监督，深入贯彻落实科学发展观，以昂扬的斗志，坚定信心，解放思想，开拓创新，扎实工作，努力完成全年财政目标任务，为加快涵江社会经济和谐发展而努力奋斗。

涵江区人民代表大会常务委员会工作报告

——在涵江区第八届人民代表大会第二次会议上

肖云敏

2013年1月1日

各位代表：

我受涵江区八届人大常委会的委托，向大会报告一年来的主要工作，请予审议，并请列席会议的人员提出意见。

2012年主要工作

一年来，区八届人大常委会在区委的正确领导、市人大常委会的关心指导和“一府两院”的大力支持下，坚持以邓小平理论、“三个代表”重要思想和科学发展观为指导，认真贯彻党的十七届六中、七中全会和十八大精神，紧紧围绕涵江发展大局，履行宪法和法律赋予的各项职责，在推进涵江跨越发展上有新的作为，在增强监督实效上有新的举措，在发挥代表作用上有新的进展，在加强自身建设上有新的提高，较好地发挥了地方国家权力机关的作用，为推进我区经济社会发展和民主法治建设做出积极的贡献。

一、围绕中心，服务大局，促进经济社会发展

常委会坚持党的领导核心意识，自觉地把人大工作置于区委的领导之下，从人大职能出发，着力谋划发展，竭力服务发展，全力促进发展。

突出重点保障发展。坚持把计划、预算的执行作为监督审议的重点。先后对2012年计划、预算执行情况及重点项目建设进展情况进行视察调查，听取和审议了区政府相关工作报告。针对受国内外经济形势影响，我区部分经济指标面临下行压力增大，增速不同程度下降等困难和问题，提出要加强经济运行监控，积极扶持企业回稳增效，强力推进重点项目建设，加强工程质量和项目资金监管等建议意见，并以呈阅件形式报送区委，为区委决策当好参谋，为政府工作提供支持。根据发展需要，认真审查并批准了区政府关于调整2012年重点项目投资计划、区本级财政预算的议案，配合市人大开展税收征管工作专题调研，促进政府扎实推进项目建设，加快经济结构调整，大力培植税源，健全公共财政体系，保证年度预算收支平衡和经济的健康发展。常委会还充分运用审计成果，对审计中发现的涉及7个区直部门、5个乡镇（街）的预算执行和财务收支中存在的问题，督促有关部门认真整改，提高财政资金的使用效益，确保依法理财、科学理财。

关注项目推动发展。紧紧围绕区委“项目为纲，投资为要，征迁第一”的决策部署，建立了常委会领导和各委室挂钩项目、挂钩乡镇工作机制，开展了“服务项目促发展、深入基层解难题”活动，选派了基层工作经验丰富、思想能力过硬的机关干部深入项目一线，形成全员参与、全力以赴支持项目和服务项目的良好氛围。常委会领导带头做好涵港大道、省道

201线、卓坡地税小区、枫林小区等重点项目的挂钩工作。特别是作为省、市重点建设项目的涵港大道，征迁工作有序开展，道路及安置房建设等稳步推进，成为我区重点项目建设中的一个亮点。针对近年来我区项目征迁工作量增大、面广的特点，为保证项目征迁档案的完整性和安全性，开展了建区以来首次的档案法执法检查，在肯定成绩的同时，提出要加强对重点项目档案的规范化管理，确保项目征迁档案完整齐全。区委、区政府高度重视人大的建议，联合发出了《关于加强项目征迁档案管理的通知》，及时增补了人员和资金，落实责任，强化项目征迁档案的建档和管理。针对安置区建设进度和房产办证问题，开展了专题调研，建议尽快成立专门机构，统一管理，督促安置区建设进度，协调办证。建议引起市、区相关部门的高度重视，组织对安置房建设及房产办证情况进行调查摸底，建立台帐，对安置房建设开辟绿色通道，简化相关手续，推进安置房建设提速。

统筹兼顾协调发展。着眼于城乡经济统筹发展，与市人大常委会联动，开展了城乡一体化综合配套改革实验工作的前期调研，从找准突破口、研究政策对接、加强规划管理、优化产业布局，深入推进实施等方面提出建议和意见，为我市城乡一体化综合改革总体方案和我区实施意见的形成建言献策。着眼于土地资源统筹开发，开展了土地承包法及相关法律法规的执法检查，督促和支持政府加大对闲置土地清理力度，建章立制，加强监管，规范土地流转，提高土地资源利用率。着眼于优化发展所需的水资源环境，分别对中心城区畜禽养殖污染整治情况和河道修复保护规划实施情况进行视察检查，配合市人大开展水污染防治法执法检查和中华环保世纪行活动。在市、区人大的推动下，政府加大力度，持续了开展禁养区、禁建区及龙江流域的污染整治工作，启动梧梓河、塘头河清淤疏浚工程，改善河道生态环境，促进经济与环境协调发展。

凝心聚力共谋发展。为进一步激发全区各级人大代表服务项目、促进发展的热情，组织在涵的市、区人大代表80余人到仙游、湄洲湾北岸经济开发区实地考察学习项目建设的好经验好做法，开展“服务跨越发展，展示代表风采”活动，倡议全区各级人大代表立足本职，发挥自身优势，与全区上下一起攻坚克难。代表们积极响应，涌现了一大批先进人物和先进事迹，共同营造出齐心协力抓项目促发展的干事创业氛围。为进一步强化干部谋发展干发展的意识，常委会重视做好国家机关工作人员的任免工作，始终把党管干部原则和人大依法任免干部统一起来，通过法律程序把经过组织考核合格的38名干部任命为国家机关工作人员，并对他们今后的履职提出殷切希望，要求他们牢记使命，恪尽职守，在区委统一领导下心往一处想，劲往一处使，为涵江跨越发展尽心尽责。

维护法治促进发展。先后组织对道路交通安全法等5部法律法规执行情况进行视察检查，配合市人大对城乡规划法等6部法律法规进行执法检查，督促“一府两院”和相关部门认真解决执法工作中存在的问题，完善执法程序，规范执法行为，营造良好的法治环境。扎实开展规范性文件备案审查工作，对区政府报送的59件规范性文件进行备案审查，要求政府及相关部门继续开展规范“两权”工作，清理并废止已失效的文件73件，保证规范性文件的合法性和有效性。组织人大代表参加保障性住房分配方案及旧片区改造方案等事项的听证会，促进政府及部门重大事项决定的民主化、公开化。与市人大常委会联动，对莆田电业局、莆田公安边防大队、消防支队创建“人民满意”单位进行视察调研，推动创建单位巩固发扬优点和亮点，整改问题和不足，进一步强化服务群众和地方经济建设的意识。

二、以人为本，关注民生，推进和谐社会构建

常委会顺应民意，围绕事关人民群众切身利益的重大事项进行监督，保障民生改善。

关注教育事业。组织对我区教育工作进行视察调研，针对薄弱环节，建议完善义务教育经费保障机制，加快完成义务教育标准化建设，关爱“留守儿童”，普及学前教育，切实解决进城务工人员随迁子女就学问题。重点督促有关部门保质保量完成了校安工程重建任务，解决了全区高中、幼儿教师绩效工资、住房公积金纳入财政预算等问题，积极营造全社会关心支持教育事业的良好氛围。

关注食品安全。针对近年来群众反映强烈的食品安全问题，开展了食品安全法的执法检查。常委会第二次会议认真听取和审议了区政府关于食品安全法贯彻实施情况的报告。会上，围绕食品安全监管工作中存在的11个问题，对区政府有关部门开展了专题询问。这是区人大常委会首次采用专题询问的监督方式，有效地增强了监督实效。会后，区政府依照人大常委会审议意见，进一步理顺管理机制，完善食品安全联席会议制度，落实食品安全监管责任，开展整治行动，促进全区食品安全状况进一步改善。

关注交通安全。开展了道路交通安全法执法检查，督促解决了涵江火车站进站道路中央的电线杆迁移等4个影响交通安全的问题，要求政府及职能部门举一反三，清查排除道路交通安全隐患。区政府积极采纳，持续开展交通安全整治，在重要路段增设隔离栏和警示标志等交通安全设施，提升交通管理水平，保障道路交通安全。针对城区停车难引发的部分路段交通拥堵问题，常委会开展专题调研，建议将公共停车场规划建设列入为民办实事项目，进一步改善城区交通秩序。

关注社会治安。专题听取了区公检法机关关于打击“两抢一盗”犯罪活动情况报告，要求公检法机关持续强化专项打击力度，不断加强治安防控，切实推动群防群治，努力打造“平安涵江”。开展了宗教活动场所管理审议意见办理情况跟踪检查，推进宗教活动场所规范化管理，保证宗教活动健康有序开展，促进社会平安创建工作持续深入。

关注群众诉求。充分利用视察调研，深入群众，倾听民声，了解群众的所想所盼，把群众反映的突出问题纳入常委会的监督视线。一年来，常委会机关共受理、接待群众来信80件、来访148人次，省、市人大常委会转交办信访件42件，均能按照法律法规和政策要求进行转办、交办、督办。对群众反映强烈的涉法涉诉、土地征用等问题，一方面积极主动做好上访群众的思想工作，另一方面依法加大信访件的交办督办力度，积极化解信访积案，维护群众合法权益。在全国和省两会及党的十八大召开期间，常委会领导按照区委安排，带队到北京、福州接访，妥善处理越级上访。

三、夯实基础，创新机制，发挥代表主体作用

常委会把促进代表依法履职作为做好代表工作的出发点和落脚点，不断创新工作机制，发挥代表在促进地方发展和构建和谐社会中的重要作用。

保障代表依法履职。将全区区人大代表与乡镇人大代表合编成45个代表小组，按照“六有”的要求，因地制宜选择在乡镇、村居、企业建立代表小组活动室，规范运作，有效保障代表小组活动正常开展。这一做法得到上级人大的高度评价和充分肯定。依法补选了区人大代表12名。重视做好代表履职培训工作，通过座谈会、培训会、寄送学习材料、通报政情等方式，为代表知情知政、依法履职创造条件。

创新代表活动方式。建立代表履职档案，激发代表履职积极性。注重发挥代表各自的职业特长和专业优势，采用集中活动和小组活动相结合的方式，有计划地组织代表对重大事项、重点项目以及一些群众关心的热点难点问题进行专题视察调研，全年组织260多人次参与各级人大开展的执法检查和调研活动。积极推荐部分人大代表担任行风、廉政、效能监督员，组织代表参加“一府两院”及其部门召开的有关工作座谈会、征求意见会和听证会，进一步拓宽代表履职的形式和范围，人大代表的作用得到进一步发挥。

督办代表建议意见。区八届人大一次会议共收到代表建议、批评和意见104件。常委会通过开展专题调研、重点督办等形式，及时跟踪建议、批评和意见办理进展情况，促进问题尽快解决，提高建议办理质量。经过各方面的努力，104件建议均在法定期限内办理完毕并答复代表。常委会还注意收集代表在调研、视察和常委会会议中提出的切实可行的意见、建议,并及时转交“一府两院”办理，许多合理化建议被充分采纳，转化为改进工作的具体措施。

四、与时俱进，强化作为，不断加强自身建设

2012年是区八届人大常委会的开局年，面对新的形势和使命，常委会始终按照政治坚定、情系人民、作风扎实、清正廉明的要求，不断加强自身建设，呈现出新形象、新局面。

注重思想建设。牢固树立党的领导核心意识，认真学习贯彻中央、省委、市委、区委一系列重要会议精神，把思想和行动统一到党的各项决策部署上来。特别是党的十八大召开之后，常委会及时组织专题学习，深刻领会大会精神，坚持以科学发展观统领人大工作。通过视察检查前的法律知识讲座、组织干部参加培训考察等方式，促进常委会组成人员和机关干部思想观念上与时俱进，提升政治素质和法律素养，增强履职能力。

注重制度建设。根据监督法和省实施办法的规定，重新修定了常委会议事规则、主任会议议事规则、任免国家机关工作人员实施办法，健全了常委会组成人员联系代表、代表联系选民制度，使常委会各项工作有章可循、有规可依，保证常委会更好地坚持民主集中制，按照法律规定的职权和程序办事。

注重作风建设。扎实开展视察检查、调查研究和专题询问，进一步提高常委会视察和审议质量。注重提高监督实效，实行审议意见“回头看”，强化跟踪督查，确保常委会各项决定、决议和审议意见的落实。加强机关效能建设和绩效管理，认真落实“一岗双责”，做好挂钩项目和挂钩乡镇各项工作。扎实开展“常委会组成人员联系代表周”活动，征求代表对人大常委会工作的意见建议，不断改进工作方式方法。

注重联系指导。加强与上级人大常委会的联系，自觉接受监督和指导，配合开展好执法检查、视察调研活动。加强与一府两院的联系，增进了解与沟通，营造良好的工作氛围。加强与宣传部门和新闻媒体的联系，加大对人大及其常委会重要工作的宣传报道。加强与兄弟县区人大的联系，学习工作经验。建立常委会领导联系乡镇人大制度，对乡镇人大提出的工作问题，及时研究，认真给予指导帮助，共同推动全区人大工作上新台阶。

各位代表！过去的一年，新一届常委会各项工作取得的进展和成绩，是区委的正确领导和上级人大常委会的有力指导、“一府两院”主动配合、全体人大代表认真履职和各乡镇（街）及各有关部门共同努力的结果，是全区广大人民群众和驻涵解放军、武警部队官兵参与和支持的结果。在此，我谨代表区人大常委会，向各位代表和所有关心、支持人大工作的领导和同志们，表示崇高的敬意和衷心的感谢！

在总结成绩的同时，我们也清醒认识到，新一届人大常委会的各项工作与宪法和法律赋予的职责，与党和人民的要求，还存在许多不足和不少差距。主要是：监督机制还不够健全，有些监督事项成效仍不明显；如何行使重大事项决定权，仍需在实践中进一步探索；如何进一步加强与代表和人民群众的联系，充分发挥代表闭会期间的作用，还有待进一步改进；常委会自身建设水平有待进一步提升；对乡镇人大工作的指导有待进一步加强等。这些问题，我们要在以后的工作中认真加以研究改进，努力把工作做得更好。

新一年的主要任务

各位代表，2013年是全面贯彻落实党的十八大精神的第一年，是实施“十二五”规划的关键年。新的一年，常委会工作的指导思想是：在中共涵江区委的领导和上级人大常委会的指导下，高举中国特色社会主义伟大旗帜，以邓小平理论、“三个代表”重要思想和科学发展观为指导，深入贯彻党的十八大和区第八次党代会精神，紧紧围绕“以港兴区、工业强区、商贸活区”的战略部署，认真履行宪法和法律赋予的职责，着眼全局，服务发展，关注民生，促进和谐，为实现涵江经济社会新跨越、再铸港城崛起新辉煌做出新的贡献。

一、以坚持党的领导为核心，正确履行法定职责

把学习贯彻党的十八大精神作为首要政治任务，坚持党的领导、人民当家作主、依法治国有机统一，善于把对党负责和对人民负责统一起来，把依法办事与实现党委意图统一起来，保证人大工作正确的政治方向。要更加自觉地维护党委统揽全局、协调各方的领导核心地位，坚持重大事项向区委请示报告制度，紧紧围绕区委的决策部署谋划人大工作，使人大工作的总体安排、工作目标更好地体现区委要求。要抓住我区经济、政治、文化、社会和生态文明建设中的重大事项，深入开展调查研究，依法行使职权，进一步发挥地方国家权力机关在推动工作、落实任务中的作用。要认真落实好

"一岗双责"，扎实做好常委会领导挂钩联系项目、挂钩乡镇的各项工作，凝心聚力，共同维护干事创业的良好氛围。

二、以服务发展大局为方向，科学安排监督议题

围绕经济建设，着重对"十二五"规划实施情况的中期评估和计划、预算执行情况进行审议和监督，支持审计部门加强监督检查，维护计划和预算的严肃性；加强对重点项目建设的监督，组织海域使用管理法和省实施办法的执法检查，开展相关工作专题调研，全力支持涵江港开发；加强对"三农"工作的监督，开展农村土地整理专题调研，着力推进城乡一体化综合配套改革试验；跟踪调查和评议公安边防支队、消防支队和莆田电业局创建"人民满意"单位工作，督促创建单位更好地服务群众、服务发展。围绕民生民本，加强对社会普遍关心的义务教育、环境保护、城市建设、医疗卫生、社会保障等工作的监督，促进经济社会的协调和可持续发展。围绕法治建设，开展执法检查，听取和审议政府关于实施"六五"普法规划中期情况以及司法机关专项工作的报告，认真做好规范性文件备案审查工作，做好人大信访工作，加强重要信访件交办督办，促进"一府两院"依法行政、公正司法，维护社会公平正义。

三、以发挥代表作用为要求，优化服务保障工作

把代表工作作为人大的基础性工作来抓。积极探索闭会期间发挥代表作用的有效途径和形式，进一步加强和改进代表议案、建议办理工作，建立问效机制，提高办理质量和实效，用代表履职的成果来增强代表履职的热情和信心。加强对代表小组活动的指导，丰富代表活动的内容和形式，推动代表小组活动深入开展。落实常委会组成人员分工联系代表制度，持续开展联系代表周活动。拓宽代表知情知政渠道，扩大代表对常委会工作的参与，提高代表视察实效。继续完善代表履职档案制度，把加强对代表履职的监督与尊重代表的法律地位、保护代表的合法权益紧密结合起来，积极为代表依法履职创造条件。

四、以提升履职水平为目标，不断加强自身建设

扎实推进机关建设，力促在制度上更加完善、能力上更加适应、服务上更加高效。加强政治理论学习和人大业务探索，强化大局意识，提高常委会组成人员的政治理论素养和依法履职能力。进一步改进工作作风，加强调查研究，创新工作方式方法，不断提高常委会视察调研和审议质量，提高议事决策水平。进一步加强常委会机关干部队伍建设，坚持机关效能和廉政建设一起抓，深入开展创建文明机关活动，使常委会机关作风更正，工作效率更高，服务质量更好。进一步加强与"一府两院"及上下级人大的联系，自觉接受人民群众监督，持续推进人大工作上新水平。

各位代表，港城崛起已进入攻坚阶段，城乡发展正展现光明前景，做好今年的工作责任更大、任务更重。让我们在党的十八大精神的指引下，高举中国特色社会主义伟大旗帜，紧密团结在以习近平同志为总书记的党中央周围，在中共涵江区委坚强领导下，与时俱进，开拓创新，认真履行宪法和法律赋予的各项职责，为实现"港城崛起、再铸辉煌"目标，创造涵江人民更加幸福美好的明天而努力奋斗！

涵江区人民法院工作报告

——在涵江区第八届人民代表大会第二次会议上

陈思容

2013年1月1日

各位代表：

现在，我代表涵江区人民法院向大会报告工作，请予审议，并请政协委员和其他列席人员提出宝贵意见。

2012年法院工作回顾

2012年，我院坚持以邓小平理论和“三个代表”重要思想为指导，深入贯彻科学发展观，紧紧围绕“基础建设年”工作思路，突出服务发展大局，坚持能动司法理念，认真履行审判职能，着力规范司法行为，全面夯实基层基础，各项工作取得了新的进展。共有集体12个次，个人36人次受到市级以上表彰奖励，区法院被重新授予市级文明单位。

一、围绕发展大局，全力服务港城崛起

紧紧围绕全区发展这一中心要务，未雨绸缪，积极响应，千方百计，克服困难，奋力推进“港城崛起、再铸辉煌”。

（一）强力服务征迁第一。围绕“项目为纲、投资为要、征迁第一”的总体要求，主动服务片区改造和项目建设。成立和谐征迁服务队，以挂钩包户的方式提前参与征迁化解，促成32个征迁老户最终签订安置协议。成立强拆案件化解指导小组，加强与征迁指挥部的沟通协调，规范征迁行为，支持合法强拆，对多次协调仍无法化解的2件案件，依法准予强制拆迁。慎重处理征迁行政诉讼案件，果断制止非法诉求，大力支持行政部门依法有序征迁，共受理15件，已全部化解或依法判决。坚决打击征迁过程中发生的妨碍公务、职务侵占、贪污受贿等违法犯罪行为，受理并审结此类案件3件。精心制作《致广大征迁户的公开信》，积极宣传征迁改造的目的和意义，呼吁征迁户以实际行动支持政府工作。

（二）强力促进企业发展。深入新威、新世纪等企业走访调研，了解企业需求，开展送法进企业活动。依法受理中小微企业借款、股权、劳动争议等案件1144件，帮助化解拖欠货款、劳资纠纷等涉法难题。维护金融秩序，支持农商行改制，开展金融案件专项执行活动，审结金融借款案件3207件，标的额1.03亿元。规范民间借贷行为，制止高利放贷、违规担保等违法行为，共审结民间借贷案件533件，标的额8827.8万元。分析研判经济社会运行反映到审判领域中的矛盾和问题，发布劳动争议、民间借贷、金融执行等系列审判白皮书。积极反映审判过程中遇到的共性问题，向有关部门发出司法建议5条，共同堵塞管理漏洞。

（三）强力化解信访难题。注重源头治理，在提高案件质量的同时，努力做好信访预警工作，采取随案跟踪的办法，在立案、审判、执行各个环节逐步消除信访苗头。注重平时接访，实行立案庭领导日接待、执行局领导周接待、院领导月接待制度，严格落实涉诉信访十项制度，实施好“信访路线图”，最大限度化解初信初访，信访量同比下降56%。注重老案化解，实行每周信访化解进度通报和每月信访责任分解的滚动管理方式，重点督促包案领导强化责任意识，尤其是加大对进京访、重复访的化解力度，中政委和最高法院交办的10件涉诉信访件已全部化解或终结。注重防控交接，密切与基层组织沟通联系，积极配合有关单位共同做好稳控工作，进京赴省案件明显减少，信访工作已步入良性循环。

二、坚持能动司法，全力化解社会矛盾

围绕执法办案第一要务，忠实履行宪法和法律赋予的神圣职责，共受理各类案件8538件，办结8420件，同比分别上升34.61%和36.03%。受理数和办结数均居全市第二位。

（一）落实宽严相济保稳定。共受理刑事案件416件631人，案件数同比上升15.56%，案犯人数同比上升8.42%，审结405件613人。审结中，案件数前三位为：盗窃91件131人，故意伤害58件81人，抢劫43件80人。依法严厉打击杀人、重伤、绑架等严重侵犯公民人身权利和财产权利的犯罪活动，积极开展打击“两抢一盗”、醉驾、制售伪劣食品等危害公共安全的专项行动，有效配合打击发生在重点领域重点部门损害政府公信的职务犯罪案件，共有103名案犯被判处五年以上有期徒刑。依法从宽处理未成年犯、老年犯、从犯、过失犯和具有自首、立功、积极赔偿等情节的被告人，有101名案犯适用非监禁刑。积极配合公安清网行动，对投案自首且符合缓刑条件的，均适用缓刑。加强与公安、检察机关的工作协调，共同解决刑事案件和解、取保候审、监外执行、醉驾犯人收监等工作中出现的问题。准确适用量刑指导意见，有15种罪名列入量刑规范化管理，确保量刑公开、公平、公正。

（二）坚持调判结合化矛盾。共受理民商事案件6642件，同比上升51.26%，审结6566件。认真贯彻“调解优先、调判结合”工作原则，坚持全员、全程、全面调解，共调解2481件，撤诉2140件，调解撤诉率为70.38%。充分发挥民商事审判保障民权民生、维护经济秩序、促进社会管理的作用，其中审结离婚499件，道路交通事故481件，买卖合同357件。高度重视突发性、群体性事件，主动配合、提前介入，协助化解了修理户外广告触电意外死亡、江口葡萄园承包等群体性纠纷；三级联调、借助力量，妥善处理了高新区某电子厂劳资集团诉讼等群体性案件，有效化解矛盾纠纷。充分发挥行政审判维护权益、监督权力的减压阀作用，共受理行政案件70件，审结70件，其中维持、协调或驳回原告诉求66件，维持协调率达94.28%。大力支持计生、物价、土地、公安等行政机关依法行政，帮助树立行政执法权威，共审查非诉执行案件137件，其中裁定准予执行116件。

（三）强化执行措施提绩效。共执结各类案件1228件，标的额1.48亿元，实际执行率、执行标的到位率、平均执行时间指数均居全市前列。完善执行内部制约，深入推进内部分权，合理分配工作职责，有力监督工作衔接，有效整合执行力量，实现执行工作统一指挥、统一调度。深化执行外部联动，与公安、金融、证券、市场监管等部门召开联席会议3次，向国土、房管、车管等部门查询被执行人可供执行财产2105件，与建行、工行等8家银行建立“点对点”集中查询被执行人银行账户信息1295条。强化执行威慑措施，曝光被执行人235人次，司法拘留被执行人45名，移送公安追究被执行人刑事责任3名，限制被执行人出境5人，查封划拨存款802万元，拍卖变卖不动产31处。加强执行基础建设，吸收村主干、村乡老等18名担任执行联络员，完善基层协助执行工作网络；培训新任基层调解主任，着力解决执行文书送达难、被执行人和执行财产查找难等问题。

三、着力品牌建设，全力推进管理创新

不断巩固、借鉴、创新成功工作经验，建立健全了诉调对接、无讼建设、专业审判等一系列能动司法品牌。省法院、省妇联、市委统战部等多个部门领导莅临我院检查指导并总结经验。

（一）深化调解衔接机制。4月份，最高法院确定莆田等42家法院为诉调衔接机制改革试点法院，我院被确定为试点重点单位。按照改革方案的总体要求，我院不断巩固和发展“调解衔接”莆田法治品牌，继续做好诉前调解、委托调解、协助调解、效力确认、调解指导等基础性工作，不断完善特邀调解组织和示范站点建设。同时，大胆探索法院专职调解、律师调解、无异议调解方案认可、无争议事实记载和民商事纠纷中立评估等开拓性工作，培育诉调对接工作新亮点。积极争取区委支持，召开全区诉调对接工作推进会。与司法局联合举办调解主任业务培训班，切实加强基层诉调对接工作实务。帮助完善交通事故、劳资纠纷、征地拆迁、医患矛盾、消费者权益等调处中心建设，进一步提升基层调处矛盾纠纷的工作能力。

（二）推进无讼社区建设。拓宽无讼建设领域，在英博雪津公司、商城管委会、保险公司、莆田六中、江口官庄等地设立“无讼企业”“无讼商贸区”、“无讼理赔点”、“无讼校园”、“无讼村居”等18个各具特色的“无讼”创建点。丰富无讼建设内涵，在“无讼”创建点设立法官工作室、法制教育基地、回访帮教联系点和女法官法律维权工作站等，积极开展纠纷化解、调解衔接、巡回审判、法制宣传、社区矫正、帮扶解困、关爱儿童等工作，逐步打造止讼、化讼、少讼乃至局部区域“无讼”的社会环境。全年共排查化解纠纷152起，确认调解效力88件，指导调解139人次，开展巡回审判167次，举办法律讲座20次，法律咨询26次，发放法律书籍和宣传材料2000多份，回访考察缓刑犯15人次，结对帮扶困难户12户，捐助资金4.6万元。

（三）培育专业审判品牌。不断总结类型化纠纷裁判经验，建立健全以民事案件分类化、主审法官专业化、裁判尺度统一化为内容的专业化审理机制。结合侨区实际，在江口法庭设立“四涉”民事审判合议庭，集中审理涉港澳台侨民事案件，统一办理涉外司法协助事务。在交通事故调处中心设立交通审判庭，构建立案、保全、鉴定、调解、理赔等一站式服务平台。在民营企业较为集中的梧塘法庭设立劳动争议审判合议庭，完善劳动争议“诉调裁”一体化工作机制。在民一庭设立维护军人军属合法权益合议庭，与驻涵武警部队签订涉军维权共建协议。在立案庭设立反家暴合议庭，联合妇联、公安、检察等部门，向涉暴当事人签发“人身保护令”，推动“零家暴社区”创建工作，倡导文明和睦的婚姻家庭关系。

四、狠抓自身建设，全力彰显司法公信

坚持“抓党建、带队建、促审判、创一流”的总体工作思路，全面深化法院自身建设，着力提升队伍的整体素质和司法能力。区法院争先创优工作分别被区委和市法院评为先进集体。

（一）加强司法能力建设。强化思想教育，深入开展“人民法官为人民”主题实践和政法干警核心价值观教育，增强干警为民意识；认真学习领会党的十八大精神，增强干警政治意识；实行周一、二、四晚上和周六全天全院加班制度，增强干警奉献意识。强化业务学习，选派26名干警到上级培训，举办法官讲座31场次，举办青年讲坛12期；组织学术讨论会，收到论文28篇，有6篇在省市获奖，区法院获市级优秀组织奖；支持干警参加在职学历教育，现有和在读研究生共有12名，占干警的13.33%。强化技能训练，开展庭审评查、裁判文书评查和规范调查笔录、规范庭审笔录、规范审理报告制作等“两评查、三规范”活动，被市法院推报为全省法院“两评查”活动先进集体；开展办案标兵、优秀书记员等评选活动，各有1名干警被评为省级办案标兵、优秀书记员和优秀服务保障工作者。

（二）推进法院文化建设。制定《2012-2015年法院文化建设规划》和《2012年法院文化建设计划》，推进法院精神文化、行为文化、制度文化、物质文化、司法生态文化建设。不断丰富文化建设的内容和载体，成立写作、摄影、演讲等11个兴趣小组，先后开展民俗文化节、经典朗诵、读书会、摄影采风等喜闻乐见的文化活动，引导干警快乐工作。不断提升法院文化建设的层次和水平，邀请共建单位、专家学者担任文化顾问，为法院干警指导摄影写作知识、排练文艺节目、训练体育技能，增强干警文化素养。不断完善文体活动设施和场所，修建文体活动中心、室内运动场馆、图书阅览室、院史荣誉室、法律文化长廊，购买文体活动所需的器械设备和配套设施，搭建干警文化活动平台。区法院被省法院命名为“文化建设示范法院”，江口法庭被命名为“文化建设示范法庭”。

（三）健全廉洁防控建设。狠抓防控体系建设，建立每周五下午全院集中廉政学习制度；首创《政工纪检提醒谈话制度》，对出现苗头性问题的6名干警提醒约谈，收到良好效果，分别得到中院和省院院长的批示，并在全省推广；建立全面清权查权、全程跟踪监督、全力化解风险、重点选题防控的“三全一重”防控体系，全面监督权力运行。狠抓纪律作风建设，密切配合中院对我院开展的司法大巡查活动，针对巡查组提出的近3年多来法院存在的问题，逐项进行整改，顺利通过验收并得到充分肯定；坚持每周审务督察和纪律作风督查，每月进行通报并记入个人业绩档案，有力整顿庭风庭貌和机关纪律作风。狠抓制度体系建设，结合法院实际，制定《诉讼案件流程管理办法》、《案件质量评查与责任追究办法》、《干警业绩考评办法》等涉及审判管理、队伍建设、后勤保障、司法礼仪等30多项制度，形成用制度管人管事的良好机制。

五、自觉接受监督，确保工作政治方向

始终坚持党的领导，主动接受人大法律监督和政协民主监督，及时向党委、人大报告法院主要工作，邀请人大代表、政协委员参与调解案件、观摩庭审、见证执行等活动。专题向市人大调研组汇报我院执行内部监督和外部联动运作情况，向区人大常委会汇报我院打击“两抢一盗”审判工作情况。切实加强与人大代表、政协委员的沟通联系，共收到代表、委员意见建议8件，均在规定期限内办复。大力推进阳光司法，组织开展“法院开放日”活动，加强法院门户网站建设，邀请媒体采播重大影响案件，实时发布法院动态信息。充分发挥人民陪审员的参审与监督作用，共聘请31名人民陪审员参加庭审案件1710件，适用合议庭审理的案件陪审率达98.71%。

各位代表，一年来，我院坚持科学发展，各项工作呈现出基础扎实、亮点突出、健康有序的良好局面。这些成绩的取得，是区委坚强领导、区人大及其常委会有力监督、区政府、区政协以及社会各界大力支持的结果，也是各位人大代表、政协委员长期以来关心厚爱的结果。在此，我谨代表区法院向你们表示最衷心的感谢和最诚挚的敬意！

在看到成绩的同时，我们也清醒地认识到，法院的工作还存在一些困难和不足，主要表现在：案件质量和效率还有待进一步提高；“执行难”和“涉诉信访化解难”问题没有从根本上解决；办案力量不足、法官断层问题还十分突出；白沙、梧塘法庭等“两庭”建设进度不快、资金仍然短缺；法院信息化和文化建设水平仍然不高，基层基础工作还需进一步加强，等等。对此，我们将在各方面的关心和支持下，切实采取有力措施，努力加以解决。

2013年主要工作安排

各位代表，2013年是我院的“创新发展年”，总体工作思路是：坚持以邓小平理论、“三个代表”重要思想和科学发展观为指导，认真贯彻落实党的十八大精神，紧紧围绕“为大局服务、为人民司法”工作主题，以强化机制创新为动力，以提升审执质效为核心，以加强队伍建设为重点，以夯实基层基础为保障，努力实现人民法院工作的新发展。具体做到以下几点：

一、融入大局，在服务发展上求更大作为。坚持能动司法、服务大局理念不动摇，紧紧围绕区委、区政府中心工作，自觉将审判工作置于全区工作大局中去谋划、去推进。充分发挥刑事打击、民事保障、行政协调等三大审判职能作用，全力服务港口大开发、项目大建设、民生大发展、城乡一体化，在司法领域努力推进港口宜居城市建设。围绕全区经济建设中遇到的征迁、融资、供地等困难和问题，适时组织开展各项专项审判执行和司法服务活动，切实保障全区经济健康、持续、跨越发展。大力开展司法走转改活动，深入企业和项目建设一线，调研企业和生产一线对法律服务的需求，确保司法保障和司法服务的实效性。

二、加强管理，在提升绩效上求更大突破。在科学设置考评项目、细化考核标准、强化审中监督、完善质量评估、严格案件评查上动脑筋，不断增强干警案结事了意识，努力提高审判质量，有效提升当事人对裁判的认同度。在狠抓动态管理、强化工作督查、适时跟踪催办、严控审限延长、规范审判流程上下功夫，不断增强干警办案周期意识，努力提高审判效率，切实减轻人民群众的讼累。在建立执行指挥中心、强化财产查控力度、加大小额案件拘留、加快大额案件拍卖、更换庭室交叉执行上想办法，不断增强干警的责任意识，努力提高执行绩效，全力兑现人民群众合法权益。

三、狠抓队伍，在公信廉洁上求更大成效。持续强化核心价值观教育和党的路线方针政策教育，切实增强干警大局意识和为民意识。继续办好法官讲座、青年讲坛、司法沙龙等活动，开展岗位大练兵、业务大培训、技能大比武，促使年轻法官迅速成长、勇挑重担。继续推进法院文化建设，逐步建成以法律文化、廉政文化、休闲文化和地方文化为主体的四大文化体系，凝聚法官队伍，提升法院品质。广泛开展“我为岗位创先谋一划”、“我为庭室争优筹一计”、“我为法院发展献一策”的三个一活动，积极鼓励干警献计献策，不断提升干警创新能力。继续深化廉政防控体系建设，狠抓“四个一律”、“五个严禁”等反腐倡廉措施，以“零违纪”班子带出“零违纪”队伍，切实增强干警防腐拒变能力。

四、强化保障，在夯实基础上求更大发展。持续加强制度建设，适时修改现有制度，不断制定新需制度，逐步形成以审判管理、队伍建设、司法保障为主要内容的制度体系，为法院发展奠定制度基础。继续加强人才建设，按照我院人才队伍建设规划纲要，有计划、按步骤地培养法院管理人才、高层次审判执行人才和法院文化建设人才；加大青年干警培养力度，及时发现和培养使用优秀青年干警，为法院发展奠定人才基础。积极争取党委政府支持，申请增加法院建设预备用地，解决车库不足、档案爆满和外地单身干警宿舍楼等问题；继续完善法院机关办公设施、文化设施和信息化建设，加快白沙、梧塘法庭建设步伐，改善法院、法庭办公形象，为法院发展奠定物质基础。

各位代表，新的时期，新的使命。我们决心在党的十八大精神引领下，按照本次大会的决议要求，以更加突出的工作成效，更加优异的司法业绩，为全面建设小康社会，加快幸福涵江、法治涵江建设进程作出新的更大的贡献！

莆田市涵江区人民检察院工作报告

——在涵江区第八届人民代表大会第二次会议上

刘天星

2013 年 1 月 1 日

各位代表：

现在，我代表涵江区人民检察院向大会报告工作，请予审议，并请各位政协委员和其他列席人员提出宝贵意见。

2012 年检察工作回顾

过去一年，我院在区委和市检察院的坚强领导下，在区人大及其常委会的有力监督下，紧紧围绕全区经济社会发展大局，以强化法律监督、强化自身监督、强化队伍建设为总要求，以执法办案为中心，以检察改革和机制创新为动力，全面履行法律监督职责，各项检察工作取得了新的进展。

一、强化大局意识，服务科学发展有新举措

坚持把服务发展大局作为检察机关的首要使命，紧紧围绕“项目为纲、投资为要、征迁第一”的部署要求，着力提升服务的针对性和实效性。

——全力服务重点项目建设。针对我区重点项目多、投资规模大、征迁范围广的特点，充分发挥检察机关打击、监督、预防、保护的职能作用，多角度、全方位提供服务。主动深入国电龙源风力电场等重点项目一线，开展法律服务 56 次，为项目建设提供职务犯罪预防咨询 35 次，开展行贿犯罪档案查询 386 次。深入开展“违法用地和违法建设”背后职务犯罪专项整治工作，立案侦查职务犯罪案件 2 件 2 人，其中科级干部 1 人。认真配合有关部门妥善化解征迁中的矛盾纠纷，针对塘北片区西坡改造工程中发生的妨碍公务案件，及时派员介入引导侦查机关取证，依法对围攻征迁人员的犯罪嫌疑人快捕快诉，保障了重点项目建设的顺利推进。

——着力服务企业健康发展。继续探索检察机关服务企业发展的新途径新方式，开通了办理涉企刑事案件的快速通道，依法打击侵害企业利益、危害企业生产经营的盗窃、合同诈骗、职务侵占、挪用资金以及假冒注册商标等犯罪，共批准逮捕犯罪嫌疑人 34 人、提起公诉 29 人；在依法打击的同时，坚持对涉嫌轻微犯罪的企业经营者、技术骨干慎用逮捕措施，依法从快从宽处理；组织开展“想实招、办实事、出实效”系列联系企业走访活动，就检察机关如何更好地服务企业征求意见和建议，联合工商、税务等部门开展法律进企业活动，深入企业开展法律宣传 36 场次，提供法律咨询 120 多次，帮助企业建章立制 30 多项，为促进企业发展提供了更加优质的法律服务。

——积极参与社会管理创新。注重发挥检察建议的引导作用，结合执法办案，针对社会治安、安全生产、医疗卫生、食品安全、林区综合治理等领域存在的问题，及时向监管部门和发案单位发出检察建议 37 件，督促相关单位完善制度、堵塞漏洞。在办理侵害未成年人的刑事案件中，发现辖区内有多家工厂存在雇佣童工的现象，即向监管部门发出检察建议，督促相关部门纠正非法用工5起；在办理多起抢劫游戏机店的案件中，发现犯罪团伙专门抢劫不敢报案的无证经营者，先后作案40多起，即建议公安部门及时取缔非法经营的游戏机店12家，治安处罚23家。

二、注重宽严相济，维护社会稳定有新成效

始终把为党的十八大顺利召开创造和谐稳定的社会环境作为首要政治任务，扎实做好检察环节上的各项维稳工作。

——严厉打击严重刑事犯罪。充分发挥审查批捕和审查起诉职能，深入开展打黑除恶、打击“两抢一盗”专项活动，密切配合有关部门集中开展打击非法传销、毒品犯罪、危害食品药品安全犯罪等专项行动。共受理提请批准逮捕各类刑事案件367件601人，审查后批准逮捕306件536人，不批准逮捕或不予批准逮捕42件61人，提请市检察院审查决定逮捕职务犯罪案件14件14人；受理移送审查起诉各类刑事案件580件835人，审查后提起公诉404件603人，决定不起诉50件66人，移送市检察院审查起诉52件83人。批准逮捕抢劫、抢夺、盗窃等多发性刑事案件犯罪嫌疑人268人，提起公诉224人，全力维护社会和谐稳定。

——继续贯彻宽缓刑事政策。在办案工作中，根据案件具体情况，该严则严，当宽则宽，区别对待，注重效果。对罪行轻微的初犯、偶犯、老年犯等，依法决定不予批准逮捕20人、相对不起诉49人，最大限度地减少不和谐因素。对未成年人犯罪案件，实行分案起诉和回访帮教，探索推行未成年人轻微刑事犯罪记录封存、附条件不起诉等机制，加大对失足青少年的教育挽救和权益保护力度，为青少年提供法律咨询和心理疏导等帮助，深入校园举办法律讲座15场次，回访、帮教失足青少年11人；在办案中，还帮助1名被拐的失足青少年找到失散11年的父母，取得良好的法律效果和社会效果，院侦查监督科被评为第九届“福建青年五四奖章集体”。

——依法高效化解社会矛盾。通过公布举报电话、落实举报奖励、开展法律宣传等方式，多措并举畅通控告申诉渠道，引导群众依法理性表达诉求，共受理群众控告申诉信访件74件、举报件75件，均进行了及时处置和答复。认真落实检察长接待日、首办责任制、风险评估预警等制度，定期开展矛盾纠纷排查，对可能引发越级访、群体访的敏感案件实行评估预警和回访跟踪，制定防范预案，并联系信访部门、相关单位共同做好矛盾化解稳控工作，全力做好“两会”、十八大等期间的信访工作，实现了涉检信访案件的“零进京”。

三、坚持查防并举，促进反腐倡廉有新进展

紧紧围绕党委和上级院关于惩治和预防腐败的部署要求，加大办案力度，提高办案质量，增强预防实效。

——突出办案重点，加大办案力度。始终把社会关注度高、群众反映强烈、损害人民群众切身利益的案件作为查办重点，共受理职务犯罪案件线索29件，立案侦查16件16人，其中涉嫌贪污贿赂案件15件15人，涉嫌渎职侵权案件1件1人，涉案科级干部8人，涉案总金额520多万元，先后查处了教育、卫生、医保、社保、林业等多部门、多领域人员的职务犯罪，取得明显成效，院反贪污贿赂局被省检察院评为“全省检察机关先进集体”。

——注重深挖细查，查办窝案串案。围绕“系统抓，抓系统”的办案模式，以部分诊所在申请医疗执业许可证中存在贿赂行为为切入点，查处了卫生、药监系统涉嫌受贿案件4件4人；通过对该窝串案的全面侦查，又成功挖掘出部分药店在申请医保定点资格中存在贿赂行为的线索，从中查处了莆田市医保中心相关人员涉嫌受贿案件5件5人，向市检察院移送处级干部涉嫌受贿线索1件，并已被立案侦查。这一系列窝串案的及时查处，在全市产生了较大的社会反响。

——坚持预防为主，倡导廉洁从政。加强与纪检监察、行政执法部门的协作，建立健全信息共享机制，推动预防职务犯罪工作的制度化和规范化建设，形成了各部门积极参与、良性互动的预防工作新局面。注重加强系统预防、行业预防和个案预防，深入工商、税务、卫生、消防等部门，有针对性地开展法律讲座6场次，开展警示宣传教育78次，受教育500多人次；开展典型案例剖析17次，提出预防建议17件，帮助相关单位堵漏建制，努力从源头上预防职务犯罪的发生。

四、维护司法公正，诉讼监督成效有新提升

针对群众反映强烈的执法违法、司法不公、徇私枉法等问题，加大监督力度，改进监督方式，增强监督实效。

——刑事诉讼监督更加扎实。对应当立案而不立案的，监督立案6件12人；不应当立案而立案的，监督撤案11件13人；改变侦查机关不当定性被法院采纳18件，纠正侦查机关不当执法行为20次，纠正审判机关不当司法行为7次；结合全省检察机关开展对侦查机关“另案处理”案件的专项监督活动，追捕到案漏犯46人，追诉到案漏犯17人，追诉漏罪22起；对认为确有错误的2件刑事申诉案件，依法向法院发出再审检察建议，均被法院采纳并再审改判。积极推进量刑建议、简易程序案件出庭等司法改革，提出量刑建议被法院采纳247件，采纳率为91.2%，对114件适用简易程序审理的案件全部派员出庭支持公诉，促进了刑事诉讼监督工作全面开展。

——民事诉讼监督更加有力。坚持把维护当事人合法权益与维护司法权威相结合，不断增强监督实效。共受理民事申诉案件56件，审查后提请抗诉或建议提请抗诉的民事申诉案件，被上级院采纳支持并提出抗诉5件，发出再审检察建议被法院采纳并启动再审程序3件，历年提出抗诉或建议再审的案件被法院再审改判或作调解结案7件；向法院发出执行检察建议被采纳7件，促进执行款到位37万元；积极引导和促使当事人达成检察和解9件，服判息诉4件，有效化解矛盾纠纷。

——监外执行监督更加有效。积极开展监外执行法律监督工作，加强与公安和司法行政部门的联系，建立健全监外执行法律监督信息管理机制，设置社区矫正罪犯区域分布示意图，定期走访执行机关，查阅、核对相关法律文书，针对监管执行不到位的情况发出检察建议7份，均得到反馈和纠正。加强对社区矫正人员的教育和帮扶，主动与矫正对象进行个别谈话48人次，积极帮助3名刑满释放人员重新就业，回归社会。

五、加强自身建设，队伍整体素质有新提高

坚持从更新执法理念，改进执法作风，提高执法能力出发，全面加强新时期的检察队伍建设。本院先后被评为省级“优秀青少年维权岗”、“检察机关文明接待室”和“检察机关保密密码工作先进单位”，市级“平安单位”，连续四届被评为市级“文明单位”；有6个集体获得各级表彰，有7人次受到省级以上表彰，有9人次受到市、区级表彰。

——强化思想政治建设。组织干警认真学习贯彻党的十八大精神，部署开展“忠诚、为民、公正、廉洁”政法干警核心价值观教育实践活动，通过组织学习党史团史、重读经典论著、重温入党誓词和参观革命旧址等方式，着力加强对干警的革命传统和理想信念教育；组织开展了以“学习雷锋好榜样，创先争优当先锋”为主题的干警交流座谈会和以“立检为公见行动，执法为民树形象”为主题的演讲比赛等系列活动，引导检察干警牢固树立全心全意为人民服务的宗旨意识；组织青年干警开展无偿献血、交通劝导、法律宣传和摄影采风等活动，充分展示了新时期青年检察干警的良好风貌。

——强化执法能力建设。立足人才强检，深入开展创建学习型检察院活动，全面推进检察教育培训工作，选派干警参加上级组织的领导素能培训、检察业务培训、政治理论培训和任前培训等各类培训65人次。部署开展岗位练兵活动，充分利用晚上学习时间，组织干警开展案例分析、业务竞赛和文书评比等活动，开展专题讲座15次、公诉观摩庭6次、疑难复杂案例分析研讨36次；同时，针对刑事诉讼法和民事诉讼法的修改，组织干警参加上级院举办的全员视频培训7次，以专家专题讲座、干警讨论交流等方式增强培训的针对性，为修改后刑事诉讼法和民事诉讼法的实施做好充分准备。

——强化内部监督管理。紧紧围绕检察改革和规范执法的要求，严格落实职务犯罪案件全程同步录音录像制度，进一步完善人民监督员制度和案件管理、检务督察、一岗双责、廉政风险防控等工作机制，建立了统一收案、流程管理、质量监控、案后评查的案件集中管理机制，对已审结案件开展案件评查35件，对职务犯罪案件提请市检察院启动人民监督员监督程序2件。执行干部述职述廉56人次，干警报告个人事项64人次。扎实开展廉政教育，在检察内网开设“警钟长鸣”、“廉政文化”专栏，举办廉洁从检书画摄影评比活动，一幅书法作品入选全国检察机关廉洁从检书画作品展。

——强化理性文明办案。始终坚持文明执法，完善落实对犯罪嫌疑人、被告人的权利义务告知制度，积极开展不批捕、不起诉案件说理工作，切实做到以法为据、以理服人。与区医疗卫生部门建立办案医疗保障协作机制，开通了办案医疗保障“绿色通道”，促进依法办案和人文关怀的有机统一。坚持以平等谦和的态度对待群众，耐心听取诉求，真心解决问题；联系相关部门，帮助符合司法救助条件的7名被害人申请到位救助款17万元；支持老年人、伤残人士等弱势群体起诉民事案件8件，帮助当事人追回赡养费、人身伤害赔偿金145万余元，切实让人民群众感受到司法的人文关怀。

各位代表，党的领导和人大监督是推进检察事业发展的根本保证，我院始终坚持党对检察工作的领导，严格遵守重大工作情况、重要工作部署的请示报告制度，主动接受人大的依法监督和政协的民主监督，积极向人大常委会报告检察机关开展贯彻实施食品安全法、打击“两抢一盗”犯罪、办理涉法涉诉信访案件等工作情况；加强和改进同人大代表、政协委员的联系工作，邀请人大代表、政协委员旁听重大案件庭审，认真办理人大代表建议、政协委员提案和交办事项，共办结反馈各级交办件13件。

过去一年，在区委、区人大、区政府的高度重视、关心和支持下，我院新提拔任命了1名副科级检察员、8名中层正职、5名检察员，优化了队伍结构，为检察工作注入了新的生机和活力；检察侦查技术指挥中心大楼即将全面竣工，近期完成搬迁工作。在此，我谨代表涵江区人民检察院向关心、支持检察事业发展的各位领导和同志们，表示衷心的感谢和崇高的敬意！

同时，我们也清醒地看到，检察工作仍存在不少困难和不足：法律监督职能的发挥还不够充分，对群众反映强烈的侵害民生民利问题的监督力度还有待加强；检察人员整体素质有待进一步提升，个别检察人员全面把握政策、做好群众工作和化解矛盾纠纷的能力还有待提高；检务保障与检察工作新要求还不相适应，经费不足、办案科技含量低的问题仍然存在。对此，我们将采取有效措施，切实加以解决。

2013年检察工作思路

2013年检察工作的总体思路是：高举中国特色社会主义伟大旗帜，以邓小平理论、“三个代表”重要思想、科学发展观为指导，深入学习贯彻党的十八大精神，紧紧围绕“以港兴区、工业强区、商贸活区”发展战略，坚持以执法办案为中心，进一步强化法律监督，维护公平正义，服务保障民生，维护社会和谐稳定，为促进涵江科学发展、跨越发展作出新贡献。

一要着力营造健康有序的发展环境。坚持以科学发展观统领检察工作，更加自觉地把科学发展观贯彻落实到检察工作各方面和执法办案全过程，全面履行法律监督职责，完善服务发展措施。加大惩治严重经济犯罪力度，维护良好市场经济秩序。依法惩治侵害农民利益、危害农业生产、影响农村稳定的犯罪。依法妥善办理涉企案件，既要依法办事、公正执法，又注重支持创新创业、保护合法权益。要围绕促进经济的可持续发展，依法打击侵犯知识产权、重大环境污染、破坏生态资源等犯罪，加强对知识产权、能源资源和生态环境的司法保护。

二要着力营造和谐稳定的社会环境。坚持把维护稳定作为首要任务，以保障和改善民生为重点，依法严厉打击严重暴力犯罪、涉众型经济犯罪、“两抢一盗”犯罪、毒品犯罪以及危害食品药品安全等犯罪，切实维护社会稳定和人民群众生命财产安全。建立健全群众诉求表达机制、执法办案风险评估预警机制、社会矛盾化解机制、涉检舆情汇集分析和应对机制，进一步畅通举报、控告和申诉渠道，引导群众依法理性表达诉求。要深化平安建设，积极参与构建社会治安立体化防控体系，促进社会管理法治化、规范化。

三要着力营造清正廉洁的政务环境。坚决贯彻党的十八大提出的坚持标本兼治、综合治理、惩防并举、注重预防的方针，始终保持惩治腐败高压态势，加大查处大案要案力度，继续开展“两违”背后职务犯罪专项整治工作，突出查办涉及社会保障、医疗卫生、劳动就业、征地拆迁、安置补偿等民生领域的职务犯罪案件，群众反映强烈的执法不严、司法不公背后以及重大安全生产事故、群体性事件涉及的以权谋私、失职渎职案件。进一步加强职务犯罪分析和对策研究，深入开展预防咨询、预防调查和预防教育，全面推进行业预防、系统预防和项目预防工作，促进惩治和预防腐败体系建设，努力以防治腐败的新成效取信于民。

四要着力营造公平正义的法治环境。紧紧围绕党的十八大提出全面推进依法治国的目标要求，坚持有法必依、执法必严、违法必究，以贯彻实施修改后的刑事诉讼法和民事诉讼法为契机，进一步加强对执法和司法的法律监督，综合运用立案监督、纠正违法、检察建议、抗诉等措施，做到敢于监督、善于监督、规范监督。坚持惩治犯罪和保护人权并重，落实不得强迫自证其罪、非法证据排除、当事人诉讼权益救助等工作机制，维护当事人、辩护人和其他有关人员的知情权、辩护权、申诉权和控告权。完善创新民事行政诉讼监督机制，规范民事执行监督、督促起诉和支持起诉等工作，着力构建多元化监督格局；探索实践适应社区矫正特点的检察工作方式，加强对社区矫正各环节的法律监督。

五要着力营造素质强检的学习环境。要坚持以党的建设带动检察队伍建设，不断深化基层基础和检察文化建设，进一步加强对干警的党性教育和职业道德教育，牢固树立“忠诚、为民、公正、廉洁”的政法干警核心价值观。要积极开展创建学习型检察院活动，加大分类培训力度，完善知识结构，丰富实践经验，提升队伍专业化水平。要始终坚持从严治检，严格落实党风廉政建设责任制，加强对重点执法岗位和重要执法环节的监督制约，确保公正廉洁执法。深入开展以为民务实清廉为主要内容的群众路线教育，进一步提高检察人员服务群众的主动性和积极性，提升检察机关的社会形象。

各位代表，十八大宏伟蓝图振奋人心，崇高使命催人奋进！我们将根据本次会议确定的各项任务和要求，以时不我待、只争朝夕的决心，积极进取，真抓实干，努力开创检察工作新局面，为加快推动涵江实现“港城崛起、再铸辉煌”作出新的更大的贡献！

中国人民政治协商会议
涵江区第七届委员会
常务委员会工作报告

——在涵江区政协七届二次会议上

戴培树

2012年12月30日

各位委员，各位同志：

我受政协莆田市涵江区第七届委员会常务委员会的委托，向大会报告工作，请予审议，并请列席会议的同志提出意见。

2012年工作回顾

2012年，是中共十八大胜利召开的喜庆之年，是全面实施“十二五”规划的重要之年，也是涵江向“港城崛起，再铸辉煌”目标奋勇迈进的关键之年。全区上下坚持科学发展、跨越发展，深入实施“以港兴区、工业强区、商贸活区”的发展战略，科学谋划精心布局，凝心聚力大胆突破，攻坚克难奋力拼搏，开创了各项工作新局面。2012年也是区七届政协的开局之年，一年来，在中共涵江区委的坚强领导下，区政协常委会坚持团结和民主两大主题，团结和带领全体政协委员，把谋发展作为参政议政的重要任务，把促和谐作为聚智出力的重要方面，把惠民生作为履职尽责的重要内容，切实履行政治协商、民主监督、参政议政职能，为全区经济社会又好又快发展做出了积极贡献。

一、始终坚持围绕中心，在推进港城崛起中展现新作为

区政协常委会坚持服务区委决策，跟进政府工作，紧紧围绕事关全区发展的重大事务和重要问题，认真协商议政，积极献计出力，在服务港城崛起中有效作为。

协商议政谋发展。一年来，按照全委会集中协商、常委会重点协商、主席会议专题协商的原则，我们先后召开11次主席会议、4次常委会议和1次全体会议，对接全区工作重点，听取情况通报，开展专题协商。七届一次全体会议围绕国民经济和社会发展计划、重点项目安排、城市建设和管理等集中协商，提出意见建议。七届二次、三次常委会议分别听取了半年经济运行、重点项目建设、安置区（安置房）建设、推进城乡一体化、社会安定稳定，以及党风廉政建设和反腐败工作等情况通报，紧扣“项目为纲、投资为要、征迁第一”，围绕营造团结、和谐发展环境，聚众谋，建良言，献实策，为区委、区政府民主决策、推进工作提供了参考。

建言献策促发展。一年来，围绕全区改革发展大局，我们组织委员开展了13次视察和调研活动，以视察调研报告、专报件等形式，提出一系列意见、建议。在推动经济发展上，组织委员就涵江港开发、侨资企业发展、水资源规划利用等课题开展视察，为推动科学发展、跨越发展提供智力支持。在服务项目建设上，组织委员和专家专题视察安置房、城乡污水配套管网、省道202涵江段等建设情况，对加大征迁力度、加快项目进度提出意见和建议。在社会管理创新上，推动事关社会管理重点提案

的办理、落实，组织视察宗教活动场所、网格化警务改革、推进社区建设等工作情况，并就相关课题建言献策。在文化事业发展上，就海西文化创意产业发展、职业技术教育，以及历史文化名村、非物质文化遗产保护等情况开展专题视察和调研，为推动文化大发展、大繁荣献计出力。

同心协力助发展。一年来，按照区委的统一安排，区政协班子领导挂钩联系石庭圆圈片区改造、风力发电、小城镇试点建设、高新区发展服务中心配套设施完善工程、城市文明卫生管理、土地收储等重点项目，深入项目一线，主动靠前指挥，协调解决具体问题，大力推进项目建设。区政协机关工作人员积极报名参加项目一线工作，参与到涵江港开发、石庭圆圈片区改造、风力发电等项目，履行好“一岗双责”，拓宽参政出力的渠道。我们还专门举行“服务项目，推进征迁”政协委员专题座谈会，动员和组织全体政协委员投身重点项目建设，加大正面宣传，理顺群众情绪，为推动项目工作凝心聚力。

二、始终坚持团结民主，在构建和谐涵江中做出新贡献

区政协常委会牢牢把握团结和民主两大主题，高举爱国主义和社会主义伟大旗帜，广泛调动各方面积极性，为构建和谐社会、营造稳定环境凝聚智慧和力量。

努力促进合作共事。重视发挥各民主党派、工商联、无党派人士的作用，邀请他们联合开展调研、视察、座谈等活动，认真听取、反映并积极推动相关意见建议的落实。一年来，各民主党派、工商联共提交提案55件，反映社情民意30余条，数量和质量都有了明显提高。积极促进民族团结、宗教和睦、社会稳定，加强与宗教界、少数民族界委员的联系，深入宗教活动场所走访相关人士。密切与港澳台侨及驻外委员的联系，维护港澳台侨胞合法权益，积极宣传中央对台方针和祖国统一的各项主张，并通过他们加强对外宣传与交流，为扩大涵江影响、促进招商引资奠定基础。

着力扩大对外交往。主动接受上级政协的工作指导，认真配合省、市政协来涵视察、调研等活动，如配合省政协做好农村饮水安全工作、促进小微企业健康发展，以及创新社会管理、推进社区工作的视察活动，做好农民工状况调查工作；搞好市政协在涵活动的协调工作，配合做好“五大战役”、为民办实事项目、农村医疗卫生服务等专题视察，以及加强城市管理、提升城市形象、特色文化产业扶持发展等调研活动。自觉扩大对外交流，派员列席省、市政协常委会，并积极建言献策，组织参加全省城建区政协横向联谊网络第14、第15次会议，参加市县区政协主席第39、第40次联席会议，就创新政协工作、提升文史编纂水平、加强政协自身建设等专题进行交流。不断加强横向联系，组织人员赴三明、漳州等市参观、考察，围绕提升城市建设水平、创新社会管理、发挥文史作用等专题，与相关兄弟政协开展工作交流，促进共同进步。同时，热情接待兄弟县区政协的来涵考察团，加强工作协作。

全力服务和谐建设。切实加强与各界别委员的联系，为建设和谐涵江凝聚智慧和力量，全年分4次组织了走访委员专题活动，并举办了3场区政协委员走访视察座谈会，深入实际了解情况，收集意见和建议，尤其是深入工商经济界委员企业，协助他们解决生产、经营中遇到的困难和问题。研究制定了《在区政协委员中开展“三深入三服务”活动的实施方案》，组建了领导小组和活动小组，以更充分地发挥委员主体作用，为推动发展、促进和谐凝心聚力。充分发挥政协联系广泛、位置超脱的优势，动员和组织广大委员，协助党委、政府做好协调关系、理顺情绪、化解矛盾的工作，在处理群众来信来访、化解民间纠纷、协助信访维稳、保障项目建设上积极参与，发挥作用。发扬“以文会友、以文交友”的优良传统，做好文史资料编写和历史文化的研究工作，编辑出版《涵江文史资料》第20辑，共征集38篇11万多字，较好地发挥了“存史、资政、团结、育人”的作用。

三、始终坚持履职为民，在服务民生改善中谱写新篇章

区政协常委会坚持把群众利益作为第一选择，把群众满意度作为第一标准，真心实意为群众排忧解难，促进政协工作更加贴近民众、体察民情、反映民意。

关注热点惠民生。七届一次会议以来，共征集提案121件，其中有关民生方面的提案69件，占58%，这些提案普遍关注社会热点、难点问题，围绕创新社会管理、加快城乡保障体系建设、推进教育改革、促进社会公平等问题积极建言献策。通过各方面的共同努力，相关提案得到了及时办理和有效落实，为促进事关民生问题的解决发挥了主渠道作用。其中，“关于切实抓好安置房建设，推动城市建设良性发展的建议”、“关于进一步加强内河水系网保护的建议”等提案，区委、区政府领导分别作出重要批示，相关部门认真研究落实，促使一些群众普遍关注的问题得以解决。我们还组织举办了“提案工作研讨会”，研究新情况，探索新思路，努力提高提案工作科学化水平，更好地服务科学发展，服务民生改善。

强化监督察民情。围绕涉及人民群众切身利益的热点问题，开展了安置房建设、城区河道整治、社区便民服务点建设及医疗卫生服务网络建设等专项视察，提出意见建设，促进了工作落实。认真做好推荐民主监督员和行风评议代表工作，25名监督员坚持把推动民生工程的落实作为监督重点，积极参与政府部门组织的政风行风评议、绩效考评和专项监督检查，有力促进了相关工作的开展。组织机关干部和政协委员参与各类监督活动，如实反映群众的意见和要求，如选派人员参加公立医院改革、经济适用房和廉租房发放、项目征迁方案听证等，有效履行了民主监督职能。

服务群众暖民心。认真做好收集和反映社情民意工作，制定和印发《涵江区政协关于征集社情民意的通知》，收集群众意见，反映群众呼声，就“支持非物质文化遗产申报”、“加强校园周边流动摊点管理”等问题，以政协专报件形式向区委、区政府及有关部门反映。组织和引导政协委员持续做好支持公益事业的工作，发动委员捐款捐物支持各项建设。继续在委员中开展扶贫帮困、捐资助学活动，41名委员挂钩102名学生，捐款10.76万元帮助品学兼优的贫困学生。区政协机关支部开展了“驻村入企办实事、服务项目促发展”主题实践活动，深入挂钩的江口镇石西村，并为基层和群众协调解决实际问题。

四、始终坚持强基固本，在加强自身建设中取得新成效

区政协常委会大力弘扬历届政协优良传统

和作风，切实加强自身建设，在继承中创新，在开拓中发展，不断夯实了政协工作的基础。

加强理论学习。坚持把强化理论学习作为首要政治任务，提高政治理论素养，努力夯实共同的思想基础，自觉坚持党对政协工作的领导，确保与党委、政府在思想上同心同德、目标上同心同向、行动上同心同行。完善学习制度，突出学习主题，采取多种有效的学习形式，组织政协委员和机关干部深入学习贯彻中共十八大和十七届五中、六中全会精神，认真学习胡锦涛总书记在省部级干部培训班和在庆祝香港回归15周年大会上的重要讲话精神，深入学习区第八次党代会精神，系统学习人民政协理论和政协章程，引导委员形成发展共识，使党委的重大决策部署在政协得到全面贯彻落实。针对换届后新委员多的特点，组织举办新委员培训班，邀请省政协专家作了“发挥三个作用，努力当好委员”专题辅导讲座，还通过印发学习资料、专题座谈等途径，着力抓好新一届政协委员的培训学习，帮助政协委员尽快进入角色，提高履行职责、参政议政的能力。

健全组织机构。班子换届后，及时进行了班子成员分工，建立领导分工负责制、目标责任制、联系党派团体、乡镇（街道）政协工作联络组和驻外委员联络处制度；修订完善政协常委会工作规则和运行程序，加强常委会自身建设，发挥常委会在联系界别委员、履行政协职能等各方面的带头示范作用；按照“一办四委”机构改革方案，优化配置常委会工作机构组成人员，配齐各专门委员会正、副主任，强化专委会工作职能；加强乡镇（街道）政协工作联络组和驻外委员联络处建设，选准配好各负责人，促进政协职能向基层和对外的延伸，从而形成了主席班子率先垂范、常委会带头作为、各委室牵头联络、各界别委员积极参与的工作格局。

完善规章制度。按照“内容具体、形式规范、操作有序、运行有效”的原则，制定规范性文件，修订和完善了四大制度体系：一是履行职能的总体制度体系，包括《全委会议工作规则》、《提案工作条例》等；二是完善内部运行的规范制度体系，包括《常委会工作暂行规定》、《主席会议工作规则》、《专门委员会通则》、《加强乡镇（街道）政协工作联络组和驻外委员联络处工作的意见》等；三是健全了工作激励机制体系，包括《关于区政协委员履行职责服务管理暂行办法》、《关于加强反映社情民意信息工作的办法》等；四是建立与党委政府职能部门双向联系规范制度体系，包括《视察工作暂行规定》、《关于委派区政协委员担任民主监督员的服务管理暂行办法》等。这些制度的建立，为推进政协履行职能的制度化、规范化、程序化奠定了坚实的基础。

推进机关建设。以建设“学习型、创新型、服务型、和谐型”政协机关为目标，从加强学习、提高素质，加强管理、规范服务，塑造良好形象等方面着力加强机关建设，充分发挥保障服务作用。加强对机关干部的培养，努力建设一支政治坚定、作风优良、业务熟练的政协干部队伍。完善机关管理机制，修订了机关运行工作制度。抓好宣传和信息工作，编发《涵江政协》简报20期，在省《政协信息》、市《政协简报》、《涵江信息》及《莆田侨乡时报》发表信息、报道52篇（条）。持续争创文明单位和平安单位，连续被评为市级文明单位和市级平安单位。

各位委员、各位同志，过去的一年，区政协各项工作取得了一定的成绩，这是中共涵江区委坚强领导和区政府大力支持的结果，是各民主党派、工商联、无党派人士和人民团体以及全体政协委员共同奋斗的结果，是老领导、老同志和各级各部门、社会各界多方关心的结果。在此，我代表区政协七届常委会，向所有关心和支持政协工作的同志们、朋友们表示崇高的敬意和衷心的感谢！

在肯定成绩、总结经验的同时，我们也应清醒地看到，常委会工作与区委的要求、形势的发展、社会各界的希望还有不少差距。主要是：政协界别的基础作用和专委会的纽带作用还有待进一步发挥，个别委员履行职能的责任感和主动性还有待进一步增强，政协机关服务委员的意识、能力和水平也有待进一步提高。这些问题，都需要我们认真研究，并在今后的工作中切实加以改进。我们真诚地希望，各位委员和同志们对常委会工作提出意见、批评和建议。

2013年工作意见

2013年是全面贯彻落实中共十八大精神的重要一年，也是全力实施“十二五”规划承上启下的关键一年。区政协工作的指导思想是：认真学习贯彻中共十八大精神，高举中国特色社会主义伟大旗帜，以邓小平理论、“三个代表”重要思想、科学发展观为指导，动员参加政协的各民主党派、人民团体和广大政协委员，在中共涵江区委的坚强领导下，牢牢把握团结和民主主题，切实履行政治协商、民主监督、参政议政职能，更好协调关系、汇聚力量、建言献策、服务大局，为“港城崛起，再铸辉煌”做出积极贡献。

一、立足发展大局，建设责任政协

以推进涵江科学发展、跨越发展为己任，以对党和人民高度负责为准则，主动担当责任，积极履行职能，根据“五优先”的要求，议大事，出实招，献良策。协商议政服务科学决策。要根据党委的中心工作和政府的目标任务，精选协商专题，确定协商内容，重点围绕“十二五”规划实施、经济社会发展和重点项目建设、涵江港开发、城市建设管理、构建和谐社会，以及反腐倡廉等工作，开展深入的协商议政活动，集中提出有见地、有价值的意见建议，服务区委、区政府科学民主决策。建言献策促进跨越发展。要抓住经济社会发展的重点问题和人民群众关注的重要方面，按照课题求精、调研求深、建言求实的要求，组织委员就科技创新、海洋经济、文化产业、旅游经济发展以及环境保护与建设、为民办实事项目、民生保障等方面内容，开展专题视察和调研活动，建发展之言，尽参谋之责。聚智出力助推改革进程。要把为城乡一体化献计出力作为今年区政协的一项全局性重点工作，大力宣传改革试验的重大意义，密切关注改革试验进程中出现的新情况和新问题，找准位置，选好角度，综合运用会议、视察、调研、提案、反映社情民意等形式，着力就整体规划、城市发展、土地整理、村庄整治、公共服务、民生改善以及社会管理创新等方面，提出切实可行的意见和建议，为推进城乡一体化建睿智之言，献务实之策。

二、拓宽作为空间，建设有为政协

充分发挥政协优势，不断拓宽履职渠道，动员和引导政协组织和政协委员投身重点建设，投身发展创业，为再创涵江辉煌做出新贡献。全力助推项目建设。要主动服从和积极响应区委、区政府的决策部署，围绕全区重点项目建设，持续做好挂钩重点项目、推动建设进程的工作，深入项目一线，主动靠前指挥，探索新思路，研究新对策，在加大征迁力度、扩大招商引资、理顺群众情绪中发挥组织和协调作用，为全区重点项目建设尽责出力；组织政协机关干部和政协委员投身项目建设，在服务发展大局中锻炼提升，在推动改革进程中展示作为。认真开展专题活动。要把“三深入三服务”活动作为政协组织创新履职方式、发挥独特作用的新平台、新载体，按照既定方案，积极开拓思路，不断创新形式，把活动组织好、开展好、落实好，更深入地走进基层、更广泛地联系群众、更直接地服务社会，发挥政协联系面广的独特优势，汇聚力量，建言献策，有效作为，积极展示政协委员有位有为的形象。充分发挥委员作用。要立足委员界别优势，调动广大委员的积极性，在创新创业、招商引资、服务民生、改善环境等方面，勇于实践有行动，体现成果有业绩。经济、工商等界别委员，要主动应对危机挑战，在转方式、调结构方面发挥主力军作用；科技、文艺、卫生、农业等界别委员，要不定期地开展形式多样的送技术、送温暖活动；港澳台侨和驻外委员要发挥联系广泛的优势，为引商引资引智贡献力量；其他界别的委员也要在各自岗位尽职尽责，争创业绩，展示风采。

三、突出以人为本，建设为民政协

坚持情为民所系，言为民所建，利为民所谋，把服务民生改善作为一切工作的出发点和落脚点，着力在推进民生改善、维护群众利益上下功夫。切实做好提案工作。要注重发挥提案的重要作用，围绕中心，关注热点，贴近民生，不断提高提案工作水平和实效。要认真落实提案征集措施，抓学习培训，抓质量提高，抓激励表彰，努力增强提案的组织程度和办理效果。要完善办理机制，提高交办准确率，继续加强提案的督办工作，提高提案的落实率，推动人民群众关注的问题得到落实解决。积极反映社情民意。要把了解和反映社情民意作为经常性的工作，通过发放征集社情民意表、设立网上电子信箱等途径，扩大征集渠道，密切关注诚信建设、住房保障、就业就学、就医用药、以及生态建设、食品安全、社会管理等群众最关心、最直接、最现实的利益问题，广泛了解民情，认真倾听民声，集中反映民意，促进各方面民生问题得到妥善解决。努力多办实事好事。要积极协助党委政府多作协调关系、理顺情绪、化解矛盾的工作，多作凝聚人心、凝聚智慧、凝聚力量的工作，为改革发展稳定凝心聚力。要进一步弘扬政协关注民生、奉献社会的优良传统，动员和组织广大政协委员持续开展扶贫济困、捐资助学、兴办公益事业等社会公益活动。

四、坚持团结民主，建设和谐政协

高举团结和民主两大旗帜，始终把发扬民主、团结各界，协调关系、凝聚合力的工作摆在突出位置，充分发挥政协组织在创新社会管理中的独特优势和作用。密切党派团体联系。邀请各民主党派、工商联、各人民团体共同开展调研视察、提案督办、理论研讨等活动，在协商会、研讨会上重点安排民主党派、工商联、人民团体和无党派人士代表发言，注重办理他们的提案和反映的社情民意，为各党派团体议政建言创造条件、搭建平台、提供服务，充分发挥党派团体和民族宗教界人士，以及新的社会阶层代表人士的作用，共同致力于构建和谐涵江的伟大事业。扩大对外联谊交往。主动接受省、市政协的工作指导，认真配合省、市政协在涵的各项视察、调研和考察活动；积极参加各级政协组织的联络联谊活动，加强工作交流，促进共同提高；切实加强与兄弟县区政协的横向沟通和联系，增进友谊，形成政协工作合力；探索建立与铁路沿线政协的联系，搭建交流平台，为加强联系合作、促进互利双赢牵线搭桥；同时，选准课题，组织部分委员外出学习考察，借鉴并转化先进经验。积极主动服务委员。完善委员联系机制，继续抓好走访委员工作，深入了解委员的工作、生产、经营情况，广泛征求委员对涵江经济社会发展的意见，为委员知情参政提供服务；加强与乡镇（街道）政协工作联络组和驻外委员联络处的联系，充分发挥他们在联系委员、组织委员中的重要作用；筹建驻沪委员联络处，进一步拓宽对外交往渠道。

五、提升履职能力，建设活力政协

把推进制度化、规范化、程序化建设，提高政协工作科学化水平作为加强自身建设的重要内容，不断增强工作活力。扎实抓好思想建设。要紧密结合人民政协工作实际，学习好、贯彻好中共十八大精神，全面深刻领会精神实质，努力使学习成果真正转化为履行职能的具体行动和强大动力，夯实履行政协职能的共同思想政治基础；要深入学习理解中共中央关于人民政协的方针政策，坚持不懈地用中国特色社会主义理论体系武装头脑；要认真学习法律法规、国家方针政策、经济科技知识和业务知识，提高履职水平，增强履职实效。切实加强班子建设。要始终坚持中国共产党的领导，坚决和自觉接受中共涵江区委的领导，不断提高新形势下政协领导班子服务科学发展的能力和水平；要努力加强常委会建设，进一步健全工作机制，创新工作方式，切实提升新形势下常委会集体领导的工作能力和水平；要把理论学习与探索创新结合起来，认真总结政协工作经验，深化对政协工作规律的认识，更好地指导我区政协工作的实践。注重委员队伍建设。探索加强委员服务管理、发挥委员主体作用的新办法、新途径，推动委员牢记职责、主动履职、多做贡献；加强政协委员信息化管理，及时掌握委员参与政协活动、支持公益事业等情况，为有效组织委员开展活动、评先评优提供依据。持续强化机关建设。要不断增强政协机关干部的全局观念、服务意识，着力加强思想、组织、作风、制度和信息化建设，有效提升政务性和事务性服务能力，确保政协工作务实、有序、高效运行，更好地发挥政协机关的服务保障作用。要切实抓好宣传和文史工作，大力宣传政协履行职能的成果和委员履职的先进事迹，扩大政协工作的影响力。

各位委员，各位同志：奋力跨越任务艰巨，港城崛起目标宏伟。让我们紧密团结在以习近平同志为总书记的中共中央周围，在中共涵江区委的坚强领导下，积极履职，奋力作为，为人民政协事业发展，为继续推进港城崛起、全面建成小康社会作出新的更大的贡献。

名词注释：

1.城乡一体化：在莆田市开展城乡一体化综合配套改革试验，是省委、省政府着力破除城乡二元结构、加快形成城乡经济社会发展一体化新格局的重大决策，是坚持新型工业化、城乡化、农业现代化“三化”并举和产业群、港口群、城市群“三群”联动的重要抓手。

2.五大战役：重点建设战役、新增长区域建设战役、城市建设战役、小城镇改革发展战役、民生工程战役。

3.三深入三服务：莆田市政协组织，协同各县区政协，联合在全市政协委员（含县区政协委员）中开展深入企业服务经济发展、深入社区服务社会和谐、深入群众服务民生改善的活动。

4.一办四委：办公室，提案委员会、经济科技和人口资源环境委员会、文教卫体和学习宣传文史资料委员会、社会法制民族宗教和港澳台侨外事委员会。

5.五优先：临港启动优先、产业提升优先、主城拓展优先、生态保护优先、民生保障优先。

索 引

D

J

K

L

T

W

X

Y

Z